授業UDを目指す
国語
全時間授業パッケージ
2年

編著
桂　聖
小貫　悟・川上康則
一般社団法人 日本授業ＵＤ学会

東洋館出版社

明日の国語授業にワクワクを。全員参加の「Better」授業。
―国語授業が得意な先生は、使わないでください―

日本の教室では、一人一人の教師が、最善の工夫をして国語授業を行っている。決してマニュアルに基づいて進めているわけではない。日本には、それぞれの教師が目の前の子どもの実態に応じて国語授業を創造するという優れた文化がある。

だが一方で、そうは言ってられない状況もある。

●明日の国語授業をどうやって進めればいいのか、よく分からない。

●この文学教材で何を教えればいいのだろう。

●とりあえずは、教師用指導書のとおりに国語授業を流そう。

悩んでいる現場教師は多いのである。

少なくとも、若い頃の私はそうだった。国語授業の進め方がよく分からなかった。今思えば、当時担当した子どもたちには申し訳ない気持ちでいっぱいになる。

それで苦手な国語授業を何とかしたいと、一念発起をして学んできた。様々な教育書を読み、先達に学んだ。研修会にも数え切れないくらい参加した。授業のユニバーサルデザイン研究会（日本授業 UD 学会の前身）では、特別支援教育の専門家の方々にも学んだ。

こうやって学んでいくうち、やっと**「明日の国語授業にワクワクする」**ようになってきた。こんな気持ちになったのは、意外かもしれないが、最近のことである。

さて、本書は、**授業 UD を目指す「国語の全時間授業パッケージ」**である。

授業 UD（授業のユニバーサルデザイン）とは、発達障害の可能性のある子を含めた「全員参加」の授業づくりである。私たちが学んできた知見をこの「全時間の国語授業パッケージ」にして、ぎゅっと詰め込んだ。**教材研究のポイント、単元のアイデア、1時間ごとの授業展開、板書、課題・発問、子どもの反応への返し方、センテンスカード**など、授業に必要なほとんどを含めている。特別支援教育専門の先生方には、全時間の**「学びの過程の困難さに対する指導の工夫」**に関してご指導をいただいた。

ぜひ、明日の国語授業に悩んでいる先生には、本書を活用して、楽しく学び合い「わかる・できる」授業を実現してほしい。「わかった！」「なるほど！」という子どもの声が聞こえてくるはずだ。**教師自身が「ワクワクした気持ち」で国語授業に取り組むからこそ、子どもたちも「ワクワクした気持ち」で主体的に取り組めるのである。**

もちろん、**本書は**「**Must**」**ではない。最低限やっておきたい**「**Better**」**の国語授業である。**

国語が得意な先生は、この本に頼らないで、もっともっと質の高い授業をつくってほしい。

最後になったが、本書に関わっていただいた日本トップクラスの優れた先生方、東洋館出版社の皆様には大変お世話になった。記して感謝したい。

本書によって日本の子どもたちの笑顔が国語授業で少しでも増えるように願っている。

編著者代表　一般社団法人 日本授業 UD 学会 理事長　　桂　　聖
（筑波大学附属小学校 教諭）

『授業 UD を目指す「全時間授業パッケージ」国語』
掲載教材一覧

1年

文学　「おおきな　かぶ」
「やくそく」
「ずうっと、ずっと、大すきだよ」

説明文「うみの　かくれんぼ」
「じどう車くらべ」
「どうぶつの　赤ちゃん」

2年

文学　「ふきのとう」
「お手紙」
「スーホの白い馬」

説明文「たんぽぽのちえ」
「馬のおもちゃの作り方」
「おにごっこ」

3年

文学　「まいごのかぎ」
「三年とうげ」
「モチモチの木」

説明文「言葉で遊ぼう」「こまを楽しむ」
「すがたをかえる大豆」
「ありの行列」

4年

文学　「白いぼうし」
「ごんぎつね」
「プラタナスの木」

説明文「思いやりのデザイン」「アップとルーズで伝える」
「世界にほこる和紙」
「ウナギのなぞを追って」

5年

文学　「なまえつけてよ」
「たずねびと」
「大造じいさんとガン」

説明文「見立てる」「言葉の意味が分かること」
「固有種が教えてくれること」
「想像力のスイッチを入れよう」

6年

文学　「帰り道」
「やまなし」
「海の命」

説明文「笑うから楽しい」「時計の時間と心の時間」
「『鳥獣戯画』を読む」
「メディアと人間社会」「大切な人と深くつながるために」

もくじ

授業UDを目指す「全時間授業パッケージ」国語 2年

はじめに ……1

本書活用のポイント ……4

第1章
国語授業のユニバーサルデザインに関する理論と方法 ……9

第2章
授業のユニバーサルデザインを目指す国語授業と個への配慮
──「学びの過程において考えられる困難さに対する指導の工夫」の視点から── ……33

第3章
授業のユニバーサルデザインを目指す国語授業の実際 ……49

文　学

「ふきのとう」の授業デザイン ……50

「お手紙」の授業デザイン ……70

「スーホの白い馬」の授業デザイン ……96

説明文

「たんぽぽのちえ」の授業デザイン ……118

「馬のおもちゃの作り方」の授業デザイン ……142

「おにごっこ」の授業デザイン ……162

総　括

国語の授業における「つまずき」と授業UD ……182

本書は、令和2年発行の光村図書出版『国語 二上 たんぽぽ』『国語 二下 赤とんぼ』を参考にしています。

本書活用のポイント

本書は、取り上げる単元ごとに、単元構想、教材分析、全時間の本時案を板書イメージと合わせて紹介しています。

単元構想ページでは、単元目標・評価規準や単元計画など、単元全体の構想にかかわる内容を網羅しています。単元構想ページの活用ポイントは以下の通りです。

（単元構想ページ）

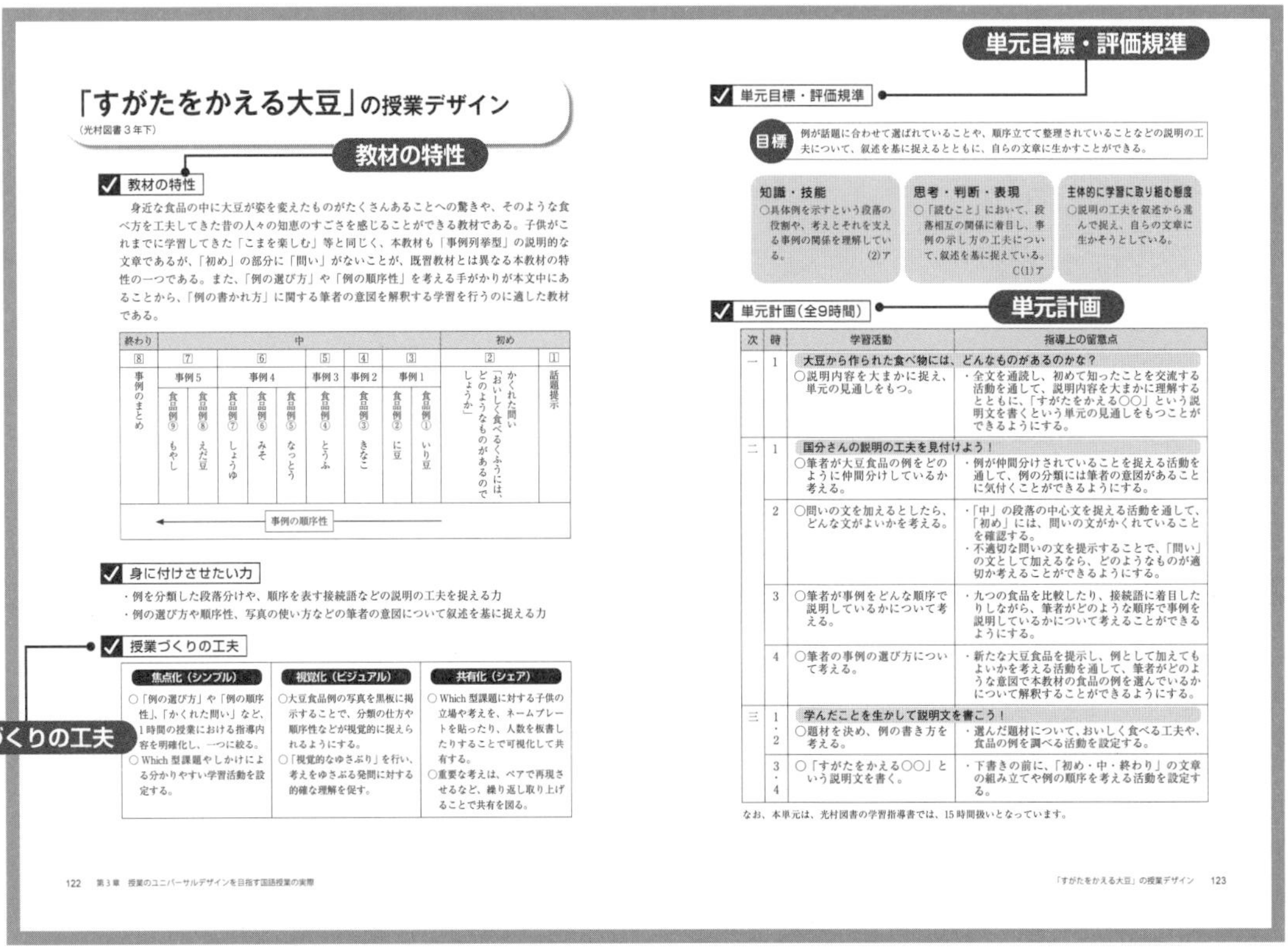

教材の特性

学習材としての教材の特性について説明しています。どのような内容を学ぶのに適した教材かが分かり、単元計画の際の手がかりになります。また、文章構造図により、ひと目で教材のポイントが分かります。

授業づくりの工夫

全員参加の授業のユニバーサルデザインを目指すため、授業づくりのポイントを「焦点化」「視覚化」「共有化」の３つに絞って記載しています。それぞれの視点が実際の本時において具体化されます。

単元目標・評価規準

本単元における目標と評価規準です。「知識・技能」「思考・判断・表現」には、該当する学習指導要領の指導事項が記載されています。

単元計画

単元全体の大まかな計画を記載しています。光村図書の学習指導書とは、時数設定が異なる場合があります。「指導上の留意点」には、それぞれの時間において、特に留意して指導したい事柄や指導方法について記述しています。

教材分析ページでは、教材分析の際に手がかりとするポイントや本文の記述について具体的に示しています。教材ページの活用ポイントは以下の通りです。

（教材分析ページ）

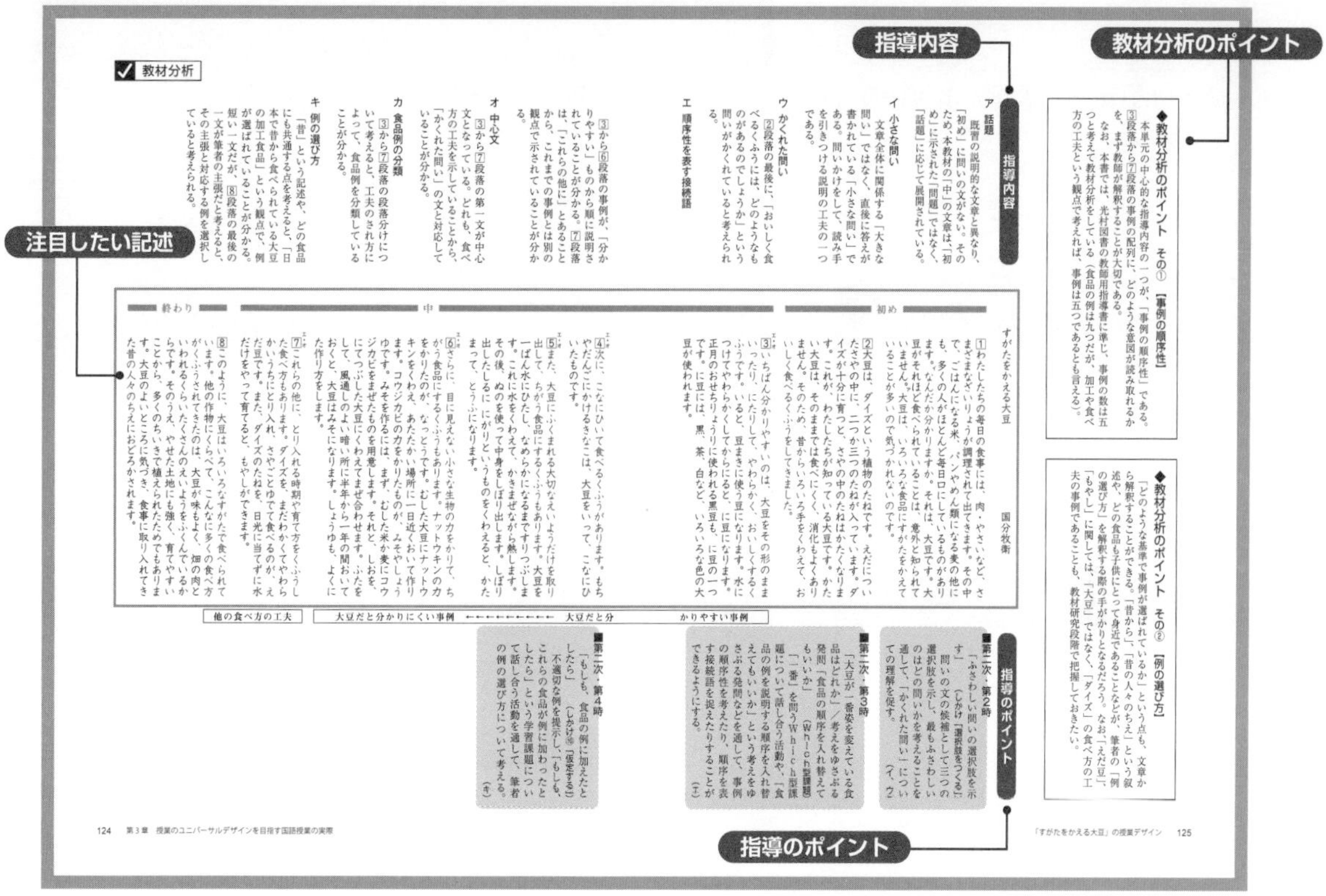

教材分析のポイント

教材分析の際に、どのような事柄に着目すればよいのかについて説明しています。「事例の順序性」や「例の選び方」など、教材の特性や指導事項を踏まえたポイントを示しています。

指導内容

本教材で指導したい内容を記載しています。教材分析の際の手がかりとなります。

注目したい記述

本文内の特に注目したい記述を色付き文字で示しています。右肩に**ア**や**イ**の記号が付されている場合は、「指導内容」と対応しています。

指導のポイント

教材文における具体的な指導内容や記述を確認した上で、それらを指導する際の指導法の概要について示しています。末尾に記されている記号**ア**や**イ**は「指導内容」と対応しています。

また、「Which 型課題」や「教材のしかけ」なども位置付けています。

本時の展開は、各時の学習活動の進め方や板書のイメージなどがひと目で分かるように構成しています。本時の展開の活用ポイントは以下の通りです。

目標

「全員の子供に達成させる目標」です。本時の学習活動や、「個への配慮」により、全員の子供が「分かる・できる」ようにする目標を記載しています。

本時展開のポイント

本時における一番の勘所です。しっかり頭に入れて、授業に臨んでください。

個への配慮

全体指導を工夫しても、授業への参加が難しい子がいるかもしれません。こうした困難さを感じている子供を支援する手立てを記載しています。

下段の学習活動にある「**配慮**」とそれぞれ対応しています。

（本時の展開）

本時の展開 第二次 第3時

目標 最初の場面を詳しく読む中で、物語の設定や人物像について考えることができる。

[本時展開のポイント]

Which 型課題を用いてカードを比較しながら考える活動を行うことで、全員が自分の考えをもち、意見交流の場に参加することができる。

[個への配慮]

ア自由に交流する時間を設定する

どのカードが一番なのかを選ぶのが困難な場合、何をヒントにして、どのように考えればよいかが分かるように、自分の席を離れて自由に友達と交流する時間を設定する。その際、考えのヒントになることを全体の場で共有するのもよい。

イ手がかりとなる叙述と理由を確認する

「りいこ」の人物像をまとめることが困難な場合、定型句を使って人物像を表現することができるように、考えのヒントとなる叙述や、理由（どのカードが一番かを選んで交流した際の意見）を再度確認する。

⑤りいこは、勇気を出して顔を上げました。落とした人が、きっとこまっているにちがいない。

○人

一番は、見方によってちがう。

★◇登場人物のせいかくや人がらなどのことを「人物像（じんぶつぞう）」と言う。

3

「りいこ」の人物像を短文で表現する

もしも「りいこ」を、○○（な）女の子と紹介するとしたら、どのように紹介しますか？

「思いやりのある女の子」です
どうやって書けばいいのか分からない……

しかけ（仮定する）

もしも「りいこ」のことを知らない人に、「りいこ」を紹介するとしたら、どのように紹介するか、「○○（な）女の子」という定型句を使って考える。 配慮イ

4

人物像という用語を確認し、学習をまとめる

物語に出てくる登場人物の性別や性格、人柄などのことを、「人物像」と言います

他の物語でも人物像を考えてみよう
「りいこ」は、最初悲しそうな感じだな

「りいこ」が、どのような女の子か意見を交流した後で、人物像という用語を確認する。最初の場面で「りいこ」の気持ちがマイナスになっていることを確認できると、次時の学習につなげやすい。

62 第3章 授業のユニバーサルデザインを目指す国語授業の実際

本時の「まとめ」

本時の「まとめ」を板書している箇所には★を付け、ハイライトしています。

準備物

黒板に掲示するものやセンテンスカードなど、本時の授業のために事前に準備が必要なものを記載しています。本書掲載のQRコードからダウンロードが可能な資料については、⤓のマークが付いています。

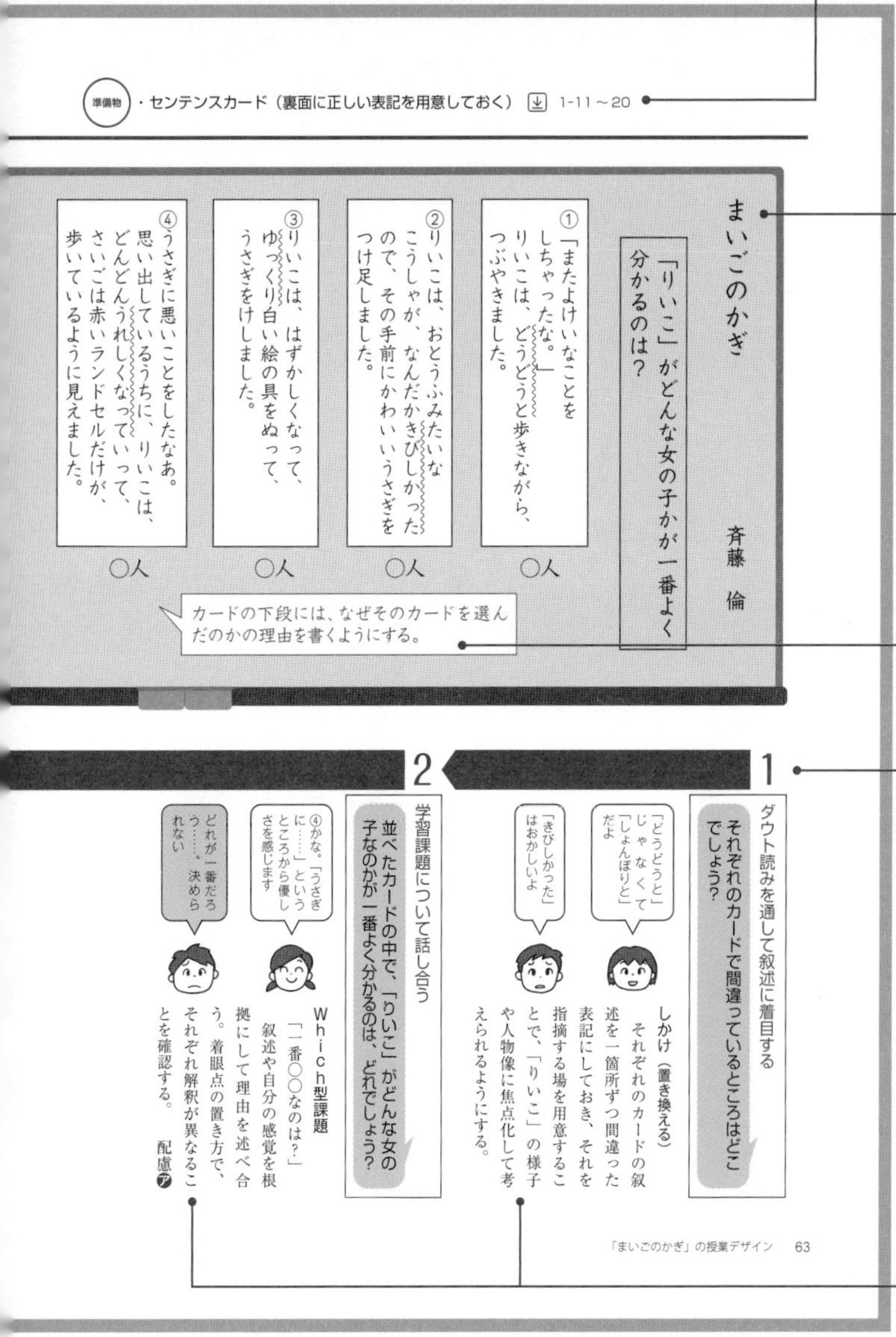

準備物 ・センテンスカード（裏面に正しい表記を用意しておく） ⤓ 1-11～20

まいごのかぎ　斉藤 倫

「りいこ」がどんな女の子かが一番よく分かるのは？

①「またよけいなことをしちゃったな。」りいこは、どうどうと歩きながら、つぶやきました。　〇人

②りいこは、おとうふみたいなこうしゃが、なんだかきびしかったので、その手前にかわいいうさぎをつけ足しました。　〇人

③りいこは、はずかしくなって、ゆっくり白い絵の具をぬって、うさぎをけしました。　〇人

④うさぎに悪いことをしたなあ。思い出しているうちに、りいこは、どんどんうれしくなっていって、さいごは赤いランドセルだけが、歩いているように見えました。　〇人

カードの下段には、なぜそのカードを選んだのかの理由を書くようにする。

1 ダウト読みを通して叙述に着目する

それぞれのカードで間違っているところはどこでしょう？

「どうどうと」じゃなくて「しょんぼりと」だよ

「きびしかった」はおかしいよ

しかけ（置き換える）

それぞれのカードの叙述を一箇所ずつ間違った表記にしておき、それを指摘する場を用意することで、「りいこ」の様子や人物像に焦点化して考えられるようにする。

2 学習課題について話し合う

並べたカードの中で、「りいこ」がどんな女の子なのかが一番よく分かるのは、どれでしょう？

④かな。「うさぎに……」というところから優しさを感じます

どれが一番だろう……。決められない

Which型課題

「一番〇〇なのは？」

叙述や自分の感覚を根拠にして理由を述べ合う。着眼点の置き方で、それぞれ解釈が異なることを確認する。　配慮ア

「まいごのかぎ」の授業デザイン　63

板書例

活動の流れ、学習範囲、指導内容がひと目で分かるように板書設計をしています。

色付き文字で記載しているものは、実際には板書しないもの（掲示物）です。

センテンスカードは、白い枠内に黒い文字で書かれたものです。

板書時の留意点

白い枠内に色付き文字で書かれた吹き出しには、実際の授業で板書をするときに気を付けたいポイントや声がけの工夫などを記載しています。

本時の流れ

1時間の授業の流れを学習活動ごとに示しています。それぞれ、教師の発問、学習活動の具体的な進め方、子どもの反応という構成になっています。

子供の反応

指示や発問に対する子供の反応を記述しています。色付きの吹き出しは、困難さを感じている子供の反応です。困難さを感じている子供への支援については、「個への配慮」を行います。

第1章
国語授業のユニバーサルデザインに関する理論と方法

1. 授業のユニバーサルデザインの考え方 …… 10
2. 授業の UD モデル …… 11
3. 国語の授業 UD とは …… 12
4. 系統的な指導 …… 13
5. 国語の授業 UD に関する実践理論 …… 14

国語授業のユニバーサルデザインに関する理論と方法

筑波大学附属小学校　桂　聖

1．授業のユニバーサルデザインの考え方

ユニバーサルデザイン（以下 UD）とは、文化・言語・国籍や年齢・性別などの違い、能力などにかかわらず、出来るだけ多くの人が利用できることを目指した建築・製品・情報などの設計のことである。

例えば、シャンプー・ボトルのギザギザ、階段横のスロープなどが有名である。UD という概念は、米ノースカロライナ州立大学のロナルド・メイスにより、1985 年ごろに提唱されたものである。「年齢や能力、状況などにかかわらず、デザインの最初から、できるだけ多くの人が利用可能にすること」が基本コンセプトである。

こうした建築や製品などに関する UD の考え方を授業づくりに応用して考えたのが「授業のユニバーサルデザイン」（以下授業 UD）である。その定義は次のとおりになる。

> 発達障害の可能性のある子を含めて、全ての子が楽しく学び合い「わかる・できる」ことを目指す通常学級の授業デザイン

平たく言えば、**通常学級における「全員参加の授業づくり」**である。

この定義は、言わば**「教育の哲学（指導の理念）」**である。日本全国のどの通常学級でも目指すべき目的だからである。通常学級という制度がある限り、昔も今も、そして未来も必要になる。もしかしたら、諸外国で行われている通常学級の授業にも通じる定義かもしれない。つまり、通常学級に関わる全ての教師は、この授業 UD という「教育の哲学（指導の理念）」の実現に向けて努力していく必要がある。

授業 UD には、決まった指導方法はない。例えば、後述する「焦点化・視覚化・共有化」*[1] の視点で授業をつくることで、全体指導の効果が上がることもある。しかし、全ての子に対応できるわけではない。絶対的なものでもない。当然だが、子ども一人一人の学び方に応じた個別指導も重要になる。

また、**子ども一人一人が、自分に合った学び方を選べる学習環境を教師が整える**ことも大切である。米国では、先進的に**「学びのユニバーサルデザイン」（Universal Design for Leaning ＝ UDL）***[2] が実践されている。UDL のように、一人一人の多様な学び方を生かす授業改善も重要な視点である。

授業UDに関する理論や方法は、子どもの数だけある。通常学級における子どもの学びに有効に働く理論や方法は、言わば、全て授業UDである。**「目の前の子どもやクラスの実態に応じて、教師が適切な指導方法を工夫し続けること」こそが、授業UDの本質なのである。**

2．授業のUDモデル

「授業のUDモデル」*[3]とは、図1のように、「教科教育」「特別支援教育」「学級経営」の知見を生かして、授業での学びを4つの階層でとらえたモデルである（詳しくは第2章で述べる。重要な考え方なので、本章でも取り上げて概要を説明しておく）。

授業UDにおける子どもの学びには、図1の下の部分から「参加」「理解」「習得」「活用」という4つの階層が想定できる。

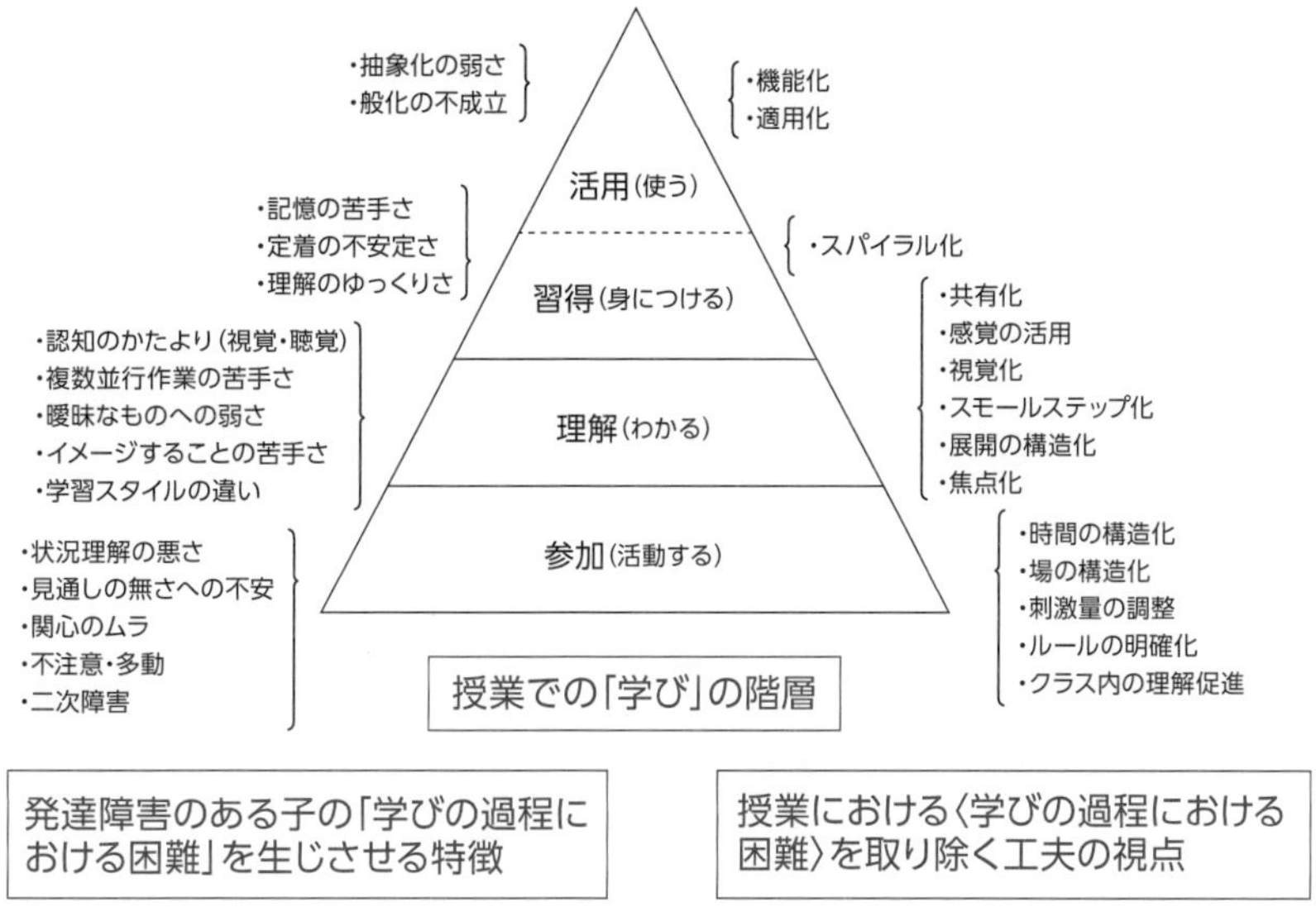

図1　授業UDモデル

1つ目の「参加」階層における学びとは、通常学級において「活動する」というレベルである。発達障害の可能性のある子は、そもそも、教科教育の授業以前の問題として、人間関係や学習環境でつまずくことがある。この階層の学びでは、特に「クラス内の理解の促進」「ルールの明確化」のような学級経営の工夫、「刺激量の調整」「場の構造化」「時間の構造化」のような学習環境の整備が必要になる。「参加」階層における学びとは、言わば「学級経営のUD」である。これは「理解」「習得」「活用」階層の「学びの土台」になる

2つ目の「理解」階層における学びとは、通常学級の授業において「わかる・できる」というレベルである。発達障害の可能性のある子は、興味・関心が沸かなかったり、人の話を一方的に聞いたりすることが苦手である。教科の授業そのものを、楽しく学び合い「わかる・できる」にように工夫しなければならない。この「理解」階層における学びこ

そが、教科の授業において一番重要な学びである、子どもにとって、1時間の授業そのものが楽しく学び合い「わかる・できる」授業にならなければ意味がない。

3つ目の「習得」階層における学びとは、通常学級の授業において「わかったこと・できたこと」が身につくというレベルである。発達障害の可能性のある子は、ある日の授業で「わかった・できた」としても、次の日の授業では習ったことを忘れることがある。各授業や各単元、そして教科間のつながりを意識しながら、系統的・発展的に「スパイラル化」して指導する。子どもの学びが「習得」レベルになるように、単元構成やカリキュラムを工夫する必要がある。

4つ目の「活用」階層における学びとは、通常学級の授業で学んだことを実生活に「使う」というレベルである。発達障害の可能性がある子は、学んだことを抽象化したり生活に般化したりすることが弱いことがある。例えば、国語で文学作品の読み方を学んだとしても、それを日常の読書活動に生かせないことがある。授業で学んだことを実生活に生かせるように指導を工夫していくことも大切である。

「参加」「理解」階層の学びに対しては、授業や学級経営で「指導方法」を工夫する必要がある。また、「習得」「活用」階層の学びに対しては、中・長期的なスパンで「教育方略」を工夫していくことが大切である。

以下では、主として**「理解」レベルにおける国語の授業UD**について述べる。

3．国語の授業UDとは

国語科の授業UDとは、次のとおりある。

> **発達障害の可能性のある子を含めて、全ての子が楽しく学び合い「わかる・できる」ことを目指す通常学級の国語授業づくり**

国語における重要な目標は、「論理」である。ここで言う「論理」とは、「論理的な話し方・聞き方」「論理的な書き方」「論理的な読み方」のことである。

例えば4年生物語文「ごんぎつね」の授業では、中心人物〈ごん〉の心情を読み取る活動を、日本全国のどの教室でも行っている。こうした人物の心情を読み取る活動も、文学的文章の授業では重要な活動である。

しかし、問題はこの活動だけで終わっていることである。より重要なことは、「〈ごん〉の心情を読み取る」と同時に、「心情の読み取り方」を指導することである。この「心情の読み取り方」こそ、「論理的な読み方」の一つである。

発達障害の可能性がある子は、「曖昧」が苦手な子が多い。様々な解釈を出し合うだけではなくて、それを生み出す「論理的な読み方」を明示的に指導していくことも大切になる。

さらに、こうして4年生「ごんぎつね」で学んだ「論理的な読み方」を、5年生「大造じいさんとガン」や6年生「海の命」でも活用できるようにする。

「論理的な読み方」同様、「論理的な書き方」「論理的な話し方」も重要な目標になる。**こうした「論理」こそ、資質・能力としての「思考力・判断力・表現力」育成の中核になる**。国語では、他の文章や言語活動に活用できる「論理」を指導していくことが不可欠である。

4．系統的な指導

他教科の学習でも、様々な言語活動を行っている。例えば、社会科では新聞を作ったり、理科では実験について議論をしたり、家庭科ではレポートを書いたりする。こうした**各教科と国語との明確な違いは、国語では「論理的読み方」「論理的な書き方」「論理的な話し方」を系統的に指導すること**である。

2017年告示の学習指導要領の解説おいても、次のように「学習の系統性の重視」を示している[*4]。とはいえ、指導内容はまだ曖昧である。

例えば、「読むこと」における文学的文章の指導内容は、以下のとおりである[*5]。

◆構造と内容の把握
- ●場面の様子や登場人物の行動など、内容の大体を捉えること。（第1学年及び第2学年）
- ●登場人物の行動や気持ちなどについて、叙述を基に捉えること。（第3学年及び第4学年）
- ●登場人物の相互関係や心情などについて、描写を基に捉えること。（第5学年及び第6学年）

◆精査・解釈
- ●場面の様子に着目して、登場人物の行動を具体的に想像すること。（第1学年及び第2学年）
- ●登場人物の気持ちの変化や性格、情景について、場面の移り変わりと結び付けて具体的に想像すること。（第3学年及び第4学年）
- ●人物像や物語などの全体像を具体的に想像したり、表現の効果を考えたりすること。（第5学年及び第6学年）

つまり、文学の授業においては、6年間でこの6つの内容を指導すればよいことになる。

だが、これだけでは、国語授業が曖昧な指導にならざるを得ない。「論理的な話し方」「論理的な書き方」「論理的な読み方」に関して、系統的・段階的に指導していくより詳細な目安が必要である。

例えば、筑波大学附属小学校国語科教育研究部では、こうした**「論理的な読み方」の目安として、7系列の読む力から整理した「文学の系統指導表」「説明文の系統指導表」**（本章末尾に付録として所収）を提案している[*6]。各学級や各学校で活用したり更新したりすることが望まれる。

ただし、**系統指導表は、あくまでも指導の目安である。**系統的に順序よく指導することは本質ではない。**子どもの学びの状態に応じて、指導の系統を念頭に置いた上で、教師が柔軟に対応していく**ことこそ、本質的に重要である。

5．国語の授業 UD に関する実践理論

⑴　授業の「焦点化」「視覚化」「共有化」を図る

国語の授業 UD では、「論理」を授業の目標にした上で、授業の「焦点化・視覚化・共有化」[*7]**を図る**ことが大切になる。

授業の「焦点化」とは、ねらいを絞ったり活動をシンプルにしたりすることである。複数の作業を同時に行うことが難しい子がいる。情報が多くなると理解できない子もいる。授業の「焦点化」をすることで、その子はもちろん、他の子にとっても学びやすい授業になる。

授業の「視覚化」とは、視覚的な手立てを効果的に活用することである。人の話を聞いたり文章を読んだりするだけでは、理解が難しい子がいる。聴覚的な言語情報や文字情報だけでは、内容をイメージすることが苦手なのである。そこで例えば「写真」「挿絵」「動画」「センテンスカード」「寸劇」など視覚的な手立てを活用する。

しかし、ただ単に、こうした視覚的な手立てを活用すればよいというわけではない。冒頭で述べたように「効果的に活用する」ことが大切になる。「効果的」とは、「授業のねらいに通じる」ことである。「一部分だけ見せる」「一瞬だけ見せる」「一定時間見せて、あとは見せない」「ずっと見せ続ける」など、「何を」「どのように」提示するかを綿密に考えておかねばならない。

授業の「共有化」とは、話し合い活動を組織化することである。多くの授業は「挙手－指名」方式で話し合い活動を進める。教師が手を挙げている子を指名していく方式である。しかし、手を挙げて発表することが難しい子がいる。簡単な問いには応えられても、ちょっと難しい問いになると、発表できなくなる子も少なくない。「挙手－指名」方式だけの授業では、クラスの一部の子だけで授業を進めることになりがちになる。

そこでまずは、課題設定の場面においては、全員が参加できるように、例えば「Aか？Bか？」「1、2、3のうち、どれが一番○○か？」などの「Which 型課題」[*8]を設定する。次に、全体の話し合い活動に入る前に、一人学びの時間を設定したり、ペア、グループ、フリーの活動を設定したりして、全員の考えを出しやすくする。さらに、全体の話し合い活動では、全員の子が集中して話を聞けるように、ある**モデル発言**（例えばAさん）**に対して次のように関連づけて話すように促す。**

- Aさんは、何と言ったかな？　もう一度、言ってくれる？（再現）
- Aさんが言ったことって、どういうこと？どういう意味か教えてくれる？（解釈）
- Aさんは～を選んだけど、なぜこれを選んだのかな？　理由が想像できる？（想像）

●Aさんの言ったことについて、「例えば」を使って、例を出せるかな？　(具体)
●Aさんが言ったことは、「つまり」どういうこと？　(抽象)
●Aさんの考えのいいところは何かな？　(批評)

友達の発言に関連づけて**「小刻みな表現活動」**を促すことで、全員の**「理解の共有化」「課題の共有化」**を図ることが大切になる。

なお、「焦点化」とは、厳密に言えば、指導内容に関係する視点である。「視覚化」「共有化」は指導方法である。**「視覚化」や「共有化」は、「焦点化」に有効に働いてこそ意味がある**のである。

(2)「教材のしかけ」をつくる

◆「教材のしかけ」とは

「教材のしかけ」*9とは、教材を意図的に「不安定」にすることで、子どもの意欲と思考を活性化する指導方法である。

例えば、1年生の説明文の授業。段落の順序をかえて提示する。すると、子どもは「先生、変だよ！」と口々に言い始める。「だって、問いの後に答えがあるはずなのに、答えの後に問いがあるからダメだよ」と言う。これは「段落の順序をかえる」という「教材のしかけ」である。子ども自らが「問いと答えの関係」という「論理」に気付く。

教師が「問いの段落はどれですか？」「答えの段落はどれですか？」と尋ねることもできる。だが、こうしたやり取りに終始すると、子どもは受け身になる。教材を意図的に「不安定」にすることで、子ども自らが「話したくなる」「考えたくなる」動きを引き出す。

「教材のしかけ」は、「焦点化・視覚化・共有化」の手立てになる。「教材のしかけ」をつくることは、単に楽しいクイズをやることではない。授業のねらいが「焦点化」されなければならない。また、「教材のしかけ」をつくることは、「視覚的」に教材を提示したり、課題や理解の「共有化」を図ったりすることに通じる。

発達障害の可能性のある子は、「先生、違うよ！」と言って、違いに目を向けることが得意な子が多い。特別支援教育の観点からも、理にかなった指導方法だと言える。

◆「教材のしかけ」10の方法

国語科授業における「教材のしかけ」には、次の「10の方法」がある。

①順序をかえる	②選択肢をつくる	③置き換える	④隠す	⑤加える
⑥限定する	⑦分類する	⑧図解する	⑨配置する	⑩仮定する

こうした10の方法には、それぞれに表現の対象がある。例えば「文の選択肢をつくる」だけではなくて、「語句の選択肢をつくる」こともできるし、「主題の選択肢をつくる」こともできる。授業のねらいに応じて、方法や対象を変えることが大切になる。

ただし、単に「教材のしかけ」をつくって提示すればよいのではない。**子どもが自然に**

「考えたくなる」「話したくなる」ように、提示の仕方を「工夫」することが大切である。

例えば、物語文の授業においては、「挿絵の順序を変える」というしかけで、それを並び替えることで、話の内容の大体をとらえることができる。だが、単に挿絵の順序を変えておいて、「どんな順番なのかな？」と問いかけるだけでは、子どもの意欲はそう高まらない。一方、黒板の右から左に矢印（→）を引いておいて、「挿絵はこんな順番だったね」と話しながら、バラバラになった挿絵を置いていく。すると、子どもは挿絵の順序性に違和感をもち、「先生、順番が違うよ！」と話し始める。

また、物語文の授業においては、「主題の選択肢をつくる」ことがある。単に、間違った主題や正しい主題を提示するだけではなくて、「主題くじを引く」という活動にアレンジしてみる。正しい主題が「当たり」である。子どもは喜々として活動に取り組み始める。

このように、「教材のしかけ」はただ単に提示するのではなくて、

- ●場づくりをした上で、しかける
- ●教師が言葉がけをしながら、しかける
- ●活動をアレンジして、しかける

などをして、提示の仕方を工夫することが大切である。

(3) 「考える音読」による思考の活性化

◆「考える音読」とは

国語の学習活動として必ず行われるものに「音読」がある。教師は、物語文の授業では「登場人物の心情を考えながら音読をしましょう」と、よく指示する。また、説明文の授業では「文章の内容を思い浮かべながら音読をしましょう」と助言する。つまり、大抵は、考えながら「音読」をすることを子どもに促している。

しかし、本当に、子どもが「人物の心情」「文章の内容」を考えながら音読しているだろうか。それは怪しい。子どもの頭の中は、教師にはわからない。

「考える音読」[*10*11] **とは、言わば「考えざるを得ない状況をつくる音読」**である。「考えざるを得ない状況」をつくることによって、一部の子どもだけではなくて、**「全員の思考」を活性化**することができる。

◆3つの型

「考える音読」には、次の3つの型がある。

①すらすら型	②イメージ型	③論理型

1つ目の**「すらすら型」とは、語、文、文章を正しく読む音読**である。文章の内容理解の基礎になる。「はりのある声」「はっきり」「正しく」「、や。に気をつけて」など、正確に音読で表現することがねらいになる。例えば、次のような活動がある。

●マル読み……………「。」のところで、読む人を交代して読む。
●マル・テン読み……「。」「、」のところで、読む人を交代して読む。
●リレー読み…………好きな「。」「、」で、読む人を交代して読む。

こうした音読では、文章の内容をイメージするよりも、とにかく、正しく読むことに集中しがちになる。

2つ目の**「イメージ型」とは、人物の心情や文章の内容を思い浮かべながら読む音読**である。例えば、「ここ・ここ読み」。「先生が、今から文章を音読していきます。中心人物の心情がわかる言葉になったら、『ここ、ここ』と言いましょう」と指示すれば、子どもが中心人物の気持ちを想像せざるを得なくなる。

また、「つぶやき読み」。「ペアで音読をします。一人は筆者の役、もう一人は読者の役です。筆者の役は、読者に伝えるつもりで一文ずつ読みます。読者の役は、『おお、～なんだよね』のように、一文ずつ、文章の内容に合わせてつぶやきましょう」と指示すれば、文章の内容を思い浮かべざるを得なくなる。

他にも、次のような音読がある。

●動作読み………人物の言動や説明内容を動作化しながら読む。
●ダウト読み……教師の読み間違いで、「ダウト！」と言い、正しい内容を確認する。
●指差し読み……友達や教師の音読を聞いて、挿絵や写真の該当箇所を指差す。

3つ目の**「論理型」とは、文章の「論理」を考えながら読む音読**である。「論理」とは、平たく言えば、「関係」である。文章の「論理」に着眼して読むことで、より深く、人物の心情を読み味わったり、文章の内容や筆者の意図をとらえたりすることができる。

「論理型」の音読には、例えば、次のような活動がある。

●ぼく・わたし読み………三人称の登場人物の名前に、一人称の「ぼく」「わたし」を代入して読むことで、視点人物を明らかにする。
●クライマックス読み……中心人物の心情の高まりに合わせて音読することで、クライマックスをとらえる。
●問い・答え読み…………問いの部分と答えの部分を役割分担して読む。
●事例・まとめ読み………事例の部分は一人で読んで、まとめの部分は全員で読む。

このように、「考える音読」では、「すらすら型」の音読によって「文章を正確に読める」ようにすることはもちろん、「イメージ型」の音読によって「文章の内容を理解」した上で、「論理型」の音読によって文章中の「論理的な関係をとらえて読める」ようにする。

「考える音読」のバリエーションは、すでに100種類以上ある[*1*2]。ただし、これらは絶対的なものではない。**それぞれの教師が、目の前の子どもたちの「全員参加」「全員思考」を想定して、新しい「考える音読」をつくることに意義がある。**

◆「考える音読」を活用した授業づくり

授業では、「すらすら型」「イメージ型」「論理型」のねらいにそって取り入れることが大切である。例えば、単元構成。大まかに言えば、次のような構成が想定される。

- ●第一次……中心教材を読み、音読練習をしたり単元の見通しをもったりする。
- ●第二次……中心教材の内容や論理を確認する。
- ●第三次……学んだ論理を使って、選択教材を読んだり表現活動をしたりする。

こうした単元構成では、**第一次で「すらすら型」、第二次で「イメージ型」「論理型」**の音読を取り入れることが目安になる。

また、授業構成についても、概して言えば、次のような構成になる。

- ●導入………………問題意識を醸成したり、学習課題を設定したりする。
- ●展開（前半）……文章の内容を理解する。
- ●展開（後半）……文章の論理に気付く。
- ●まとめ……………学習課題や文章の内容・論理などについて振り返る。

こうして考えると、**授業の展開（前半）では「イメージ型」の音読、展開（後半）では「論理型」の音読**を設定することが望ましいことになる。

ただし、**導入において、あえて「イメージ型」「論理型」の音読を取り入れる**ことで、子どもの読みのズレを引き出し、それを展開（前半・後半）で解決していくという構成も考えられる。

⑷「Which 型課題」の国語授業

◆「Which 型課題」とは

「Which 型課題」[*12] **とは、「選択・判断の場面がある学習課題」**である。例えば、「Aか？　Bか？」「1、2、3のうち、どれか？」「1、2、3のうち、どれが一番〜か？」のようにして、子どもが選択・判断する場面をつくる。

「Which 型課題」のメリットは、何よりも、全ての子どもが参加できることである。明確に理由をイメージできなくても、どれかを選択・判断することは誰でもできる。**「What 型（何？）」、「How 型（どのように？）」、「Why 型（なぜ？）」**という課題では答えられない子がいる。しかし、**「Which 型（どれ？）」で選択・判断するだけなら、誰もが学びの第一歩を踏み出せる。**

◆「Which 型課題」の国語授業モデル

この「Which 型課題」の国語授業では、次の4つの授業場面を想定している（[　]は子どもの学びのプロセス)。

①問題意識の醸成	［面白いね。ん？］
②「Which 型課題」の設定	［えっ、どれ？］
③考えのゆさぶり	［違うよ！　だって…］
④まとめ・振り返り	［〜が大事だね。他にもあるかな］

「①問題意識の醸成」では、課題設定に向けて、全員の理解をそろえ、問題意識の醸成を図る。**「②『Which 型課題』の設定」**では、問題意識を引き出した上で課題を設定して、子どもの考えのズレを際立たせる。学びの第一歩としての「主体性」を引き出したり、考えのズレを際立たせて「対話的な学び」を引き起こしたりする。**「③考えのゆさぶり」**では、子どもの考えを整理した上で、「ゆさぶり発問」を投げかけて「深い学び」を促す。**「④まとめ・振り返り」**では、課題に対する答えを確認したり、その思考のプロセスで有効だった読み方を整理したり、その読み方の活用場面を提示したりする。また、自分の学び方の振り返りを促す。「Which 型課題」の国語科授業モデルは、学習指導要領が目指す**「主体的・対話的で深い学び」**の実現を図るための有効な方法の一つである。

ただし、こうして授業場面を想定することは、かえって子どもの「主体性」を奪う可能性がある。**子どもの「学びの文脈」に寄り添いつつ、学び合いが促進・深化するように、教師が適切にファシリテーションをしていく**ことが大切になる。

◆「Which 型課題」のバリエーション

「Which 型課題」は図２で示す「三つの読みの力」[*13] **に基づいて構想できる。**

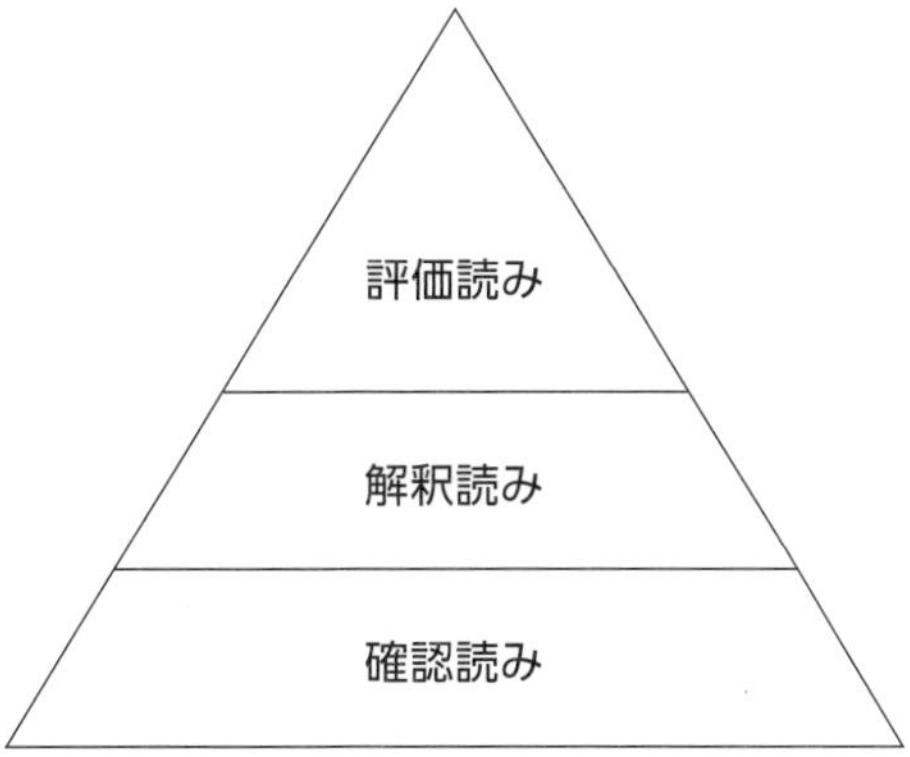

図２　「三つの読みの力」の構造

１つ目は**「確認読み」**。クラス全員が共通して確認できる読みである。二つ目は**「解釈読み」**。解釈読みには、様々な読みがある。私たち読者は、確認読みをベースにしながら、独自の解釈読みをしている。三つ目は**「評価読み」**。評価読みは、「面白い／面白くない」「わかりやすい／わかりにくい」など、誰もができる読みである。質の高い「評価読み」は、「確認読み」や「解釈読み」がベースになっている。

以下は、「三つの読みの力」をベースにして、これまでの授業実践や長崎伸仁氏らの先行研究*[14]をふまえて**「Which 型課題」を10のバリエーションに整理**したものである。

◆「Which 型課題」確認読みレベル（答えが一つに決まる）
①○○は、Aか？　Bか？
②○○は、A～C（三つ以上）のうち、どれか？
◆「Which 型課題」解釈読みレベル（答えは、一つに決まらない）
③○○として適切なのは、Aか？　Bか？
④○○は、Aか？　それとも、not　Aか？
⑤一番○○（○○として一番適切）なのは、A～C（三つ以上）のうち、どれか？
⑥もしも○○だったら、A～C（三つの以上）のうち、どれか？
⑦もしも○○の順位をつけるなら、その順番は？
⑧もしも○○を目盛りで表すなら、いくつになるか？
◆「Which 型課題」評価読みレベル（誰もが評価できる）
⑨○○は、いる？　いらない？
⑩いい文章？　よくない文章？

◆拡散と収束

「Which 型課題」の設定では、では、子どもの多様の読みが出る。言わば**「拡散」**である。だが、「拡散」したままでは、子どもには、何が大事な読み方なのかががわからない。「拡散」した後は、その**「収束」**を図る必要がある。そこで、授業の後半では「考えのゆさぶり」として、**子どもの学びの文脈に寄り添いつつ、「ゆさぶり発問」を投げかける。読みの「収束」として「新たな着眼としての読み方」に気付く**ことができるようにする。

「ゆさぶり発問」には、例えば、次のようなものがある。

(T) がまくんにお手紙を速く届けたいなら、かたつむりくんじゃなくて、チーターの方がいいよね？　（2年物語文「お手紙」）
(T) ごんは、村人に嫌われたいから、いたずらばかりするんだよね？
（4年物語文「ごんぎつね」）
(T) 大造じいさんは、2年半、ガン一羽だけしか捕らなかったんだよね？
（5年物語文「大造じいさんとガン」）
(T) しごとの文は、つくりの文の方があとでもいいよね？
（1年説明文「じどう車くらべ」）
(T)「初め」はなくても、「中」と「終わり」の説明だけでもいいよね？
（4年「ウナギのなぞを追って」）
(T) 要旨を2回繰り返さなくても、別に1回だけでいいよね？
（5年説明文「見立てる」）

このようにして、**意図的に「不適切な解釈」を投げかけることで、「適切な解釈」を引き出し、「新たな着眼としての読み方」に気付くことができるようにする。**子どもの学びの文脈に寄り添って投げかけることが大切である。

◆「Which 型課題」の国語授業モデルと「教材のしかけ」との関係

「Which 型課題」の国語授業モデルは、「教材のしかけ」*[15]を授業展開に位置づけたものだとも言える

①問題意識の醸成	【順序を変える？　語句を置き換える？　隠す？……】
②「Which 型課題」の設定	【選択肢をつくる】
③考えのゆさぶり	【仮定する】
④まとめ・振り返り	

上記の②**は「選択肢をつくる」**、③**は「仮定する」**という「教材のしかけ」である。そうすると、①**では、それ以外のしかけ**を使えばよい。「Which 型課題」の国語授業モデルと「教材のしかけ」の関係づけることで、授業展開をシンプルに構想することができる。

(5) 国語科授業のファシリテーション力

◆ファシリテーション力とは

発達障害の可能性のある子の存在を前提にした学び合いでは「単線的で、右肩上がりの学び」になるはずがない。「考えのずれ」が生まれたり、「間違い」が出たり、「わからない」という声が上がったりする。つまり、国語の授業 UD とは、複線的で行きつ戻りつする**「多様性のある学び合い」**である。

こうした「多様性のある学び合い」を支える教師の力量を**「国語授業のファシリテーション力」***[16]と呼ぶことにする。**ファシリテーション（facilitation）とは「集団による知的相互作用を促進する働き」**である。Facilitate には、「物事をやりやすくする、容易にする、促進する、助長する」という意味がある。問題解決、アイデア創造、合意形成など、集団における知識創造活動を促進していく働きがある。

このファシリテーション力として、次の五つのスキルを想定している。

①授業のストーリーづくりのスキル
②教室の空気づくりのスキル
③多様な意見を拡散的に引き出すスキル
④異なる意見を収束的に整理するスキル
⑤即時的にアセスメントし対応するスキル

以下、簡単に解説する。

◆授業のストーリーづくりのスキル

「『Which 型課題』の国語授業モデルに基づいて、「子どもの学びのプロセス」イメージ

するスキル」である。次のように授業展開を考えることで、授業のストーリーをクリアに考えることができる。（［　］は子どもの学びのプロセスを示す）

①問題意識の醸成	［面白いね。ん？］
②「Which 型課題」の設定	［えっ、どれ？］
③考えのゆさぶり	［違うよ！　だって…］
④まとめ・振り返り	［～が大事だね。他にもあるかな］

◆教室の空気づくりのスキル

「子ども同士の共感的な呼応関係や前向きな雰囲気をつくるスキル」である。共感的な呼応関係とは、話し手が語りかけると、聞き手がオリジナルの反応をするような関係である。また、アイスブレイクで自己開示ができるようにしたり、授業の導入（問題意識の醸成）おいて、子どもの「楽しい」や「気になる」を引き出したりすることも大切である。もちろん「遊び心のある」「温かく」「誠実な」教師の話し方や雰囲気も欠かせない。

◆多様な意見を拡散的に引き出すスキル

「多様な意見や反応を引き出して、受容的に対応するスキル」である。一番重要なのは「教師や子どもの授業観の転換」である。私たちは、無意識のうちに「授業とは、正しい答えを発表し合うことである」と考えていることが多い。だが、こうした「正答ベースの授業観」では、多様な意見は出ない。「授業とは、困ったことや悩んでいることに寄り添って、全員で解決していくことである」という「困りベースの授業観」に変えていく必要がある。「～に困っている人？」と教師が問いかけ、学習者が困っていることを語り出し、それを全員で解決していく。「～がわかる人？」という問いかけでは参加できる子が限られる。「困りベースの授業観」では、全ての学習者が参加できる。

「「Which 型課題」のように、課題や発問に「選択肢」をつくることも効果的である。「Which 型」（どれ？）の課題や発問から始めると、全員が参加しやすい。自分の立場を明示して授業に参加できるようにする。

子どもが様々な意見を出し合うには、まずは、教師が子どもの意見に対して「受容的・共感的」に反応することが必要である。うなずきながら全身で聞いたり、適切なポジショニングをとったり、プラスの相槌を打ったり、適切なリボイシングをしたりする。

◆異なる意見を収束的に整理するスキル

「考えの違いを整理した上で、問題を明確化したり論理を共有したりするスキル」である。例えば、話し合い活動において、子どもの意見の違いを対比・類別等で「整理」して問い返す。モデル発言の「再現・解釈・想像・評価・再構成」を促す。一人の子の発見を「着眼点（ヒント）」を共有していくことで、「全員の発見」を促す。

「考えのゆさぶり」の場面では、「ゆさぶり発問」として、「だったら～だよね？」と、意図的に不適切な解釈を投げかけて、適切な解釈を引き出す。

また「学習のまとめ」として「①課題に対する答え　②読み方の整理　③読み方の活用」を確認したり、「学習の振り返り」として「学び方の成果と課題」を見つめ直すように投げかけたりする。

◆即時的にアセスメントし対応するスキル

「『学びのズレ』をアセスメントしながら、『立ち止まり』『立ち戻り』によって、即時的に対応するスキル」である。例えば、一人の子の「わからない」「困っている」「間違い」を積極的に取り上げて「立ち止まる」。一人の子の問題は、実は他の子も同様の問題を抱えていることが多い。その上で、「間違いの思考過程」を共感的に理解しながら「立ち戻る」。間違いの結果ではなくて、その思考過程のよさに共感しつつ、一緒に改善策を考えることができるようにする。

◆即時的に対応できる力

授業の成否は、およそ「事前の準備が6割、事中の対応が3割、事後の評価と指導が1割」である。「国語科教育」「特別支援教育」「学級経営」に関する専門的な研鑽を続けた上で**「子どものつまずきを想定して、授業の準備を綿密に行い、授業のイメージや学びの姿を描けるようになること」**が、実際の授業においても**「自然な振る舞いとして即時的に対応できる力を高めること」**につながるのである。

(6) 単元構成の基本的な考え方

◆単元とは

単元とは「一つのまとまり」のことである。例えば、次のような目安で、単元を構成する。

●第一次……中心教材を読み、音読練習をしたり単元の見通しをもったりする。
●第二次……中心教材の内容や論理を確認する。
●第三次……学んだ論理を使って、選択教材を読んだり表現活動をしたりする。

子どもの問題解決の文脈に寄り添いつつ構成することが大切になる。

下学年の単元の第二次では、「場面ごとの読み」ではなくて、中心人物の心情変化に着眼して**「場面をつなげる読み」**で指導していくことが効果的である。

例えば、第2次1時では1場面だけの中心人物の心情を読み深める。次の第2時では、1場面と2場面をつなげて、中心人物の心情変化を読み深める。そして第3時では、1場面から3場面をつなげて、中心人物の心情変化を読み深める。こうやって指導していけば、最後には、1場面から最終場面までの中心人物の心情変化が明らかになるというわけである。

一方、**上学年の単元の第二次では、下学年での学びをふまえて、文章丸ごとを扱って「論理的な読み方」に着眼して指導する**ことが大切になる。その着眼する「論理的な読み方」は、これまでの述べてきた中で、次の5つが目安になる。

①作品の設定（「時（いつ）」「場所（どこで）」「登場人物（誰が）」「出来事（何をしたか）」）は？

②視点（語り手は「誰」の目と心かから地の文を語っているか）
③文学特有の表現技法（この表現技法によって、視点人物のどんな心情が解釈できるか？）
④中心人物の変化（中心人物の心情は、どのように変化しているか）
⑤主題（人間の生き方として一番強く感じることは何か？）

第一次では、単元に関する問題意識を引き出した上で、第二次では、問題解決のプロセスとして、こうした「論理的な読み方」を確認していく。そして第三次では、学んだ「論理的な読み方」を活用して別の物語文を読んだり表現したりできるようにする

(7) 三段構えの指導

◆三段構えの指導とは

通常学級の授業においては、全体指導だけでも個別指導だけでも進めることはできない。全体と個別のバランスや順序性を考えて指導することが大切になる。

「三段構えの指導」（図3）*17とは、通常学級において「①全体指導の工夫」「②個別の配慮」「③個に特化した指導」という順序で、「全員参加」の指導をすることである。例えば、図2における三角形は、通常学級のクラス全員の子どもを表している。

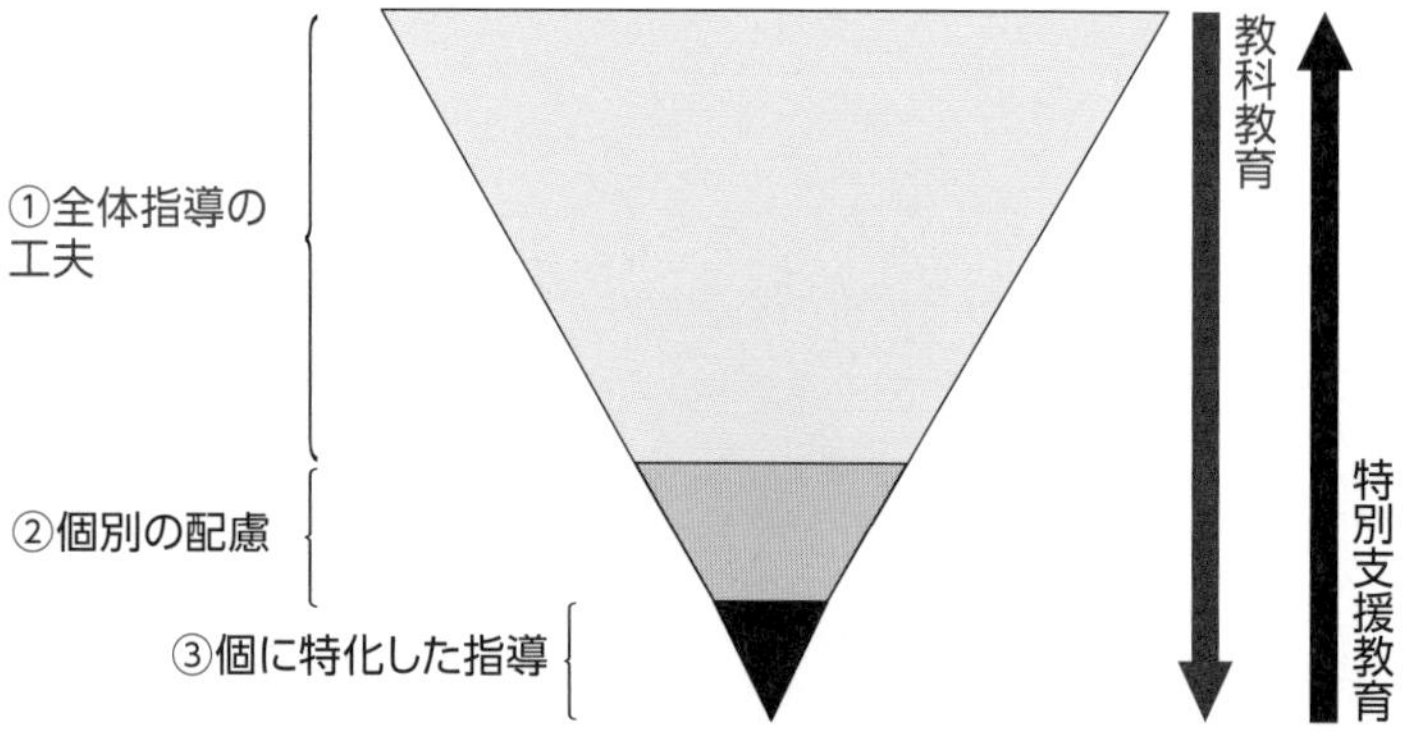

図3　三段構えの指導

◆全体指導の工夫

まずは**「①全体指導の工夫」によって、発達障害の可能性のある子を含めて、全ての子が楽しく学び合い「わかる・できる」授業を目指す**。ここで言う「①全体指導の工夫」とは、国語で言えば、これまでに述べてきたように、「論理」を授業の目標にしたり、授業の「焦点化・視覚化・共有化」を図ったり、その手立てとして「教材のしかけ」つくったりする、「考える音読」を設定したりする、「Which 型課題」の国語授業モデルで授業を展開するなどの指導内容の精選や指導方法の工夫である。

◆個別の配慮

しかし、**「①全体指導の工夫」を行っても、学習活動に乗れない子がいることがある。その際には、授業の中で、例えば次のような「②個別の配慮」を行う**ことがある。

- 漢字を読むことが苦手な子がいる場合には、ふりがな付きのプリントを与える。
- 教材を提示しても注目していない場合には、その子に注目して話したり近寄ったりする。
- ペアの話し合い活動が難しい場合には、教師が二人の間に入って話し合い活動の調整役をする。
- 全体の話し合い活動での発表が難しい場合には、つぶやきやノートの記述を取り上げて、その子に発言するように勧めたり、その子の考えを教師が紹介したりする。
- 書くことが苦手な子がいる場合には、書き出しを指示したり、お手本や他の子の意見を写しすることを許可したりする。

こうした「②個別の配慮」とは、授業時間の中で行う個別の指導である。

ただし、こうした**「授業内での個別指導」では、個別指導をされる側の子どもの気持ちを十分配慮することが必要である**。例えば、自分の考えをノートに書く時間で、長時間、書くことが苦手な子を指導することは、「またあの子は書けていない」ということを他の子に知らせることになる。そこで、机間指導の1周目に指示をしておいて、その2周目に確認をするなどして、できるだけ早めに何度も子どもたちを見て回るようにする。すると、書くことが苦手な子が目立たなくなる。つまり、「②個別の配慮」としての授業内での個別指導では、苦手な子が目立たないように指導していくことが大切である。

◆個に特化した指導

だが、**こうした「授業内での個別指導」でも、理解できない子や表現できない子がいることがある。その場合には「授業外での個別指導」として、「③個に特化した指導」を行っていく必要がある**。例えば、授業が終わった後の休み時間に漢字の指導をしたり、「通級による指導」で該当の子だけは文章を事前に読ませたりする。「授業外での個別指導」においても、まずは個別指導される側の気持ちを優先して、本人や保護者の納得や同意の下で適切に行うことが大切である。教師が親切に行った個別指導が、子どもや保護者にとって嫌な出来事にならないように細心の配慮が必要である。

◆指導の順序性

授業UDでは、「①全体指導の工夫」として、まずは、発達障害の可能性がある子も含めて、他の子も楽しく参加しやすい、言わば「ユニバーサルデザイン的な対応」する。その上で「②個別の配慮」「③個に特化した指導」として、つまずきが生じる子への合理的な配慮、言わば「バリアフリー的な対応」(合理的配慮)をする。

こうした**「①全体指導の工夫」「②個別の配慮」「③個に特化した指導」という指導の順序も大切である**。やはり、まずは「①全体指導の工夫」を大事である。これが有効に働かなければ、多く子がつまずいて、多くの子に対して「②個別の配慮」「③個に特化した指導」をしなければならなくなる。まずは「①全体指導の工夫」として「授業の質を高める」ことが大切なのである。

授業UDでは、「①全体指導の工夫」「②個別の配慮」「③個に特化した指導」という

「三段構え」で、通常学級の全ての子どもを支えていくことを大切にしている。

【文献】

* 1　桂聖（2011）『国語授業のユニバーサルデザイン』東洋館出版社
* 2　トレイシー・E・ホール、アン・マイヤー、デイビッド・H・ローズ著、バーンズ亀山静子翻訳（2018）『UDL 学びのユニバーサルデザイン』東洋館出版社．
* 3　小貫悟・桂聖（2014）『授業のユニバーサルデザイン入門』東洋館出版社．
* 4　文部科学省（2018）『小学校学習指導要領　解説国語編』東洋館出版社．
* 5　前掲 4
* 6　筑波大学附属小学校国語教育研究部・青木伸生・青山由紀・桂聖・白石範孝・二瓶弘行（2016）『筑波発 読みの系統指導で読む力を育てる』東洋館出版社．
* 7　前掲 1
* 8　桂聖・N5 国語授業力研究会（2018）『「Which 型課題」の国語授業』東洋館出版社
* 9　桂聖・授業の UD ユニバーサルデザイン研究会沖縄支部編著（2013）『教材に「しかけ」をつくる国語授業 10 の方法　文学のアイデア 50 ／説明文のアイデア 50』東洋館出版社
* 10　桂聖・「考える音読」の会編著（2011）『論理が身につく「考える音読」の授業文学アイデア 50 ／説明文アイデア 50』東洋館出版社
* 11　桂聖・「考える音読」の会編著（2019）『全員参加で楽しい「考える音読の授業&音読カード文学／説明文』東洋館出版社
* 12　前掲 8
* 13　前掲 1
* 14　長崎伸仁・桂聖（2016）『文学の教材研究コーチング』東洋館出版社
* 15　前掲 9
* 16　桂聖（2017）「『多様性のある学び』を支える国語授業のファシリテーション力」桂聖・石塚謙二・廣瀬由美子・日本授業 UD 学会編著『授業のユニバーサルデザイン Vol.9』東洋館出版社
* 17　授業のユニバーサルデザイン研究会・桂聖・石塚謙二・廣瀬由美子（2014）『授業のユニバーサルデザイン Vol.7』東洋館出版社

第１章　付表①

Ⅰ　文学の系統指導表

◆筑波大学附属小学校「文学の読みの系統指導表」（2015試案を一部変更）

学年	読みの技能	読みの用語
①「作品の構造」系列の読む力		
１年	作品の設定に気をつけて読む	時、場所、登場人物、出来事（事件）
１年	場面をとらえて読む	場面
１年	連のまとまりをとらえて読む	連
２年	あらすじをとらえて読む	あらすじ
３年	中心となる場面を読む	中心場面
４年	物語のしくみをとらえて読む	起承転結（導入部・展開部・山場・終結部）
４年	時代背景と関連づけて読む	時代背景
４年	場面と場面を比べて読む	場面の対比
５年	額縁構造をとらえて読む	額縁構造
５年	伏線の役割を考えながら読む	伏線
②「視点」系列の読む力		
１年	語り手の言葉をとらえて読む	語り手、地の文
１年	語り手の位置を考えながら読む	語り手の位置
３年	立場による見え方や感じ方の違いをとらえて読む	立場による違い
４年	視点をとらえて読む	視点、視点人物、対象人物
４年	視点の転換の効果を考えながら読む	視点の転換
６年	一人称視点と三人称視点の効果を考えながら読む	一人称視点、三人称視点（限定視点、客観視点、全知視点）
③「人物」系列の読む力		★１，２年→気持ち、３，４年＝心情
１年	登場人物の気持ちや様子を想像しながら読む	登場人物、中心人物、気持ち、様子
１年	登場人物の言動をとらえて読む	会話文（言ったこと）、行動描写（したこと）
２年	登場人物の気持ちの変化を想像しながら読む	気持ちの変化、対人物、周辺人物
３年	人物像をとらえながら読む	人物像（人柄）
３年	中心人物の心情の変化をとらえて読む	心情、変化前の心情、変化後の心情、きっかけ
５年	登場人物の相互関係の変化に着目して読む	登場人物の相互関係
６年	登場人物の役割や意味を考えながら読む	登場人物の役割
④「主題」系列の読む力		
１年	題名と作者をとらえて読む	題名、作者
１年	いいところを見つけながら読む	好きなところ
２年	自分の経験と関連づけながら読む	自分の経験
２年	感想を考えながら読む	感想、読者
３年	自分の行動や考え方を重ねて読む	自分だったら
４年	読後感の理由を考えながら読む	読後感
５年	中心人物の変化から主題をとらえる	主題
５年	作品のしくみ（山場や結末）の意味から主題をとらえる	山場の意味、結末の意味
６年	題名の意味から主題をとらえる	題名の意味、象徴
６年	複数の観点から主題をとらえる	複数の観点（中心人物の変化、山場、結末、題名など）の意味
⑤「文学の表現技法」系列の読む力		
１年	会話文と地の文を区別しながら読む	会話文、地の文
１年	リズムを感じ取りながら読む	音の数、リズム
１年	繰り返しの効果を感じ取りながら読む	繰り返し（リフレイン）
２年	比喩表現の効果を考えながら読む	比喩（たとえ）
２年	短文や体言止めの効果を考えながら読む	短文、体言止め
３年	会話文と心内語を区別して読む	心内語
３年	擬態語や擬声語の効果を考えながら読む	擬態語・擬声語
３年	擬人法の効果を考えながら読む	擬人法
４年	五感を働かせて読む	五感の表現
４年	情景描写の効果を考えながら読む	情景描写

4年	倒置法の効果を考えながら読む	倒置法
4年	呼称表現の違いをとらえながら読む	呼称表現
4年	記号の効果を考えながら読む	ダッシュ（—）、リーダー（…）
5年	方言と共通語の違いを考えながら読む	方言、共通語
6年	対比的な表現の効果を考えながら読む	対比
⑥「文種」系列の読む力		
1年	昔話や神話を読む	昔話、神話
1年	物語文と詩の違いをとらえて読む	物語文、詩
2年	日本と外国の民話の違いをとらえて読む	訳者、外国民話、翻訳
3年	ファンタジーをとらえて読む	ファンタジー、現実、非現実
3年	俳句を音読する	俳句、季語、十七音、切れ字
4年	脚本を読む	脚本、台詞、ト書き
4年	短歌を音読する	短歌、三十一音、上の句、下の句、百人一首
5年	古文を読む	古文、古典
5年	伝記の特徴を考えながら読む	伝記、説明的表現、物語的表現
5年	随筆の特徴を考えながら読む	随筆、説明的表現、物語的表現
5年	推理しながら読む	推理小説
6年	漢文を音読する	漢文
6年	古典芸能を鑑賞する	狂言、歌舞伎、落語
⑦「活動用語」系列の読む力		
1年	物語文の読み聞かせを聞く	読み聞かせ
1年	語のまとまりや言葉の響きなどに気をつけて音読・暗唱する	音読、暗唱
1年	人物になりきって演じる	動作化、劇化
2年	場面や人物の様子を想像しながら、絵を描いたり音読したりする	紙芝居
2年	場面や人物の様子を想像しながら、絵や吹き出しをかく	絵本
2年	日本や外国の昔話を読む	昔話の読書
3年	人物の気持ちや場面の様子を想像して、語りで伝える	語り
4年	学習した物語文に関連して、他の作品を読む	テーマ読書
5年	学習した物語文に関連して、同じ作者の作品を読む	作者研究
5年	自分の思いや考えが伝わるように朗読をする	朗読

※筑波大学附属小国語研究部編『筑波発　読みの系統指導で読む力を育てる』（東洋館出版社）2016年2月

Ⅰ　説明文の系統指導表

◆筑波大学附属小学校「説明文の読みの系統指導表」（2015試案）

学年	読みの技能	読みの用語
①「文章の構成」系列の読む力		
１年	問いと答えをとらえて読む	問い、答え
１年	事例の内容をとらえて読む	事例、事例の順序
２年	三部構成をとらえて読む	三部構成（初め・中・終わり）、話題、まとめ、意味段落
３年	問いの種類を区別して読む	大きな問い、小さな問い、かくれた問い
３年	事例とまとめの関係をとらえて読む	事例とまとめの関係
３年	観察・実験と考察の関係をとらえて読む	実験・観察、考えたこと
４年	文章構成（序論・本論・結論）をとらえて読む	序論、本論、結論
４年	文章構成の型をとらえて読む	尾括型、頭括型、双括型、文章構成図
４年	事例の関係をとらえて読む	事例の並列関係、事例の対比関係
５年	まとめから事例を関連づけて読む	まとめと事例の関係
６年	文章構成の型を活用して読む	文章構成の変形
②「要点・要約」系列の読む力		
１年	文と段落を区別しながら読む	文、段落
２年	小見出しの効果を考えながら読む	小見出し
２年	主語をとらえながら読む	主語、述語
３年	キーワードや中心文をとらえながら読む	キーワード、中心文
３年	段落の要点をまとめながら読む	要点、修飾語、常体、敬体、体言止め
３年	大事なことを要約しながら読む	筆者の立場での要約、要約文
４年	目的や必要に応じて、要約しながら読む	読者の立場での要約
③「要旨」系列の読む力		
１年	題名と筆者ととらえて読む	題名、筆者
２年	まとめをとらえて読む	まとめ
４年	要旨の位置を考えながら読む	要旨、筆者の主張、尾括型、頭括型、双括型
５年	要旨と題名の関係を考えながら読む	要旨と題名の関係
６年	具体と抽象の関係から要旨を読む	要旨と事例の関係
④「批評」系列の読む力		
１年	初めて知ったことや面白かったことを考えながら読む	初めて知ったことや面白かったこと
１年	「問いと答え」や「事例の順序」の意図を考えながら読む	筆者の気持ち
２年	自分の経験と関連づけながら読む	自分の経験
２年	感想を考えながら読む	感想、読者
３年	説明の工夫を考えながら読む	説明の工夫
３年	「事例の選択」の意図を考えながら読む	事例の選択、筆者の意図
４年	「話題の選択」の意図を考えながら読む	話題の選択
４年	文章構成の型の意図を考えながら読む	文章構成の意図
６年	筆者の説明に対して自分の意見を考えながら読む	共感、納得、反論
⑤「説明文の表現技法」系列の読む力		
１年	問いの文と答えの文を区別しながら読む	問いの文、答えの文、疑問の文末表現
１年	説明の同じところや違うところを考えながら読む	説明の観点、同じ説明の仕方（類比）、説明の違い（対比）
２年	事実の文と理由の文を区別しながら読む	事実の文、理由の文、理由の接続語、理由の文末表現
２年	順序やまとめの接続語の役割を考えながら読む	順序やまとめの接続語
２年	図や写真と文章とを関係づけながら読む	図、写真
３年	抽象・具体の表現の違いを考えながら読む	抽象的な語や文、具体的な語や文
３年	事実の文と意見の文を区別しながら読む	意見の文、事実や感想の文末表現
３年	指示語の意味をとらえて読む	指示語（こそあど言葉）
４年	語りかけの表現をとらえて読む	語りかけの文末表現
４年	言葉の定義に気をつけながら読む	定義づけ、強調のかぎかっこ
４年	対比的な表現や並列的な表現などに気をつけて読む	順接、逆接、並列、添加、選択、説明、転換の接続語、長所・短所
４年	時の流れに着目しながら読む	西暦、年号

4年	説明の略述と詳述の効果を考えながら読む	略述、詳述
5年	具体例の役割を考えながら読む	具体例
5年	表やグラフの効果を考えながら読む	表、グラフ、数値
5年	譲歩的な説明をとらえて読む	譲歩
6年	文末表現の効果を考えながら読む	常体、敬体、現在形、過去形
⑥「文種」系列の読む力		
1年	物語文と説明文の違いをとらえて読む	物語文、説明文
3年	実験・観察の記録文の特徴を考えながら読む	実験、観察、研究、記録文
4年	報告文の特徴を考えながら読む	報告文
5年	論説文の特徴を考えながら読む	論説文
5年	編集の仕方や記事の書き方に注意して新聞を読む	新聞、編集、記事
5年	伝記の特徴を考えながら読む	伝記、ドキュメンタリー、説明的表現、物語的表現
5年	随筆の特徴を考えながら読む	随筆、説明的表現、物語的表現
6年	紀行文の特徴を考えながら読む	紀行文
6年	ドキュメンタリーの特徴を考えながら読む	ドキュメンタリー
⑦「活動用語」系列の読む力		
1年	語のまとまりに気をつけて音読する	音読
2年	生き物や乗り物など、テーマを決めて読む	テーマ読書
4年	目的に必要な情報を図鑑や辞典で調べる	調べる活動、図鑑、辞典、索引
5年	自分の思いや考えが伝わるように音読や朗読をする	朗読

※筑波大学附属小国語教育研究部編『筑波発 読みの系統指導で読む力を育てる』（東洋館出版社）2016年2月より

※筑波大学附属小国語研究部編『筑波発　読みの系統指導で読む力を育てる』（東洋館出版社）2016年2月

第2章

授業のユニバーサルデザインを目指す国語授業と個への配慮

―「学びの過程において考えられる困難さに対する指導の工夫」の視点から―

1. 各教科の学習指導要領における特別支援教育の位置付け …… 34

2. 通常の学級における特別支援教育とは …… 34

3. LD、ADHD、高機能自閉症の「学びの過程における困難」とは …… 35

4. 「発達障害のある子」の困難（つまずき）と「すべての子ども」との共通点 …… 36

5. 「ユニバーサルデザイン」における授業改善 …… 37

6. ユニバーサルデザインと個への配慮の関連 ―学習のつまずきに対する三段構え― …… 41

7. 「個への配慮」へのヒントとなる学習指導要領解説の〈例示〉 …… 42

8. あらゆる【困難の状態】への【手立て】を案出するために …… 43

9. まとめ …… 46

授業のユニバーサルデザインを目指す国語授業と個への配慮
―「学びの過程において考えられる困難さに対する指導の工夫」の視点から―

明星大学　小貫　悟

1．各教科の学習指導要領における特別支援教育の位置付け

小学校では2020年度から実施される学習指導要領を特別支援教育の立場からみたときに、これまでの学習指導要領からの注目すべき変更点と言えるのが、各教科の学習指導要領の中に、

> 障害のある児童などについては、学習活動を行う場合に生じる困難さに応じた指導内容や指導方法の工夫を計画的、組織的に行うこと。

の文言が新たに加わったことである。ここで「通常の学級においても、発達障害を含む障害のある児童が在籍している可能性があることを前提に、全ての教科等において、一人一人の教育的ニーズに応じたきめ細かな指導や支援ができるよう、障害種別の指導の工夫のみならず、学びの過程において考えられる困難さに対する指導の工夫の意図、手立てを明確にすることが重要である。（下線は筆者加筆）」と説明されている。教科教育の基本的な枠組みとして（つまり、授業内において）「学びの過程に困難がある子」への指導をしっかり行うことが明記されたわけである。

2．通常の学級における特別支援教育とは

ここで、教科教育における「学びの過程において考えられる困難さに対する指導」の前提となる「通常の学級における特別支援教育」について今一度確認しておこう。平成19年度の学校法改正に伴い「特別支援教育」は誕生した。特別支援教育の定義としては、平成15年3月の文部科学省調査研究協力者会議の「今後の特別支援教育の在り方について（最終報告）」に示された説明がその定義として、しばしば引用されている。

> 特別支援教育とは、従来の特殊教育の対象の障害だけでなく、LD、ADHD、高機能自閉症を含めて障害のある児童生徒の自立や社会参加に向けて、その一人一人の教育的ニーズを把握して、その持てる力を高め、生活や学習上の困難を改善又は克服するために、適切な教育や指導を通じて必要な支援を行うものである。（下線は筆者加筆）

ここで示されている通り、それまで障害児教育を担ってきた「特殊教育」との決定的な違いは、「LD、ADHD、高機能自閉症を含む」としたところである。現在、この三つの障害を教育領域では「発達障害」とし、特別支援の対象に位置付けている。特に、この三つの障害のベースには「知的な遅れを伴わない」との前提がある。つまり、従来の公教育システムにおいて「通常の学級に在籍する」児童とされていた子どもであり、結果、障害のある子は「特別な場」での教育を受けるという前提を覆すものとなった。ここを源流として考えると、現在、「通常学級」に求められている「インクルーシブ教育」「ユニバーサルデザイン（以下、UD)」「合理的配慮」などの教育的配慮の意味合いがよくみえてくるであろう。

3．LD、ADHD、高機能自閉症の「学びの過程における困難」とは

以下に、通常学級における特別支援教育の対象とされた「LD、ADHD、高機能自閉症」を説明する。これは、すでに多くの類書の詳しいため、ここでの説明は本稿のテーマである授業の中での「学びの過程における困難さ」がその子たちにどう生じるのかの説明を中心に述べる。

◎ LDのある子が直面する「学びの過程における困難」

LD（学習障害）のある子は「聞く、話す、読む、書く、計算する、推論する」などの基礎学力の習得に特異的なつまずきを見せ、授業においては、学習内容への「理解のゆっくりさ」が課題になる。なぜ、こうしたことが生じるかは不明なことが多いが、そうした子の心理検査などの結果には「認知能力のかたより」が見られることが多く、特に「視覚認知（形や文字などを目で捉える力)」や「聴覚認知（音や口頭言語などを耳で捉える力)」などの外部からの情報を捉えて思考すること（情報処理）に弱さをみせることがある。また、同様に「記憶能力」に弱さをみせることもあり、ここから学習内容の「定着の悪さ」が生じることがある。このような特徴のある子には「学習スタイルの違い」つまり個々の学び方の違いに配慮する必要がある。さらに、学習の遅れから「二次症状」と呼ばれる自信喪失、劣等感などの心理面のつまずきが生じることも多く、その配慮も必要になる。

◎ ADHDのある子が直面する「学びの過程における困難」

ADHD（注意欠如多動性障害）は「不注意・多動・衝動性」などの行動特徴が生じる障害である。この特徴は、外部からの刺激（音、掲示物、人の動き等）に弱く、すぐにそれに反応してしまうため、今、進行している作業が中断しがちになったり、別のことに関心が移ってしまったりするなどの行動が頻繁に起こる。こうした特徴は「集中力の無さ」「やる気の無さ」と位置付けられ、授業において教師からの注意・叱責を受けがちになる。そうした中で、授業参加の放棄、教師への反抗、他児とのいさかいなどの行動が「二次症状」として現れることもあり、授業の不参加がさらに顕著になるといった負の連鎖が

生じることも少なくない。

◎高機能自閉症のある子が直面する「学びの過程における困難」

高機能自閉症は、知的には遅れがみられない自閉症の特徴のある子を指す概念である。医学的には「自閉スペクトラム症」と診断される。高機能自閉症の子は対人関係の苦手さや「状況理解の悪さ」を指摘されがちである。また、特定の物や、スケジュール、やり方などに固執するなどの「こだわり」をもつことも知られている。こうしたこだわりは「関心のムラ」につながったり、突然の予定変更の弱さなどを生じさせ、それが「見通しの無さへの不安」へとつながったりすることもある。このような行動面での特徴とともに、独特な状況理解や考えをもつこともある。特に「イメージすることの弱さ」をもつことが知られており、これが「曖昧なものへの弱さ」「抽象的思考の弱さ」につながることもある。また、複数のことを同時に行うことは苦手であり「複数並行作業の弱さ」を補う配慮も必要になる。

4.「発達障害のある子」の困難（つまずき）と「すべての子ども」との共通点

以上のように発達障害と呼ばれる子どもたちには様々な「学びの過程における困難（つまずき）」が生じる。しかし、その困難（つまずき）は、すべての子にとっても地続きのつまずきである。発達障害のある子のつまずきは、どの子にも生じるつまずきとして言い換えが可能である。そのことを示したのが、**表1**である。

表1　発達障害の「学びの過程における困難」とどの子にも起きうる困難の関係

状況	発達障害のある子に「学びの過程における困難」を生む特徴	どの子にも起きうる「学びの過程における困難」を生む特徴
参加	状況理解の悪さ	学習準備／作業の取り掛かりの悪さ
	見通しの無さへの不安	授業がどこに向かっているのか理解不足
	関心のムラ	全体の流れからはずれる思考
	注意集中困難／多動	気の散りやすさ
	二次障害（学習意欲の低下）	引っ込み思案／自信の無さ
理解	認知のかたより（視覚・聴覚）	指示の聞き落とし／課題内容や細部の見落とし
	学習の仕方の違い(learning differences)	得意、不得意の存在／協力しての作業の苦手さ
	理解のゆっくりさ(slow learner)	協働的な学習でのペース合わせが苦手／学習内容の背景理解や深めることの苦手さ
	複数並行作業の苦手さ	すべき作業の取りこぼし
	曖昧なものへの弱さ	質問の意図の取り間違い／思い込みをする傾向／断片的な理解をする傾向

習得	記憶の苦手さ	既習事項の積み上がりにくさ
	定着の不安定さ	学び続ける態度の弱さ
活用	抽象化の弱さ	知識の関連付けの弱さ／応用への弱さ
	般化の不成立	日常生活に結び付ける意識の低さ

表1における対応関係をベースにすると、発達障害のある子の「学びの過程における困難」への配慮は、同時に、授業中に多くの子に生じるつまずきへの配慮となっていると考えることが分かる。つまり､これが「授業のUD」を成立させる根拠の土台なのである。

5.「ユニバーサルデザイン」における授業改善

ここで、授業をUD化するためのモデルを提示したい。それを示したのが**図1**である。

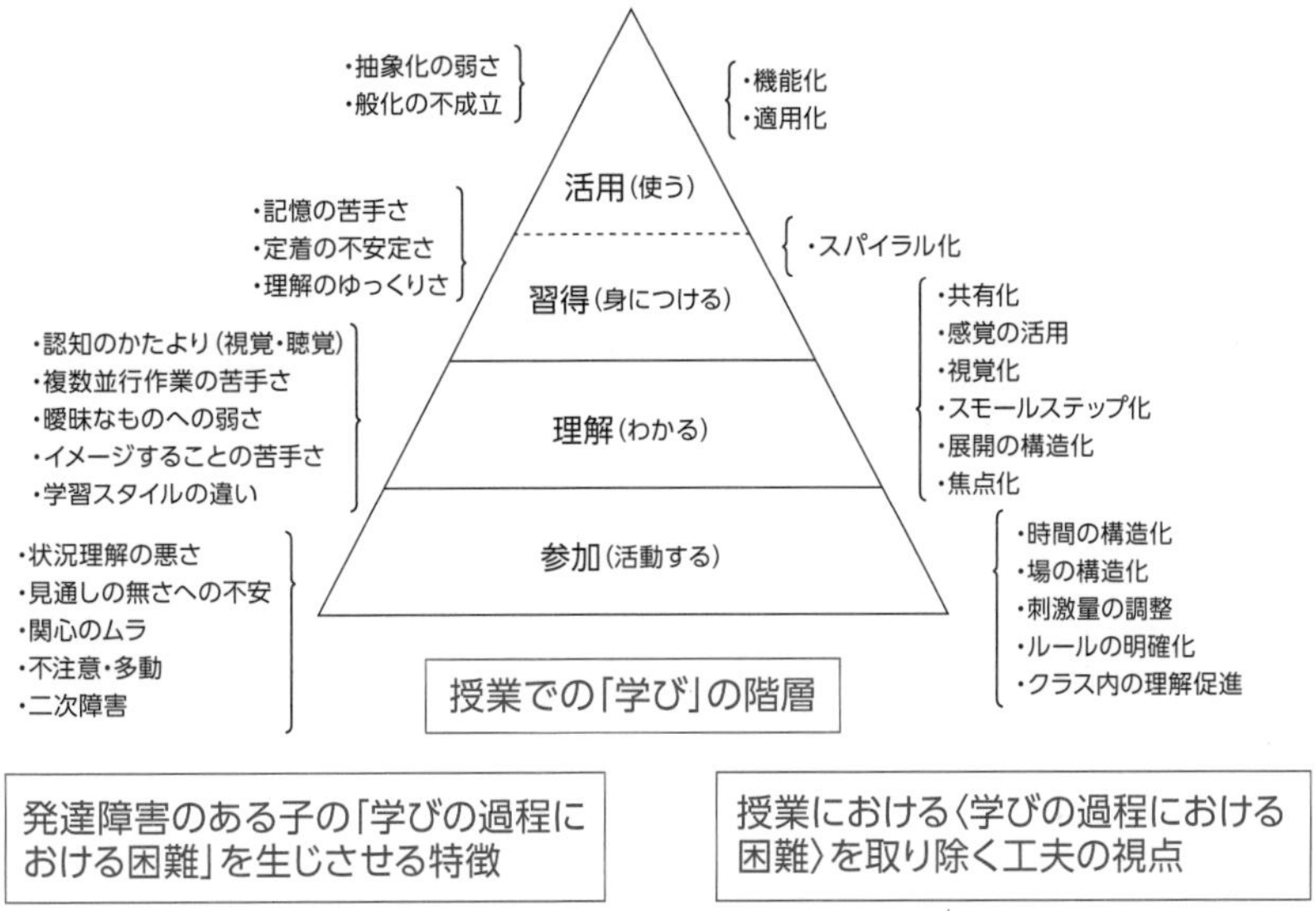

図1　授業UDモデル

まず、図（モデル）の左側に、ここまでに述べてきた〈発達障害のある子の「学びの過程での困難」を生じさせる特徴〉を列挙した。次に図の中心にある三角形に注目してほしい。これは、通常学級での〈授業での「学び」の階層〉を示したモデルである。授業の最も土台となっているのは、子どもの〈参加〉である。授業は参加しないと始まらない。一方、授業は参加すればよいというものではない。参加の上部には〈理解〉が乗る。参加した上で理解できることが授業では求められる。また、授業において理解したものは、自分のものになっていかなければならない。そのときは理解したけれど、その学習の成果が別の場面では使えないならば、授業から学んだことにはならない。つまり〈理解〉階層の上には〈習得〉〈活用〉階層が乗るのである。こうした「授業の階層性」を整理棚にして〈発達障害のある子の「学びの過程での困難」を生じさせる特徴〉を階層ごとに配置すると図中の左側に示したようになる。この整理によって、どの階層を意識した授業を行うかによって、配慮すべき点を絞ることができる。また、この図の左側の「学びの過程の困難を生じさせる特徴」をカバーするための指導上の「視点」、つまり〈「学びの過程での困難」を取り除く視点〉を配置したのが図中の右側部分である。これらの「視点」について、以下に一つずつ解説する。各視点は、下部に置かれたものが上部の視点を支える要素をもっている。そのため、本稿の解説の順も下部から上部へという進め方で行う。

〈参加階層〉

・クラス内の理解促進

この視点は、クラス内の子が発達障害のある子を適切に理解できるように促すことを目的としている。クラス全体に学習がゆっくりであることをからかうような雰囲気がないか、そうした子をカバーする雰囲気が作られているかをチェックする。こうした視点で発達障害のある子をクラスで支えていくことは、結局、すべての子に対しての配慮にもなる。なぜなら、どの子にも起きてくる可能性のある「間違うこと」「分からないこと」は恥ずかしいことではないということを、そのクラス全員のスタンダードにできるからである。そして「分からない」ことがあったときに「わからない」と安心して言えるクラスでは、担任も「授業の工夫」の方向性を見出しやすくなり、その結果、授業改善、授業のUD 化が実現しやすくなる。

・ルールの明確化

暗黙の了解事項やルールの理解が極端に苦手なのが高機能自閉症のある子の特徴である。暗黙に決まっている（授業者が、どの子も知っていると思い込んでいる）授業内のルールは意外に多い。これらのルールの運用が上手にできずに授業に参加できていない子がいないであろうか。質問の仕方、意見の伝え方、話し合いの仕方などには、ある程度のルールが必要である。授業参加の前提となる、そうした授業内での振る舞い方をどの子も理解し、できるようになっているかをチェックしたい。

・刺激量の調整

前述したようにADHD の子は周囲の刺激に反応しがちな子である。授業に集中してほしいときに、他に気が散る刺激があれば、授業への集中は低下する。黒板周りの壁に、様々な掲示物を貼ることに特段の問題意識は無かった時代もある。当時は「大切なことは常に目に見える場所に貼っておくべきである」という考えが主流だった。この考え方自体は悪いことではない。ただし、授業のUD 化という文脈では、やはり黒板に注意を向けやすい環境づくりをしたい。子ども目線から、教室前面（黒板）がどのように見えているかを、時々、刺激性の観点からチェックしておきたい。

・場の構造化

特別支援教育での自閉症へのアプローチとして有名なのが教室空間などに一定の規則性

を持ち込んで使いやすくする工夫であり、これが「場の構造化」と呼ばれる。これを通常の学級での応用として導入すると学級における学習活動の効率がよくなる効果がある。例えば、教室内のすべての物品に置く場所が決まっていれば、全員が無駄な動きなくその物品を使うことができる。また、教室内の物品の配置も、全員の動線を考慮して考えてみるとよい。

・時間の構造化

通常学級においては一日の流れを黒板に書き出すことはある。しかし、授業の一コマの内容を示さないことも多い。試しにそうした配慮をしてみると、授業中での学習活動の「迷子」を防いだり、迷子になったときにはその時点で行っている学習活動に戻るための助けになったりすることがある。学習活動の迷子とは「あれっ、今、何をしているんだろう」と授業の流れについていけなくなる状態である。授業の迷子は誰にでも起きうる。学習内容が分からなくなるときには学習活動の迷子が先に起きていることも多い。授業の流れを視覚的に提示する「時間の構造化」の方法によって、助かる子が意外に多いはずである。

〈理解階層〉

・焦点化

これは、授業の〈ねらい〉や〈活動〉を絞り込むことを意味する。発達障害のある子は授業内の活動や説明が「ゴチャゴチャ」したものになると、途端についていけなくなりがちである。しっかりとフォーカスした〈ねらい〉とシンプルな〈活動〉によって授業を構成したい。

・展開の構造化

〈ねらい〉と〈活動〉が焦点化されたら、それに基づいた展開の工夫をしていく。論理的かつ明示的な展開であると、多くの子が授業に乗りやすく活躍しやすくなる。逆に展開が分かりにくい授業では、子どもたちが正しい方向への試行錯誤ができなくなり、思考のズレ、思考活動からの離脱、流れについていくことへの諦めが生じやすくなる。「学習内容」が分からなくなる前に「授業展開」についていけなくなっているのではないかのチェックが必要である。展開自体の工夫は、授業 UD 論の中で極めて大きな視点の一つである。

・スモールステップ化

ある事柄の達成までのプロセスに、できるだけ細やかな段階（踏み台）を作ることで、どの子も目標に到達しやすくする。用意された踏み台は使っても使わなくてもよいといった選択の余地があるように工夫するとよい。踏み台を必要としない子がいるにもかかわらず、スモールステップにした課題を全員一律に行うと「簡単過ぎる」と感じモチベーションの低下が生じる子もいる。理解が早い子にも、ゆっくりな子にも、同時に視点を向けるのが授業UDの基本である。

・視覚化

これは、情報を「見える」ようにして情報伝達をスムーズにする工夫である。授業は主に聴覚情報と視覚情報の提示によって行われる。この二つの情報を同時提示することで情報が入りやすくなる。また、この二つの情報の間にある違いは「消えていく」「残る」であり、視覚情報の「残る」性質を大いに利用することで授業の工夫の幅が広がる。

・感覚の活用

発達障害のある子の中には「感覚的に理解する」「直感的に理解する」ことが得意な子がいる。感覚的に捉え、認識していける場面を授業の中に設定すると効果的な支援になることがある。例えば、教材文を読み、それを演じてみる（動作化）と、そこから得られた感覚（体感）によって、文字情報からだけでは分からなかった深い理解が可能になることもある。

・共有化

例えば、ペアトーク、グループ学習など子ども同士で行う活動を要所で導入する。これは、協同学習、学び合いなど様々な呼称で、授業の方法論としてすでに大切にされてきている視点でもある。授業者主導の挙手指名型が多い授業は「できる子」のためだけの授業になりやすい。子ども同士の相互のやりとりによって、理解がゆっくりな子には他の子の意見を聞きながら理解をすすめるチャンスを、そして、理解の早い子には他の子へ自分の意見を伝えたり説明したりすることでより深い理解に到達できるチャンスを作りたい。

〈習得・活用階層〉

・スパイラル化

教科教育の内容はどの教科でも基本的にスパイラル（反復）構造になっている。つまり、ある段階で学んだことは、次の発展した段階で再び必要となる。つまり既習事項には再び出会う構造になっているとも言える。こうした「教科の系統性」と呼ばれる特徴を利用して、前の段階では理解が十分でなかったことや、理解はしたけれど再度の確認を行う必要のあることなどについての再学習のチャンスを可能な範囲で授業内に作りたい。

・適用化／機能化

「活用する」とは、学んだことを応用、発展することである。ここで、基本事項を別の課題にも「適用」してみたり、生活の中で「機能」させてみたりすることで、授業で学んだことが本物の学習の成果となっていく。さらに、肌感覚がある具象的な事柄から、抽象的な概念の理解が可能になっていくことは多い。常に、学びの内容がどこと、何と「つながっているのか」を考える視点をもつと、子どもの理解を促す糸口が見つかることは多い。

6．ユニバーサルデザインと個への配慮の関連
—学習のつまずきに対する三段構え—

さて、ここまで、授業のUD化の〈視点〉を整理してきた。それらを踏まえて、ここで「すべての子が分かる授業」の実現に向けて、一歩進んだ枠組みを示しておきたい。それが〈学習のつまずきに対する「三段構え」〉である。その発想は「すべての子が分かる授業」の実現のための現実的な教育対応の枠組みを示すものであり、〈授業の工夫〉〈個への配慮〉〈授業外の補充的な指導〉の三つの組合せで構成される。**図2**を見ていただきたい。図の一番上の部分には〈授業内容〉がある。これは指導案とも言い換えられる。最初の原案となる指導案をより精錬して授業をUD化していくためには、その指導案に沿って実際に授業を行ってみると、クラス内の一人一人の子どもにどのようなつまずきが起きうるかを想定してみるのである。ここで、気付いた（想定される）つまずきが授業において有効にカバーされる配慮を入れることで「UD化された授業」が作られる。この**図2**では、図の上部で明らかになった〈想定されるつまずき〉の一つ一つについて〈授業の工夫〉だけでカバーできるのか、授業内の〈個への配慮〉も必要なのか、さらに〈授業外の補充的な指導〉の導入も検討する必要があるのかといった判断が必要になることを**図2**の中段の矢印の枝分かれによって示している。

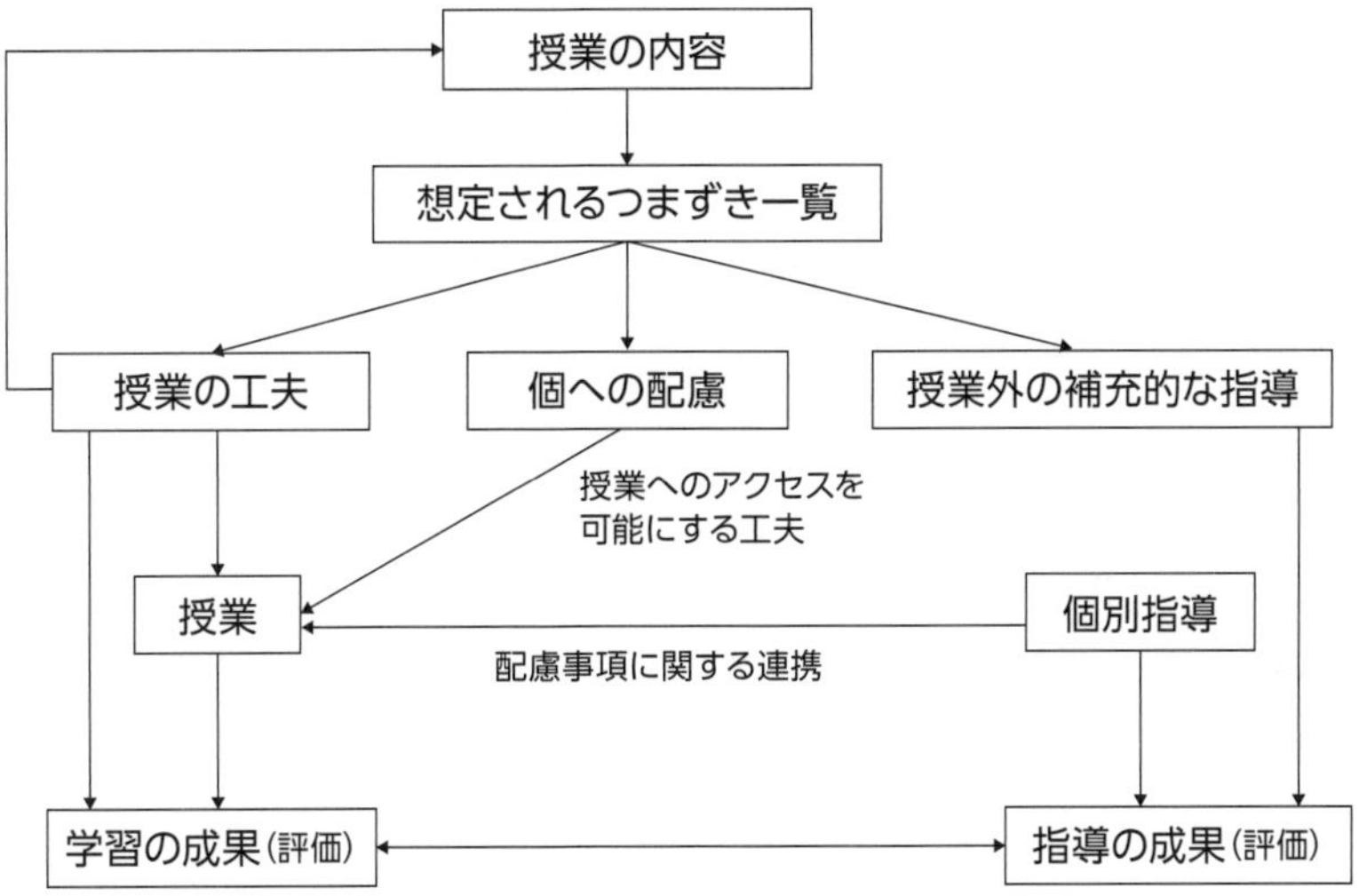

図2　学習につまずきに対する三段構え

第一段階：授業の工夫

まずは、**図2**の一番左側の流れを説明したい。ここが授業UDの中核作業である。ここでの工夫がうまくいくかどうかは、実際に授業してみないと分からないというのはすべての授業者の本音である。しかし、**図2**の上部の「授業内で生じうるつまずきを徹底的に想定してみる、想像してみる」ことをどれだけ丁寧に行うかによって、その成功の確率が変わってくることは、授業者が誰でも体験していることでもあろう。このように、具体的にどのようなつまずきが生じるかをまず可能な限り想定し、その上で、ここまでに説明

したような授業UDの視点を下敷きにして、つまずきをカバーする具体的な手立てを考えてもらいたい。本書の指導案には、それらの工夫のサンプルがあふれている。是非、参考にしてほしい。

第二段階：個への配慮

これは、**図2**では真ん中の流れである。ここでは第一段階の全体指導として行われる「授業の工夫」と違い、ある特定の「学びの過程における困難」がある子に対してのみに行う「配慮」であり、つまりは「個への配慮」である。読みにつまずきをもつ子に対して読み仮名付きや拡大文字の教材文を用意したり、書きにつまずきをもつ子に対して板書における視写範囲の限定を行ったりするなどの配慮は、その例の一つである。理想を言えば、前述の第一段階の〈授業の工夫〉で「すべての子」のつまずきをカバーしたい。しかし、現実には、第二段階の「その子」だけの配慮の視点無くして、それは達成できない。〈個への配慮〉において注意したいのは、この配慮は、あくまで、その子が全体の授業に参加する（アクセスする）ための配慮であるという点である。個別の支援・配慮の一つ一つは、全体の授業に参加できて初めて成功したと言える。そのためには、全体の授業は事前に〈個への配慮〉を必要とする子を含むように工夫されていなければならない。つまり、第一段階〈授業の工夫（＝授業のUD化)〉の充実があって、初めて第二段階〈個への配慮〉としての工夫が生きるのである。

第三段階：授業外の補充的な指導

これは、**図2**の一番右側の流れである。第一、第二段階での支援ではカバーできない部分について、第三段階として（最終段階として)、ここで授業以外の個別指導形態によって支援するのである。これは基本的には特別支援教育の領域としての支援である。ただし、この〈補充的な指導〉は「通級による指導」のみでなく、担任が行う場合も、あるいは家庭学習による連携もありうる。

この「授業外の補充的な指導」とは、言い換えれば、その子その子の「オーダーメイドの指導」であり、一人一人の子どもの状態によって千差万別の方法が展開されるはずである。この部分は、今後の我が国の教育界が目指す「個別最適化」との文脈でさらなる研究が必要であろう。

そして、ここでの〈授業外の補充的な指導〉も、第二段階〈個への配慮〉と同様に、授業の中で活かされなければならない。そうした意味で、第一段階の〈授業の工夫〉との連携は必須である。

7.「個への配慮」へのヒントとなる学習指導要領解説の〈例示〉

それでは、**図2**における第二段階の〈個への配慮〉を授業中にいかに実現したらよいであろうか。そのヒントとなるのが各教科の学習指導要領解説に実際に収載されている障害のある子への指導時の配慮の〈例示〉である。国語の学習指導要領解説には小学校、中学校の各教科毎に〈例示〉は数例ずつが載っている。

例えば、小学校の学習指導要領解説の国語編には〈例示〉として、

> 文章を目で追いながら音読することが困難な場合、自分がどこを読むのかが分かるように教科書の文を指等で押さえながら読むよう促すこと、行間を空けるために拡大コピーをしたものを用意すること、語のまとまりや区切りが分かるように分かち書きされたものを用意すること、読む部分だけが見える自助具（スリット等）を活用すること

と配慮例が示されている。この学習指導要領解説に示されている〈例示〉を読むには少々のコツが必要になる。基本的にどの例示も【困難の状態】【配慮の意図】【手立て】の３つの部分から書かれている。各〈例示〉は「○○のような困難を抱える子がいる場合【困難の状態】」（上記例では「文章を目で追いながら音読することが困難な場合」）は、「○○のために／○○ができるように【配慮の意図】」（上記例：「自分がどこを読むのかが分かるように」）、「○○のような支援が考えられる【手立て】」（上記例：①教科書の文を指等で押さえながら読むよう促すこと、②行間を空けるために拡大コピーをしたものを用意すること、③語のまとまりや区切りが分かるように分かち書きされたものを用意すること、④読む部分だけが見える自助具（スリット等）を活用すること」）という構造で述べられている。それぞれの〈例示〉によって、多少の書きぶりの違いがあるにしても、小学校、中学校におけるすべての教科の学習指導要領解説で、このような統一した構造で〈例示〉が記載されたことについては、教科指導における特別支援教育的発想の根付きの一つとして注目すべき点である。

ここでは、国語科における小学校の（本書には直接的な関連はないが参考として中学校についても）例示を**表２、３**にまとめた。さらに、その一つ一つの例について、前述の授業 UD の工夫の視点との関連も示した。

８．あらゆる【困難の状態】への【手立て】を案出するために

ここに示した学習指導要領解説の〈例示〉は、あくまで例示であり、おそらくその紙面の都合のために、典型例や一部の視点による数例の提示に留まっている。しかし、日本中の教室での日々の授業の中には様々な【困難の状態】があふれている。学習指導要領解説の〈例示〉を参考にしつつも、我々はそこには無い自分の周囲で現実に起きるすべての【困難の状態】への【手立て】を自分たち自身で産出していく必要がある。この〈困難の状態⇒配慮の意図⇒手立て〉の論理展開で、様々な対応を考えていく際に、図１で示した授業 UD モデルを下敷きとして大いに活用していただきたい。なぜなら、表２、３で示したように、学習指導要領解説で示された〈例示〉の【手立て】の内容のほとんどが授業 UD モデルの〈視点〉で説明できるからである。ここでは、授業の中で様々な【困難の状態】に遭遇したときに、授業者自らが【手立て】を自由自在に案出ができるプロセスの中

表２　小学校　学習指導要領　解説（国語）での配慮の例示

困難の状態	配慮の意図	手立て	UD 視点
文章を目で追いながら音読することが困難な場合	自分がどこを読むのかが分かるように	教科書の文を指等で押さえながら読むよう促すこと、行間を空けるために拡大コピーをしたものを用意すること、語のまとまりや区切りが分かるように分かち書きされたものを用意すること、読む部分だけが見える自助具（スリット等）を活用すること	**感覚の活用** **視覚化** **焦点化** **刺激量の調整**
自分の立場以外の視点で考えたり他者の感情を理解したりするのが困難な場合		児童の日常的な生活経験に関する例文を示し、行動や会話文に気持ちが込められていることに気付かせたり、気持ちの移り変わりが分かる文章の中のキーワードを示したり、気持ちの変化を図や矢印などで視覚的に分かるように示してから言葉で表現させたりする	**感覚の活用** **焦点化** **視覚化**
声を出して発表することに困難がある場合や人前で話すことへの不安を抱いている場合	自分の考えを表すことに対する自信がもてるよう	紙やホワイトボードに書いたものを提示したり、ＩＣＴ 機器を活用して発表したりする	**視覚化**

表３　中学校　学習指導要領　解説（国語）での配慮の例示

困難の状態	配慮の意図	手立て	UD 視点
自分の立場以外の視点で考えたり他者の感情を理解したりするのが困難な場合	生徒が身近に感じられる文章（例えば、同年代の主人公の物語など）を取り上げ、文章に表れている心情やその変化等が分かるよう	行動の描写や会話文に含まれている気持ちがよく伝わってくる語句等に気付かせたり、心情の移り変わりが分かる文章の中のキーワードを示したり、心情の変化を図や矢印などで視覚的に分かるように示してから言葉で表現させたりする	**感覚の活用、焦点化、視覚化**
比較的長い文章を書くなど、一定量の文字を書くことが困難な場合	文字を書く負担を軽減するため	手書きだけでなく ICT 機器を使って文章を書くことができるようにする	**代替手段の活用**
声を出して発表することに困難がある場合や人前で話すことへの不安を抱いている場合	自分の考えを表すことに対する自信がもてるよう	紙やホワイトボードに書いたものを提示したり、ICT 機器を活用したりして発表するなど、多様な表現方法が選択できるように工夫	**視覚化** **代替手段の活用**

※表中の下線は筆者が加筆

で、授業UDモデルを活用していく方法を、3つのステップに分けて示す。

ステップ1 【困難の状態】を確定し【配慮の意図】を決める

授業中に出会う【困難の状態】に対して【手立て】を生みだすには、両者の間にある【配慮の意図】が非常に重要になる。同じ【困難の状態】に対しても【配慮の意図】に何を置くかによって、その【手立て】は全く違ったものになる。例えば、前述した「文章を目で追いながら音読することが困難な場合」の〈例示〉では、その【困難の状態】に対して、「自分がどこを読むのかが分かるように」という【配慮の意図】が設定されている。しかし、この【困難の状態】に対して【配慮の意図】として、例えば「一字一字を読み取りやすくするために」や「目で追う形の読み取りだけにならないように」といった形で、別の【配慮の意図】を設定することも可能である。【配慮の意図】が変われば、当然、【手立て】も変わってくる。「一字一字を読み取りやすくするために」と【配慮の意図】を設定すれば「文字そのものを拡大したり、見やすいフォントの字体での教材を使ったりする」などの【手立て】案が考えられよう。また、「目で追う形の読み取りだけにならないように」とする【配慮の意図】であれば、「まずは指導者の音読を聞き、その教材文の内容が理解した上で、指導者と息を合わせて「同時読み」での音読をする」などの【手立て】も考えられよう。このように、【配慮の意図】は「自分がどこを読むのかが分かるように」「一字一字を読み取りやすくするために」「目で追う形の読み取りだけにならないように」といったように実態に応じて変化させることが可能である。どこに、そのポイントを置くかを決めるのは実際の子どもの様子次第である。授業者としての自分自身が、その子に何を「してあげたい」と感じているか、あるいは、何を「すべきか」と考えているかを自らキャッチすることが大切である。

ステップ2 〈発達障害のある子の「学びの過程における困難」を生じさせる特徴〉から【手立て】を導く

ステップ1での「こうしてあげたい」という思いをベースに【配慮の意図】が決められようとしている、まさにその状況の中で、同時並行的に「そもそも、その【困難の状態】はなぜ起きているのだろうか」と考えるようにしてほしい。それを考える下敷きとして、図1の授業UDモデルにおける左側部分の〈発達障害のある子の「学びの過程における困難」を生じさせる特徴〉に示した内容を思い出してほしい。その内容をざっと眺め直してみると、今回の【困難の状態】が生じた「原因」を推測するのに役に立つことがある。先ほどの〈例示〉で言えば、「文章を目で追いながら音読することが困難」という【困難な状態】と遭遇したときに「文章を追いやすくしてあげたい」と考えるタイミングで、その背景を探るために、モデルの左側部分を「ざっと」見てみると、発達障害のある子には「外部の視覚情報の読み取りについてうまくいかない」などの〈認知のかたより〉や「思考作業で、集中し続けることが苦手」である〈不注意〉の特徴があることが確認できるであろう。そうして目についた特徴が、その子にも当てはまりそうであると思えば（あるいは気付けば）、そのまま、モデルの右側の工夫の視点での「感覚の活用」「視覚化」

「焦点化」「刺激量の調整」などが具体的な手立てを作るためのヒント（下敷き）にならないかと考えてみるのである。その結果、【手立て】として「行間を空けるために拡大コピーをしたものを用意すること（〈視覚化〉による工夫）、語のまとまりや区切りが分かるように分かち書きされたものを用意すること（〈感覚の活用〉による直観的な分かりやすさへの工夫）、読む部分だけが見える自助具（スリット等）を活用する（〈焦点化〉〈刺激量の調整〉の視点による工夫）」というように、具体的なアイディアの案出につながるわけである。

ステップ３【手立て】を案出する際には「教科」としての判断を重視する

ステップ２の要領で、授業UDモデルからピックアップした工夫の視点を具体的な【手立て】にまで落とし込む一連のプロセスは、指導アイディア案出の「手助け」をしようとするものである。しかし、実際に有効な【手立て】を生み出す中心は、その授業者の「教科」に対する本質的な理解や、教材や工夫の引き出しの多さ、そして教科の本質に沿った柔軟な発想が主役でもある。今回取り上げている〈例示〉のように、小学校から中学校にかけて国語の授業における様々な場面で、教材文を「目で追いながら読む」場面は必須である。「文章を目で追いながら読むのが苦手」という「学びの過程における困難」の状態をそのまま放置すれば、おそらくその後のすべての国語の学習への影響は避けられないだろう。その意味で、こうした【困難の状態】への配慮は国語教科としての優先順位が高く、できるだけ丁寧な配慮を行う必要性が高いと判断されるものである。さらに、〈例示〉にあるような「教科書の文を指等で押さえながら読むよう促すこと」「行間を空けるために拡大コピーをしたものを用意すること」「語のまとまりや区切りが分かるように分かち書きされたものを用意すること」「読む部分だけが見える自助具（スリット等）を活用すること」などの【手立て】を打つ際には、その【手立て】によって、何を捨て、何が残るのかという教科学習の意味合いからの分析が求められる。つまり、案出された具体的な【手立て】を実際に行うかどうかの判断は、教科、単元、学習内容の本質によって行われるべきなのである。

本稿で示した授業UDモデルは、教科学習における個への配慮としての【手立て】を案出する一歩手前まで誘導してくれる。しかし、その具体的な一手が本当に有効になるかどうかは、授業者の教科教育への研究の深みにかかっている。深く教科研究を進めた授業者が、日々の授業の中で特別支援教育にも通じるような有効な個別的配慮を何気なく行っているような場面に出くわすことがあるのは、こうした「教科教育」と「特別支援教育」は独立し合いながらも、常に関連し合い、つながっているからなのであろう。

9．まとめ

本稿では「授業UD」と「個への配慮」との関連を、学習指導要領に記された「学びの過程において考えられる困難さに対する指導の工夫」としてまとめた。しかし、繰り返し述べたように「授業UD」は「学びの過程における困難」のある子のためだけに限った視点ではなく、そうした子を含めて、学級全体の「すべての子」への「学びの補償」を実現しようとする極めて統合的、実践的、具体的な試みである。今後「授業改善」の旗の下でのたくさんの授業研究を通してその発展が期待される。本書は、その一翼を担う存在である。そして、その文脈の中で、収載されたすべての授業、指導案において、「学びの過程において考えられる困難さ」に対しての「個への配慮」の例を示すという先進的な試みをしているのも本書の特徴の一つとなっている。

ぜひ、一つ一つの配慮例をご確認いただき、ご自身の日々の工夫と照合し、さらに、そのセンスを高めていただきたいと思う。

第3章
授業のユニバーサルデザインを目指す国語授業の実際

文　学

「ふきのとう」の授業デザイン……50
「お手紙」の授業デザイン……70
「スーホの白い馬」の授業デザイン……96

説明文

「たんぽぽのちえ」の授業デザイン……118
「馬のおもちゃの作り方」の授業デザイン……142
「おにごっこ」の授業デザイン……162

総　括

国語の授業における「つまずき」と授業ＵＤ……182

「ふきのとう」の授業デザイン

（光村図書２年上）

教材の特性

本教材は地面から頭を出したい中心人物である「ふきのとう」と周辺人物との優しい関わりが描かれた物語文である。

作品では複数の登場人物の行動が、短い会話文を通して明確に書き分けられているため、音読を通して登場人物の言動を捉えながら、場面の様子を豊かに想像することができる。「ゆれる、ゆれる、おどる。」といった繰り返しや脚韻といった詩的表現もちりばめられ、言葉のリズムや響きを味わえる点も本教材の特性の一つである。

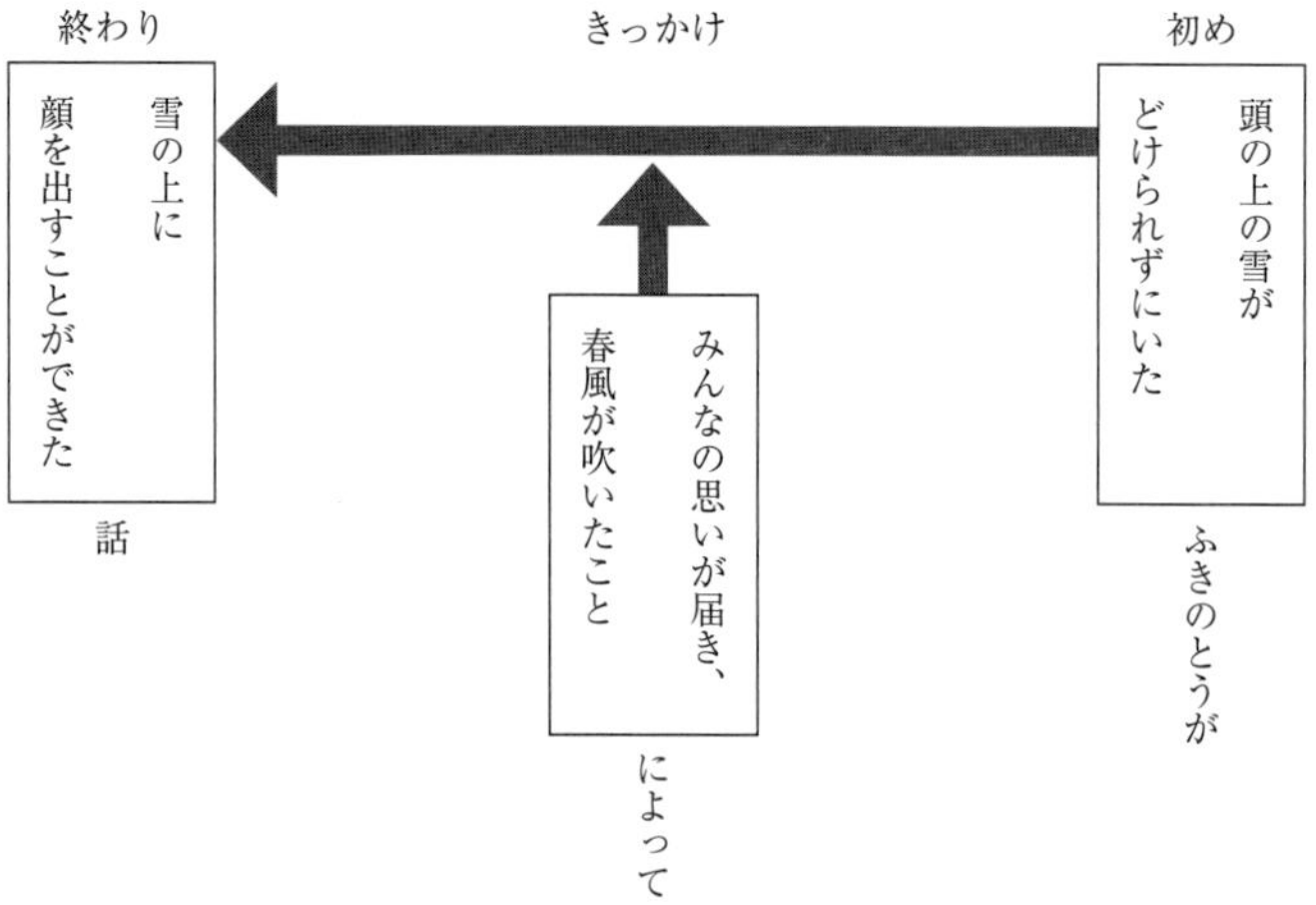

身に付けさせたい力

・叙述を基に登場人物の言動や場面の様子を捉え、内容の大体を読み取る力
・短文や繰り返しの効果を感じとりながら読む力

授業づくりの工夫

焦点化	視覚化	共有化
○音読発表会に向けて、音読が上手になるという明確な単元目標を単元の始めに設定する。 ○１時間の授業における指導内容を明確化する。	○センテンスカードや挿絵を用いて、登場人物の順序や、必要性について視覚的に捉えながら話し合えるように配慮する。 ○音読のポイントを板書に整理し、目で確認できるようにする。	○重要な考えは、複数の子供に再話させたり、解釈させたりし、理解度をそろえる。 ○ペアやグループで相談して音読の工夫を考えることで、互いの読み方を共有する。

✓ 単元目標・評価規準

目標 登場人物の言動や場面の様子を捉え、考えたことや感じたことを表現することができる。

知識・技能
○短文、繰り返しの表現技法の効果を理解し、内容の大体を捉えている。
(1)ク

思考力・判断力・表現力等
○登場人物の言動を表す叙述やリズムを生み出す表現に着目して内容の大体を捉え、表現している。C(1)イ

主体的に学習に取り組む態度
○登場人物の言動やリズムを生み出す表現技法を進んで読み取り、表現に生かそうとしている。

✓ 単元計画（全8時間）

次	時	学習活動	指導上の留意点
一	1	**「ふきのとう」はどんなお話かな？**	
		○物語の展開を予想して作品を読んだり、登場人物のイラストを整理する。	・ペアで物語の展開を予想させたり、登場人物のイラストを配置したりすることで、作品への興味を高め、物語の全体像を捉えさせる。
	2	○物語の好きな場面を選び、理由を話したり、様々な方法で音読したりする。	・登場人物のイラストを用いて登場人物同士の関係や、場面ごとの様子を視覚化する。
二	1	**音読の仕方を考えよう**	
		○登場人物とそうでないものの違いについて話し合い、役割音読を行う。	・会話文と地の文の違いをセンテンスカードで比較したり、会話文と地の文を分けて音読したりする。
	2	○一～四場面の登場人物の声を想像したり、気持ちを考えながら音読したりする。	・登場人物の中心的な言動を抜き出したセンテンスカードを提示し登場人物の置かれた状況や心情に気付かせる。
	3	○五～八場面の登場人物の声を想像したり、気持ちを考えながら音読する。	・場面ごとのセンテンスカードの語句を置き換え、重要な言葉に着目させることで登場人物の性格や心情に気付かせる。
	4	○教科書の本文と主語を加えた文を読み比べ、七場面の音読がリズムのよい音読になる理由を考える。	・省略していた主語を付け加えた文と元の文を比較し、主語が省略されていることのよさに気付かせる。
三	1	**音読発表会をしよう**	
		○学習したことを生かし、音読発表会に向けて音読練習をする。	・音読練習のやり方や助言の仕方を確認し、音読練習の見通しをもたせる。 ・音読の工夫を考える際、過去の学習内容を想起できるよう学習の記録写真等を掲示したり、プリントで配布したりする。
	2	○音読発表会を開き、お互いのグループの発表のよさを伝え合う。	・自分たちが工夫して読むところを発表前に伝えたり、発表後に上手に音読できていたところを伝え合う時間を確保し、各グループの音読の工夫に気付かせる。

教材分析

内容をつかませる。
作品のあらすじとしては「初め、地面から顔を出せなかったふきのとうが、みんなの協力で春風が吹いたことによって、地面から顔を出すことができた話。」と表すことができる。

エ 自分の経験

本作品は、中心人物であるふきのとうの思いに応えようと、雪や、竹やぶ、お日さまが行動を起こし、はるかぜがふくという一連の流れになっている。
自分が努力しているときに誰かが助けてくれた経験を想起させ、自分の知識や経験と関連付けさせることで物語を読む楽しさを味わわせたい。

オ 短文の効果

短文の表現技法が使われていることで読者はリズミカルに読むことができる。

・竹やぶが、ゆれる、(竹やぶが)、ゆれる (竹やぶが) おどる。
・雪が、とける (雪が) とける、(雪が) 水に なる。
・ふきのとうが、ふんばる、(ふきのとうの) せが、のびる。
・(はるかぜに) ふかれて、(たけやぶが) ゆれて、(雪が)とけて、(ふきのとうが) ふんばって、以上のように主語の省略で、リズムが生み出されている。

と　ざんねんそうです。

㊃

「すまない。」
と、竹やぶが　言いました。
「わたしたちも、ゆれて　おどりたい。ゆれて　おどれば、雪に　日が　あたる。」
と上を　見上げます。
ウ「でも、はるかぜが　まだ　こない。はるかぜが　こないと、おどれない。」
と、ざんねんそうです。

㊄

ウ空の　上で、お日さまが　わらいました。
「おや、はるかぜが　ねぼうして　いるな。竹やぶも　雪も　ふきのとうも、みんな　こまって　いるな。」
そこで、南を　むいて　言いました。
ウ「おうい、はるかぜ。おきなさい。」

㊅

お日さまに　おこされて、
ウはるかぜは、大きな　あくび。
それから、せのびして　言いました。
ウ「や、お日さま。や、みんな。おまちどお。」
はるかぜは、むね　いっぱいに　いきを　すい、ふうっと　いきを　はきました。

㊆

オはるかぜに　ふかれて、竹やぶが、ゆれる　ゆれる、おどる。
雪が、とける　とける、水に　なる。
ふきのとうが、ふんばる、せが、のびる。
ふかれて、
ゆれて、
とけて、
ふんばって、
——もっこり。
ふきのとうが、かおを　出しました。
ウ「こんにちは。」

㊇

もう、すっかり　はるです。

■第二次・第1時

「誰のセリフでしょうクイズ」　(しかけ「加える」)

登場人物は、「物語の中で、人のように話したり動いたりするもの」である。登場人物に加えて夜を追加することで登場人物の条件や地の文と会話文の違いについて理解を確かめながら整理したい。　(ア、イ)

■第二次・第2・3時

「どのような読み方をしたら、気持ちが伝わるかな?」　(考える音読)

教師が声色を変えて、大きく乱暴に読む。すると子供は本文にある『ささやいています』の叙述に目が向くはずである。また、その会話文の言葉を一部置き換えた形でセンテンスカードを使い提示するという手法もある。　(ア)

■第二次・第4時

「先生、教科書で間違っているところ見付けたので書き直してきたよ。こっちの文の方がいいよね?」　(しかけ「加える」)

省略されていた主語を提示し、原文と比較させる活動を行う。主語を省略することでリズム感が生まれ、生き生きとした表現になっていることに気付かせる。　(オ)

◆教材分析のポイントその①「登場人物の言動が明確」

本単元の中心的な指導内容の一つが「登場人物を確かめ、登場人物がしたことや言ったことが分かる言葉を見付けること」である。本作品には複数の登場人物が描かれている。登場人物一人一人に焦点が当てられ、会話文や行動描写が簡潔かつ丁寧に書かれており、登場人物の言動から、場面を想像するという低学年の指導事項の学習に適した教材であると言える。

指導内容

ア 作品の設定（時、場所、登場人物、出来事）

時＝春　朝
場所＝竹やぶ
登場人物＝・ふきのとう
・雪
・竹
・お日さま
・春風

出来事・事件＝はるかぜがねぼうしてふきのとうや雪、竹が困ってしまった。

イ 中心人物

本作品では、題名や物語の構造からも中心人物はふきのとうであることが分かる。

ウ あらすじ

中心人物が何によって、どうなった話か、など、あらすじの観点を示して物語のおおまかな

イ ふきのとう　　くどうなおこ

㊀

ア よが　あけました。あさの　ひかりを　あびて、竹やぶの　竹の　はっぱが、
ウ「さむかったね。」
「うん、さむかったね。」
と　ささやいて　います。
雪が　まだ　すこし　のこって、あたりは　しんと　して　います。

㊁

ウ どこかで、小さな　こえが　しました。
「よいしょ、よいしょ。おもたいな。」
竹やぶの　そばの　ふきのとうです。
雪の　下に　あたまを　出して、雪を　どけようと、ふんばって　いる　ところです。
「よいしょ、よいしょ。そとが　見たいな。」

㊂

「ごめんね。」
と、雪が　言いました。
「わたしも、早く　とけて　水に　なり、とおくへ　行って　あそびたいけど。」
と、上を　見上げます。
ウ「竹やぶの　かげに　なって、お日さまが　あたらない。」

◆教材分析のポイントその②「音読活動に適した簡潔な表現」

本作品は複数の登場人物が描かれ、登場人物一人一人の会話文や行動描写が簡潔に書かれており、単元の言語活動として音読活動を設定しやすい教材である。技術指導に偏りすぎず、まずは音読を通して物語を読むことの楽しさを実感できるような単元を構成した。

指導のポイント

■第一次・第1時

「この後、ふきのとうはどうなるかな？」

「ふきのとう」の作品との出会いを大切に、物語の展開を想像しながら読ませたい。本時では作品の全体像や登場人物の位置関係を確かめ、読みの土台を作りたい。（ウ）

■第一次・第2時

「一番読んでみたい場面の番号の下にネームプレートを貼ろう。どうしてそこがいいと思ったの？」

自分の読みたい場面を選択して、音読することで、グループごとに創意工夫して音読する発表会への意欲を高め、単元の活動の見通しをもたせる。（ア・エ）

本時の展開　第一次　第1時

目標　物語の展開を予想して作品を読み、登場人物のイラストを配置する活動を通して、作品の全体像や登場人物の位置関係を捉えることができる。

[本時展開のポイント]

「ふきのとう」の作品の全体像や登場人物の位置関係を確かめ、読みの土台を作る。

[個への配慮]

ア手元で操作するイラストカードを用意する

板書上の念頭操作だけでは難しいときは、イラストを手元で動かしながら操作できるよう登場人物のカードを用意し、どこに配置できるか考えやすいようにする。

イ書き出しを教師が指示し、一緒に書く

まとめをどのように書けばよいかイメージがわかないときは、書く内容のイメージがもてるよう書き出しを提示する。それでも難しい場合は、他の子供の発言を板書し、自分が一番よいと思うものを選択してよいことを伝える。

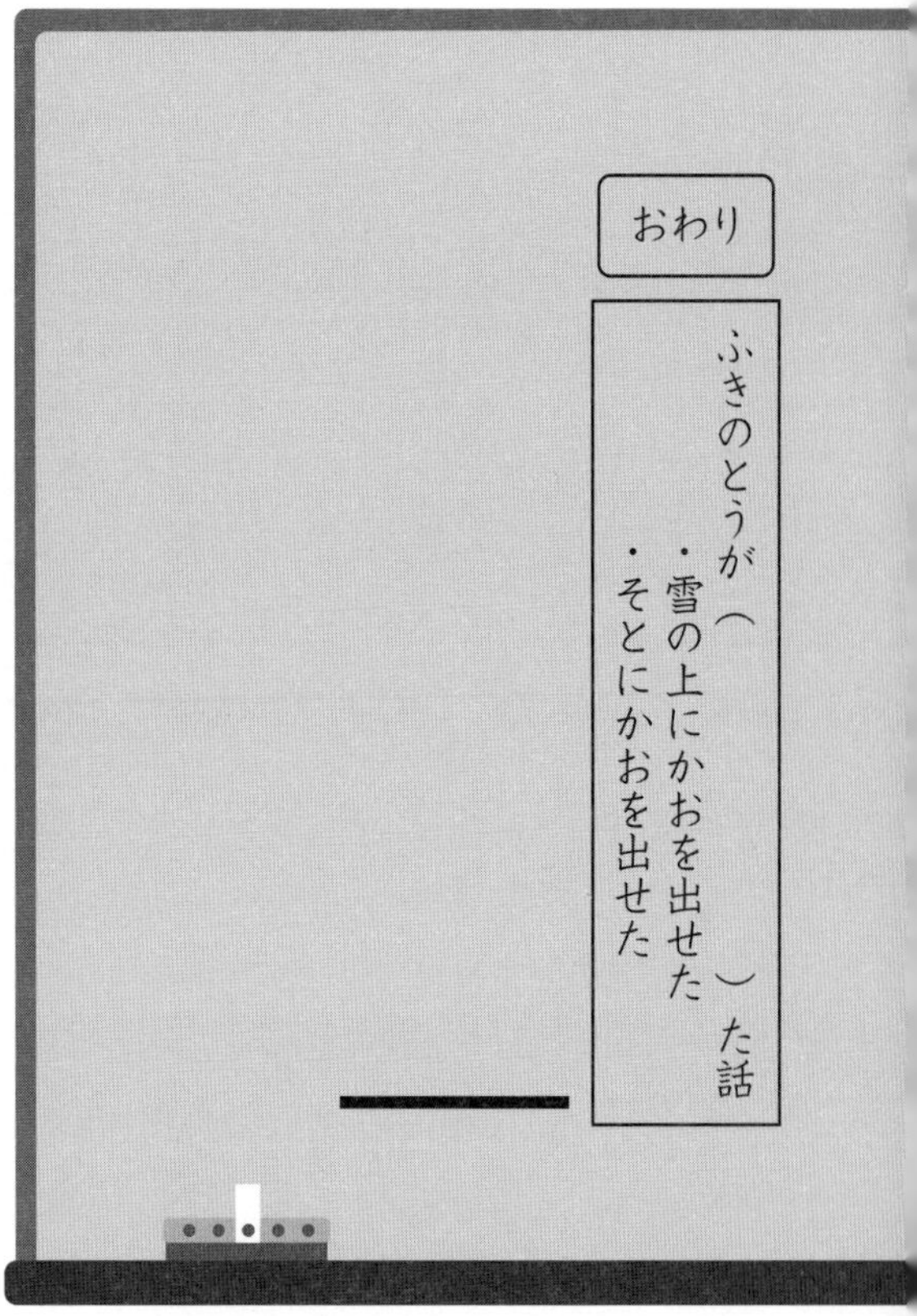

おわり
ふきのとうが（
・雪の上にかおを出せた
・そとにかおを出せた
）た話

4

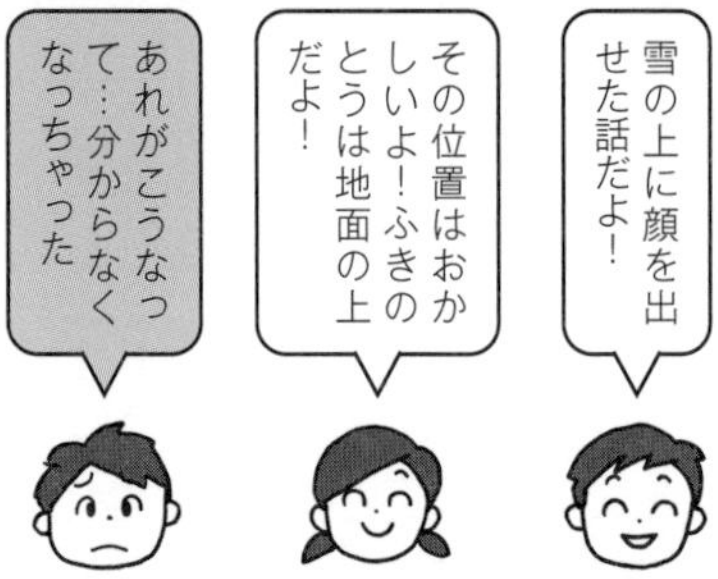

雪の上に顔を出せた話だよ！
その位置はおかしいよ！ふきのとうは地面の上だよ！
あれがこうなって…分からなくなっちゃった

話の結末を確認し、物語の設定をペアの友達と確かめさせる。あえて間違った位置に配置することで、子供たちの思考をゆさぶり、文章を根拠にした発言を引き出したい。

配慮ア

挿絵を配置し、学習のまとめをする

ふきのとうが終わりではどうなった話だったかノートに書きましょう

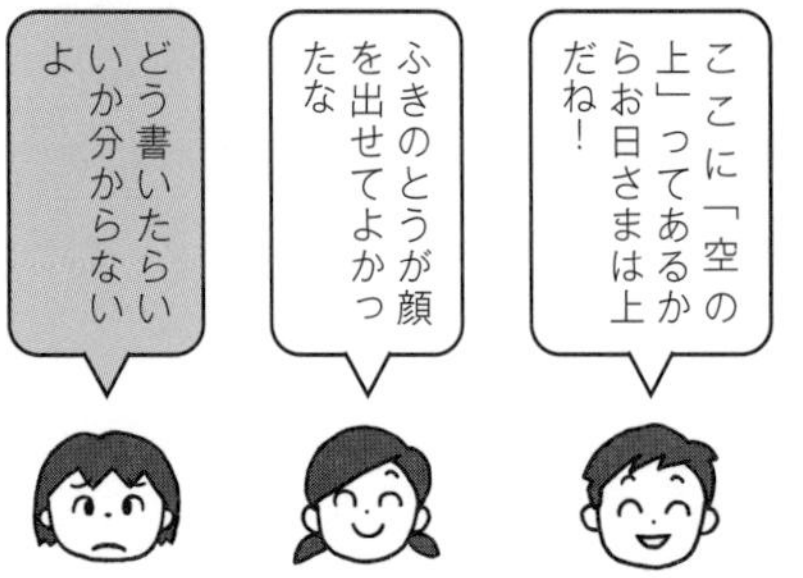

ここに「空の上」ってあるからお日さまは上だね！
ふきのとうが顔を出せてよかったな
どう書いたらいいか分からないよ

代表児童に黒板の登場人物のイラストを配置するよう指示し、全体で確認する。

確認した後にふきのとうが最後どうなった話なのか数人の子供を指名した後、ノートに書かせる。

配慮イ

準備物
・挿絵カード（デジタル教科書で印刷可能）
・ふきのとうの写真　・登場人物のイラストカード　1-01～05

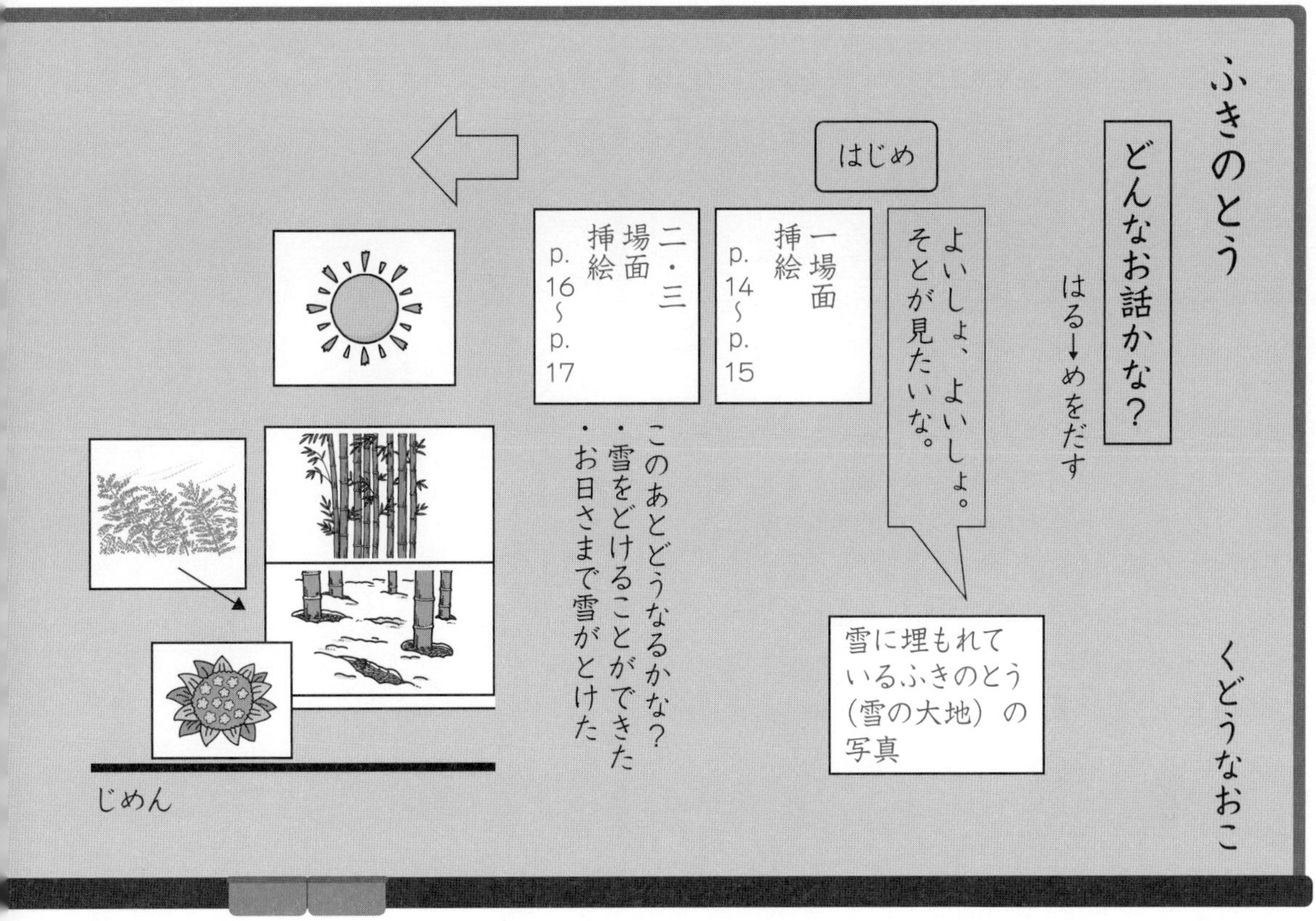

1

ふきのとうの一部が拡大された写真を見て、何かを想像する

これが何か、分かる人はいますか？

緑だからカエルかな？

もう少し遠めから見せて！

しかけ（限定する）

教材文への興味・関心を高めるとともに、ふきのとうが春に芽を出す植物であることを確認する。

2

第一・二場面の範読を聞き、その後の展開を想像する

この後、ふきのとうはどうなりますか？

ふんばって顔を出すのかな

竹が助けてくれるんじゃないかな

しかけ（隠す）

第一・二場面の挿絵を提示しながら範読する。第三場面以降の物語の展開を自由に想像し、話し合う。

3

第三～最後まで範読を聞き、結末の様子をペアで話し合う

終わりでは、こうなったよね？　ペアでお話ししてみよう

しかけ（配置する）

✓ 本時の展開 第一次 第2時

目標 好きな場面を選び、理由を話したり音読したりする活動を通して、作品のよさに気付き、音読発表会の見通しをもつことができる。

[本時展開のポイント]

自分の読みたい場面を音読したり、様々な読み方で音読したりすることで、グループごとに創意工夫して音読する発表会への意欲を高め、活動の見通しをもてるようにする。

[個への配慮]

㋐場面ごとに間隔が空いている全文１枚プリントを用意する

教科書本文の細部に注目しすぎてしまう場合は物語の全体が視覚的に把握できるよう、場面ごとに分かれた全文が記載されたワークシートを見て教科書に書くよう指示する。

㋑ふりがな付きの本文を配布する（全文プリント）

漢字の読みに困難さがある児童がいた場合は、スムーズに音読できるよう、デジタル教科書などを活用して、全文プリントの裏側にふりがな付きの本文を掲載しておき、どちらを活用してもよいことを伝える。分かち書きにすることや行間を空けることにも十分配慮したい。

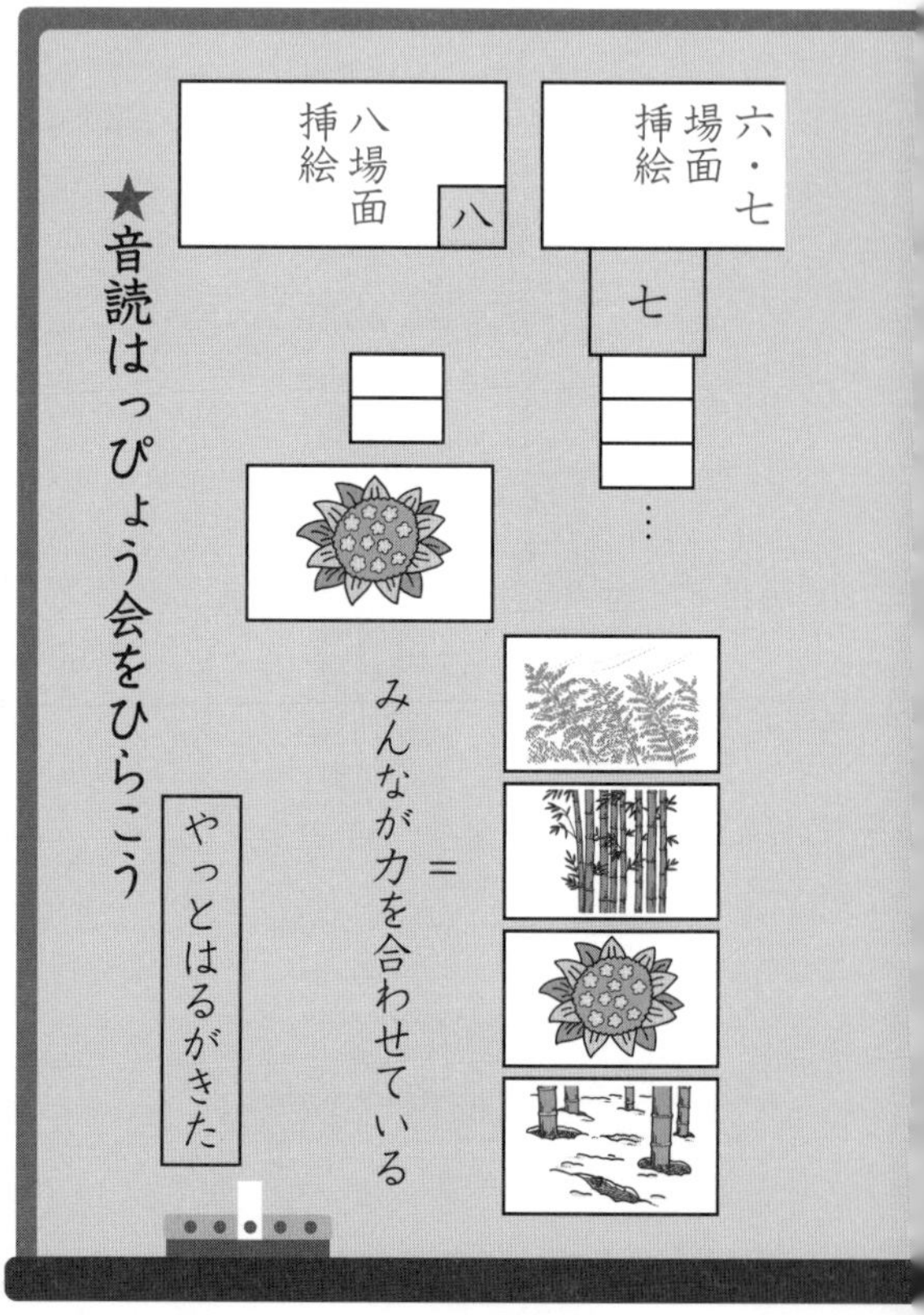

六・七場面挿絵
七
八場面挿絵
八
みんなが力を合わせている
=
やっとはるがきた
★音読はっぴょう会をひらこう

3 選んだ場面を音読する

自分の読んでみたい場面がきたら立って音読しよう

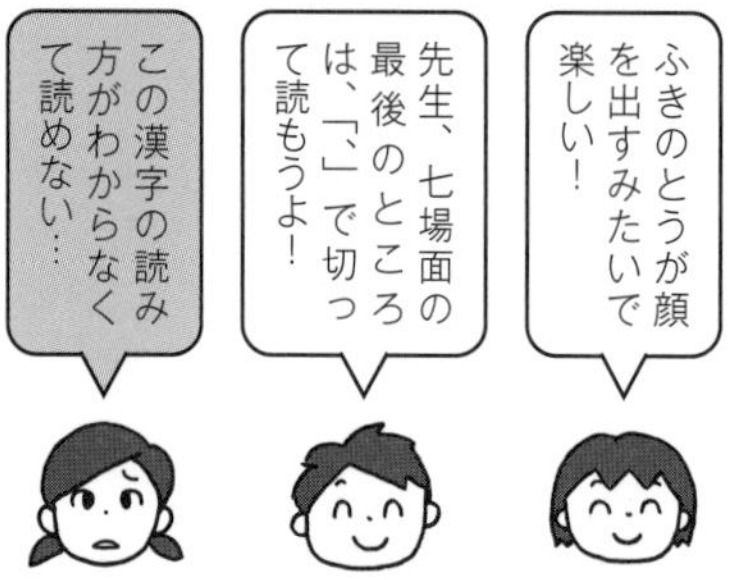

ふきのとうが顔を出すみたいで楽しい！
先生、七場面の最後のところは、「」で切って読もうよ！
この漢字の読み方がわからなくて読めない…

考える音読

各自が選択した場面がきたら起立して音読するよう指示する。通読後、子供の音読で上手だった読み方をほめ、音読活動の意欲をもたせる。

配慮㋑

4 単元の目標を確認する

グループで読み方を工夫して単元の終わりに音読発表会を開こう

七場面はたくさんの人物が出てくるからどう読もうかな
この文はみんなで声を合わせて読んだらどうかな

単元の目標を確認し、学習への見通しをもたせる。音読が苦手な子供がいることも予想されるため、自分が練習した場面のみを音読したり、友達と一緒に音読してもよいことを伝え、安心感をもたせる。

準備物
・挿絵（デジタル教科書で印刷可能）
・登場人物のイラスト 1-01～05
・ネームプレート

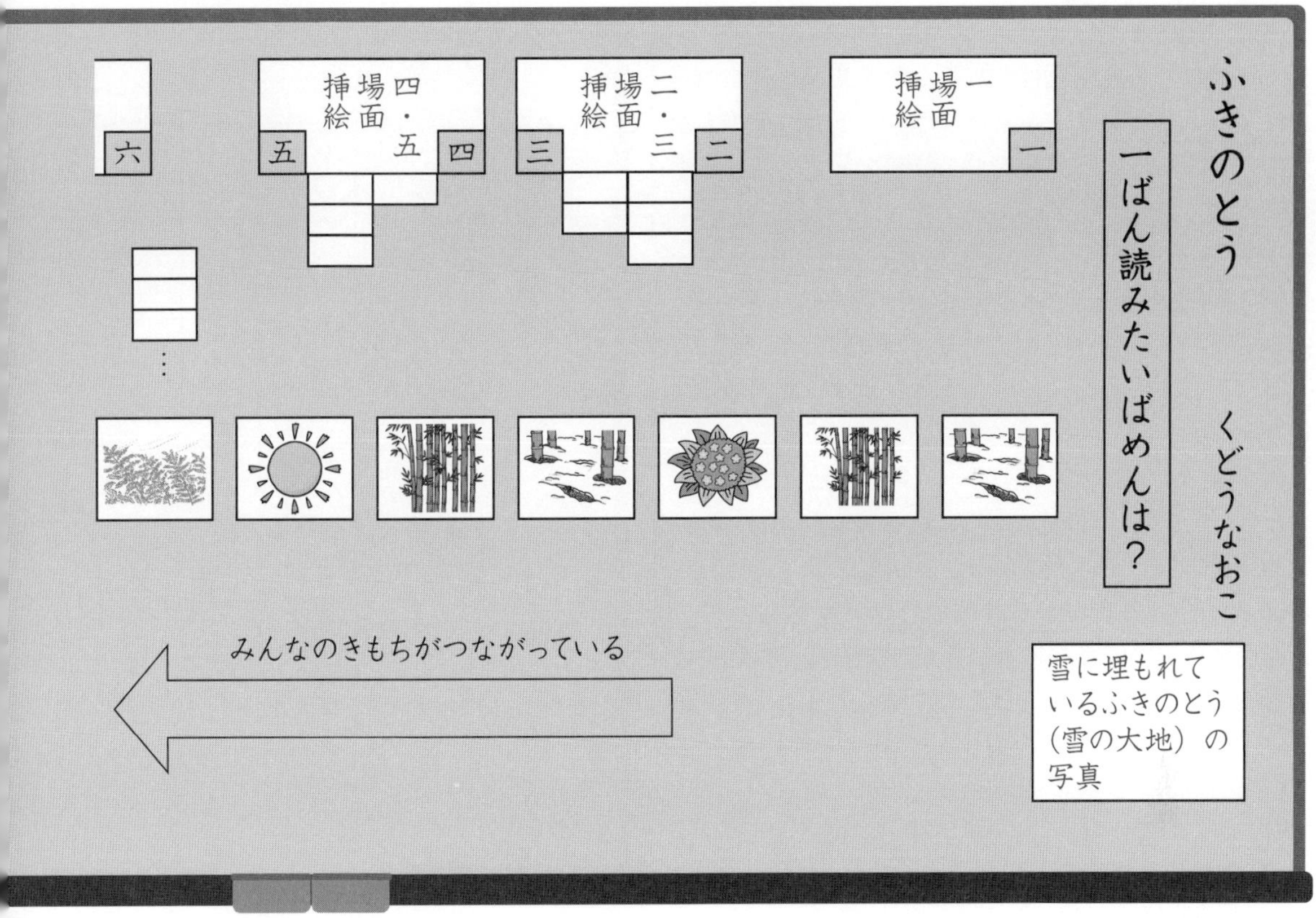
ふきのとう
くどうなおこ
一ばん読みたいばめんは？
雪に埋もれているふきのとう（雪の大地）の写真
一場面 挿絵
一
二・三場面 挿絵
二
三
四・五場面 挿絵
四
五
六
みんなのきもちがつながっている

1 本文を読み、ペアの友達と場面分けをする

この話は八個の場面に分かれるよ
ペアの友達と確認してみよう

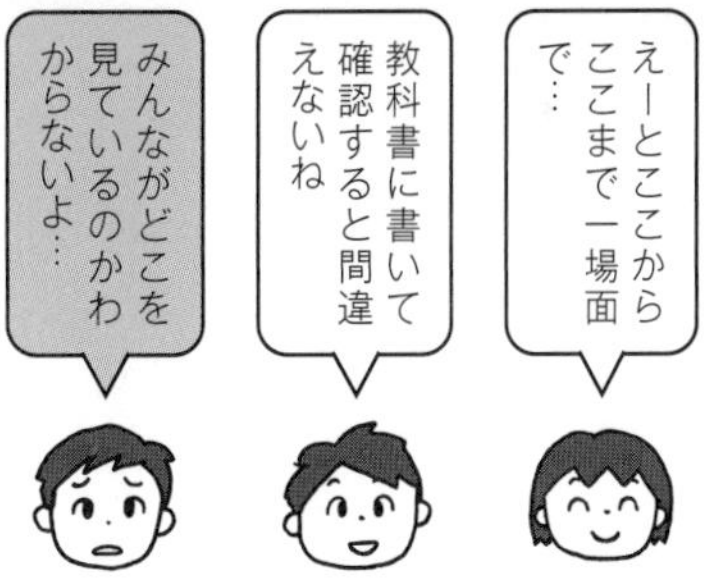
えーとここからここまで一場面で…
教科書に書いて確認すると間違えないね
みんながどこを見ているのかわからないよ…

教科書を読み、ペアで場面分けをし、教科書に書き込ませる。ICT機器がある場合は活用して視覚的に本文を提示しながら確認する。 配慮ア

2 読みたい場面を選択し、理由を発表する

一番読んでみたい場面の番号の下にネームプレートを貼ろう。どうしてそこがいいと思ったの？

ぼくは5場面がいいな。お日さまが活躍するから
私は7場面がいいな。みんなが協力しているから

しかけ（選択肢をつくる）
物語の好きな場面を一つ選びネームプレートを貼る。なぜその場面を選んだか問いながら、各場面で主要な行動をする人物とそのつながりを確認していく。

本時の展開　第二次　第1時

目標　会話文の話者を考える活動を通して、セリフ、会話文と地の文の違いに気付き、区別して音読することができる。

［ 本時展開のポイント ］

一学期初めの文学教材である。会話文と地の文の違いや登場人物と語り手の違いについて正確に押さえながら、役割に分かれて音読する経験をさせ、音読発表会へ向けて発表のイメージをつくっていきたい。

［ 個への配慮 ］

㋐教科書本文を色分けしたシートを用意する

本文を音読する際、会話文と地の文の判別が困難な場合は、会話文と地の文を視覚的に判別しやすいよう、デジタル教科書のマーカーを本文に色分けして引いたものを用意し、音読する際に活用できるようにする。

㋑教科書の文を指で押さえながら読ませる

文章を目で追いながら音読することが困難な場合は、自分がどこを読むのかが分かるように、教科書の文を指で押さえながら読むように促す。

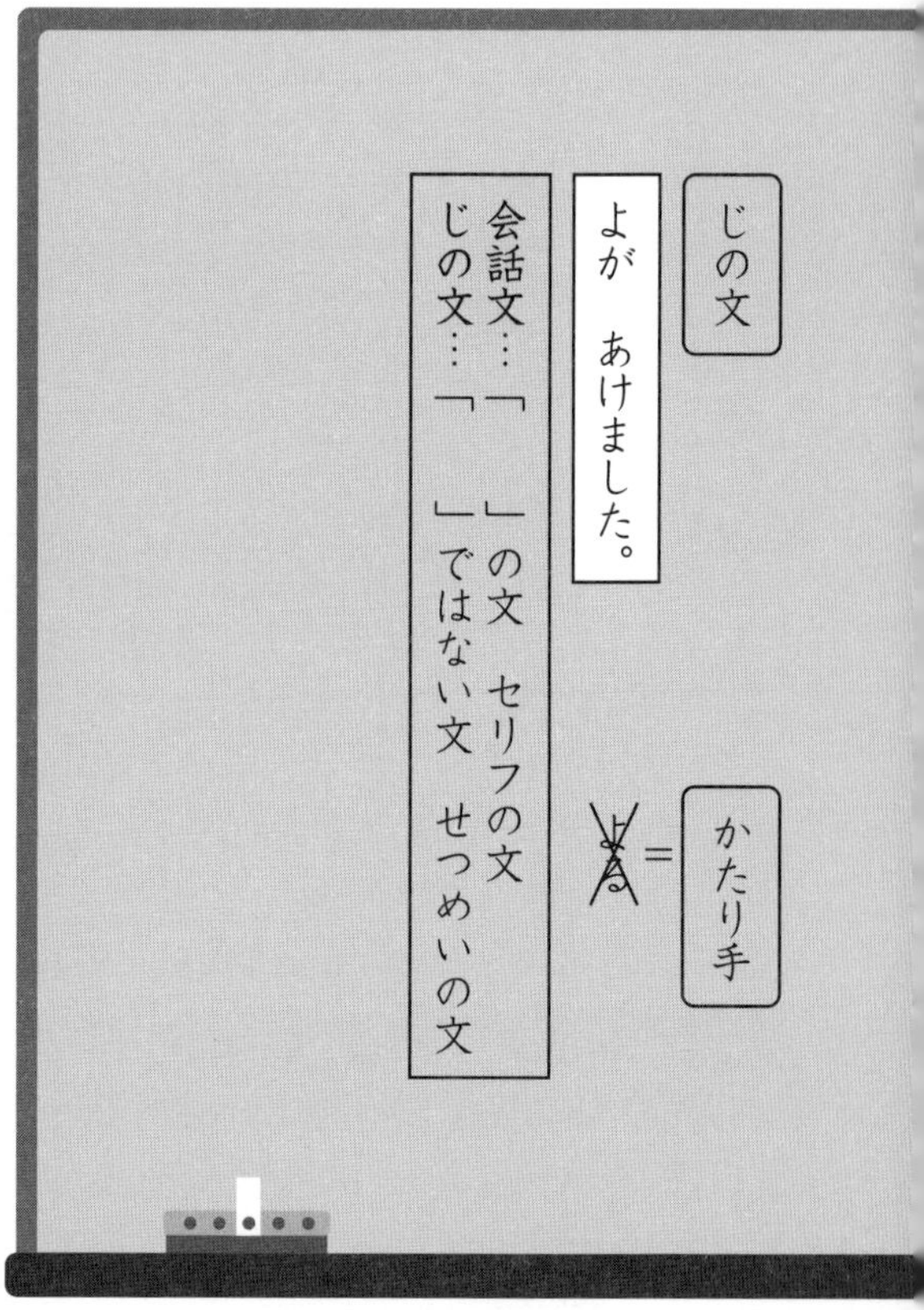

じの文
よが　あけました。
かたり手
会話文…「　」の文　セリフの文
じの文…「　」ではない文　せつめいの文

3　語り手と地の文を知る

では、「よ　があけました」の文は、誰がお話ししているのかな？

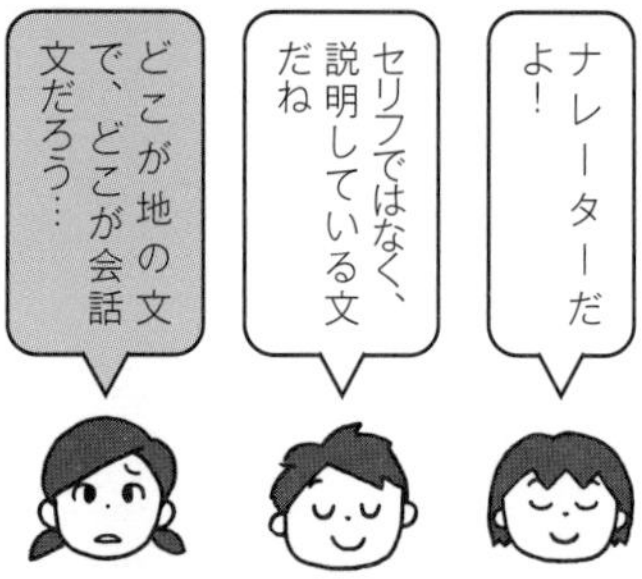

ナレーターだよ！
セリフではなく、説明している文だね
どこが地の文で、どこが会話文だろう…

劇をした経験を想起させ、ナレーターの役を語り手ということを確認する。会話文との違いを明らかにしながら、語り手の説明の文を地の文ということを確認する。

配慮㋐

4　会話文と地の文に分かれて音読する

会話文と地の文に分かれて一場面を音読してみよう

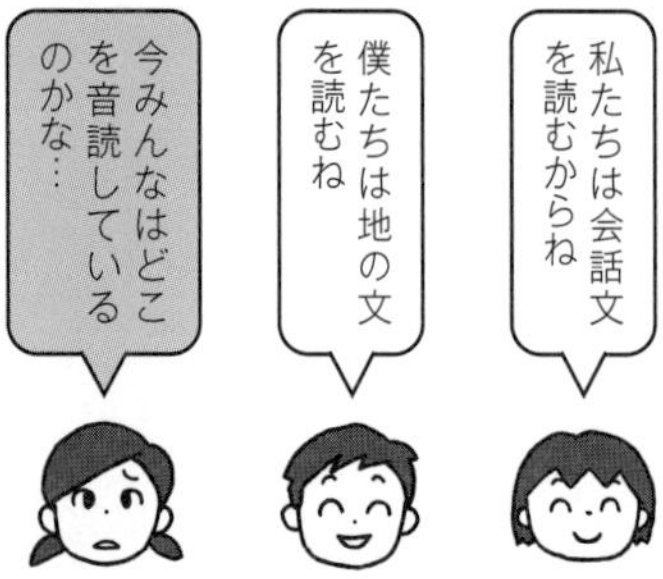

私たちは会話文を読むからね
僕たちは地の文を読むね
今みんなはどこを音読しているのかな…

考える音読

教科書の一場面の会話文に赤で線を引かせ、地の文と区別させる。音読で会話文と地の文の違いを実感できるよう子供を二手に分け交互に音読させる。二場面以降は生活班で役割を分担し、音読する。

配慮㋑

準備物
・センテンスカード 1-06～11
・登場人物のイラスト（必要に応じて使用する）

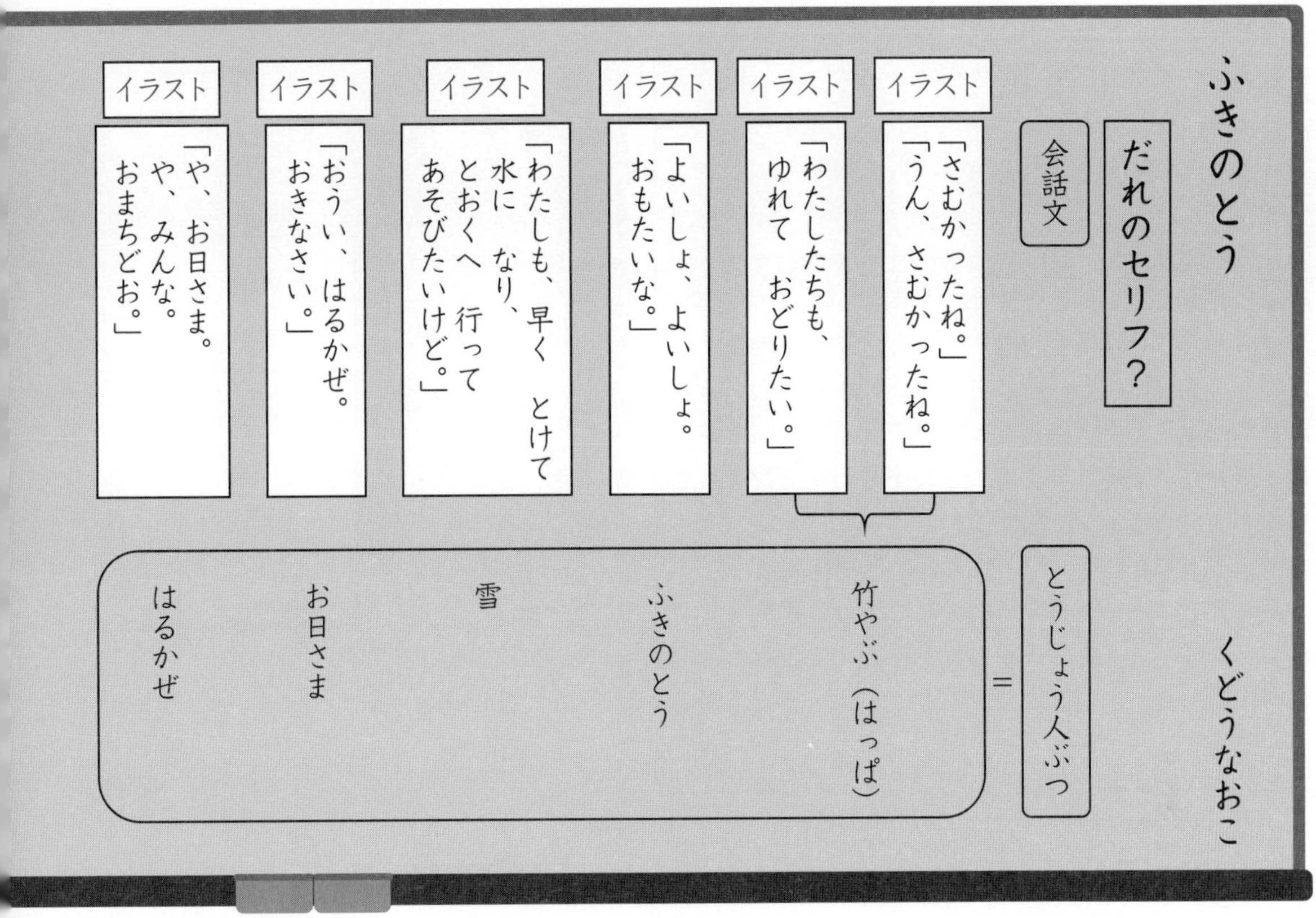

ふきのとう
くどうなおこ
だれのセリフ？
会話文
イラスト
「さむかったね。」「うん、さむかったね。」
イラスト
「わたしたちも、ゆれて　おどりたい。」
イラスト
「よいしょ、よいしょ。おもたいな。」
イラスト
「わたしも、早く　とけて　水に　なり、とおくへ　行って　あそびたいけど。」
イラスト
「おうい、はるかぜ。おきなさい。」
イラスト
「や、お日さま。や、みんな。おまちどお。」
とうじょう人ぶつ
＝
竹やぶ（はっぱ）
ふきのとう
雪
お日さま
はるかぜ

1 登場人物を確認する

「誰のセリフでしょうクイズ！」誰の言葉か当ててみてね

「ゆれて」だから竹やぶだ！一枚でも分かるよ！

「おまちどお」だから、はるかぜだね

会話文をセンテンスカードにして提示し、登場人物を確認する。カードを音読した後に、誰の言葉かを言葉に着目しながら考えさせたい。

2 登場人物と会話文を知る

「よが　あけました。」は、よるさんのセリフでいいよね？

え？それはセリフではないよ

よるさんなんて出てきてないよ

しかけ（加える）

「夜」という誤った登場人物を提示し子供の思考をゆさぶる。その後、人のように意志をもち動いたり話したりするものが登場人物であり、そのセリフを会話文ということを確認する。

本時の展開　第二次　第2時

目標 場面に合った読み方を考える活動を通して、登場人物の置かれた状況や心情に気付き、音読で表現する方法を考えたり音読したりすることができる。

本時展開のポイント

教科書の本文を、あえて場面ごとに抽出して提示することで、複数場面の様子や登場人物を関連付けながら音読の工夫を考えられるよう本時を構想する。

個への配慮

ア体の動きを使って声の大きさを調節する

声の大きさをうまく調整することが難しい場合は、声の大きさを体の動きを使って調節できるよう、体をすぼめて小さな声を出したり、体を開いて大きな声を出す練習や、視線を下げて小さな声を出す練習をして感覚をつかめるよう支援する。

イ音読の工夫ごとに本文を色分けして見えやすくする

教科書の本文を読む際に工夫して読む箇所を忘れてしまう場合は、工夫して読む箇所を覚えておけるよう教科書の本文に工夫ごとに色を変えてマーカーを引くよう支援する。

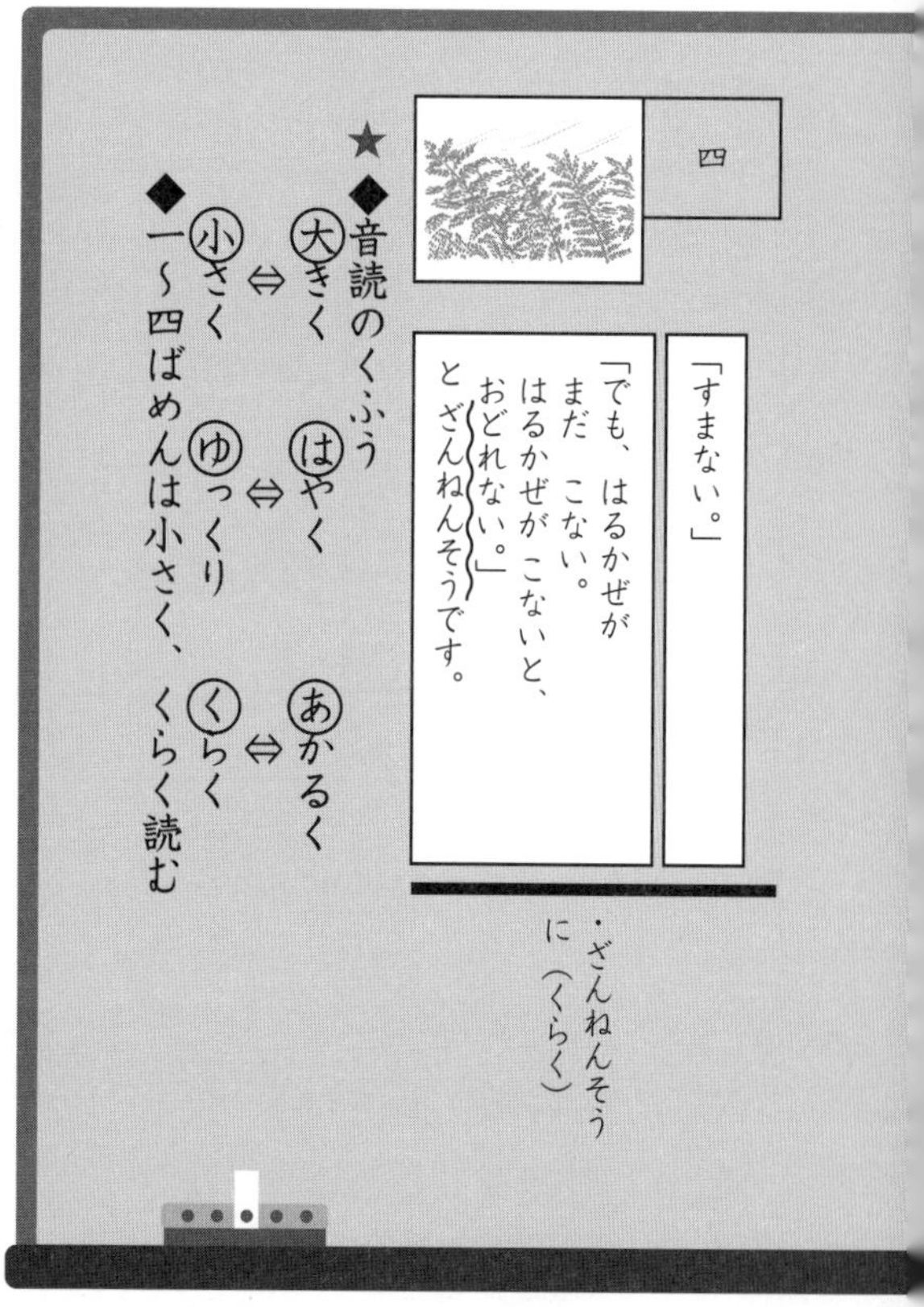

四
「すまない。」
「でも、はるかぜが まだ こない。はるかぜが こないと、おどれない。」とざんねんそうです。
・ざんねんそうに（くらく）
★◆音読のくふう
大きく⇔小さく
はやく⇔ゆっくり
あかるく⇔くらく
◆一～四ばめんは小さく、くらく読む

3 センテンスカードを役割音読する

竹やぶ、ふきのとう、雪、語り手の役割で音読してみたい人？

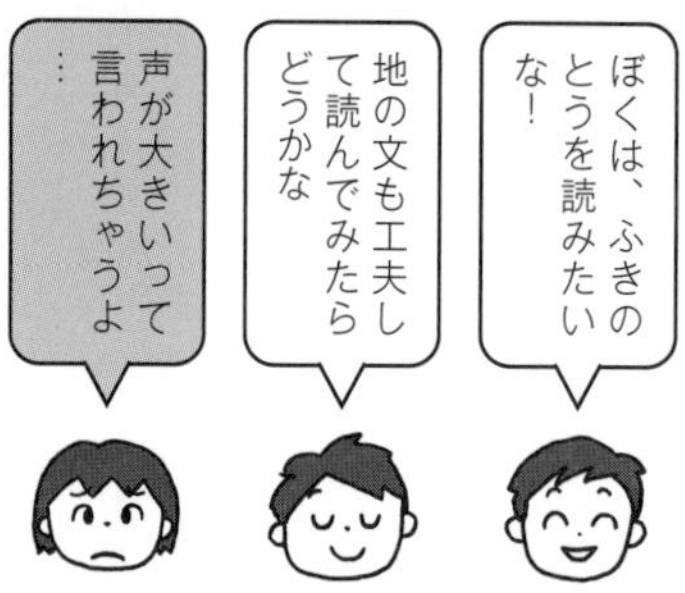

ぼくは、ふきのとうを読みたいな！
地の文も工夫して読んでみたらどうかな
声が大きいって言われちゃうよ…

考える音読

役割を決め、まずは代表児童に黒板のカードを見ながら音読させる。その後、生活班などのグループで役割を分担し、音読するよう指示する。

配慮ア

4 一～四場面の本文を役割音読する

4人組で教科書一～四場面の役割を決めて音読しよう

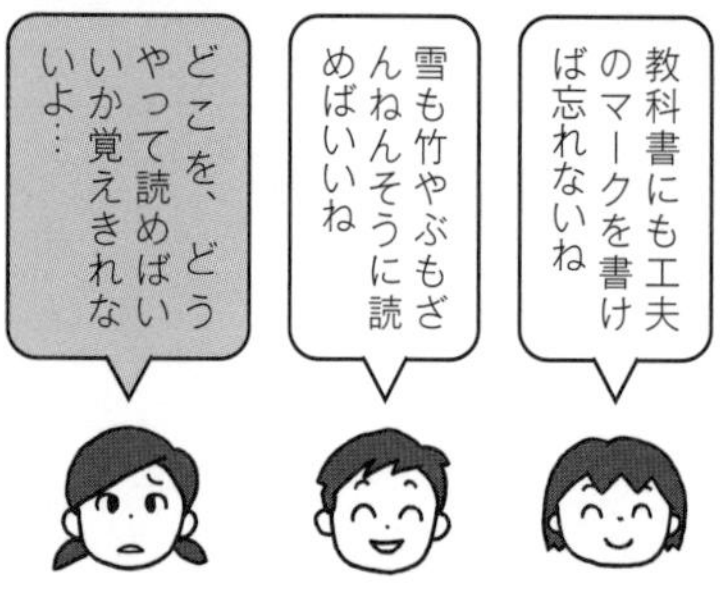

教科書にも工夫のマークを書けば忘れないね
雪も竹やぶもざんねんそうに読めばいいね
どこを、どうやって読めばいいか覚えきれないよ…

教科書本文に工夫の頭文字をマークにして書き、工夫した箇所が分かるように書き込ませる。教科書本文の一～四場面を役割分担してグループで音読する。

配慮イ

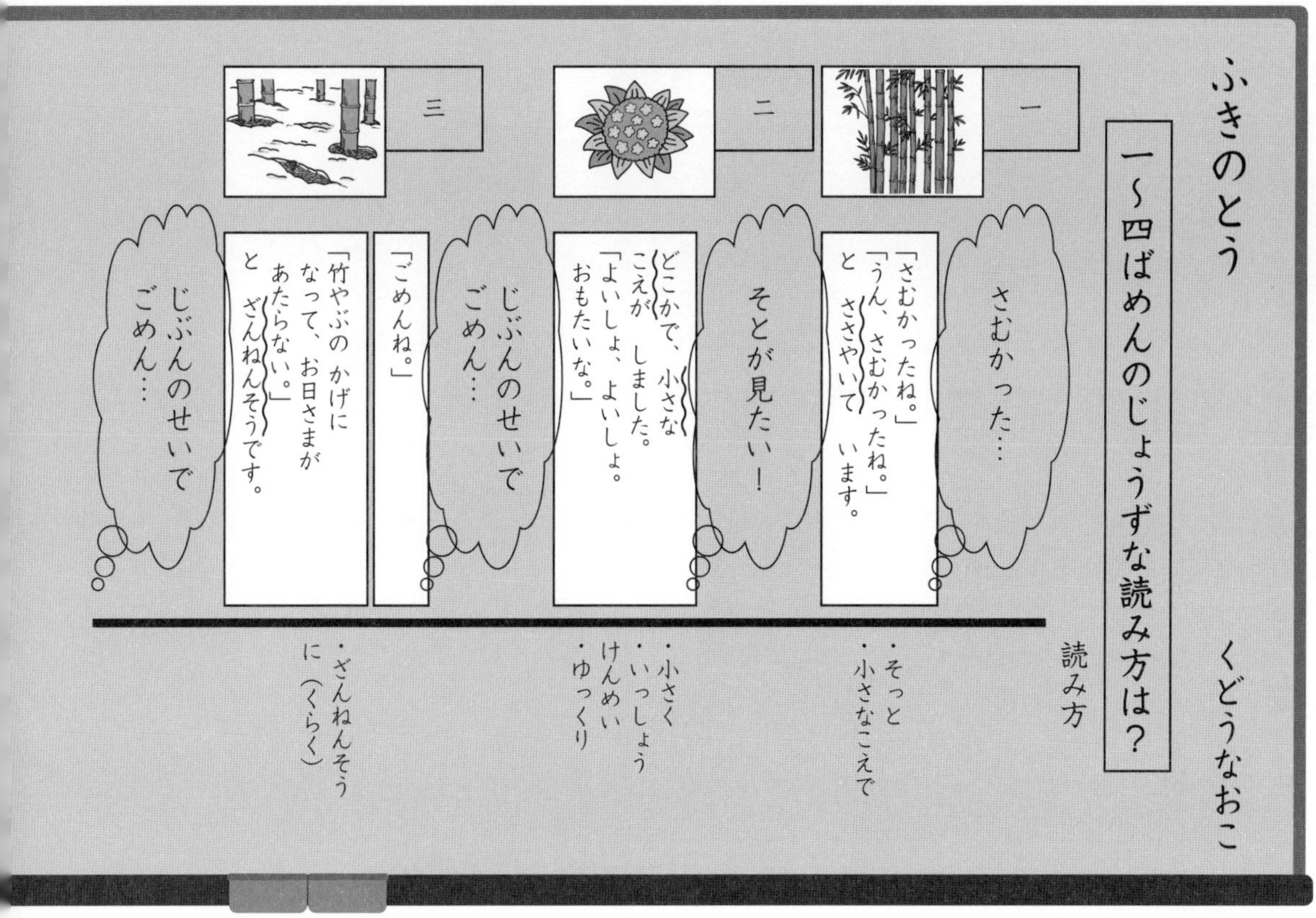
ふきのとう
くどうなおこ
一〜四ばめんのじょうずな読み方は？
一
「さむかったね。」「うん、さむかったね。」と ささやいて います。
さむかった…
二
どこかで、小さなこえが しました。「よいしょ、よいしょ。おもたいな。」
そとが見たい！
じぶんのせいで ごめん…
三
「ごめんね。」
「竹やぶの かげに なって、お日さまが あたらない。」と ざんねんそうです。
じぶんのせいで ごめん…
読み方
・そっと
・小さなこえで
・小さく
・いっしょうけんめい
・ゆっくり
・ざんねんそうに（くらく）

1 一〜四場面を音読する

音読発表会に向けて、上手に音読できるように練習しよう。まずはたけのこ読みをするよ。自分の読みたい文がきたら立って読みましょう

読み終わったら座るんだね
誰も読む人がいなかったらぼくが立って読むよ

考える音読

「。」〜「。」までが一文であることを確認し、一〜四場面の読みたい文を音読をさせる。

2 一〜四場面の音読の工夫を話し合う

どのような読み方をしたら、気持ちが伝わるかな？

そんなに大きな声はおかしいよ。すごくさむかったから小さく読むんだよ
「ささやいています。」って書いてあるからそっと読むといいよ

考える音読

一〜四場面のカードを一枚ずつ提示し、誰の会話文か確認する。その後教師がカードを読む際、あえて声色や速さを変え、子供の課題意識を醸成し、めあてを板書する。文章中の根拠を基に、登場人物の心情や場面の様子を想像させながら音読の工夫を考えさせる。

本時の展開 第二次 第3時

目標 場面に合った読み方を考える活動を通して、登場人物の置かれた状況や登場人物の人物像に気付き、音読で表現する方法を考えたり音読したりすることができる。

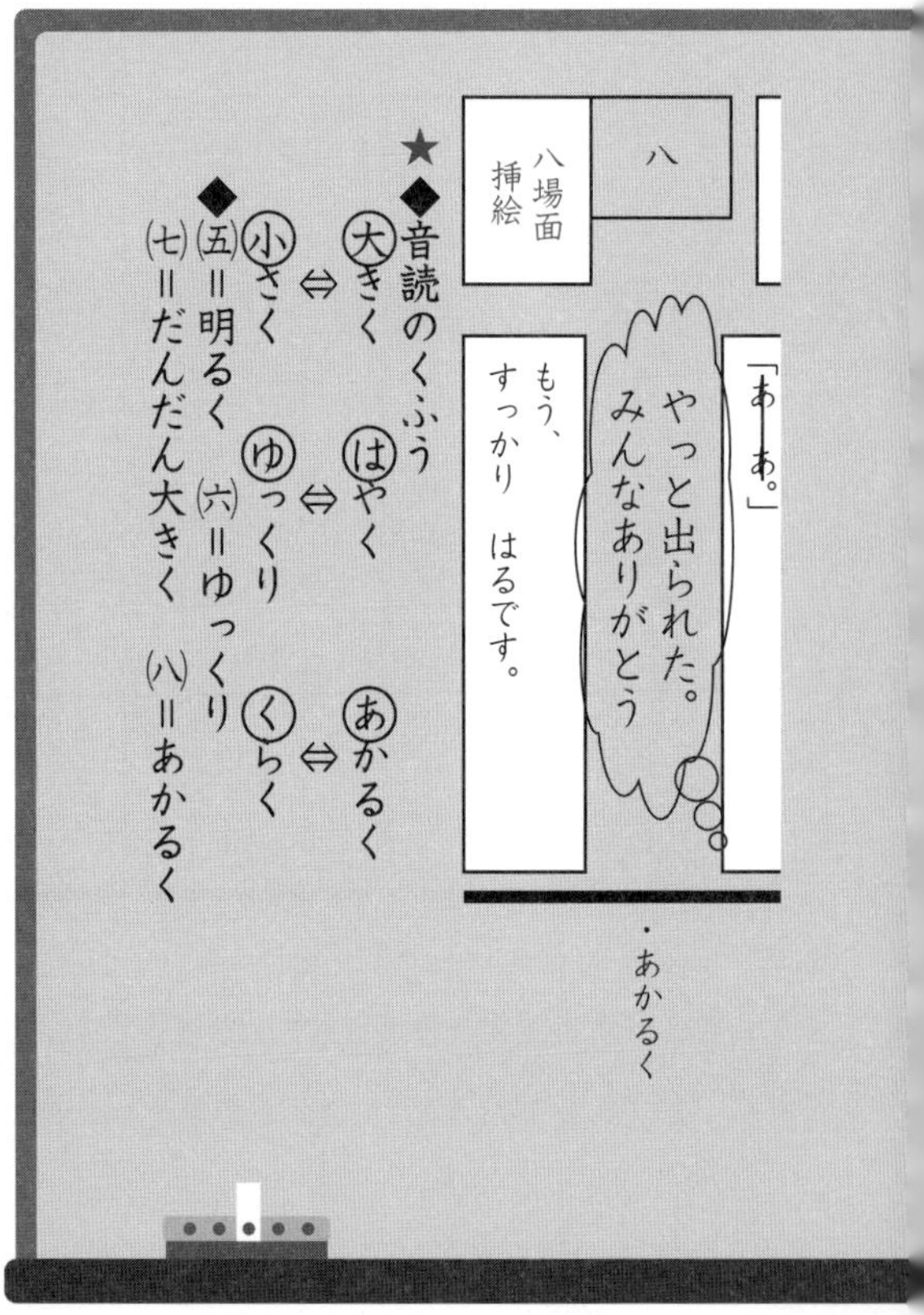

八
八場面
挿絵
「あーあ。」
やっと出られた。
みんなありがとう
もう、
すっかり　はるです。
★◆音読のくふう
大きく⇔小さく
はやく⇔ゆっくり
あかるく⇔くらく
◆(五)＝明るく
(六)＝ゆっくり
(七)＝だんだん大きく
(八)＝あかるく
・あかるく

本時展開のポイント

教科書の本文を、場面ごとに抽出し、語句を置き換えて提示することで、本文の叙述に着目しようとする意識をもたせる。また登場人物の心情だけでなく、人柄にもふれながら音読の工夫を考えていくことで、子供たちが自分で音読の工夫を考えていけるよう配慮する。

個への配慮

㋐センテンスカードをプリントに印刷したものを配布する

読んでいる箇所を目で追うことが困難な場合は、読んでいる文を指でなぞりながら追うことができるよう、授業で使用した全てのセンテンスカード（正しい文のもの）が1枚のプリントになっているものを配布する。全員に配布し、個々の判断で使用の可否を決めてよいことを伝えるなど、支援を受ける子供の気持ちにも配慮する。

3 センテンスカードを役割音読する

お日さま、はるかぜ、ふきのとう、語り手の役割で音読してみたい人？

ぼくは、語り手を読みたいな！

七場面はいろいろ工夫できそうだなあ

どこを、どうやって読めばいいか覚えきれないよ…

考える音読

前時と同様に役割を決め、代表児童に黒板のカードを見ながら音読させる。その後、生活班などのグループで役割を分担し、音読するよう指示する。 配慮㋐

4 五〜八場面の本文を役割音読する

4人組で教科書五〜八場面の役割を決めて音読しよう

教科書にも工夫のマークを書けば忘れないね

役割はふきのとうがいいな

教科書本文に工夫を書かせる。音読を工夫した箇所が分かるよう板書の内容を参考にしながら線やマークで書き込ませる。本文の五〜八場面を役割分担し、グループで音読する。

準備物
・センテンスカード 1-18～23
・登場人物のイラスト 1-01、02、05
・八場面の挿絵（デジタル教科書で印刷可能）

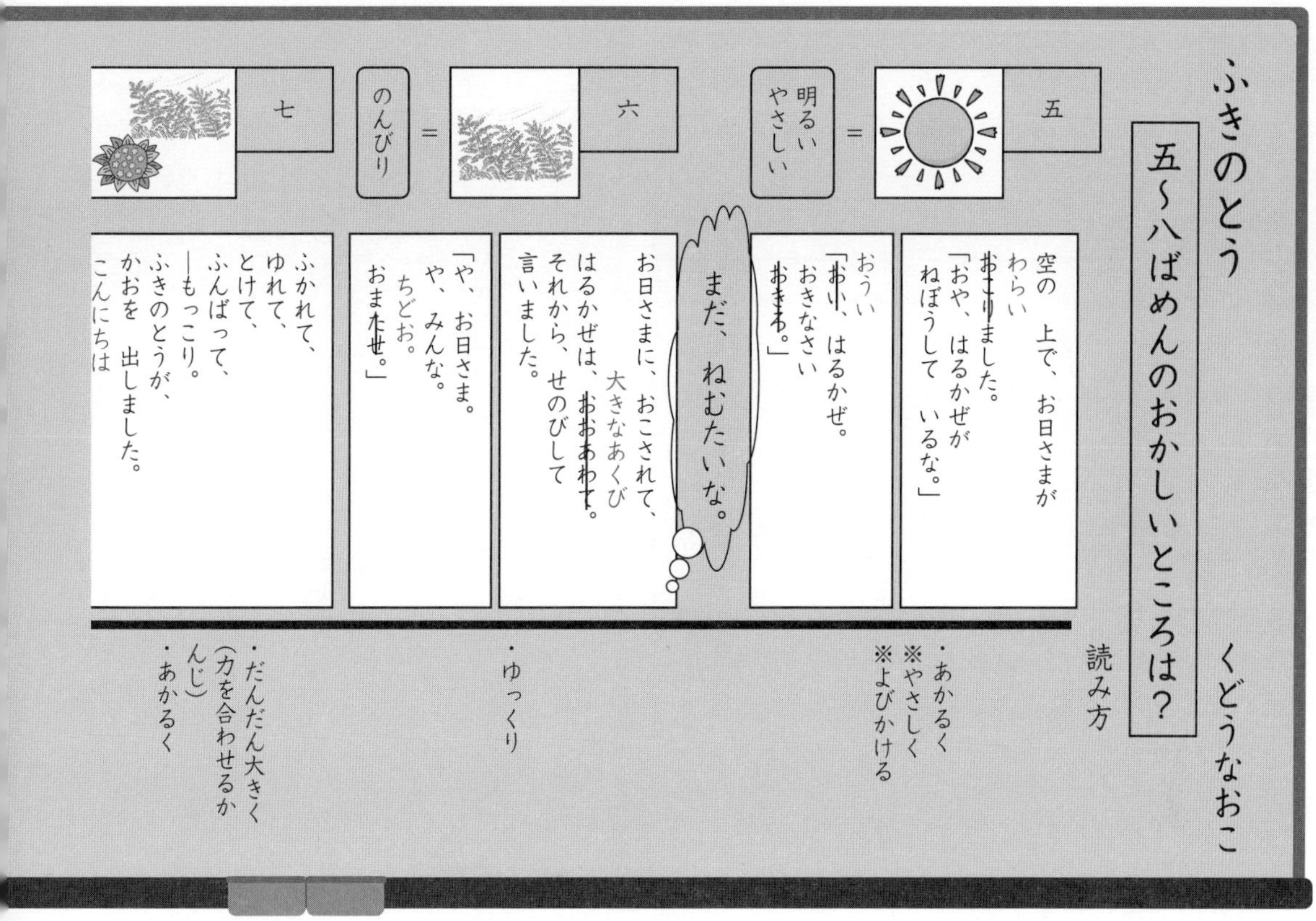
ふきのとう
くどうなおこ
五～八ばめんのおかしいところは？
読み方
五
空の 上で、お日さまが
わらい
おこりました。
「おや、はるかぜが
ねぼうして いるな。」
・あかるく
※やさしく
※よびかける
明るい
やさしい
おうい
「おい、はるかぜ。
おきなさい
おきろ。」
まだ、ねむたいな。
六
お日さまに、おこされて、
大きなあくび
はるかぜは、おおあわて。
それから、せのびして
言いました。
・ゆっくり
「や、お日さま。
や、みんな。
ちどお。
おまたせ。」
のんびり
七
ふかれて、
ゆれて、
とけて、
ふんばって、
—もっこり。
ふきのとうが、
かおを 出しました。
こんにちは
・だんだん大きく（力を合わせるかんじ）
・あかるく

1

五～八場面を音読する

五～八場面をグループでリレー読みをするよ。音読する人は「、」や「。」のある場所でいつ音読をやめてもいいよ。次の人はすぐにつなげて音読しよう

全員が読み終わったら座ってまた読もう

いつ交代になるか分からないから気がぬけないな

考える音読
本時の学習範囲を把握するため五～八場面をグループでリレー読みする。

2

五～八場面の音読の工夫を話し合う

あれ、間違えたカードを持ってきちゃったみたい。どこがおかしいかな

「おい、はるかぜ。」ってこわいな。そんないやな人じゃないよ

はるかぜはあわてるどころか大きなあくびをしているからのんびり屋さんなんだね

しかけ（置き換える）
五～八場面のカードを一枚ずつ音読させながら提示し、間違いをペアの友達と話し合う。全体交流で正しい文に訂正していく過程で、特にお日さまやはるかぜの人柄に着目させながら音読の工夫を考えていきたい。

✓ 本時の展開 第二次 第4時

目標 教科書の本文と主語を加えた文を読みくらべる活動を通して、主語が省略されていることのよさに気付き、表現の工夫を考えながら、音読することができる。

本時展開のポイント

七場面の主語が省略されていることとその効果に気付かせたい。単に主語が省略されていることを知るだけでなく、音読でその効果を改めて実感することで、音読の方法についても発想を広げていく時間とする。

個への配慮

㋐七場面の本文と、主語が加えられた本文を上下に並べて書き、一目で分かる提示をする

板書上の情報から取捨選択して音読することが難しい場合は、音読する文が一目で分かるように読む情報を限定する配慮をし、本文を上段、主語が追加された文を下段に書いたワークシートを配布する。

ICT の環境がある場合は、パワーポイント等で本文や主語が追加された文を提示し、情報を限定しながら読めるように配慮するのもよいだろう。

（板書）

「だれが（だれに）」〜「どうした（どうされた）」

★だれが がない→リズムよく読める

音読のくふう
・リズムよく、だんだん大きく読む
・みんながきょう力しているかんじで読む

「ふきのとうが、かおを　出しました。」
「こんにちは。」

七場面全体を音読する際にこのセンテンスカードを掲示する

3 主語の省略の効果を知る

「だれが（に）」の言葉がないと、どのようないいことがあるのかな

主語が省略されていることのよさを話し合い、板書上でまとめる。リズムのよさを生かして音読することを意識させ、音読発表会での工夫をイメージさせる。

続けて読めるからリズムがよくなるね
みんなの力が合わさっている感じで続けて読もう

4 七場面の一枚目の文の省略を見付け、補って、音読する

他にも「だれが（誰に）」の言葉が取られているところはあるかな。付け加えて音読してみよう

七場面の本文から主語が省略されている文を探すよう指示する。子供の発言を拾いながら、一枚目のセンテンスカードに主語を書き込む。本来あった主語が省略されていることを、音読して確認する。

配慮㋐

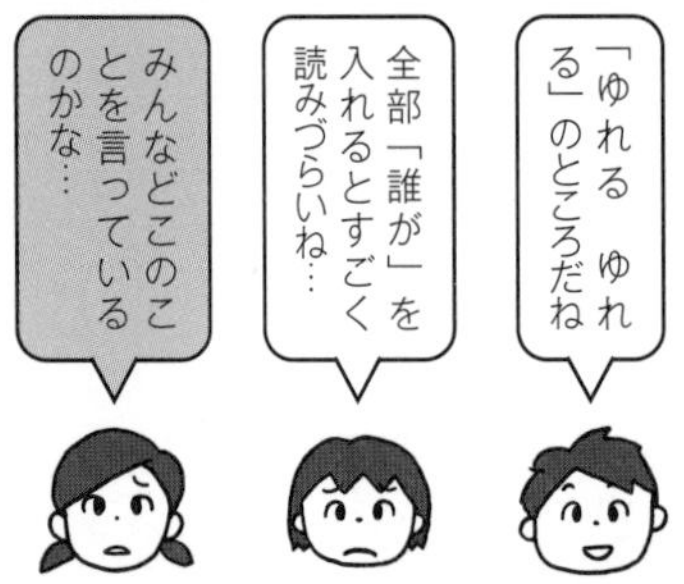

「ゆれる　ゆれる」のところだね
全部「誰が」を入れるとすごく読みづらいね…
みんなどこのことを言っているのかな…

準備物
・センテンスカード 1-24～27
・登場人物のイラスト 1-01、03、04、05

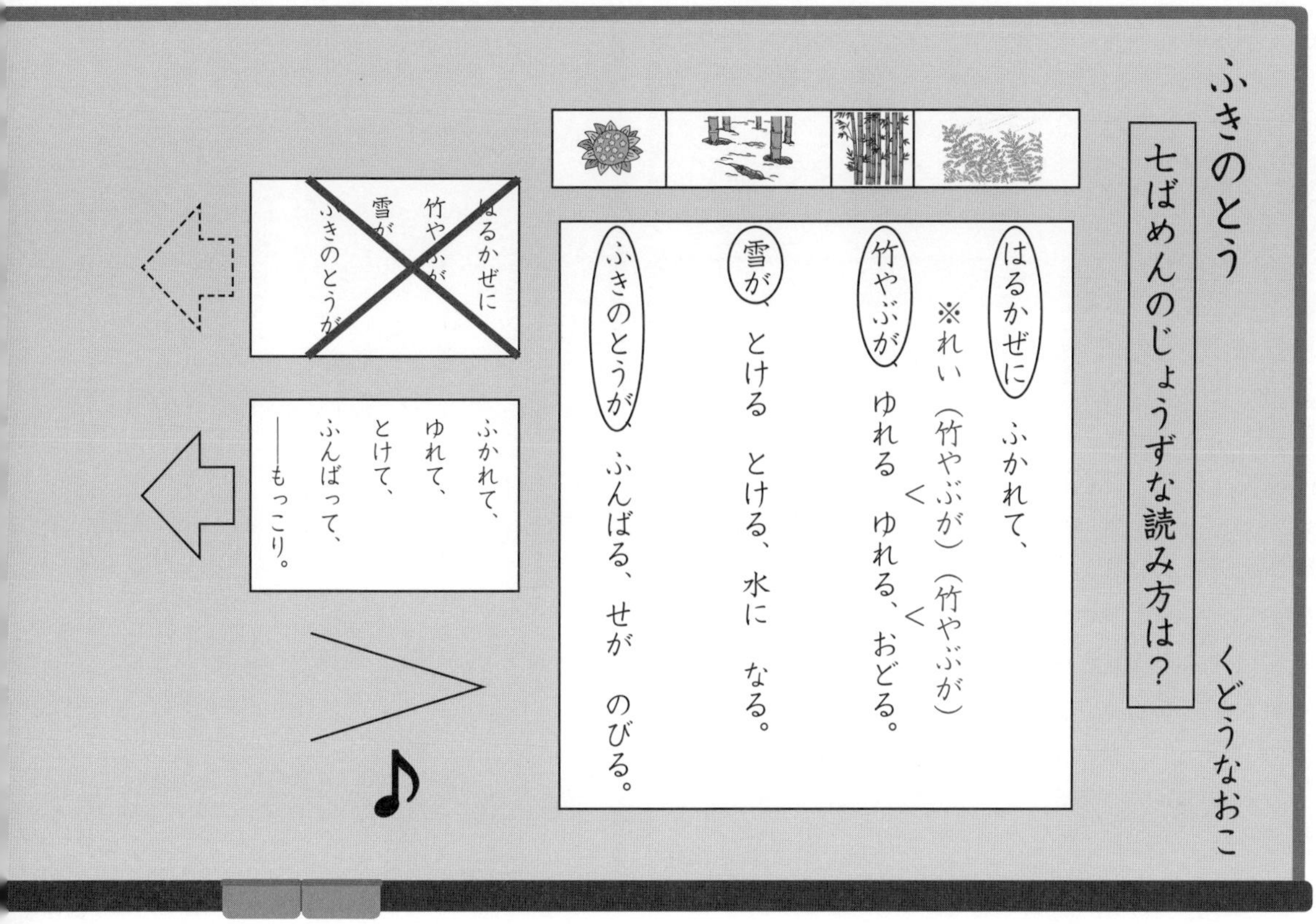

ふきのとう
くどうなおこ
七ばめんのじょうずな読み方は？
はるかぜに ふかれて、
※れい （竹やぶが）＜（竹やぶが）＜（竹やぶが）
竹やぶが、ゆれる ゆれる、おどる。
雪が、とける とける、水に なる。
ふきのとうが、ふんばる、せが のびる。
はるかぜに
竹やぶが
雪が
ふきのとうが
ふかれて、
ゆれて、
とけて、
ふんばって、
——もっこり。

1 七場面の本文を音読する

七場面の本文を全てカードにして持ってきたよ。みんなで音読してみよう

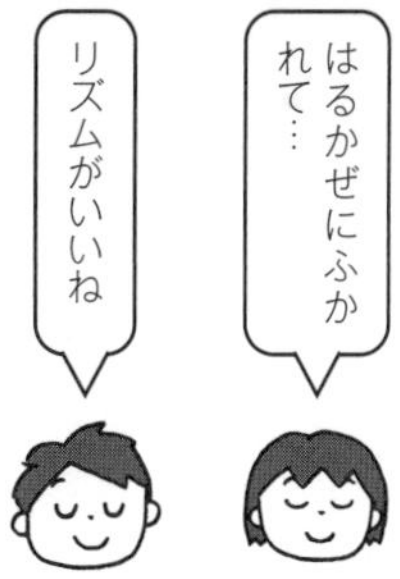

はるかぜにふかれて…
リズムがいいね

考える音読

第七場面のセンテンスカードを三枚貼り、カードを見ながらたけのこ読みで音読させる。主語省略のよさに気付かせるため、一文ではなく「、」か「。」がきたら立ったり座ったりするよう指示する。

2 主語を加えた文と本文を読みくらべる

先生、教科書で間違っているところ見付けたので書き直してみたよ。読んでみよう

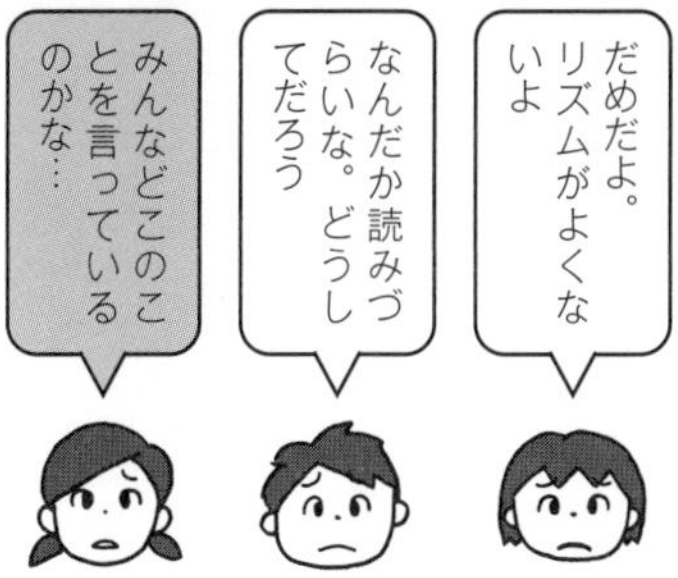

だめだよ。リズムがよくないよ
なんだか読みづらいな。どうしてだろう
みんなどこのことを言っているのかな…

しかけ（加える）

三枚のセンテンスカードの二枚目の文に主語を加え、三枚のセンテンスカードを通して音読させる。声に出して音読することで本文では、主語が省略されていることに気付かせる。配慮ア

本時の展開　第三次　第1時

目標 音読練習のやり方や助言の仕方を確認する活動を通して、見通しをもってグループによる音読活動ができる。

[本時展開のポイント]

音読発表会に向けて、各グループで役割を分担するだけでなく、各自が工夫して音読できるよう、グループ内またはグループ同士で助言し合う活動を設定する。

[個への配慮]

㋐過去の板書写真をプリントにして渡す

既習の学習を生かして工夫を考えることが困難な場合は、自分の分担された役割の音読を工夫する発想をもてるよう、過去の学習の板書写真を記録したプリントを配布する。同様に教室内にも掲示することで、子供たちが学習を思い出し、音読の工夫を行う手がかりとする。

㋑友達と一緒に読む

緊張する場面だと声が出なくなってしまう場合は、子供の気持ちに寄り添いながら同じグループの友達が読む文を一緒に読み上げるよう助言するなどして配慮し、練習を見守りながら声をかける。本番に突然声が出なくなってしまった場合のことも考え、事前にグループの友達と協力の仕方を確認しておく。

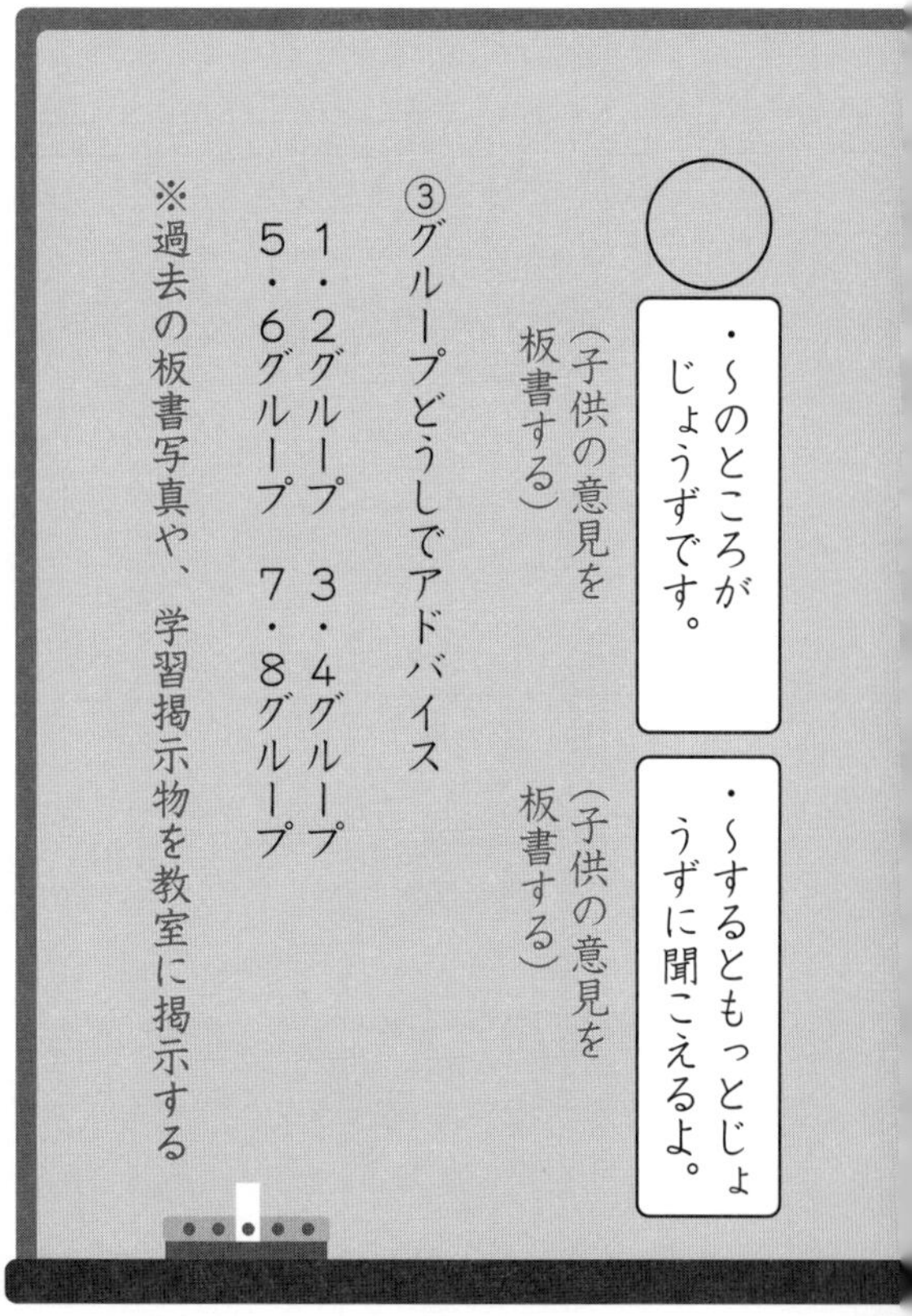

・〜のところがじょうずです。
（子供の意見を板書する）
・〜するともっとじょうずに聞こえるよ。
（子供の意見を板書する）
③グループどうしでアドバイス
1・2グループ　3・4グループ
5・6グループ　7・8グループ
※過去の板書写真や、学習掲示物を教室に掲示する

3 グループ内で音読の練習をし、助言し合う

グループに分かれて、音読発表の練習をしよう。地の文の音読で工夫したいことはあるかな？

最後のところは二人で読もうよ
七場面は人数を増やしていったらどうかな
竹やぶはどう読めばよかったかな…
急に声が出なくなったらどうしよう…

グループ活動の前に、具体的に何をするか確認する。地の文の分担は工夫の余地があるが、まずは分担の例の通りに行い、必要に応じてグループごとに相談して修正していくよう指示する。

配慮㋐㋑

4 グループ同士で音読を披露し、アドバイスし合う

グループ同士で、聞き合って、アドバイスをし合おう

はるかぜの声が上手だね
七場面はもう少しリズムがよいと上手に聞こえるよ

聞くグループは肯定的な感想をまず述べることを確認する。その上で修正できる点があれば助言するよう促す。感想やアドバイスは、一人一回必ず言うよう指示する。

準備物　・アドバイスの仕方カード　1-28、29
（発表会当日まで教室側面等に掲示する）

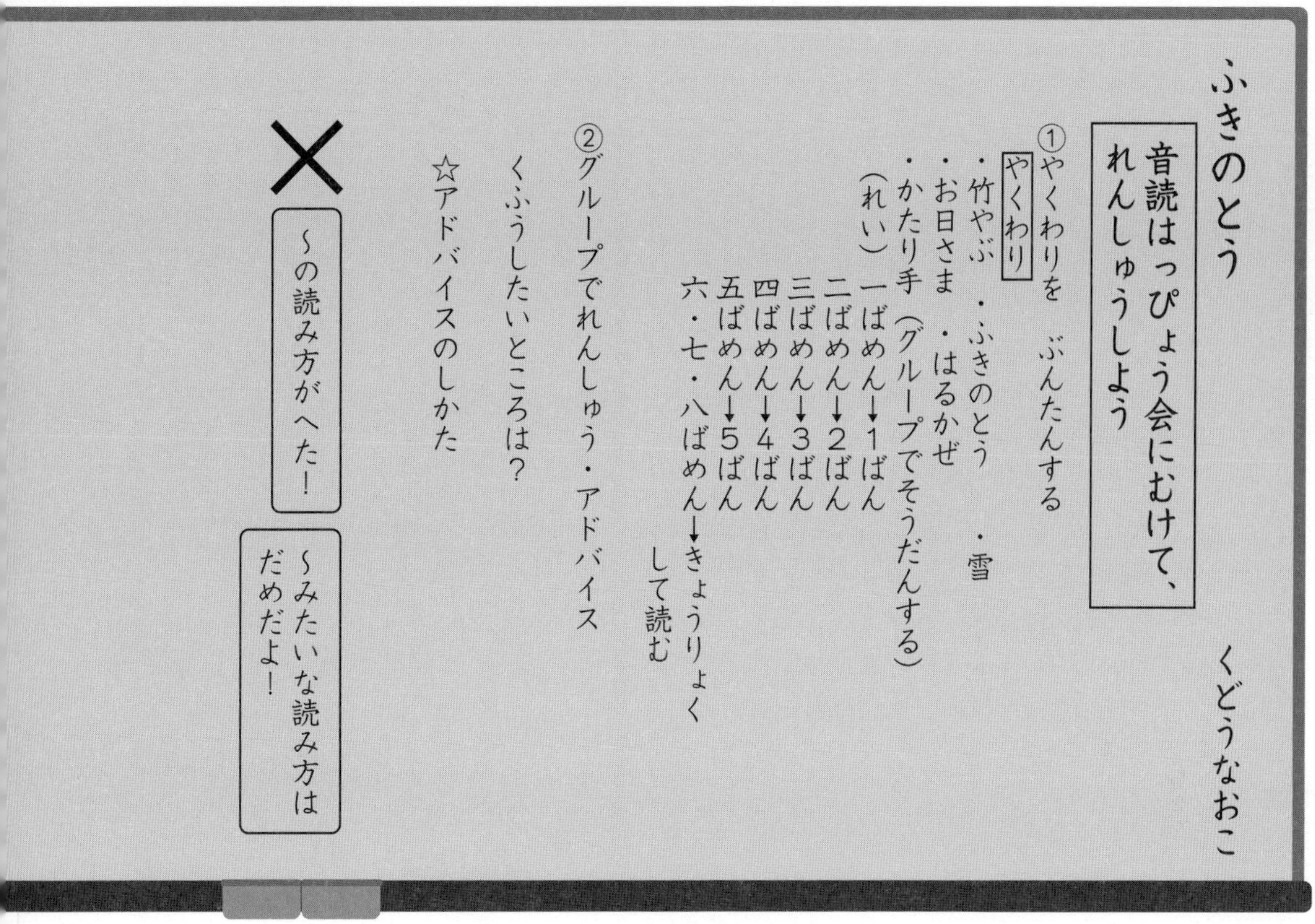

ふきのとう
くどうなおこ
音読はっぴょう会にむけて、れんしゅうしよう
①やくわりを　ぶんたんする
やくわり
・竹やぶ　・ふきのとう　・雪
・お日さま　・はるかぜ
・かたり手（グループでそうだんする）
（れい）一ばめん→1ばん
二ばめん→2ばん
三ばめん→3ばん
四ばめん→4ばん
五ばめん→5ばん
六・七・八ばめん→きょうりょくして読む
②グループでれんしゅう・アドバイス
くふうしたいところは？
☆アドバイスのしかた
×
～の読み方がへた！
～みたいな読み方はだめだよ！

1 登場人物を確認し、役割分担をする

どんな役割が必要かな

音読発表会を行うために必要な役を確認し、役割を分担するよう指示する。

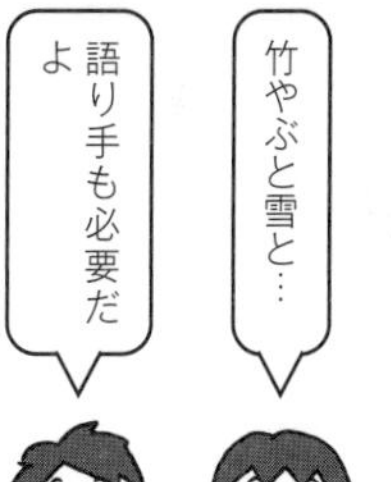

竹やぶと雪と…
語り手も必要だよ

2 代表児童が一部を音読し、具体的な助言の仕方を考える

こう言われたらどう感じる？どのようにアドバイスされたらうれしいかな。〇場面を読んでみたい人はいるかな

へたって言われたら悲しいよ…
ざんねんそうに読んでいるところが上手です

しかけ（仮定する）

悪い聞き方をあえて提示することでよい聞き方や助言の仕方を引き出したい。その後、数名の子供にモデル音読をしてもらい、全体でよい助言の仕方を考える。

本時の展開　第三次　第2時

目標　音読発表会を通して、自分たちや他のグループの音読の工夫に気付き、前向きな感想を伝え合うことができる。

[本時展開のポイント]

音読発表会は、各グループや個人の音読の工夫を聞き、よいところを伝え合う場としたい。また発表会の後、単元のまとめとして、自分や自分たちのグループができるようになったことや工夫したことを振り返る時間も大切にしたい。子供たちの成長を子供たち自身が実感できるよう教師が声かけをすることで活動への達成感をもたせる。

[個への配慮]

㋐グループの話し合い活動で個別指導する。

各グループで音読の工夫した点を話し合うことが難しい場合は、工夫してきたところのイメージをもてるよう、必要に応じて教師が間に入って司会役をする。前時に練習していた際に工夫していた点やこれまでの練習でがんばっていた点を伝え、子供たちが自信をもてるよう配慮する。

㋑書き出しの提示や問いかけをする。

文章を書くことが困難な場合は、振り返りの内容がイメージしやすいよう、書き出しを提示したり、教師が問いかけて答えたことを文章に書くよう助言したりする。

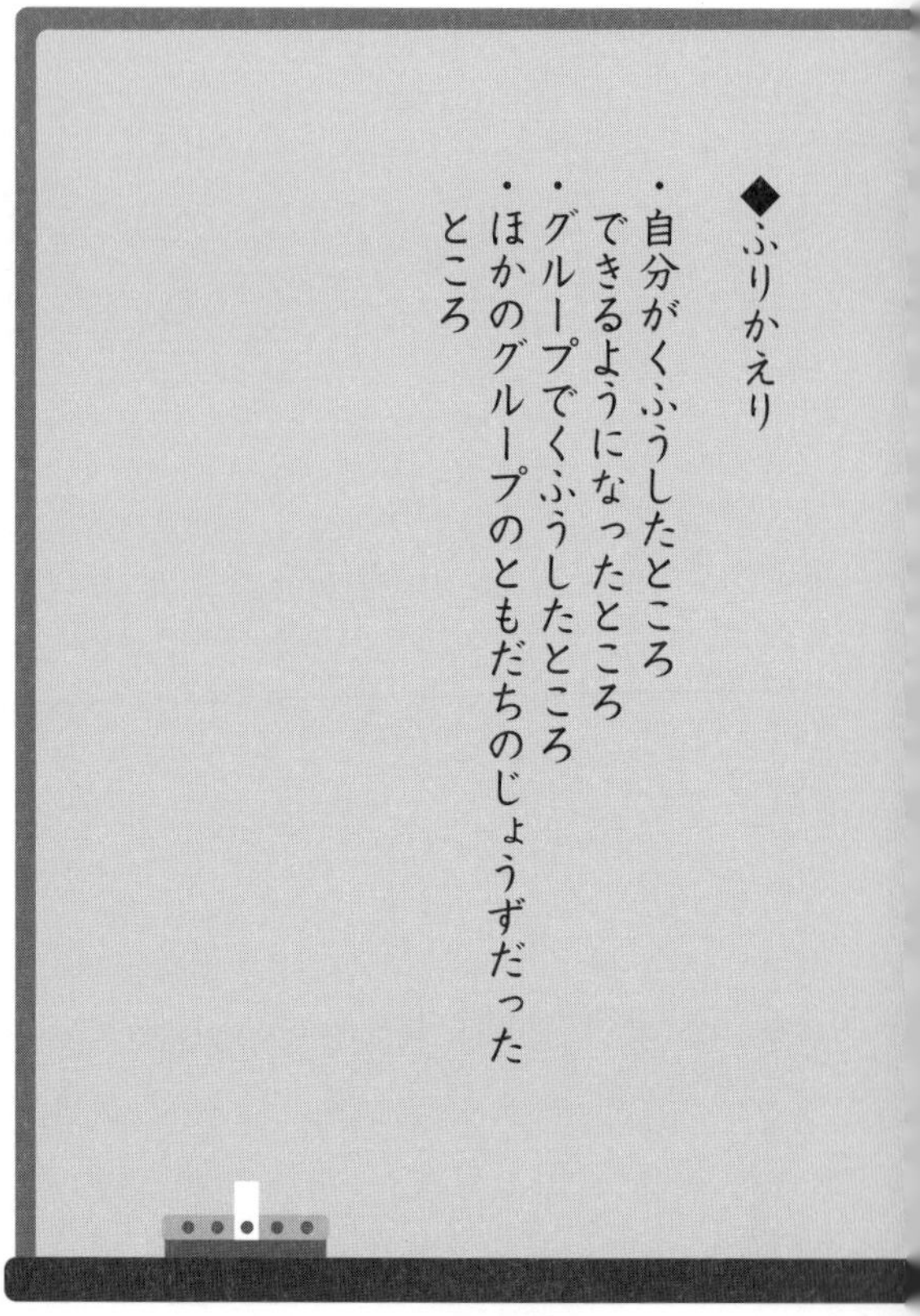

◆ふりかえり
・自分がくふうしたところ
できるようになったところ
・グループでくふうしたところ
・ほかのグループのともだちのじょうずだったところ

3　音読発表会を行う

それぞれの場所で音読発表をしよう。失敗しても大丈夫。一生懸命読もう

工夫したところは最後の一文をみんなで読むところです。聞いてください
もっこり、の前に間があったところが上手でした

各グループが発表場所に移動し、音読発表会を行う。発表後二分間は、よいところを褒め合う時間とする。ビデオなどで撮影し、振り返りの際に活用することも考えられる。

4　活動を振り返る

この音読発表会で上手に読めた（工夫できた）ところや、友達の発表のよかったところをノートに書こう

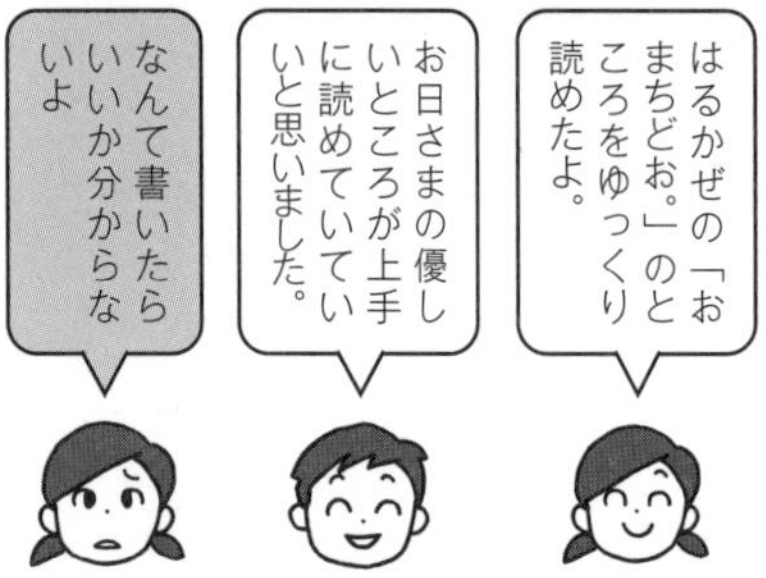

はるかぜの「おまちどお。」のところをゆっくり読めたよ。
お日さまの優しいところが上手に読めていていいと思いました。
なんて書いたらいいか分からないよ

音読発表会で自分や友達が工夫して音読していたところを振り返りノートに書かせる。子供が自分の成長を実感できるよう声かけする。

配慮㋑

ふきのとう　くどうなおこ

音読はっぴょう会をひらこう

①［はじめ］
これから、くどうなおこ作、
「ふきのとう」の音読はっぴょう会をします。
くふうしたところは［　　］です。

②［おわり］
音読はっぴょう会を聞いてくれて
ありがとうございました。
これで、おわります。

③［ほめほめタイム］（2分）
・くふうしているな、と思ったところ
・じょうずに読めていたところ

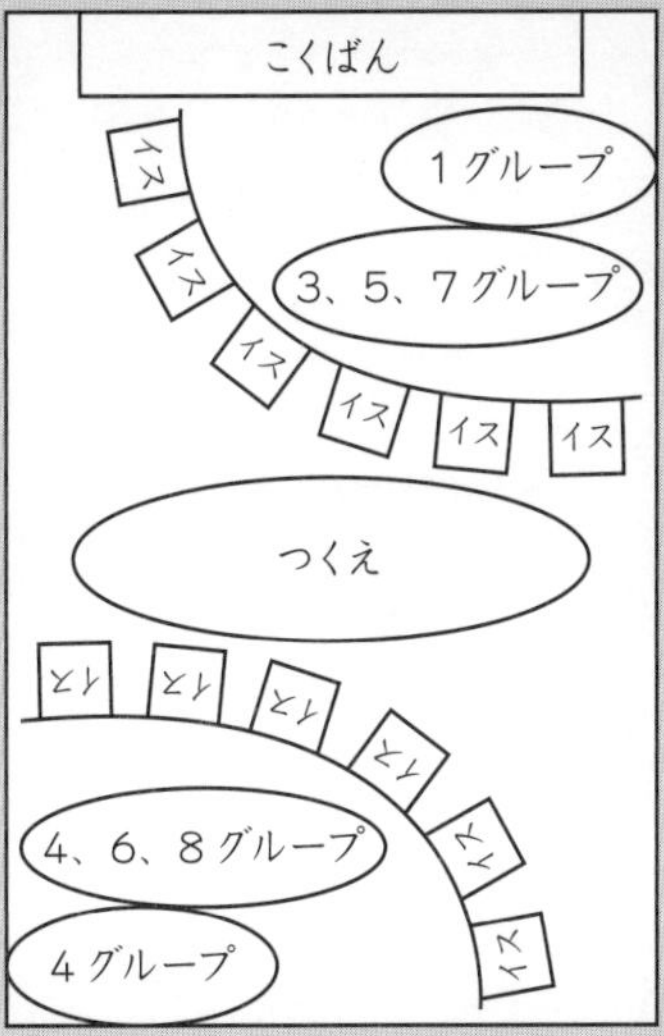

こくばん
1グループ
3、5、7グループ
イス
つくえ
4、6、8グループ
4グループ

○はっぴょうじゅん
一　1→3→5→7
二　2→4→6→8

1　各グループで音読の仕方を工夫した点を話し合う

各グループで音読の仕方を工夫したところを話し合おう

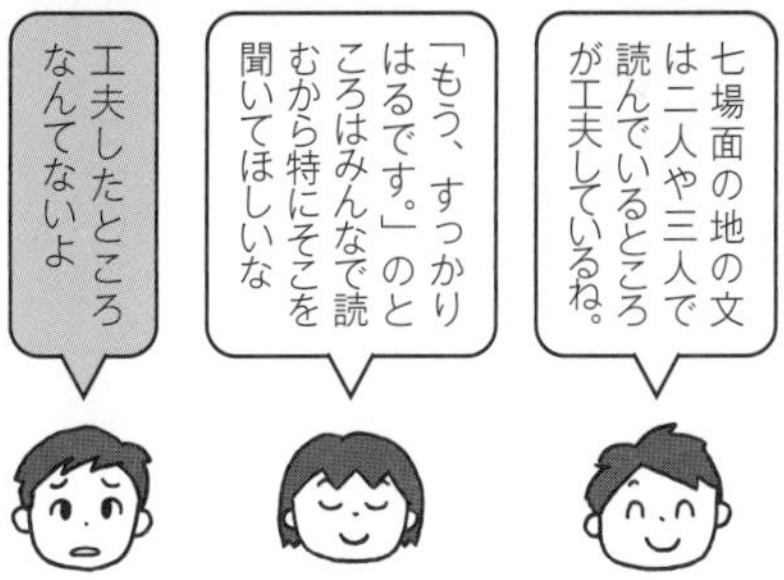

七場面の地の文は二人や三人で読んでいるところが工夫しているね。
「もう、すっかりはるです。」のところはみんなで読むから特にそこを聞いてほしいな
工夫したところなんてないよ

音読発表会を行うために必要な役を確認し、役割を分担するよう指示する。　配慮ア

2　音読発表の手順と発表の順番を確認する

音読発表の始め方と終わり方、順番を確認するよ

「はじめ」と「おわり」言葉をだれが読むか決めよう。
「おわり」はみんなで読もうよ。

教室を二つに分け、グループを二分して発表を行うことを図で確認する。はじめとおわりの文をグループ内でどのように読むか分担する時間をとり、最終的な発表の流れと時間を確認する。

「お手紙」の授業デザイン

（光村図書２年下）

教材の特性

本教材は、友達の不幸せを一緒に悲しみ、幸せを共に喜ぶほのぼのとした心情を描いた作品である。友達同士の心の交流は、読み手までも幸せな気持ちにさせる。

がまくんとかえるくん、二人の登場人物の行動を中心に、場所や時間の移り変わりがはっきりと描かれている。物語の展開に沿って、お手紙を待つ二つの場面の違いや二人の行動と心情がどのように変容していくかを読み取らせたい。

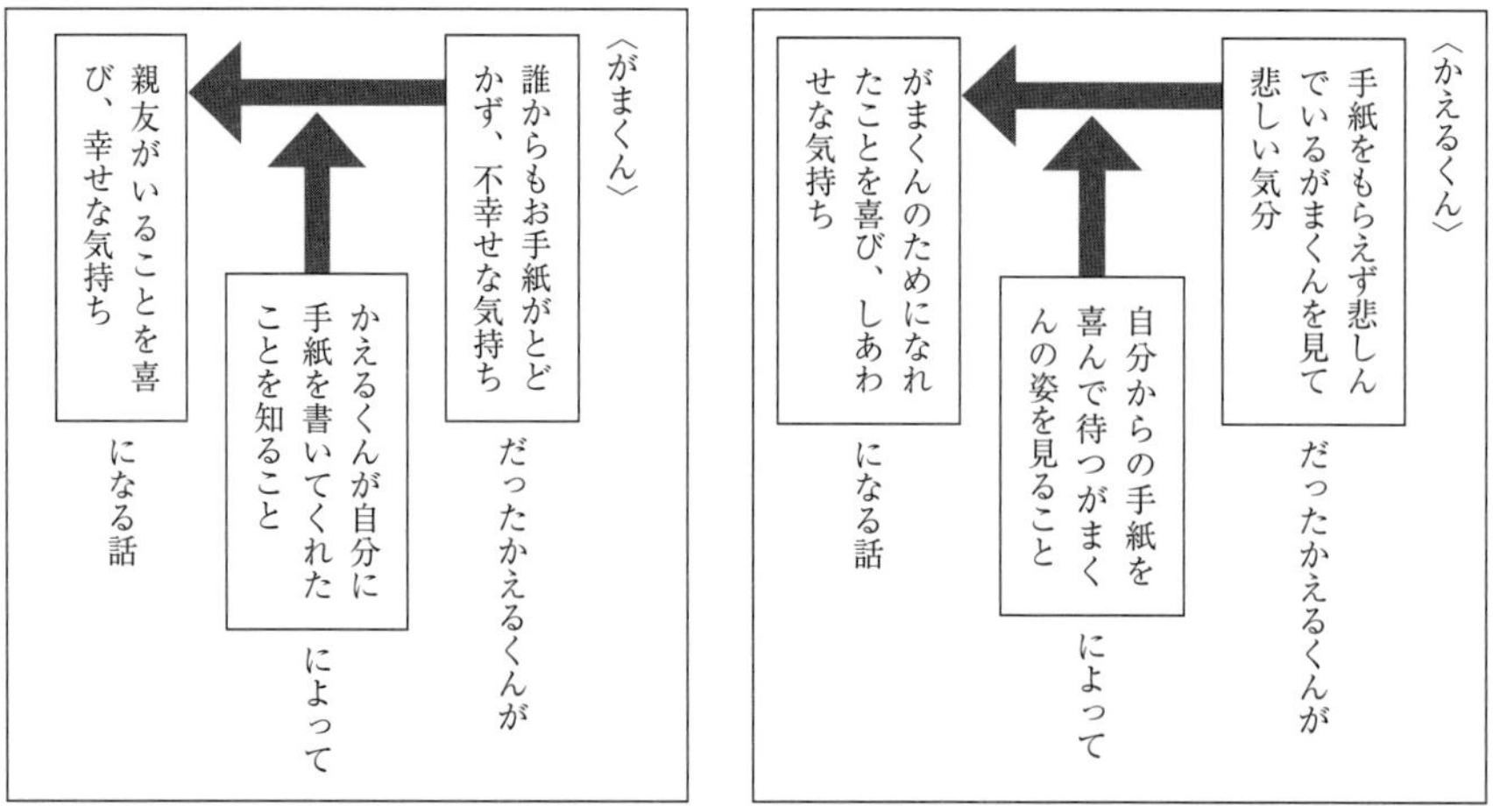

身に付けさせたい力

・場面の様子に着目して、登場人物の行動や心情を具体的に想像する力。
・語のまとまりや言葉の響きなどに気を付けて音読する力。

授業づくりの工夫

焦点化	視覚化	共有化
○作品の設定や心情の変化など、指導内容を明確にする。 ○音読劇を学習活動の中心にすることで、子供が読む目的をもてるようにする。	○挿絵やセンテンスカードを掲示することで、細かい点に注意しながら作品を味わえるようにする。 ○「初め」「きっかけ」「終わり」を図解することで、登場人物の心情の変化が捉えられるようにする。	○グループで音読劇の練習をすることで、場面の様子に着目して登場人物の行動を具体的に想像できるようにする。 ○ペア学習の時間を意図的に設定することで、全員が主体的に参加できるようにする。

単元目標・評価規準

目標 登場人物の行動や心情を想像しながら音読し、感じたことや分かったことを共有することができる。

知識・技能
○語のまとまりや言葉の響きなどに気をつけて音読している。
(1)ク

思考・判断・表現
○場面の様子に着目して、登場人物の行動や心情を具体的に想像している。また文章を読んで感じたことや分かったことを共有している。 C(1)エ・C(1)カ

主体的に学習に取り組む態度
○場面の様子に粘り強く着目して登場人物の行動や心情を想像し、学習課題に沿って音読劇に取り組もうとしている。

単元計画(全10時間)

次	時	学習活動	指導上の留意点
一	1	**お手紙ってどんなお話?** ○好きな場面とその理由について話し合い、初発の感想を書く。	・一番好きな場面について話し合うことを通して、あらすじを捉えられるようにする。
	2	○作品の設定(時、場所、人物)を表にまとめる。	・どんな話か話し合うことを通して、作品の設定(時・場所・人物)を捉えられるようにする。
二	1	**音読の仕方を考えよう** ○第一場面の音読の仕方について話し合う。	・第一場面の音読の仕方について話し合うことを通して、会話文から人物像を捉えられるようにする。
	2	○第二場面の音読の仕方について話し合う。	・センテンスカードの間違いについて話し合うことを通して、登場人物の心情が想像できるようにする。
	3	○第三場面前半の音読の練習をする。	・会話文の読み方や地の文の繰り返しの効果について話し合うことを通して、登場人物の心情を捉えられるようにする。
	4	○第三場面後半の音読の練習をする。	・第三場面に合う読み方について話し合うことを通して、心情の変化のきっかけを捉えられるようにする。
	5	○登場人物の人物心情の変化について話し合う。	・物語を一文でまとめることを通して、登場人物の心情の変化捉えられるようにする。
	6	○第四場面の続き(お礼のお手紙)を書く。	・友達と親友の違いについて話し合うことを通して、登場人物の心情を想像できるようにする。
三	1	**音読劇発表会をしよう** ○音読劇の練習をする。	・代表児童の音読のよさやアドバイスについて話し合うことを通して、音読劇のイメージをもてるようにする。
	2	○音読劇発表会をする。	・それぞれの工夫のよかった点を中心に感想を交流する。

教材分析

エ　作品の設定

【時を表す言葉】

がまくんとかえるくんが、げんかんでかえるくんからのお手紙を待っていたのは、四日間である。かえるくんが、足の遅いかたつむりくんに手紙を渡したことがこの物語の面白さである。

【場所】【場面】

場所に着目すると四つの場面に分けることができる。実際に手紙が届く場面の描写は短く、会話文もない。待っている間や手紙が届く場面の様子は読者に想像の余地を残している。


すると、かえるくんが言いました。

「ぼく、もう　家へ帰らなくっちゃ、がまくん。しなくちゃいけないことが、あるんだ。」


かえるくんは、大いそぎで家へ帰りました。えんぴつと紙を見つけました。紙に何か書きました。紙をふうとうに入れました。ふうとうに　こう書きました。

「がまがえるくんへ」

かえるくんは、家からとび出しました。知りあいのかたつむりくんに会いました。

「かたつむりくん。」

かえるくんが言いました。

「おねがいだけど、このお手紙を　がまくんの家へもっていって、ゆうびんうけに入れてきてくれないかい。」

「まかせてくれよ。」

かたつむりくんが言いました。

「すぐやるぜ。」

それから、かえるくんは、がまくんの家へもどりました。

二場面

がまくんは、ベッドで　お昼ねをしていました。

「がまくん。」

かえるくんが言いました。

「きみ、おきてさ、お手紙が来るのを、もうちょっとまってみたらいいと　思うな。」

「いやだよ。」

がまくんが言いました。

「ぼく、もう　まっているの、あきあきしたよ。」

かえるくんは、まどからゆうびんうけを見ました。かたつむりくんは、まだ　やって来ません。

三場面

「がまくん。」

かえるくんが言いました。

「ひょっとして、だれかが、きみに　お手紙をくれるかもしれないだろう。」

「そんなこと、あるものかい。」

しかけ「分類する」

センテンスカードをあたりとはずれで分類して貼っていくことで、誰の会話文かを捉えられるようにする。（イ）

■第二次・第2時
「カードの変なところは?」
しかけ「置き換える」

センテンスカードの間違いについて話し合うことを通して、登場人物の心情が捉えられるようにする。

■第二次・第2時
「どの読み方がいい?」
しかけ「選択肢をつくる」

「ああ。」の読み方の選択肢を示すことで、場面の様子を想像できるようにする。（エ）

◆教材分析のポイント　その①「場面の移り変わり」

がまくんとかえるくん、二人の登場人物の行動を中心に場所や時間の移り変わりがはっきり描かれた作品である。

◆教材分析のポイント　その②「心情の変化」

お手紙を待つ二つの場面の違いを比較することで、二人の心情の変化を読み取れるようにしたい。

指導内容

ア　登場人物

登場人物は、かえるくん、がまくん、かたつむりくんの三人である。

イ　会話文・地の文

本教材は、会話文を中心として構成されている。会話文が続いても、前後の「～が言いました。」という叙述により、誰が発した言葉か捉えることが容易である。

ウ　人物像

会話文や行動描写から人物像が分かる。少し幼さが残り、深い悲しみがあるがまくん、がまくんに共感する優しいかえるくん、動きの遅さとはうらはらに張り切るかたつむりくん。

一場面

お手紙

がまくんは、げんかんの前に　すわっていました。

かえるくんがやって来て、言いました。

「どうしたんだい、がまがえるくん。きみ、かなしそうだね。」

「うん、そうなんだ。」

がまくんが言いました。

「今、一日のうちの　かなしい時なんだ。つまり、お手紙をまつ時間なんだ。そうなると、いつもぼく、とてもふしあわせな気もちに　なるんだよ。」

「そりゃ、どういうわけ。」

かえるくんがたずねました。

「だって、ぼく、お手紙　もらったことないんだもの。」

がまくんが言いました。

「いちどもかい。」

かえるくんがたずねました。

「ああ。いちども。」

がまくんが言いました。

「だれも、ぼくに　お手紙なんか　くれたことがないんだ。毎日、ぼくのゆうびんうけは、空っぽさ。お手紙を　まっているときが　かなしいのは、そのためなのさ。」

オ・カ
ふたりとも、かなしい気分で、げんかんの前に　こしを下ろしていました。

指導のポイント

■第一次・第1時
「挿絵はどんな順番？」

しかけ「順序を変える」

挿絵の並べ替えを通して、あらすじを捉えられるようにする。

■第一次・第1時
「一番好きな場面は？」
Which型課題
好きな場面とその理由について話し合い、初発の感想が書けるようにする。（エ）

■第一次・第2時
「お手紙ってどんなお話？」

しかけ「図解する」

場面ごとに表に整理し、作品の設定（時・場所・人物）が捉えられるようにする。（エ）

■第二次・第1時
「お手紙運試しをしよう」

✓ 教材分析

それから、ふたりは、げんかんに出て、お手紙の来るのを　まっていました。

オ・カ ふたりとも、とても　しあわせな気もちで、そこにすわっていました。

四場面

エ 長いこと　まっていました。

四日たって、かたつむりくんが、がまくんの家につきました。

そして、かえるくんからのお手紙を、がまくんにわたしました。

お手紙をもらって、がまくんは、とてもよろこびました。

(オ)

指導内容

オ 心情の変化

がまくんもかえるくんも、〈かなしい気分〉から〈しあわせな気もち〉に変容している。

カ 立場による違い

がまくんもかえるくんも気持ちが変化しているが、その理由は異なる。 がまくんは、手紙が届かないことの悲しみから、かえるくんから手紙が届くことが分かったことで、かえるくんという友達がいることの喜びへと変化する。

一方かえるくんは、手紙が届かないことで悲しんでいるがまくんに対する悲しみから、手紙を喜んでいるがまくんを見ることで、がまくんのためになれたことに対する喜びへと変化している。

三場面

がまくんが言いました。

「ぼくに　お手紙をくれる人なんて、いるとは思えないよ。」

かえるくんは、まどから　のぞきました。

かたつむりくんは、まだ　やって来ません。

「でもね、がまくん。」

かえるくんが言いました。

「きょうは、だれかが、きみに　お手紙　くれるかもしれないよ。」

「ばからしいこと、言うなよ。」

がまくんが言いました。

「今まで、だれも、お手紙　くれなかったんだぜ。きょうだって同じだろうよ。」

かえるくんは、まどから　のぞきました。

かたつむりくんは、まだ　やって来ません。

「かえるくん、どうして、きみ、ずっと　まどの外を見ているの。」

がまくんがたずねました。

「だって、今、ぼく、お手紙をまっているんだもの。」

かえるくんが言いました。

「でも、来やしないよ。」

がまくんが言いました。

「きっと来るよ。」

かえるくんが言いました。

「だって、ぼくが、きみに　お手紙出したんだもの。」

「きみが。」

がまくんが言いました。

「お手紙に、なんて書いたの。」

かえるくんが言いました。

「ぼくは、こう書いたんだ。『親愛なる　がまがえるくん。　ぼくは、きみが　ぼくの親友であることを、うれしく思っています。きみの親友、かえる。』」

「ああ。」

がまくんが言いました。

「とても　いいお手紙だ。」

指導のポイント

■第二次・第3時

「カードはどんな順番？」

しかけ「順序を変える」

センテンスカードの並べ替えを通して、登場人物の心情を想像できるようにする。（オ）

■第二次・第4～5時

「この図はどういう意味？」

しかけ「図解する」

センテンスカードを「初め」「きっかけ」「終わり」で図解して示すことで、登場人物の心情の変化が捉えられるようにする。（オ）

■第二次・第6時

「もしもかたつむりくんじゃなくて、バッタくんだったら？」

しかけ「仮定する」

お手紙を託す相手を足の遅いかたつむりくんではなく、バッタくんだったらと仮定することで、この物語のユーモアに気付けるようにする。（エ）

■第二次・第6時

「もしもがまくんがお礼のお手紙を書くとしたら？」

しかけ「仮定する」

がまくんからかえるくんへのお礼のお手紙を書くことで、心情を深く考えられるようにする。

本時の展開　第一次　第1時

目標　挿絵の順番や好きな場面について話し合うことを通して、お話のあらすじを捉え、初発の感想を書くことができる。

［本時展開のポイント］

あらすじを捉えられるように、挿絵の並べ替えを行う。また、好きな場面とその理由について話し合い、初発の感想が書けるようにする。

［個への配慮］

㋐事前にお手紙を渡し合う

既有知識と結び付けて考えることに困難さが予想される場合は、お手紙をもらった経験を想起できるように、本時に入る前にお手紙を渡し合う活動を経験させておく。

㋑インタビューをする

文章を書くことに苦手意識がある場合には、ノートに感想が書けるように、教師がインタビューをして感想を話させたり、板書を真似して書いてもよいことを伝えたりする。

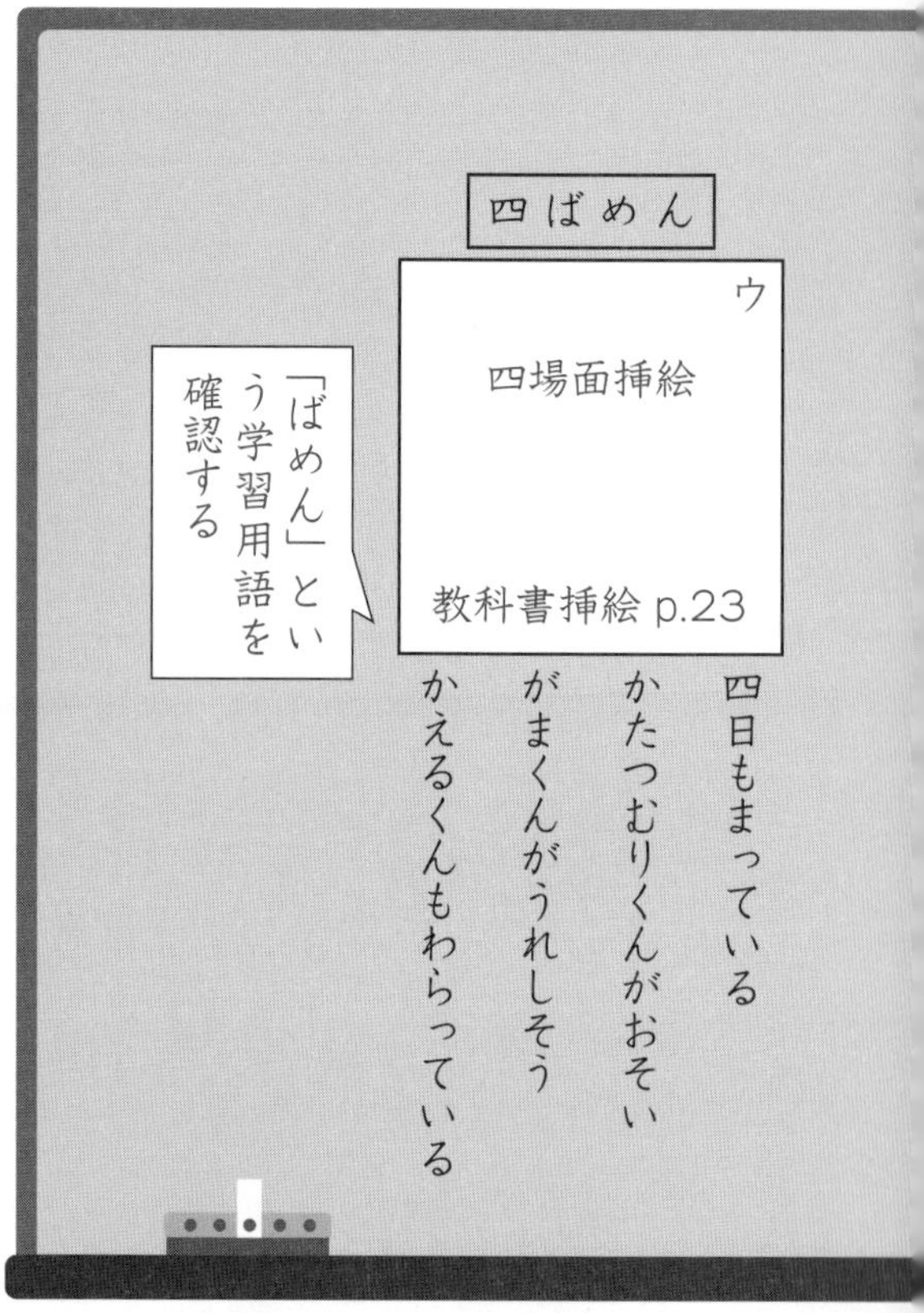

四ばめん
ウ
四場面挿絵
教科書挿絵 p.23
「ばめん」という学習用語を確認する
四日もまっている
かたつむりくんがおそい
がまくんがうれしそう
かえるくんもわらっている

3　好きな場面について話し合う

どの場面が一番好き?

ぼくは、四場面が好き。幸せな感じがするもん
わたしは二かな。かえるくんが優しいから

Whic型課題

好きな場面とその理由について話し合う。挿絵の下に子供たちの発言を板書していき、初発の感想を書くときの手助けとなるようにする。

4　初発の感想を書く

初めの感想を書きましょう

私は三場面の会話が面白いなと思いました
感想ってどんなことを書けばいいんだろう

全員が感想を書けるように、好きな場面や言葉、印象に残ったところなどを数名に話させたり（モデリング）、ペアで感想を話したりしてから感想を書かせるようにする。

配慮㋑

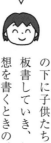

準備物 ・挿絵カード（デジタル教科書で印刷可能）

お手紙
アーノルド＝ローベル
いちばんすきなばめんは？
〈どんなじゅんばん？〉
一ばめん
イ
一場面挿絵
教科書挿絵 p.13
がまくんのかなしい気もちがわかる
ふしあわせな気もち
かえるくんもかなしい気分
二ばめん
エ
二場面挿絵
教科書挿絵 p.15
かえるくんがやさしい
手紙をかいてあげて友だちおもい
かたつむりくんがおもしろい
三ばめん
ア
三場面挿絵
教科書挿絵 p.18
かえるくんがお手紙をまっている
がまくんがうれしそう
ふたりともしあわせな気もち
好きな場面の理由を板書していく

1 教師の範読を聞く

さあ、「お手紙」ってどんなお話かな？

ぼくは幼稚園の友達にお誕生日のお手紙をもらったことがあるよ
お手紙ってどんなお話なのかな

作品を範読する前に、「お手紙をもらったことがあるかな」と、お手紙に関する経験を想起させ、既有知識と繋げるようにする。作品を読みたくなったところで教材文と出会わせる。 配慮ア

2 挿絵を順番通りに並べる

どんな順番かな？

初めは「イ」で、次は…
「ウ」の絵は笑っているから最後だよね

しかけ（順序を変える）

挿絵をお話の順序で並べ替える活動を通して、話のあらすじを捉えられるようにする。教科書を見ながらペアで話し合い、全体で確認する。

本時の展開　第一次　第2時

目標　どんなお話か、何日間のお話か、について話し合うことを通して、作品の設定を捉え、作品の設定を表にまとめることができる。

[本時展開のポイント]

作品の設定が捉えられるように、表に整理していく。授業の後半で何日間のお話かについて話し合い、四日間お手紙を待っていた事実を押さえておく。

[個への配慮]

㋐教科書にふりがなを付けたり、リーディングスリットを準備したりしておく

教科書をそのまま音読することが困難な場合には、すらすら音読をすることができるように、漢字にふりがなを付けたり、リーディングスリットを使用させたりする。

㋑起立して音読させる

それぞれの場面が誰の家での話か捉えることが困難な場合は、場所を表す言葉が捉えられるように、場所が分かるところだけ全員で立って音読させるようにする。

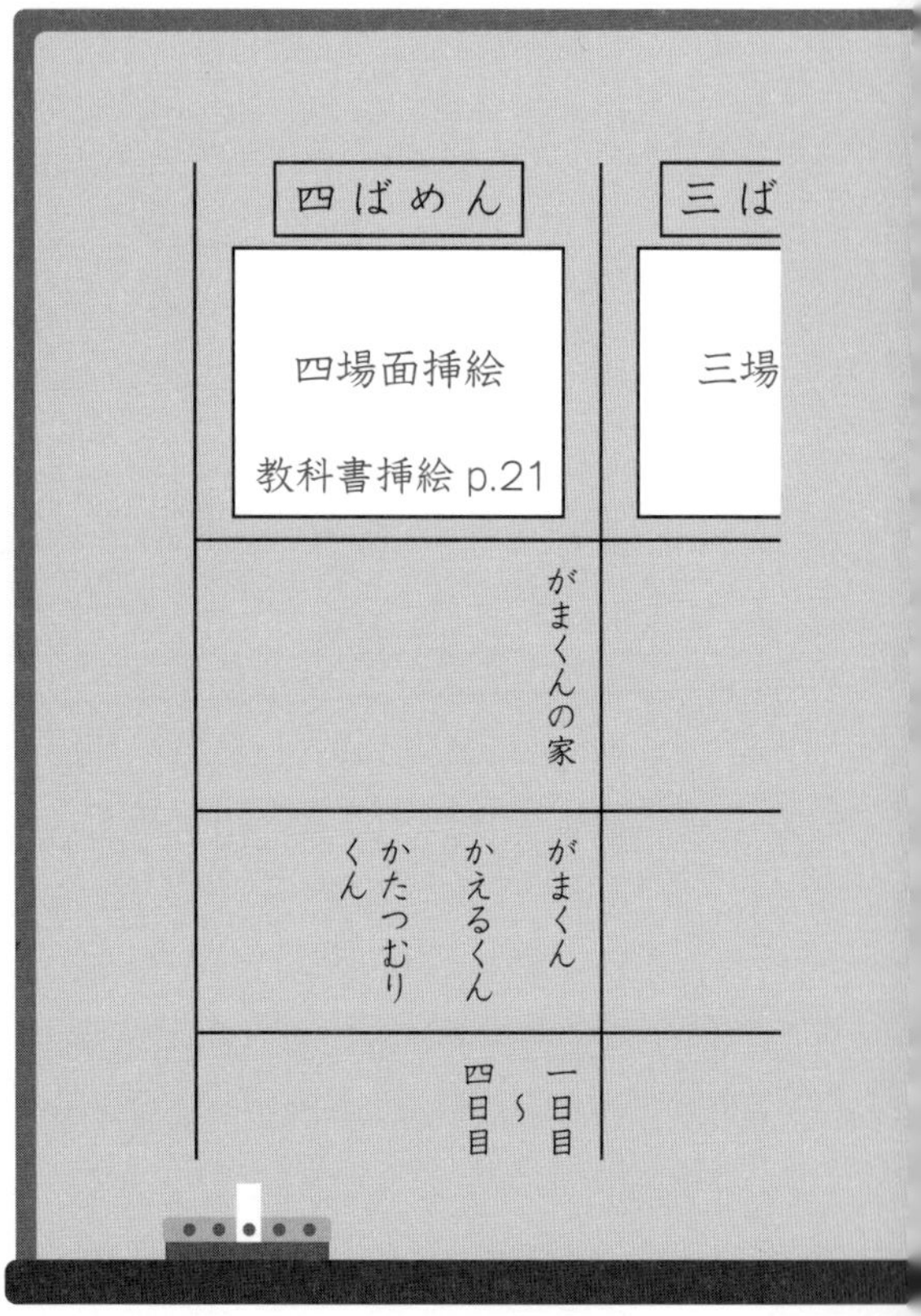

四ばめん
四場面挿絵
教科書挿絵 p.21
がまくんの家
がまくん
かえるくん
かたつむりくん
一日目
～
四日目
三ば
三場

3 作品の設定（時）を捉える

お手紙って何日間のお話？

えっ。一日じゃないの。何日間のお話かな

四場面を見れば何日間か分かるよ

この段階では四日間もお手紙を待っていたということに気付かずに読んでいる子供も多い。ここで何日間のお話かにふれておくことで、第二場面でかたつむりくんを登場させる面白さに気付けるようにする。

4 学習の振り返りを書く

今日分かったことや考えたことをノートに書きましょう

登場人物はかえるくん、がまくん、かたつむりくんだったね

がまくんとかえるくんは四日間もお手紙を待っていたんだね

他の作品を読むときにも「意識できるように、作品の設定（時・場所・登場人物）という学習用語を押さえておく。音読を中心に学習を進め、最後に音読発表会をすることを伝える。

準備物　・挿絵カード（デジタル教科書で印刷可能）

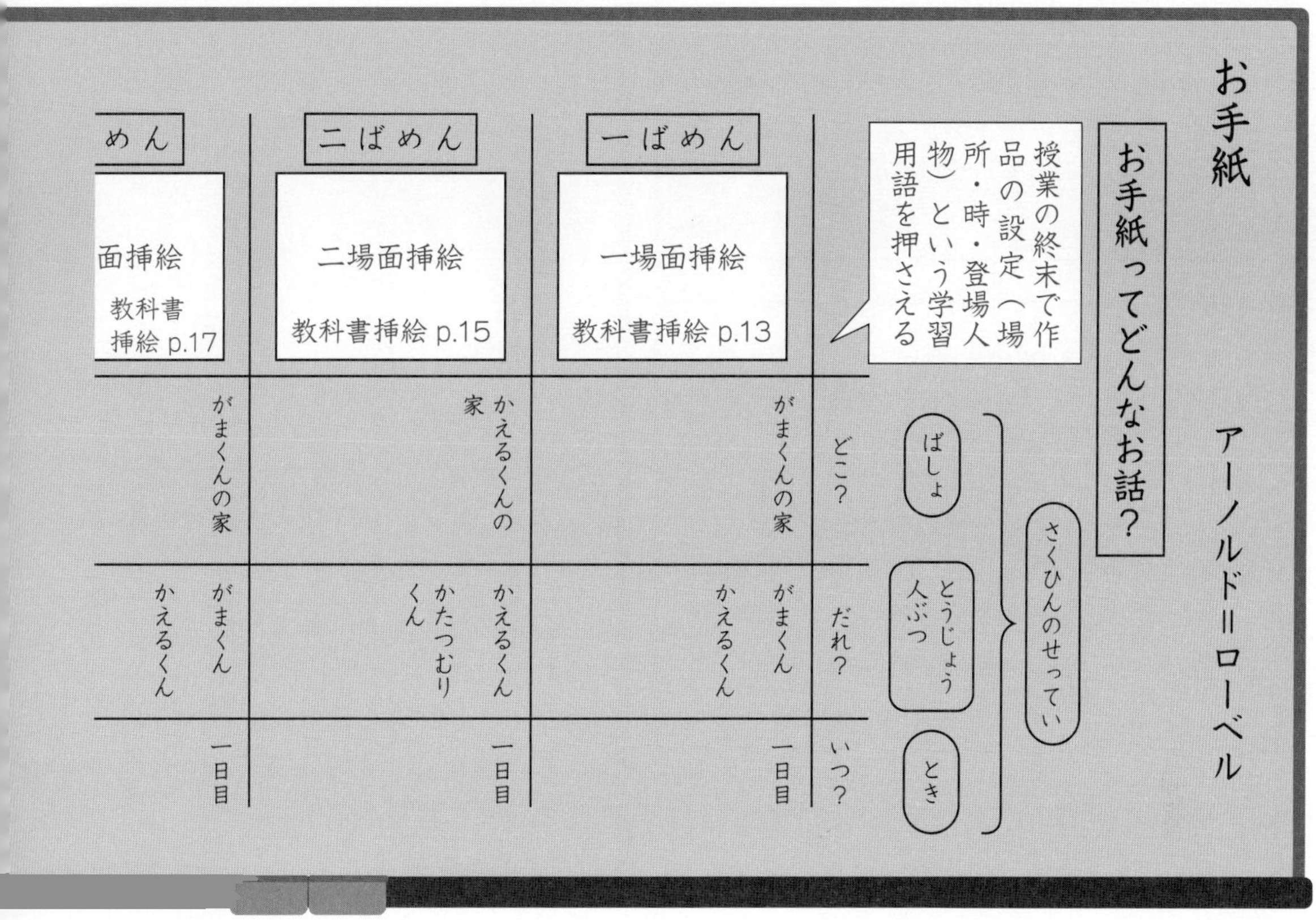

お手紙
アーノルド＝ローベル
お手紙ってどんなお話？
授業の終末で作品の設定（場所・時・登場人物）という学習用語を押さえる
さくひんのせってい
ばしょ
とうじょう人ぶつ
とき
どこ？
だれ？
いつ？
一ばめん
一場面挿絵
教科書挿絵 p.13
がまくんの家
がまくん
かえるくん
一日目
二ばめん
二場面挿絵
教科書挿絵 p.15
かえるくんの家
かえるくん
かたつむりくん
一日目
めん
面挿絵
教科書
挿絵 p.17
がまくんの家
がまくん
かえるくん
一日目

1　音読をする

どんなお話か考えながら音読をしましょう

もう自分一人でも読めるよ

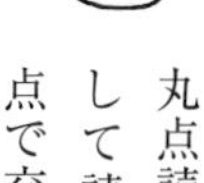

何て読めばいいか分からないよ

すらすら音読できるようにしたい。追い読み（教師のあとに続いて読む）、丸点読み（句読点で交代して読む）、丸読み（句点で交代して読む）など読み方を変えながら繰り返し音読する。

配慮ア

2　作品の設定（場所・人物）を捉える

どこのお話？誰が出てくる？

一場面はがまくんの家だけど、二場面はどこだろう

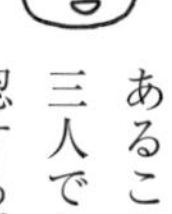

二場面では、かたつむりくんが出てくるね

しかけ（図解する）

作品の設定の場所と人物は捉えやすい。二場面だけがかえるくんの家であることや、登場人物が三人であることなどを確認する。子供たちはワークシートに書き込んでいく。

配慮イ

本時の展開　第二次　第1時

目標 第一場面に合う読み方を練習することを通して、がまくんとかえるくんの初めの心情を読み取り、二人の心情を吹き出しに書くことができる。

［本時展開のポイント］

第一場面のがまくんとかえるくんの悲しい気持ちとそのわけを考えられるように、会話文の読み方にしぼって話し合う。役割音読をした後に吹き出しに気持ちを書く。

［個への配慮］

㋐運試しで指名する

物語の世界にスムーズに入ることが困難な場合には、意欲的に学習に取り組めるように、カードの運試しで指名し活躍できるようにする。

㋑書き出しだけを書いた吹き出しを準備しておく

登場人物の気持ちを吹き出しに書くことが困難な場合には、役になりきって考えられるように、書き出し部分だけが書かれた吹き出しを使ってもよいことを伝える。

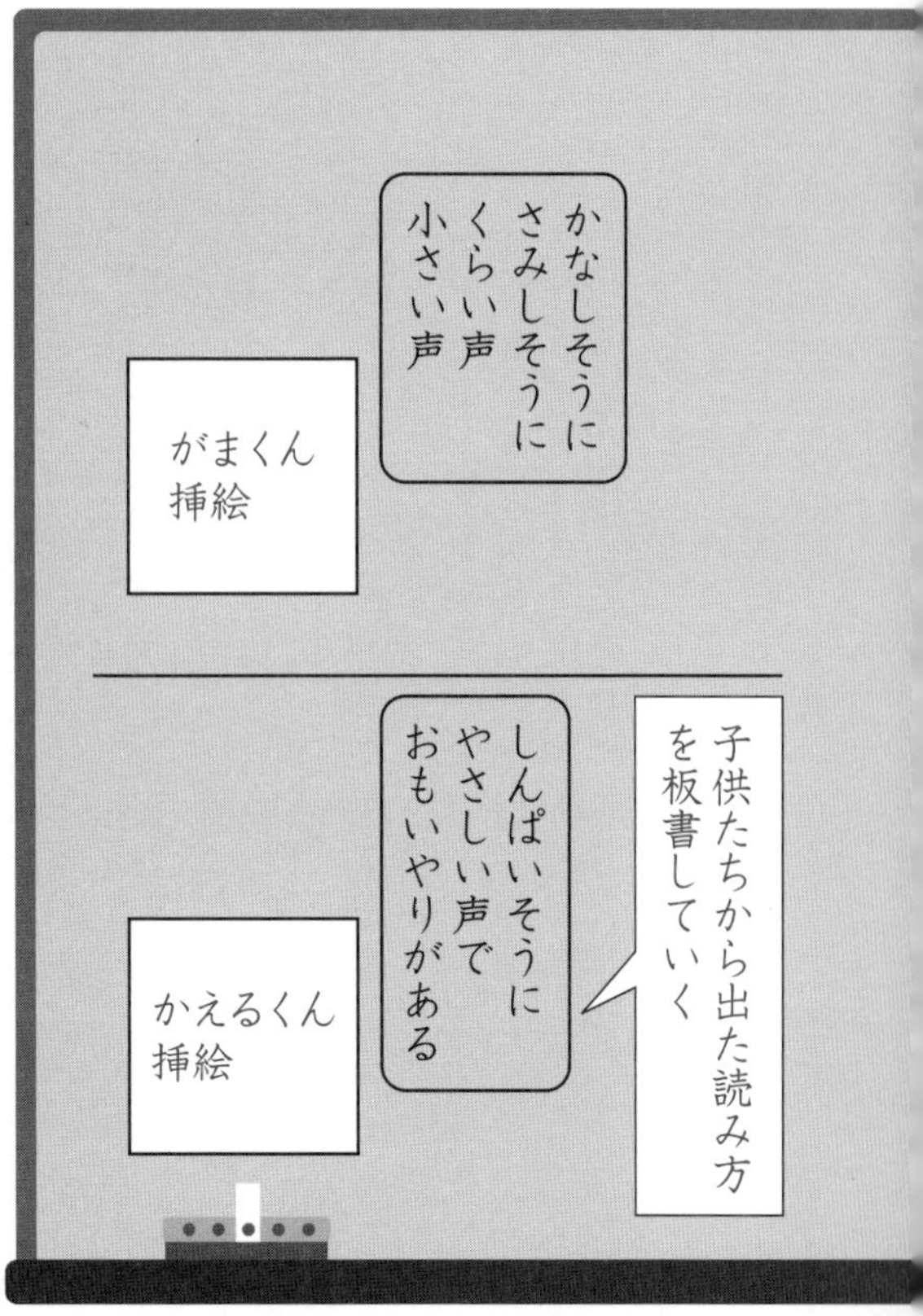
かなしそうに
さみしそうに
くらい声
小さい声
がまくん挿絵
子供たちから出た読み方を板書していく
しんぱいそうに
やさしい声で
おもいやりがある
かえるくん挿絵

うにする。黒板に読み方を板書していく。

3 三人組で第一場面の役割音読をする

三人組で役を決めて練習しよう

かえるくんは優しく読もう。だってがまくんを心配しているもん
がまくんは悲しそうに読むぞ
かえるくんは心配そうに読んだ方がいいよね

代表児童三人（がまくん役、かえるくん役、語り手）を指名し、みんなでその音読を見る。イメージができた後、役割を交代しながら全体で役割音読をする。

4 がまくん、かえるくんの気持ちを吹き出しに書く

二人の気持ちを吹き出しに書きましょう

がまくんは「なんでぼくはお手紙をもらえないんだろう」かなあ
どんなかんじで書けばいいのかな

代表児童の音読を再度全員で見た後、がまくん役とかえるくん役の子に気持ちをインタビューする。どのようなことを書けばよいかイメージができてから吹き出しに気持ちを書かせる。　配慮㋑

準備物
・センテンスカード 2-01 ～ 06
・がまくんとかえるくんの挿絵２枚（デジタル教科書で印刷可能）

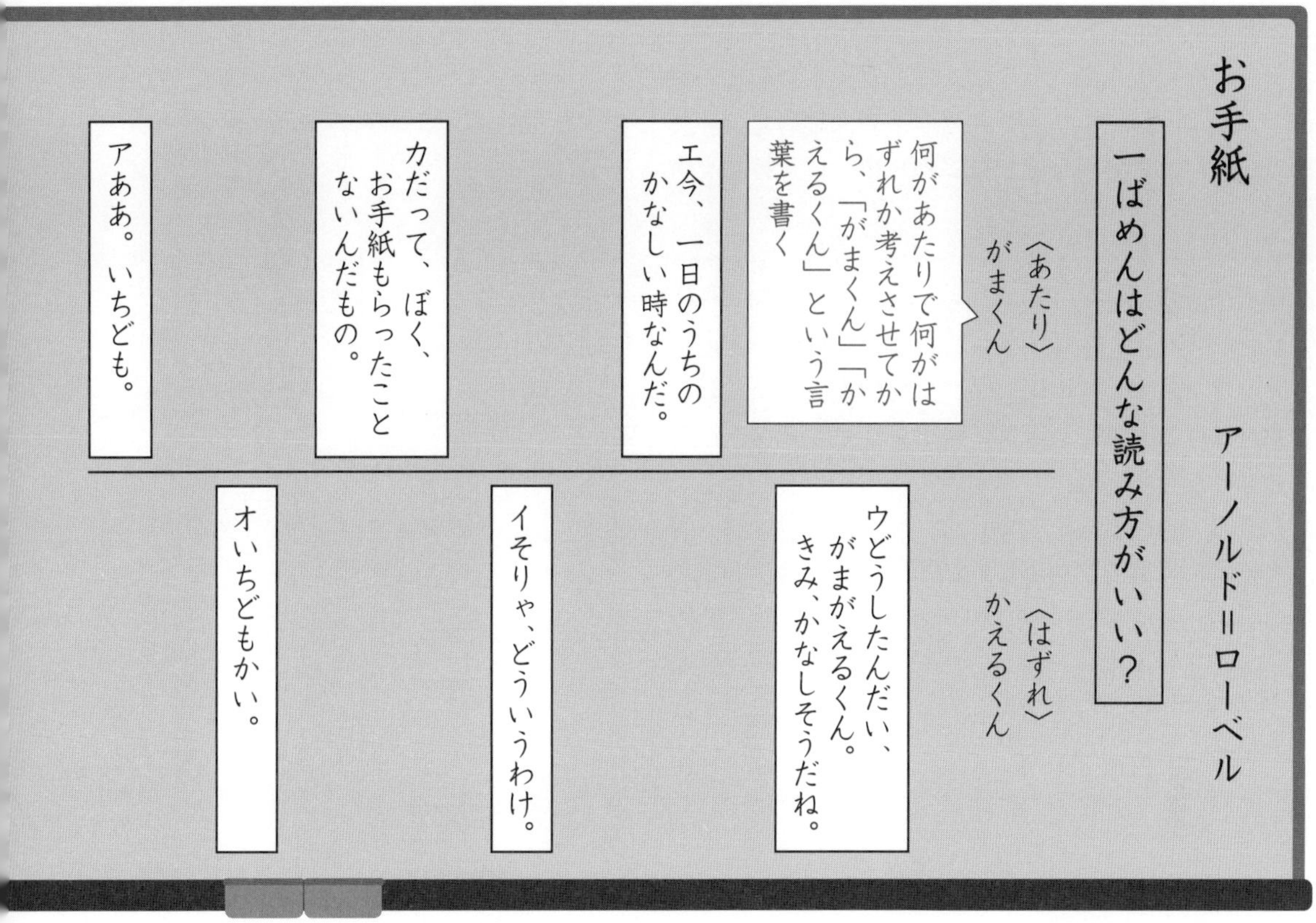

お手紙
アーノルド＝ローベル
一ばめんはどんな読み方がいい？
〈あたり〉
がまくん
〈はずれ〉
かえるくん
何があたりで何がはずれか考えさせてから、「がまくん」「かえるくん」という言葉を書く
エ今、一日のうちのかなしい時なんだ。
カだって、ぼく、お手紙もらったことないんだもの。
アああ。いちども。
ウどうしたんだい、がまがえるくん。きみ、かなしそうだね。
イそりゃ、どういうわけ。
オいちどもかい。

1 お手紙運試しをする

6枚のカードの中にあたりがあるよ。あたりとはずれの違いは？

これから何をするんだろう

運試ししたい。カード引きたいな

しかけ（配置する）
6枚のカードを黒板に貼り、がまくんの会話文のカードの裏にあたりのシールを貼っておく。運試しというゲーム性をもたせて意欲を喚起し、上下に分けて貼っていく。あたりとはずれの違いについて話し合い、誰の会話文か確認する。配慮ア

2 二人の会話文の読み方を確認する

がまくんとかえるくんの会話文はどんな読み方がいいかな？

がまくんは暗い声で。だって一度もお手紙をもらったことがないから

第一場面を音読し、がまくんとかえるくんの会話文の読み方について話し合う。どうしてそのように読みたいのかの理由もセットで発言させるよ

✓ 本時の展開 第二次 第2時

目標 センテンスカードの間違いについて話し合うことを通して、登場人物の会話文や行動から心情を読み取り、二人の心情を吹き出しに書くことができる。

[本時展開のポイント]

第二場面のかえるくんやかたつむりくんの心情が想像できるように、センテンスカードの間違いについて話し合う。役割音読をした後に吹き出しに気持ちを書く。

[個への配慮]

ア該当部分を指で指し示す

センテンスカードの間違いに気付けない場合には、本文のどことくらべればよいかが分かるように、教科書の該当部分を指で指し示す。

イ読み方の選択肢を示す

どのように音読すればよいかイメージできていない場合には、場面の様子がイメージできるように、「わくわくしている感じ」「急いでいる感じ」「のんびりな感じ」「張り切っている感じ」など、選択肢を示し、選ばせる。

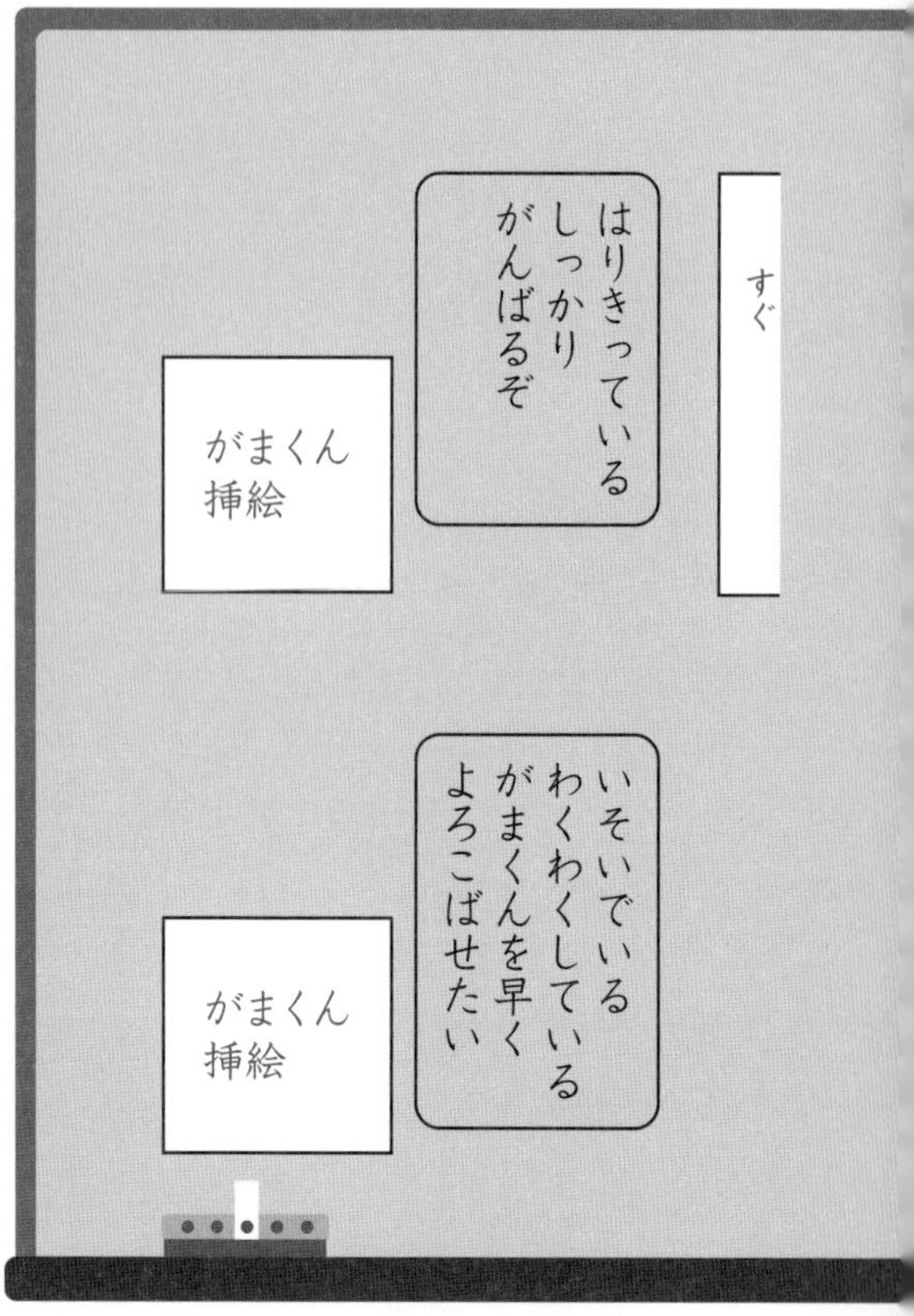
すぐ
はりきっている
しっかり
がんばるぞ
がまくん
挿絵
いそいでいる
わくわくしている
がまくんを早く
よろこばせたい
がまくん
挿絵

3 三人組で第二場面の役割音読をする

三人組で役を決めて練習しよう

かえるくんは家からとび出したんだから、急いでいる感じで読もう
かたつむりくんはどんな感じで読めばいいのかな？

しかけ（選択肢をつくる）

代表児童三人（かえるくん役、かたつむりくん役、語り手）を指名し、みんなでその音読を見る。イメージができた後、三人組で音読の練習をする。お互いにアドバイスをさせてもよい。配慮イ

4 かえるくん、かたつむりくんの気持ちを吹き出しに書く

二人の気持ちを吹き出しに書きましょう

かえるくんは「がまくんをはやくよろこばせるぞ」って気持ちかな
かたつむりくんは「よおし、ぼくに任せとけ」って思っているよね

代表児童の音読を再度全員で見た後、かえるくん役とかたつむりくん役の子に気持ちをインタビューする。どのようなことを書けばよいかイメージができてから吹き出しに気持ちを書かせる。

準備物
・センテンスカード 2-07～12
・かえるくんとかたつむりくんの挿絵（デジタル教科書で印刷可能）

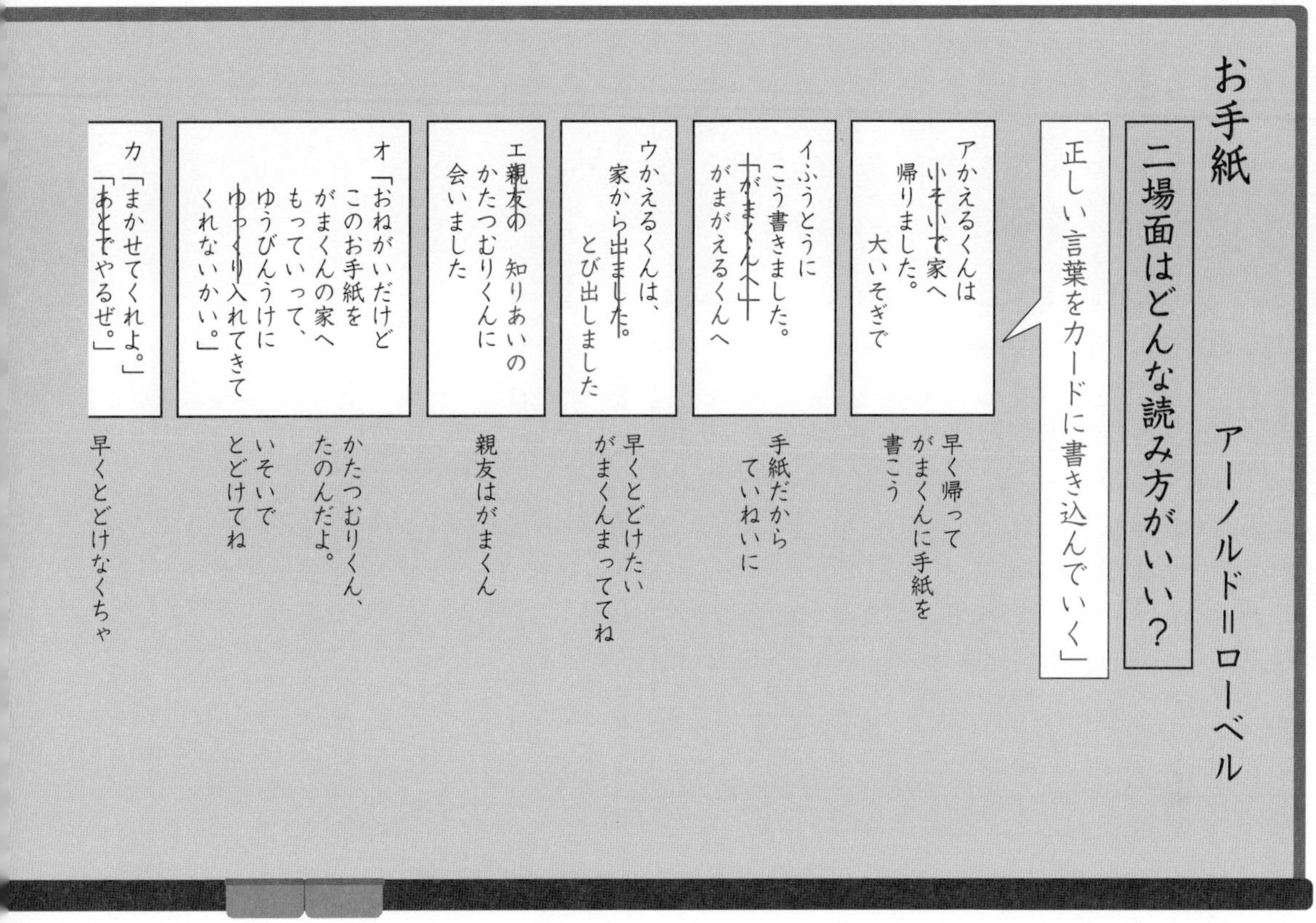

お手紙
アーノルド＝ローベル
二場面はどんな読み方がいい？
「正しい言葉をカードに書き込んでいく」
ア かえるくんは いそいで家へ 帰りました。 大いそぎで
早く帰って がまくんに手紙を 書こう
イ ふうとうに こう書きました。「がまくんへ」 がまがえるくんへ
手紙だから ていねいに
ウ かえるくんは、家から出ました とび出しました
早くとどけたい がまくんまっててね
エ 親友の 知りあいの かたつむりくんに 会いました
親友はがまくん
オ「おねがいだけど このお手紙を がまくんの家へ もっていって、ゆうびんうけに ゆっくり入れてきて くれないかい。」
かたつむりくん、たのんだよ。 いそいで とどけてね
カ「まかせてくれよ。」「あとでやるぜ。」
早くとどけなくちゃ

1 変なところ探しをする

カードの中に一つずつ変なところがあるよ。どこが変かな？

「いそいで」じゃなくて「大いそぎで」だよ。がまくんをよろこばせたいんだよ

どこが間違いなのだろう…

しかけ（置き換える）

第二場面を全員で音読した後、センテンスカードを一枚ずつ貼っていく。変なところをペアで見付けさせ、全体で確認していく。子供の発言はカードの下に板書していく。配慮ア

2 二場面の読み方を確認する

二場面はどんな読み方がいいかな？

かたつむりくんは張り切っている感じがするね

かえるくんはがまくんを早くよろこばせたいから急いでいる感じ

第二場面の読み方について話し合う。どうしてそのように読みたいのかの理由もセットで発言させるようにする。黒板に読み方を板書していく。

本時の展開　第二次　第3時

目標 登場人物のやりとりや同じ地の文の繰り返しの効果について話し合うことを通して、登場人物の心情を読み取り、二人の心情を吹き出しに書くことができる。

[本時展開のポイント]

第三場面前半のがまくんとかえるくんのやりとりや「かたつむりくんはまだやって来ません」の地の文の繰り返しの意図について話し合い、心情が想像できるようにする。役割音読をした後に吹き出しに気持ちを書く。

[個への配慮]

ア一緒に音読する

センテンスカードの順番が分からない場合には、本文のどこを読めばよいかが分かるように、教科書の該当部分を一緒に音読する。

イ読み方の選択肢を示す

３回繰り返される地の文をどのように音読すればよいかイメージできていない場合には、場面の様子がイメージできるように、「だんだん大きく」「楽しそうに」「待ち遠しい感じで」など、選択肢を示し、選ばせる。

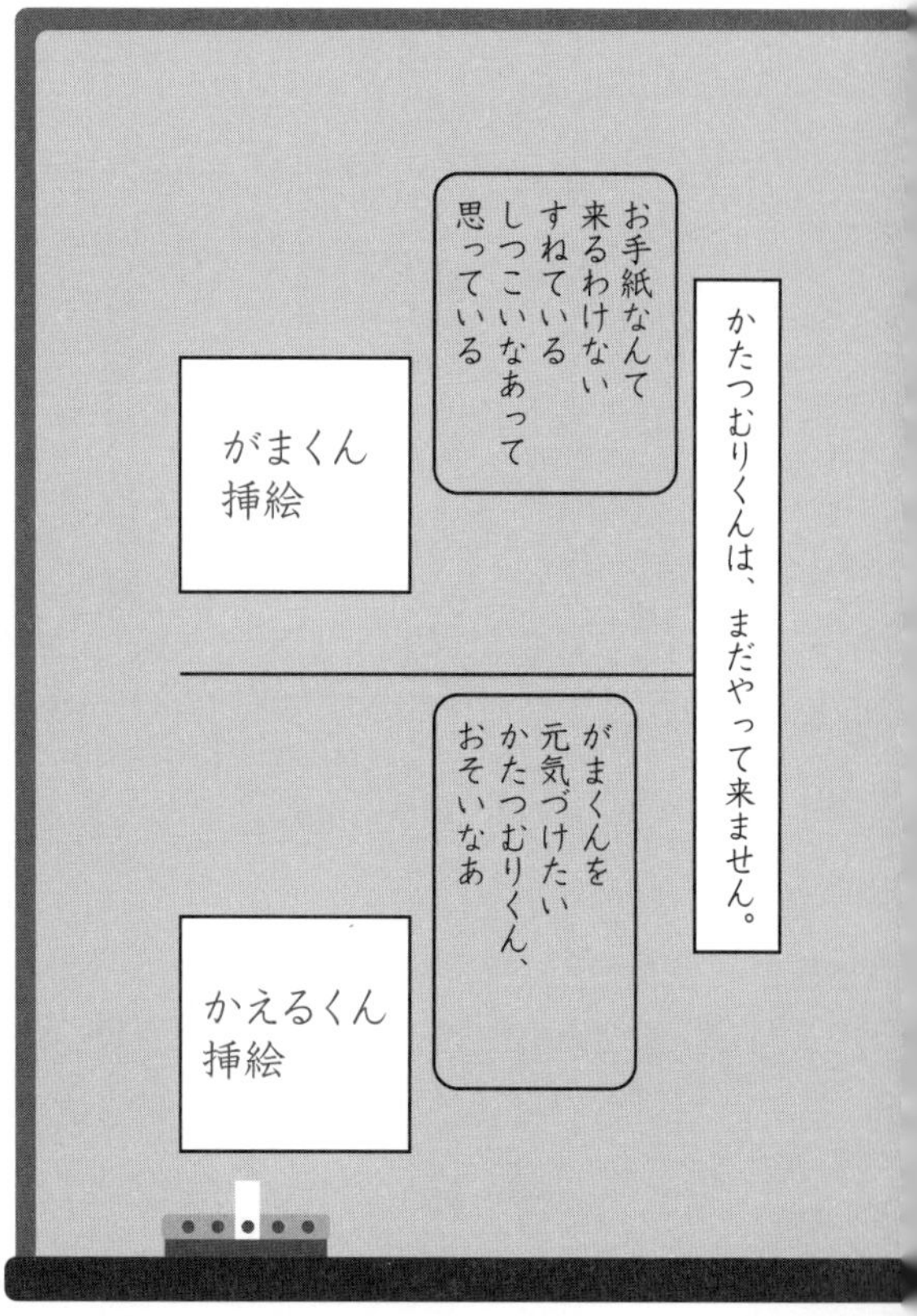

かたつむりくんは、まだやって来ません。
お手紙なんて来るわけないすねているしつこいなあって思っている
がまくん挿絵
がまくんを元気づけたいかたつむりくん、おそいなあ
かえるくん挿絵

3 三人組で第三場面の役割音読をする

三人組で役を決めて練習しよう

がまくんは、ちょっとすねている感じで読もうかな
どんなかんじで読めばいいのかな

まずは、代表児三人（がまくん役、かえるくん役、語り手）を指名し、みんなでその音読を見る。イメージができた後、三人組で音読の練習をする。お互いにアドバイスをさせてもよい。

配慮イ

4 かえるくん、がまくんの気持ちを吹き出しに書く

二人の気持ちを吹き出しに書きましょう

かえるくんは「かたつむりくん早く来てよ」って気持ちかな
がまくんは「どうせ手紙なんて来ないよ」って思っているよ

代表児の音読を再度全員で見た後、がまくん役とかえるくん役の子に気持ちをインタビューする。どのようなことを書けばよいかイメージができてから吹き出しに気持ちを書かせる。

準備物
・センテンスカード ⤓ 2-13～21
・がまくんとかえるくんの挿絵（デジタル教科書で印刷可能）

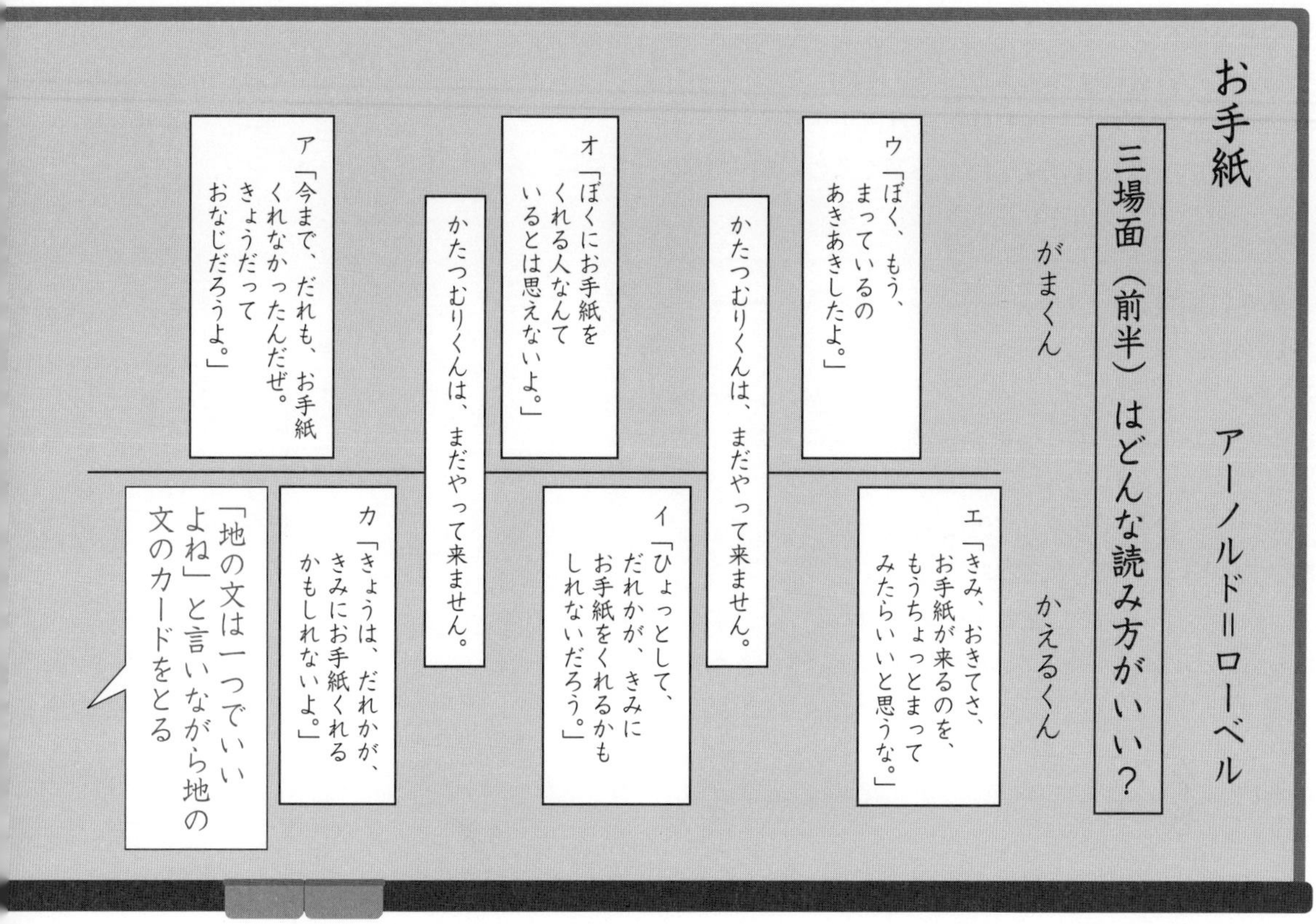

お手紙アーノルド＝ローベル

三場面（前半）はどんな読み方がいい？

がまくん
かえるくん
ウ「ぼく、もう、まっているのあきあきしたよ。」
エ「きみ、おきてさ、お手紙が来るのを、もうちょっとまってみたらいいと思うな。」
かたつむりくんは、まだやって来ません。
イ「ひょっとして、だれかが、きみにお手紙をくれるかもしれないだろう。」
オ「ぼくにお手紙をくれる人なんているとは思えないよ。」
かたつむりくんは、まだやって来ません。
ア「今まで、だれも、お手紙くれなかったんだぜ。きょうだっておなじだろうよ。」
カ「きょうは、だれかが、きみにお手紙くれるかもしれないよ。」
「地の文は一つでいいよね」と言いながら地の文のカードをとる

1 センテンスカードを並べ替える

カードはどんな順番かな

かえるくんの会話文はエ→イ→カの順番だね

順番がどうだったかわからなくなっちゃった…

しかけ（順序を変える）

第三場面前半を全員で音読した後、かえるくんの会話文のカード三枚を貼って順番に並べ替える。次に、がまくんの会話文三枚を並べ替え、最後に地の文の三枚を間に入れさせる。　配慮ア

2 第三場面（前半）の読み方を確認する

会話文はどんな読み方がいい？地の文は三つもいらないよね

かえるくんは、かたつむりくんまだかなあって思っているよ

地の文は三つあった方が待っている感じがするね

第三場面前半の読み方について話し合い、子供の発言を板書していく。「地の文は同じだから三つもいらないよね」とゆさぶる。どのカードを一番強く読むかについても考えさせる。

✓ 本時の展開 第二次 第4時

目標 第三場面後半に合う読み方について話し合うことを通して、がまくんとかえるくんの心情の変化に気付き、それを音読で表現することができる。

[本時展開のポイント]

がまくんの会話文の読み方について話し合うことで心情の変化とそのきっかけに気付けるようにする。また、がまくんの心情の変化がかえるくんの心情の変化のきっかけになっていることも確認する。

[個への配慮]

㋐読み方の選択肢を示す

「ああ。」の読み方がイメージできない場合には、がまくんの心情が想像できるように、いろいろな読み方の「ああ。」（疲れた感じ、びっくりした感じ、幸せな感じなど）を教師がやってみせる。

㋑生活経験と結び付けて話し合う

かえるくんの心情を想像することが難しい場合には、人をよろこばせたときの心情がイメージできるように、友達や家族をよろこばせた経験について全員で話し合う。

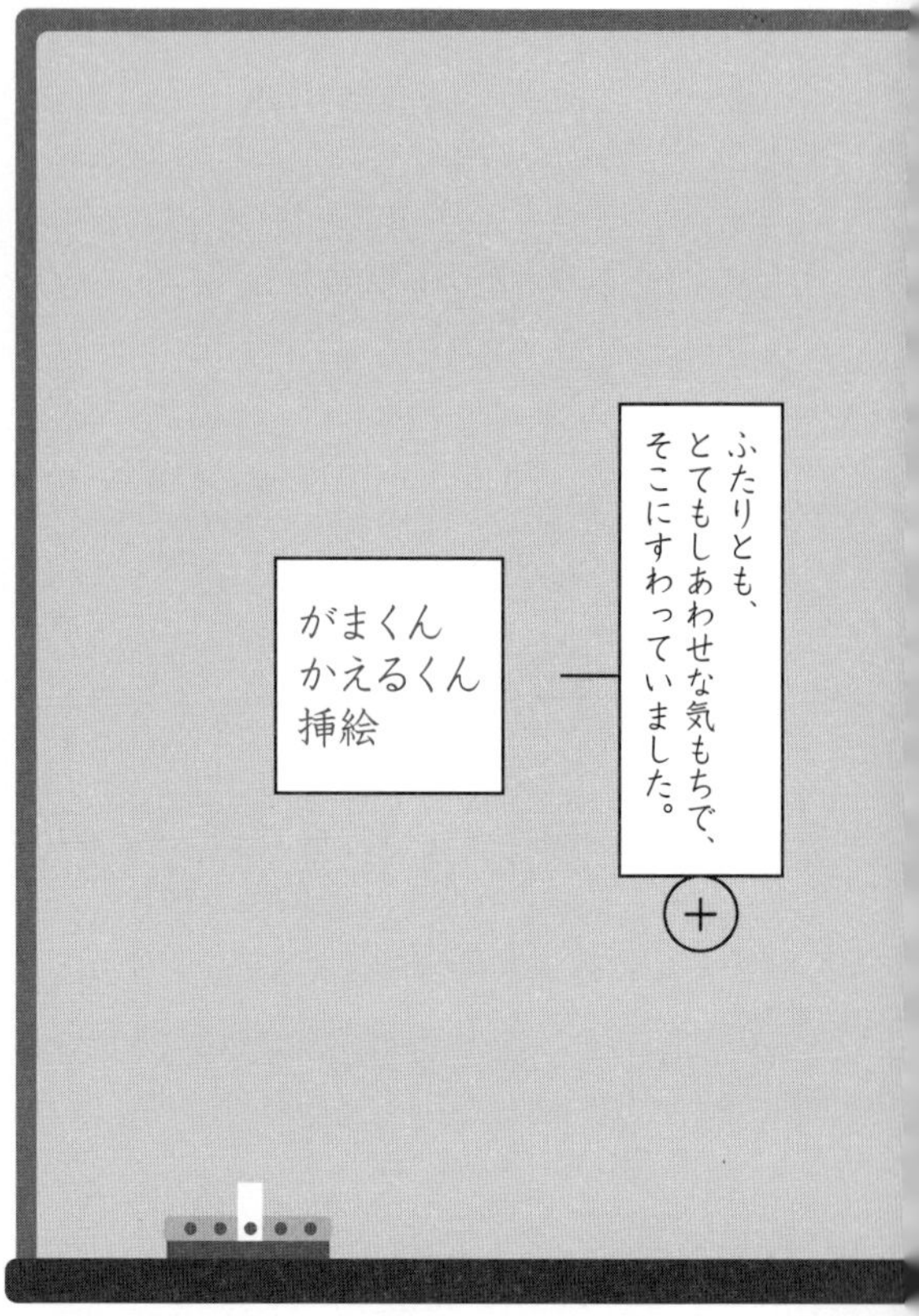

ふたりとも、とてもしあわせな気もちで、そこにすわっていました。
がまくん
かえるくん
挿絵

3

かえるくんの気持ちの変化のきっかけについて話し合う 配慮㋐

かえるくんが、しあわせな気持ちって変だよね？

がまくんが幸せなのは分かるけど、なんでかえるくんも幸せなんだろう…

かえるくんはがまくんがよろこんでくれたことがうれしいんだよ

しかけ（図解する）

「ふたりとも」という地の文に着目させ、「かえるくんが幸せなのはおかしいよね」とゆさぶる。がまくんがよろこんでくれたことがかえるくんの心情の変化のきっかけであることを確認する。 配慮㋑

4

全員で第三場面の役割音読をする

第三場面の後半をみんなで音読しよう

がまくんの「ああ。」は幸せな気持ちで読むぞ

かえるくんのお手紙は心を込めて読もう

心情の変化が分かるように第三場面後半を全員で音読する（教師が地の文、児童が会話文）。次の時間に三人組で練習するので、ここでは全体で音読。

準備物
・センテンスカード 2-22～27
・がまくんとかえるくんの挿絵（デジタル教科書で印刷可能）

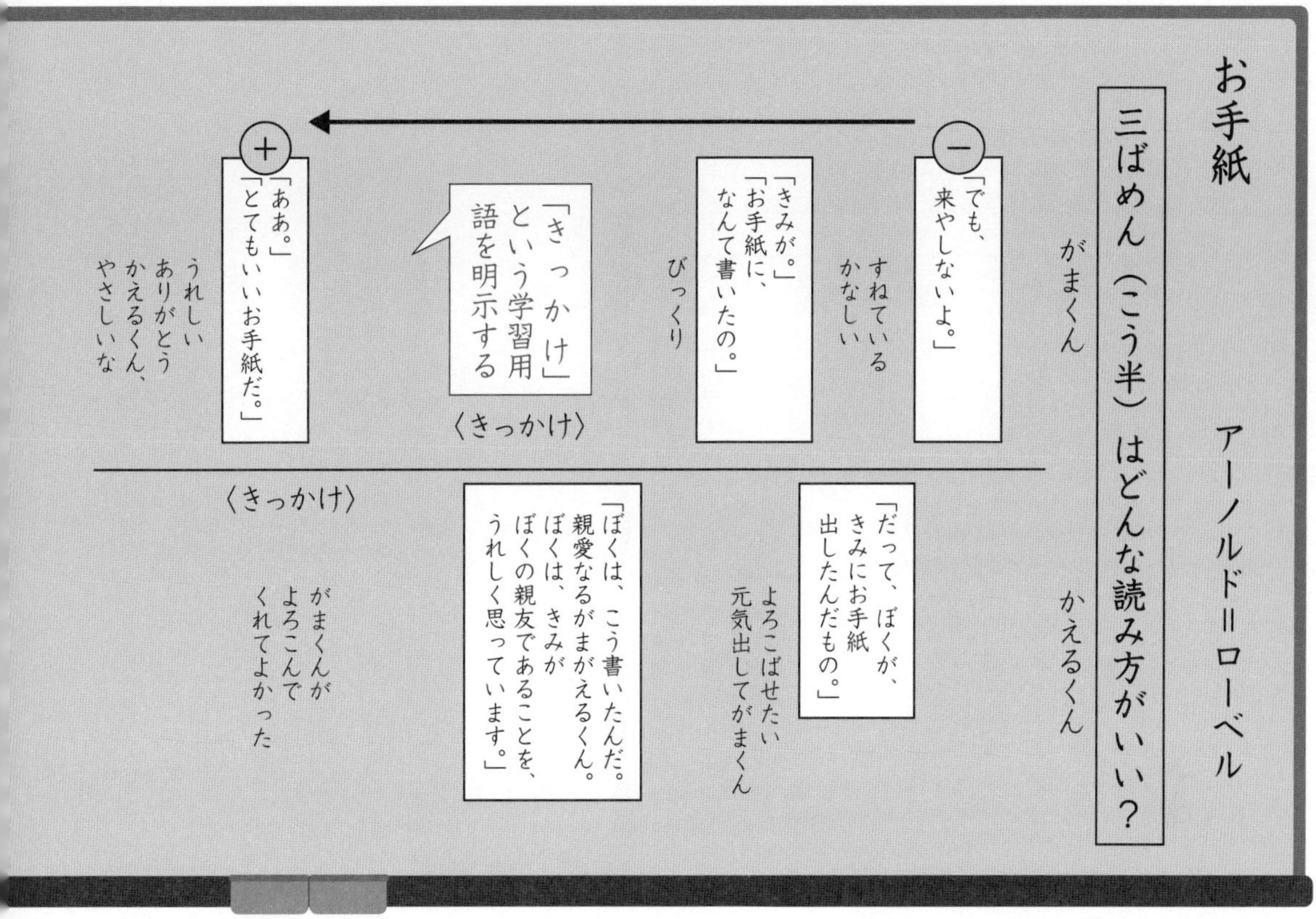

お手紙
アーノルド＝ローベル
三ばめん（こう半）はどんな読み方がいい？
がまくん
「でも、来やしないよ。」
すねている かなしい
「きみが。」「お手紙に、なんて書いたの。」
びっくり
「きっかけ」という学習用語を明示する
〈きっかけ〉
「ああ。」「とてもいいお手紙だ。」
うれしい ありがとう かえるくん、やさしいな
かえるくん
「だって、ぼくが、きみにお手紙出したんだもの。」
よろこばせたい 元気出してがまくん
「ぼくは、こう書いたんだ。親愛なるがまがえるくん。ぼくは、きみがぼくの親友であることを、うれしく思っています。」
〈きっかけ〉
がまくんがよろこんでくれてよかった

1 がまくんの会話文の読み方について話し合う

がまくんの会話文はどんな読み方がいいかな？

初めはすねている感じ。どうせ手紙は来ないって思っている

「ああ。」はうれしいなあ、かえるくんありがとうっていう気持ちかな

第三場面後半を全員で音読した後、センテンスカードを黒板に貼っていく。がまくんの会話文の三枚のカードはどう読むかについて話し合い、気持ちの変化をマイナスとプラスで確認する。

2 がまくんの気持ちが変わったきっかけについて話し合う

どうしてがまくんの気持ちが変わったの？「ああ。」はどう読む？

かえるくんが自分のために手紙を書いてくれたからかな

どういう気持ちで読めばいいのだろう…

がまくんの心情の変化のきっかけについて話し合う。かえるくんのお手紙が「きっかけ」であることを板書で整理する。お手紙の部分を全員で読み、代表児に「ああ。」を音読させ、作品の世界を味わえるようにする。

✓ 本時の展開　第二次　第5時

目標　がまくんとかえるくんの変化について話し合うことを通して、登場人物の心情の変化に気付き、それをノートに書くことができる。

本時展開のポイント

センテンスカードを「初め」（青）、「きっかけ」（黄）、「終わり」（青）で色分けして図解することで、人物の心情の変化を捉えられるようにする。

個への配慮

ア代表児童の発言をモデルにする

図の意味を説明するのが困難な場合には、登場人物の心情の変化を捉えられるように、代表児数名に黒板の前で説明させる（モデリング）。

イノートかワークシートか選択できるようにする

書くことに困難さがある場合には、心情の変化を一文で書くことができるように、黒板と同じまとめの型が書かれたワークシートに書き込んでもよいことを伝える。

中心人物…きもちが大きく
かわる人物

はじめ（　　　　）
かなしい気分だった○○が、
（　　　　）によって、
とてもしあわせなきもちになる話。

挿絵
がまくん
かえるくん
三場面

3 かえるくんの心情の変化について話し合う

かえるくんの気持ちは変わっていないよね？

がまくんは変わったけど、かえるくんも変わったのかな？
かえるくんはがまくんがよろこんでくれたのがうれしかったんだよ

かえるくんの心情の変化のきっかけは直接書かれていない。「かえるくんの気持ちは変わっていないよね」とゆさぶり、解釈させたい。がまくんのよろこびが「きっかけ」になっていることを確認する。

4 登場人物の心情の変化をノートに書く

がまくん・かえるくんの気持ちの変化をノートに書きましょう

手紙をもらえなくて悲しい気持ちだったがまくんが…
どういうかんじで書けばいいのかな

中心人物の定義（気持ちが大きく変わる人物）を確認する。中心人物だと思う人物の心情の変化をノートに書かせる。早く書き終わった子はがまくんもかえるくんも両方書くようにさせる。

配慮イ

準備物 ・センテンスカード ⬇ 2-28～32
・がまくんとかえるくんの挿絵（デジタル教科書で印刷可能）

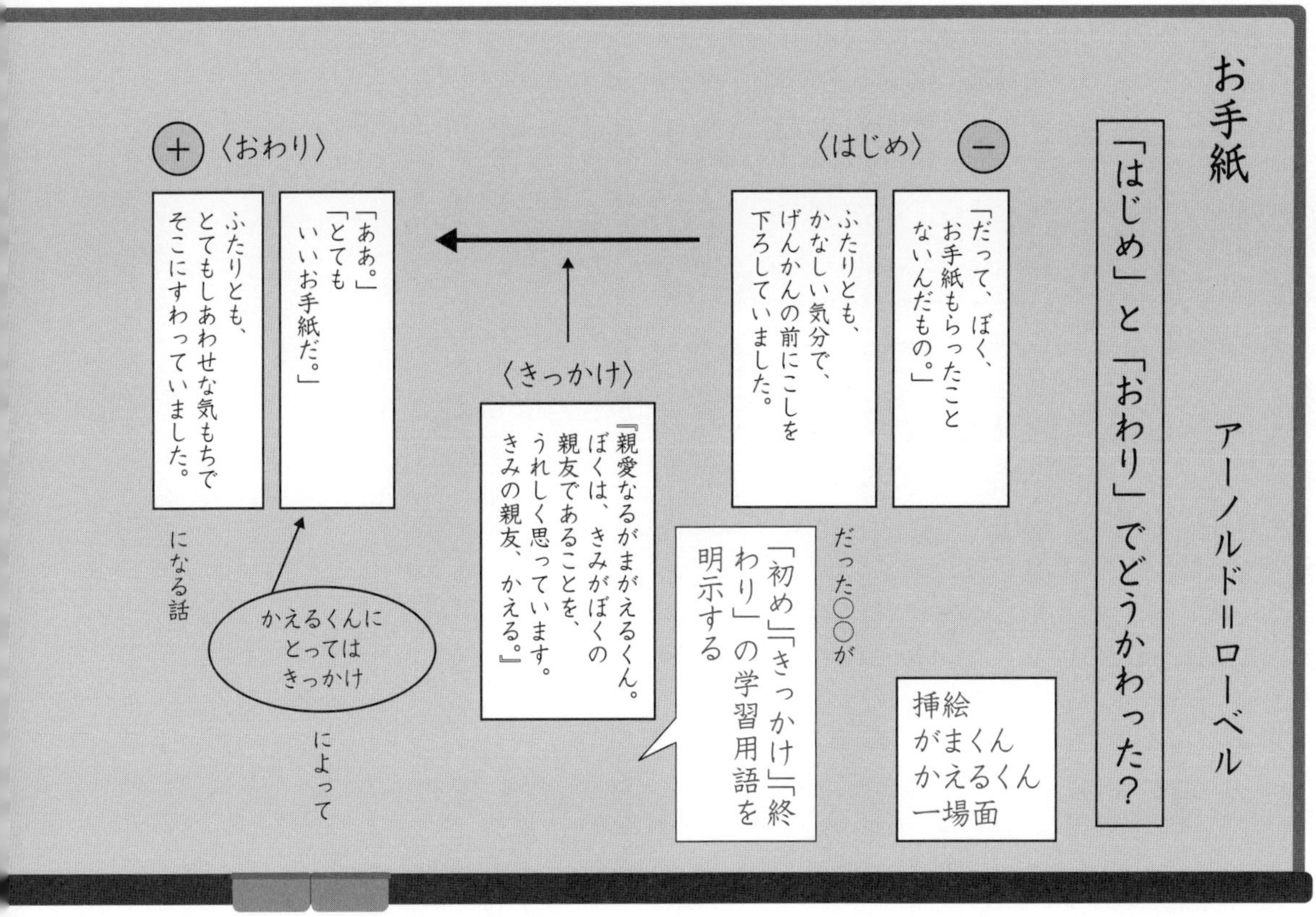
お手紙
アーノルド＝ローベル
「はじめ」と「おわり」でどうかわった？
挿絵
がまくん
かえるくん
一場面
〈はじめ〉
−
「だって、ぼく、お手紙もらったことないんだもの。」
ふたりとも、かなしい気分で、げんかんの前にこしを下ろしていました。
だった○○が
「初め」「きっかけ」「終わり」の学習用語を明示する
〈きっかけ〉
『親愛なるがまがえるくん。ぼくは、きみがぼくの親友であることを、うれしく思っています。きみの親友、かえる。』
かえるくんにとってはきっかけ
によって
〈おわり〉
+
「ああ。」「とてもいいお手紙だ。」
ふたりとも、とてもしあわせな気もちでそこにすわっていました。
になる話

1 心情の変化の図について確認する

カードの色の違いは？この図はどんな意味かな？

青いカードは「はじめ」で赤いカードは「おわり」だね

黄色いカードは気持ちが変わった理由だね

しかけ（図解する）
センテンスカードの色を初め青、きっかけ黄色、終わり赤で色分けして提示する。図の意味を数名に説明させ、図の意味が理解できるようにする。

2 がまくんの心情の変化について話し合う

がまくんはどう変わった？

はじめはお手紙をもらえず悲しい気持ちだったがまくんが…

どういうかんじで話せばいいのかな

がまくんの心情の変化の方が捉えやすいので、がまくんの心情の変化とそのきっかけをはじめに確認する。「はじめ～だったがまくんが、～によって、～になる話」という型で話させる。**配慮ア**

本時の展開　第二次　第6時

目標 親友と友達の違いについて話し合うことを通して、がまくんの心情を深く想像し、がまくんのお礼のお手紙を書くことができる。

[本時展開のポイント]

がまくんになりきってかえるくんにお礼のお手紙を書くことで、がまくんのよろこびを深く想像できるようにする。親友と友達の違いやかたつむりくんを登場人物にした意図についても話し合い、作品の世界を味わわせたい。

[個への配慮]

㋐生活と結び付けて考えさせる

友達と親友の違いを言葉にするのが困難な場合には、親友のイメージがふくらむように、その子にとっての親友について問い返す。

㋑書き出しと書き終わりが書かれたプリントを渡す

お手紙を書くことが難しい場合には、書く文量を減らして抵抗感が小さくなるように、書き出しと書き終わりが書かれたプリントを渡す。

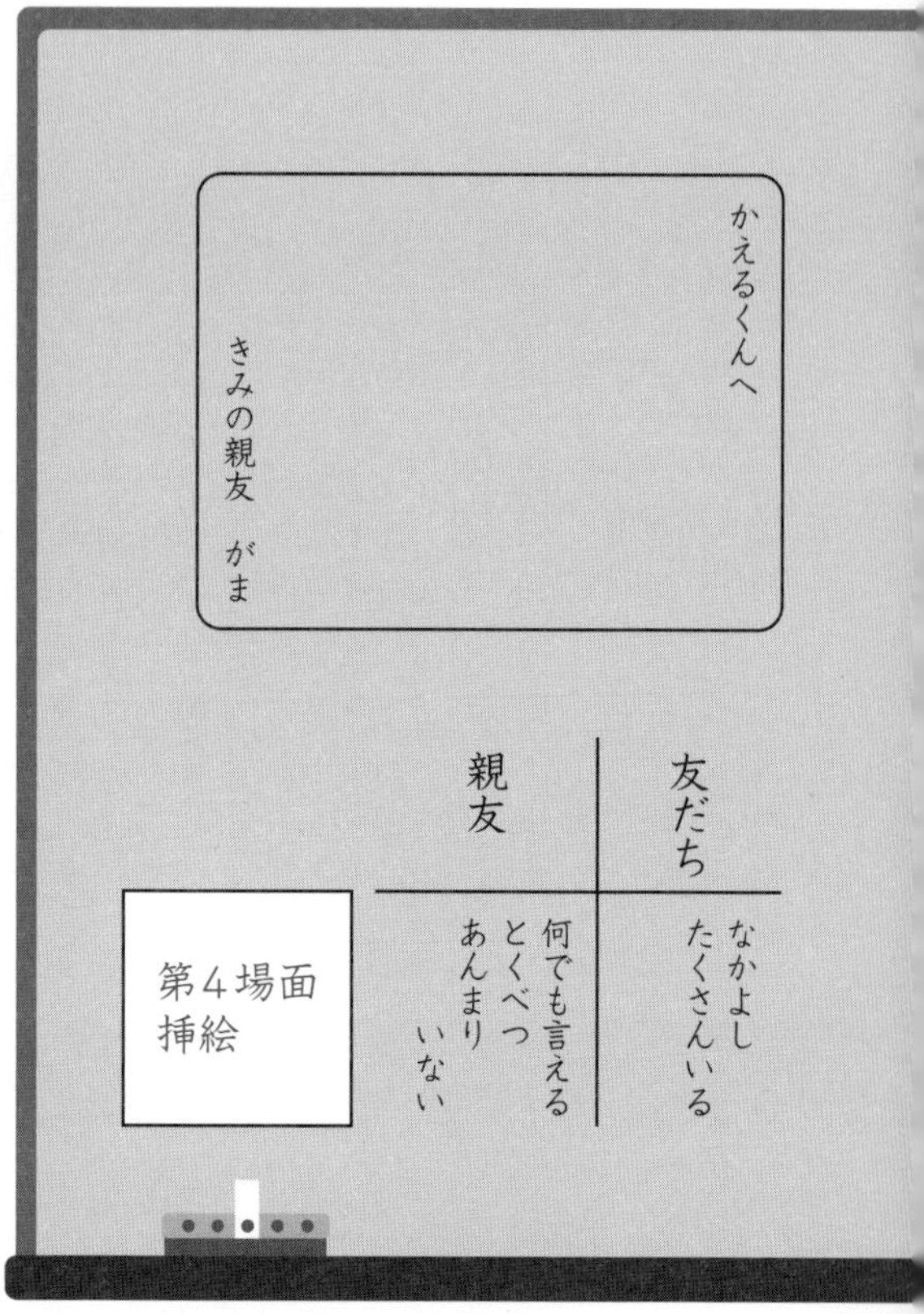
かえるくんへ
きみの親友　がま
友だち
なかよし
たくさんいる
親友
何でも言える
とくべつ
あんまりいない
第４場面挿絵

3 かたつむりくんを登場させた作者の意図について話し合う

どうして作者はかたつむりくんにしたのかな?

四日間待っているのが、きっと幸せだったんだよ
バッタくんだったらだめ。すぐにお手紙がついたら面白くない

しかけ（仮定する）

かたつむりくんを登場人物にした作者の意図を解釈させる。

「バッタくんの方が早くお手紙がつくからいいんよね？」とゆさぶり、幸せな時間が長くなったということを押さえる。

4 かえるくんにお礼のお手紙を書く

がまくんになって、かえるくんにお礼のお手紙を書きましょう

かえるくん、ぼくのためにお手紙ありがとう
がまくんのお手紙ってどんなことを書けばいいのかな

がまくんになってかえるくんにお礼のお手紙を書くことで、がまくんの幸せな気持ちを想像できるようにする。口頭で発表させてから数名にノートに書くようにする。

配慮㋑

準備物
・センテンスカード 2-33～37
・第四場面、かたつむりくん挿絵（デジタル教科書で印刷可能）

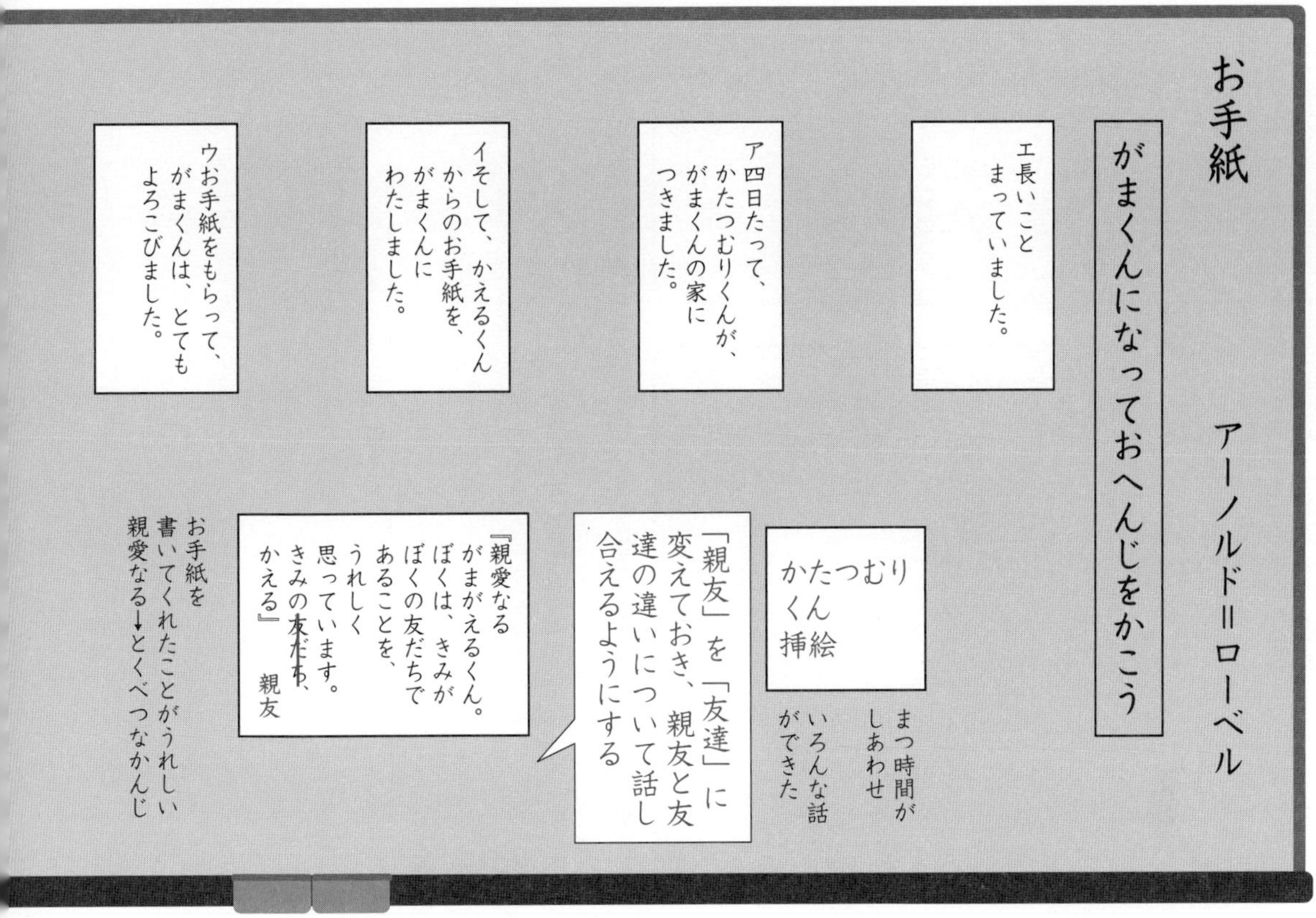

お手紙
アーノルド＝ローベル
がまくんになっておへんじをかこう
エ長いこと まっていました。
ア四日たって、かたつむりくんが、がまくんの家につきました。
イそして、かえるくんからのお手紙を、がまくんにわたしました。
ウお手紙をもらって、がまくんは、とてもよろこびました。
まつ時間がしあわせ
いろんな話ができた
かたつむりくん挿絵
「親友」を「友達」に変えておき、親友と友達の違いについて話し合えるようにする
『親愛なるがまがえるくん。ぼくは、きみがぼくの友だちであることを、うれしく思っています。きみの友だち、かえる』
親友
お手紙を書いてくれたことがうれしい
親愛なる→とくべつなかんじ

1 センテンスカードを並べ替える

カードはどんな順番かな

お手紙をもらってよろこんだんだからウが一番最後だよね

親友って友達とは違うよね。特別って感じがする

第四場面を全員で音読した後、カードを四枚ばらばらに貼って順番に並べ替える。第三場面のかえるくんの手紙は「親友」を「友達」に変えておき、親友と友達の違いについても話し合う。

2 がまくんがよろこんだ理由について話し合う

お手紙の内容をもう知っているのにどうしてよろこんだのかな？

自分のためにかえるくんがお手紙を書いてくれたことがうれしいんだよ

友達と親友ってどう違うのかな…

「がまくんはお手紙の内容をもう知っているからそんなにうれしくないよね？」とゆさぶる。また、「このよろこびって物を買ってもらったときみたいなよろこび？」と問い返し、親友がいるうれしさを想像させる。

配慮ア

本時の展開　第三次　第1時

目標　音読練習のやり方について確認することを通して、よいアドバイスの仕方に気付き、グループで音読劇の練習をすることができる。

[本時展開のポイント]

よいアドバイスの仕方について話し合い、音読劇の練習が自分たちで行えるようにする。音読劇では、動きをつけたり、本文に書かれていないセリフを付け足したりしてもよいこととし、楽しい音読劇になるようにする。

[個への配慮]

㋐グループの編成を事前にやっておく

役にこだわりがある場合には、意欲的に音読劇の練習に取り組めるように、あらかじめやりたい役を把握してグループ編成をしておく。

㋑音読劇のグループ練習を一緒に行う

音読劇の練習がうまくいかない場合には、集中して練習に取り組むことができるように、そばに行って助言したり一緒にアドバイスを考えたりする。

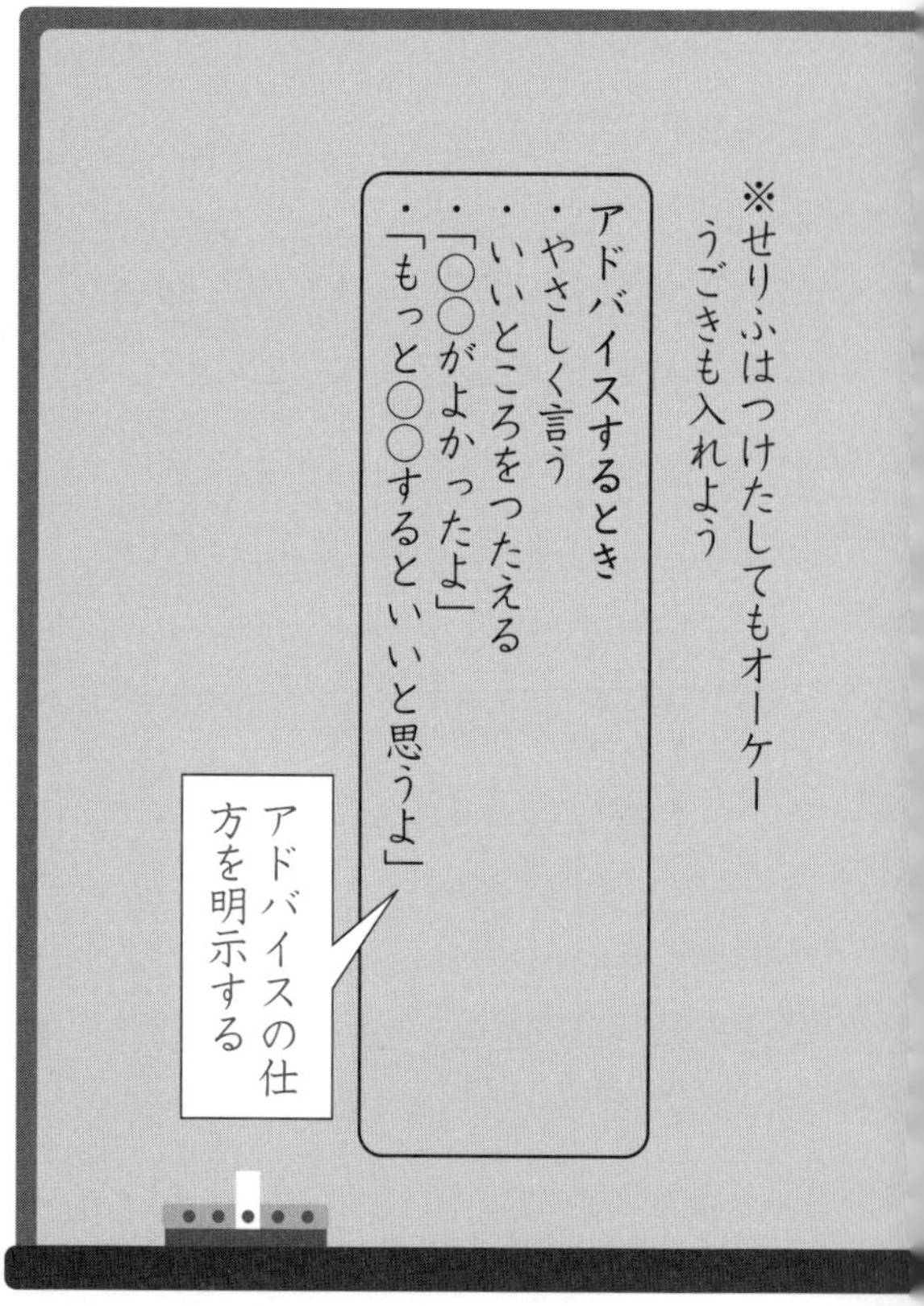
※せりふはつけたしてもオーケー
うごきも入れよう
アドバイスするとき
・やさしく言う
・いいところをつたえる
・「○○がよかったよ」
・「もっと○○するといいと思うよ」
アドバイスの仕方を明示する

3　代表児の音読を聞き、アドバイスをする

ためしにやってみましょう。誰かやってくれるかな?

○ちゃんの読み方は、がまくんの悲しい気持ちがよく伝わったよ

□くんは心配している感じで読むといいよ

代表児を三人指名し、黒板の前で音読をしてもらう。みんなでアドバイスをして、グループ練習をするときのイメージがもてるようにする。場面に合わせてセリフを付け足してもよいこととする。

4　グループごとに音読劇の練習をする

グループに分かれて練習しよう

「どうせぼくにはお手紙なんて」っていうセリフを付け足そうよ

がまくんの会話文はどんな感じで読めばいいのかな…

グループごとに音読劇の練習をする。時間があれば二グループずつセットにしてお互いにアドバイスし合う。　配慮㋑

準備物 ・挿絵５枚（デジタル教科書で印刷可能）

お手紙　アーノルド＝ローベル

音読げきのれんしゅうをしよう

〈やく〉
①がまくん
②かえるくん
③かたつむりくん
｝登場人物 会話文
④語り手 地の文

第一場面		やく	グループ
第一場面	一場面挿絵	がまくん かえるくん 語り手	7
第二場面	二場面挿絵	かえるくん かたつむりくん 語り手	4
第三場面 前半	三場面前半挿絵	がまくん かえるくん 語り手	3 1
第三場面 後半	三場面後半挿絵	がまくん かえるくん 語り手	5 6
第四場面	四場面挿絵	（がまくん）（かえるくん）（かたつむりくん） 語り手	8 2

1 音読劇に必要な役を確認する

どんな役が必要かな？登場人物は？

登場人物はがまくんとかえるくんとかたつむりくんだね

がまくんの役がやりたいな…

音読劇に必要な役を確認しながら、登場人物、語り手、会話文、地の文といった学習用語を板書する。また、事前に読みたい場面、やりたい役の希望を聞いてグループ分けをしておく。 配慮ア

2 よいアドバイスの仕方について話し合う

どんなアドバイスの仕方がいいかな？

上手に読めているところを言ってあげるといいと思います

もっとここは速く読もうとか言ってあげるといいと思います

グループ練習に入る前に、よいアドバイスの仕方について確認する。どんな言い方でアドバイスするのがよいか、どんな言い方で言われたいか確認し、板書していく。

本時の展開 第三次 第2時

目標 音読劇発表会を通して、登場人物の心情を想像しながら音読し、振り返りをノートに書くことができる。

[本時展開のポイント]

学習のまとめとして、音読劇発表会を行う。保護者を招待するなどして、「お手紙」を読んだことがない人にも伝わるように読もうという意欲を喚起する。

[個への配慮]

ア事前に一緒に練習しておく

音読劇発表会に不安を感じている場合には、自信をもって音読劇ができるように、事前に教師と一緒に練習をしておく。

イ板書を真似してもよいことを伝える

感想を書くことが困難な場合には、気付いたことや考えたことをノートに書けるように、板書の「よかったところ」を真似してもよいことを伝える。

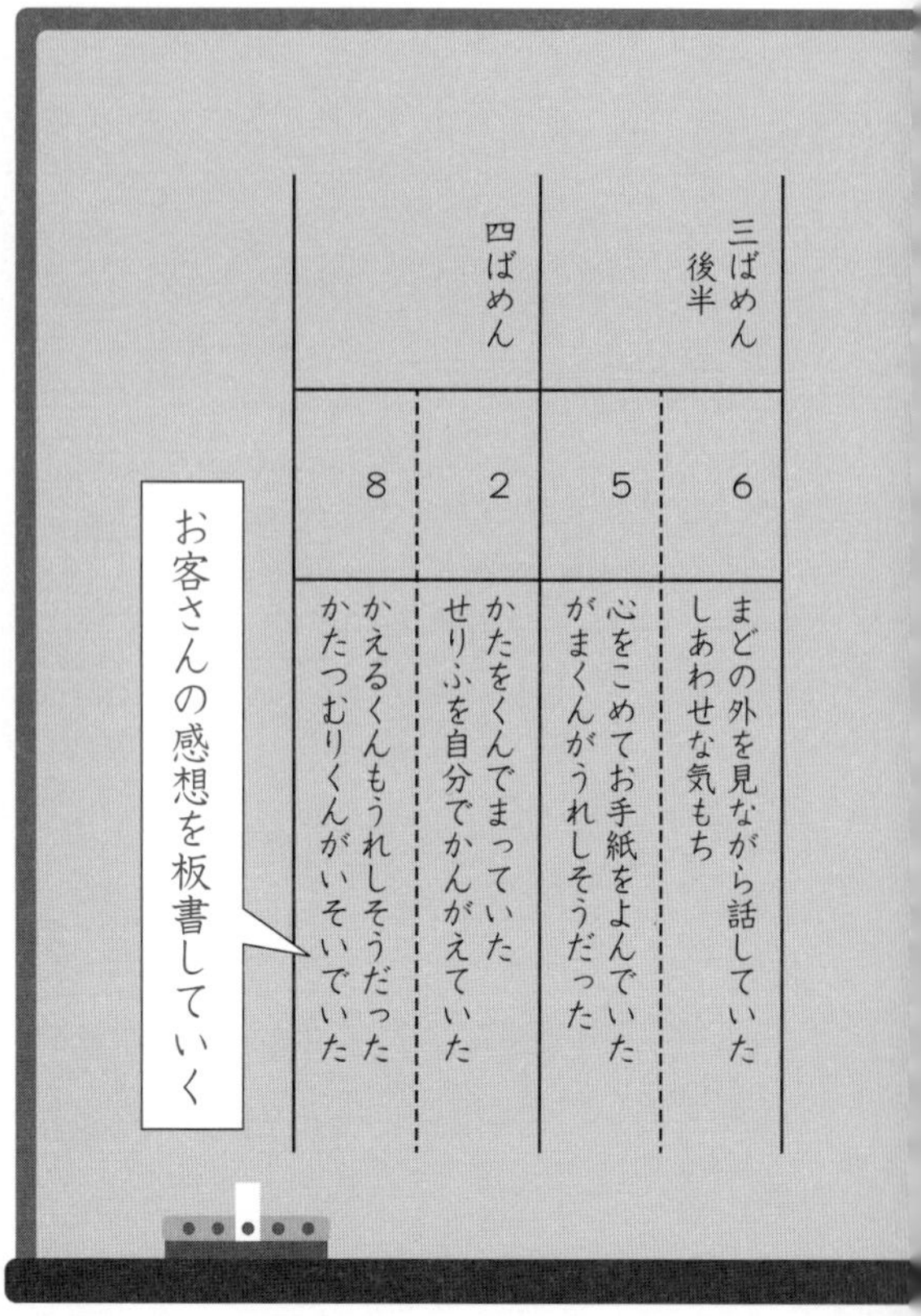

三ばめん 後半
6
まどの外を見ながら話していた しあわせな気もち
5
心をこめてお手紙をよんでいた がまくんがうれしそうだった
四ばめん
2
かたをくんでまっていた せりふを自分でかんがえていた
8
かえるくんもうれしそうだった かたつむりくんがいそいでいた
お客さんの感想を板書していく

練習の成果を見てもらおう。がんばるぞ
このグループの発表は動きが上手だな。真似しよう

で発表をする。お面や手紙、窓、ベッド、階段などの小道具を準備しておくと発表会が盛り上がる。それぞれの発表後、お客さん二人に感想を聞き、板書していく。

4 音読劇発表会の感想を書く

発表会をやって感じたことや考えたことをノートに書きましょう

幸せな気持ちが伝わってきたってほめられてうれしいな
ふりかえりはどんなことを書けばいいのかな

音読劇発表会を振り返って感想をノートに書く。自分が考えたことだけではなく、友達の発表のよさも書くように伝える。 配慮イ

準備物　・【はじめのあいさつ】と【おわりのあいさつ】のカード　2-38、39

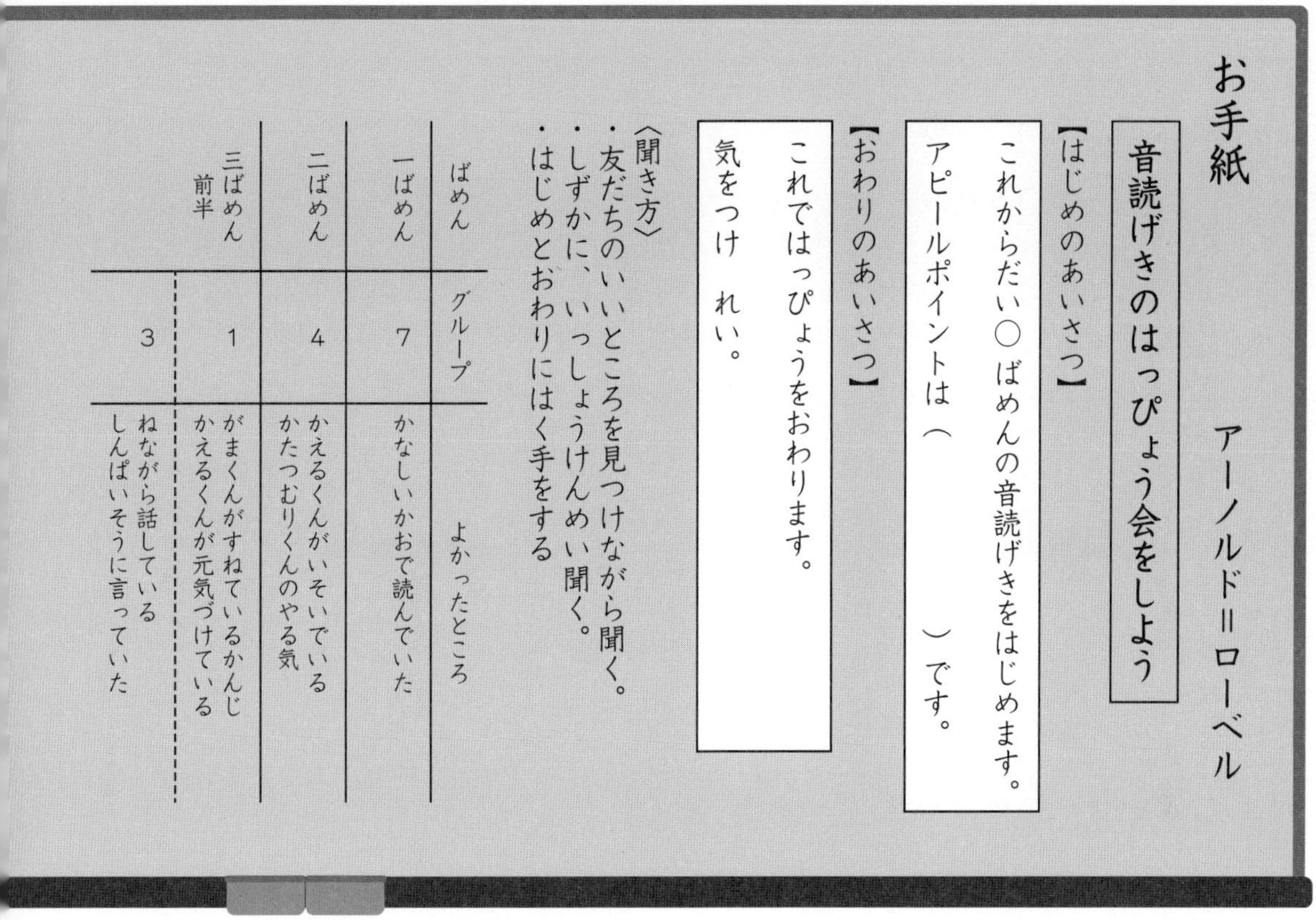

お手紙
アーノルド＝ローベル
音読げきのはっぴょう会をしよう
【はじめのあいさつ】
これからだい○ばめんの音読げきをはじめます。
アピールポイントは（　　　）です。
【おわりのあいさつ】
これではっぴょうをおわります。
気をつけ　れい。
〈聞き方〉
・友だちのいいところを見つけながら聞く。
・しずかに、いっしょうけんめい聞く。
・はじめとおわりにはく手をする
ばめん　グループ　よかったところ
一ばめん　7　かなしいかおで読んでいた
二ばめん　4　かえるくんがいそいでいる　かたつむりくんのやる気
三ばめん前半　1　がまくんがすねているかんじ　かえるくんが元気づけている
3　ねながら話している　しんぱいそうに言っていた

1 発表会の流れを確認する

今日は音読劇の発表会をしましょう

音読劇、緊張するけど楽しみだな

なんだか緊張してきたな…

音読劇発表会の流れやよい聞き方を確認する。初めのあいさつと終わりのあいさつをカードにしておき、黒板に掲示する。お客さんとして保護者などをよぶと盛り上がる。

配慮ア

2 グループで練習をする

グループでアピールポイントを話し合って、練習をしましょう

かえるくんの優しさが伝わるように読もう

幸せそうな表情で、肩を組みながらセリフを言おうね

十分間、グループごとに最後の練習をする時間をとる。アピールポイントを一つ話し合って決めさせる。

3 音読劇の発表会をする

第一場面から順番に発表をしましょう

各グループが黒板の前

「スーホの白い馬」の授業デザイン

（光村図書２年下）

教材の特性

本教材は動物と人間の深い絆が描かれ、悲しくも美しい印象を残す物語文である。本作品は、全体的に中心人物スーホの心情がプラスからマイナスへと変化する物語構造になっているところに大きな特徴がある。また、前書きと結びを含む全９場面からなる長い物語の内容となっており、あらすじで表現する必然性を生み出せる点も本教材の特性の一つである。

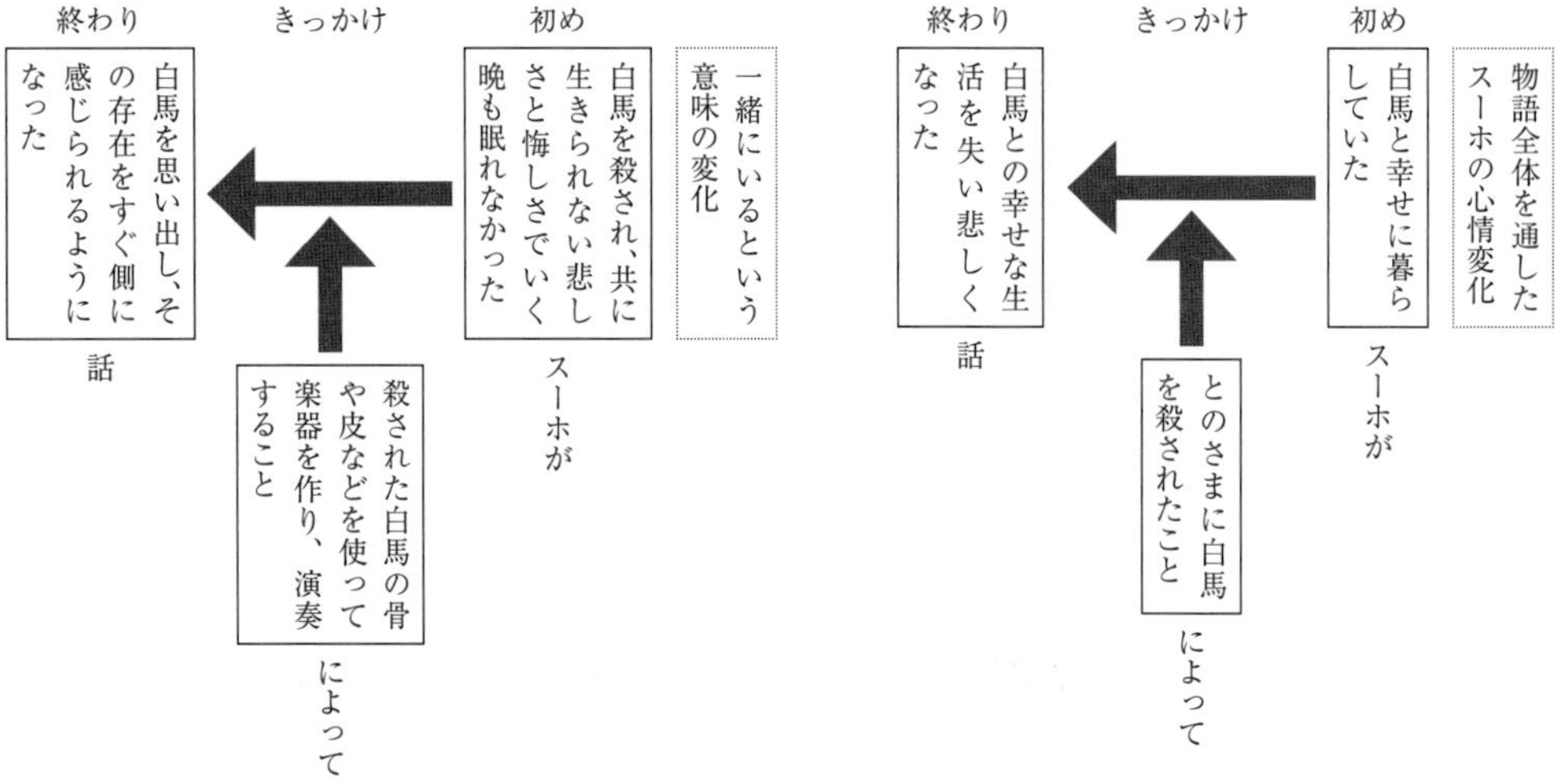

身に付けさせたい力

・登場人物の行動や気持ちの変化を具体的に想像し、文章を読んで感じたことや分かったことを共有することができる。（思考・判断・表現）

・身近なことを表す語句の量を増やすことができる（知識・技能）

授業づくりの工夫

焦点化	視覚化	共有化
○考えさせたい表現をセンテンスカードや音読で限定して提示することで、学習のねらいがはっきりとなるようにする。 ○１時間の授業の指導内容を明確化する。	○挿絵とセンテンスカードをセットで提示することで、場面の様子について、意見をもちやすくする。 ○中心人物の変容を図解することで、物語全体における中心人物の変容を捉えやすくする。	○ネームプレートを貼ったり、選択肢を選んだ人数を板書したりすることで、それぞれの児童の意見や立場を明確にして考えを交流する。 ○登場人物の心情に共感させ、似たような自分の経験について話し合う。

✓ 単元目標・評価規準

目標 登場人物の行動や気持ちの変化を具体的に想像し、文章を読んで感じたことや分かったことを共有することができる。

知識・技能

○身近なことを表す語句の量を増やしている。

(1)オ

思考力・判断力・表現力等

○登場人物の行動や気持ちの変化を具体的に想像し、文章を読んで感じたことや分かったことを共有している。

C(1)カ

主体的に学習に取り組む態度

○文章を読んで感じたことを積極的に共有し、学習の見通しをもって物語の感想を交流しようとしている。

✓ 単元計画(全9時間)

次	時	学習活動	指導上の留意点
一		**「スーホの白い馬」は、どんなお話かな?**	
	1	○二年生の物語文で心に残っていることを話し合う。 ○物語がどの国で作られたか世界地図で確認したり、話の展開を想像したりする。 ○単元の見通しをもつ。	・スーホの白い馬に関する自分なりの感想をもつことができるよう、物語の前半部分の内容を読み、自分なりの展開を予想してから後半部分を読ませる。
	2	○各場面のあらすじを捉え紹介する。	・あらすじには主語と述語、時を表す表現が必要であることに気付けるよう、色や記号で重要な言葉を科囲み、各場面の内容の共通点を明確にする。
二		**「スーホの白い馬」を読んで、感じたことを伝え合おう**	
	1	○本文の叙述を根拠にスーホの人物像を読み取り、感想を交流する。	・行動や様子を表す地の文や会話文から人物像を読み取ることができるよう、誤った人物像カードを提示し、文章中の根拠を明らかにしながら訂正させる。
	2	○殿様の言動や地の文から人物像を読み取り、感想を交流する。	・行動や様子を表す地の文や会話文から登場人物の人物像を読み取ることができるよう、学習の冒頭に間違え読みの音読をし、人物像を読み取る箇所を意識できるよう配慮する。
	3	○スーホと殿様の白馬に対する思いの違いについて感想を交流する。	・殿様とスーホの白馬に対する捉え方の違いに気付くことができるよう、対比的な板書で二人の人物の言動を比較できるようにする。
	4	○自分が最も強く心に残った場面とその理由を交流する。	・文章全体の中心人物の心情の変化が一目でわかるよう、場面ごとの挿絵とセンテンスカードごとに、気持ちを色で表し、整理する。
三		**おすすめの昔話や民話を友達に紹介しよう**	
	1・2	○前時までの学習を生かして自分がおすすめする昔話や民話の紹介文を書く。	・紹介文に必要な内容がわかり、自分がおすすめする昔話や民話の紹介文を書けるよう、例文を基に必要な観点について話し合う。
	3	○おすすめの昔話や民話を紹介する。	・様々な物語の楽しさや友達の考えに触れ、感想を伝え合うことができるよう、自分がおすすめしたい昔話や民話を読み、紹介し合う。

✓ 教材分析

人物像は、性格を中心にして、性別、年齢、言動、服装など、すべてを総称した人物のイメージである。ここでは、スーホの人物像をおさえることが後の展開の背景を読み取るカギとなる。物語序盤から読み取れるスーホの人物像をいくつか挙げてみる。

・子供
・家は貧しい
・生活のために働いている
・働き者
・優しい
・歌がうまい

スーホは子供で、年をとったおばあさんとふたり暮しである。そのような中で出会った白馬が家族、兄弟のように大切に思えたことは想像に難くない。幼いころより家が貧しく、生活のために働かざるをえなかったスーホの状況は、お金を積まれても白馬を手放そうとしなかったスーホの心情にせまる大切な伏線ともいえる叙述である。

殿様の人物像を読み取ることで、スーホの白馬へ対する愛情の深さを更に深く読み取ることができる。

殿様の人物像は、叙述より次のようなものが読み取れる。

・嘘つき
・乱暴
・大いばり
・欲深い
・自分勝手

2場面

スーホは、にこにこしながら、みんなにわけを話しました。

「帰るとちゅうで、子馬を見つけたんだ。これが、じめんにたおれて、もがいていたんだよ。あたりを見ても、もちぬしらしい人もいないし、おかあさん馬も見えない。ほうっておいたら、夜になって、おおかみに食われてしまうかもしれない。それで、つれてきたんだよ。」

日は、一日一日とすぎていきました。スーホが、心をこめてせわしたおかげで、子馬は、すくすくとそだちました。体は雪のように白く、きりっと引きしまって、だれでも、思わず見とれるほどでした。

3場面

あるばんのこと、ねむっていたスーホは、はっと目をさましました。けたたましい馬の鳴き声と、ひつじのさわぎが聞こえます。スーホは、はねおきると外にとび出し、ひつじのかこいのそばにかけつけました。見ると、大きなおおかみが、ひつじにとびかかろうとしています。そして、わかい白馬が、おおかみの前に立ちふさがって、ひっしにふせいでいました。

スーホは、おおかみをおいはらって、白馬のそばにかけよりました。白馬は、体中あせびっしょりでした。きっと、ずいぶん長い間、おおかみとたたかっていたのでしょう。

スーホは、あせまみれになった白馬の体をなでながら、兄弟に言うように話しかけました。

「よくやってくれたね、白馬。本当にありがとう。これから先、どんなときでも、ぼくはおまえといっしょだよ。」

4場面

月日は、とぶようにすぎていきました。

ある年の春、草原いったいに、知らせがつたわってきました。このあたりをおさめているとのさまが、町でけい馬の大会をひらくというのです。そして、一等になったものは、とのさまのむすめとけっこんさせるというのでした。

この知らせを聞くと、なかまのひつじかいたちは、スーホにすすめました。

「ぜひ、白馬にのって、けい馬に出てごらん。」

そこでスーホは、白馬にまたがり、ひろびろとした草原をこえて、けい馬のひらかれる町へむかいました。

けい馬がはじまりました。たくましいわかものたちは、いっせいにかわのむちをふりました。馬は、とぶようにかけます。でも、先頭を走っていくのは、白馬です。スーホののった白馬です。

「白い馬が一等だぞ。白い馬ののり手をつれてまいれ。」

とのさまはさけびました。

ところが、つれてこられた少年を見ると、まずしいみなりのひつじかいではありませんか。そこで、とのさまは、むすめのむこ

■第二次・第1時

「スーホは、こんな人だったよね？」（しかけ「選択肢をつくる」）

誤った人物像を提示することで、課題意識を引き出す。本当の人物像はどのようなものか、本文の叙述を基に話し合わせたい。

また、話し合う中で、人物像は様子や行動を表す地の文だけでなく、会話文からも読み取りができることに気付かせたい。文のどこを見れば人物像が見えてくるか、子供たち自身でわかるようにする。（ウ・エ）

■第二次・第2時

「先生が殿様の出てくる場面を音読するよ。間違っていたら教えてね」（考える音読）

殿様の行動を表す地の文や会話文を置き換え、あえて間違えて読むことで、殿様の人物像に気付かせる。

本時では前時に学習した人物像の読み方を使い、殿様の人物像を読み取らせたい。

このように、主要な登場人物の人物像を自分なりに捉える活動をすることで、第三次での活動の際、登場人物の人物像を話のあらすじに加えて紹介することができる。（ウ・エ）

◆教材分析のポイント①「各場面ごとの魅力」

本教材は、長編の物語であるが、一つ一つの場面が魅力的に描かれている。そのため、物語を読んで感想を交流する際、各場面の出来事の様子や登場人物の心情を豊かに想像しながら話し合うことができる。特に最後の場面では、中心人物スーホの複雑な心情が描かれている。場面ごとの魅力を感じながら、読解を深めていきたい。

◆教材分析のポイント②「人物像の設定」

本教材は、登場人物の人物像が明確に描かれており、会話文や様子・行動を表す地の文から人物像が捉えやすいという特徴がある。中心人物であるスーホと対人物である殿様は対照的に描かれており、読者が中心人物であるスーホの心情に寄り添いやすい描かれ方となっている。両者の価値観の違いを比較していくことで、スーホの白馬への深い愛情を読み取ることができる作品の構造となっている。

指導内容

ア　あらすじ

「いつ・（どこで）・だれが・どうした」の観点で各場面を短くまとめたものをあらすじとする。本の紹介をする際は、クライマックス部分以降の内容を伝えてしまうと、いわゆるネタバレとなってしまうこともある。各場面のあらすじをまとめながら、話の筋のどこまでを伝えるかは、目的や状況に応じて使い分けていけるよう指導できるとよい。

イ　作品の設定（登場人物と出来事）

・時（いつ）　むかし
・場所（どこで）　モンゴルの草原
・登場人物（だれが）　スーホ・おばあさん・白い馬・ひつじかいの仲間・殿様

ウ　人物像（人柄）

前話

スーホの白い馬　　おおつか　ゆうぞう

中国の北の方、モンゴルには、広い草原が広がっています。そこにすむ人たちは、むかしから、ひつじや牛や馬などをかって、くらしていました。

このモンゴルに、馬頭琴というがっきがあります。がっきのいちばん上が、馬の形をしているので、馬頭琴というのです。いったい、どうして、こういうがっきができたのでしょう。

それには《ア・イ・ウ》、こんな話があるのです。

1場面

むかし《ア・イ・ウ》、モンゴルの草原に、スーホという、まずしいひつじかいの少年がいました。

スーホは、年とったおばあさんとふたりきりで、くらしていました。スーホは、おとなにまけないくらい、よくはたらきました。毎朝、早くおきると、スーホは、おばあさんをたすけて、ごはんのしたくをします。それから、二十頭あまりのひつじをおって、広い広い草原に出ていきました。

スーホは、とても歌がうまく、ほかのひつじかいたちにたのまれて、よく歌を歌いました。スーホのうつくしい歌声は、草原をこえ、遠くまでひびいていくのでした。

ある日のことでした。日は、もう遠い山のむこうにしずみ、あたりはぐんぐんくらくなってくるのに、スーホが帰ってきません。

おばあさんは、しんぱいになってきました。近くにすむひつじかいたちも、どうしたのだろうと、さわぎはじめました。

みんながしんぱいでたまらなくなったころ、スーホが、何か白いものをだきかかえて、帰ってきました。

みんながそばにかけよってみると、それは、生まれたばかりの、小さな白い馬でした。

指導のポイント

■第一次・第1時

「このお話はどこの国のお話かな」

既習の文学作品を想起し、作られた場所や舞台となった場所を考える。

「この後、どうなるかな？」

題名や話の前半部分の内容を伝え、物語後半の展開を自由に想像し、話し合わせる。

主体的に読もうとする意識を醸成するために、「自分だったら、この後はどのような展開を考えるか」という視点でそれぞれの児童の豊かな発想を引き出したい。この物語後半部分の展開を自分で想像する活動が、「スーホの白い馬」の展開を評価しようとする意識に自然に結びついていき、個々の読解を更に深めていくのである。（ア・イ）

教材分析

きることの意味が変化している。

ク 自分の経験や知識と関連付けて読む

物語を読む楽しさの一つは、自分の知識や経験を関連づけて読むことである。ここでは大切なものを失い、悲しみを感じていながらも、楽しい思い出を思い出すスーホの幸せと悲しみの入り混じった感情に共感しながら読ませたい。

6場面

に、外の方で音がしました。

「だれだ。」

ときいてもへんじはなく、カタカタ、カタカタと、もの音がつづいています。ようすを見に出ていったおばあさんが、さけび声を上げました。

「白馬だよ。うちの白馬だよ。」

スーホははねおきて、かけていきました。見ると、本当に、白馬はそこにいました。けれど、その体には、矢が何本もつきささり、あせが、たきのようにながれおちています。白馬は、ひどいきずをうけながら、走って、走って、走りつづけて、大すきなスーホのところへ帰ってきたのです。

スーホは、はを食いしばりながら、白馬にささっている矢をぬきました。きず口からは、血がふき出しました。

「白馬、ぼくの白馬、しなないでおくれ。」

でも、白馬は、弱りはてていました。いきは、だんだん細くなり、目の光もきえていきました。

そして、つぎの日、白馬は、しんでしまいました。

7場面

かなしさとくやしさで、スーホは、いくばんもねむれませんでした。でもやっとあるばん、とろとろとねむりこんだとき、スーホは、白馬のゆめを見ました。スーホがなでてやると、白馬は、体をすりよせました。そして、やさしくスーホに話しかけました。

「そんなにかなしまないでください。それより、わたしのほねやかわや、すじや毛をつかって、がっきを作ってください。そうすれば、わたしは、いつまでもあなたのそばにいられますから。」

スーホは、ゆめからさめると、すぐ、そのがっきを作りはじめました。ゆめで、白馬が教えてくれたとおりに、ほねやかわや、すじや毛を、むちゅうで組み立てていきました。

がっきはできあがりました。これが馬頭琴です。

スーホは、どこへ行くときも、この馬頭琴をもっていきました。それをひくたびに、スーホは、白馬をころされたくやしさや、白馬にのって草原をかけ回った楽しさを思い出しました。そして、スーホは、自分のすぐわきに白馬がいるような気がしました。そんなとき、がっきの音は、ますますうつくしくひびき、聞く人の心をゆりうごかすのでした。

やがて、スーホの作り出した馬頭琴は、広いモンゴルの草原中に広まりました。そして、ひつじかいたちは、夕方になると、よりあつまって、そのうつくしい音に耳をすまし、一日のつかれをわすれるのでした。

■第三次1・2時

「自分のおすすめの本の紹介文を書こう」

前時の学習内容を参考にしながら、まずはスーホの白い馬の紹介文を書く活動をし、学習の見通しをもてるよう配慮する。その後、スーホの白い馬で書いた紹介文を参考にしながら、自分のおすすめの本の紹介文を書くようにする。書く活動を苦手とする児童も多いため、スモールステップ化して確実に書けるよう支援する。

指導内容

エ 地の文（様子・行動を表す語り手の文）／会話文（人物のセリフ）

人物像はどの文から読み取れるか、文の目のつけどころを活動の中で考えさせたい。地の文だけでなく、会話文からも、会話の内容や話し方に着目することで人物像を読み取ることができることを確認したい。

オ 登場人物の気持ちの変化

白馬へのスーホの深い愛情と一緒にいられる喜びが物語の後半で、深い悲しみへと変化している。

カ 作品の設定（時代背景の補足）

この時代、羊飼いが殿様に言い返すことは無礼であり、許されないことである。そのことはスーホもわかっていたが、このような発言をしてしまったことから、スーホの白馬に対する愛情はお金で引き換えられないものであることをつかませる。

キ 意味の変化

3場面の「どんなときでも、ぼくはおまえといっしょだよ。」とスーホに呼びかける部分では、一緒に生きていくことを願っているが、7場面では心の中で一緒に生きていくことになっており、「いっしょ」や「そば」で生

にするというやくそくなどは、知らんふりをして言いました。

「お前には、ぎんかを三まいくれてやる。その白い馬をここにおいて、さっさと帰れ。」

[カ]スーホは、かっとなって、むちゅうで言いかえしました。

「わたしは、けい馬に来たのです。馬を売りに来たのではありません。」

[カ]「なんだと、ただのひつじかいが、このわしにさからうのか。ものども、こいつをうちのめせ。」

とのさまがどなり立てると、家来たちが、いっせいに、スーホにとびかかりました。スーホは、おおぜいになぐられ、けとばされて、気をうしなってしまいました。

とのさまは、白馬をとり上げると、家来たちを引きつれて、[ウ]大いばりで帰っていきました。

スーホは、友だちにたすけられて、やっとうちまで帰りました。スーホの体は、きずやあざだらけでした。おばあさんが、つきっきりで手当てをしてくれました。おかげで、何日かたつと、きずもやっとなおってきました。それでも、白馬をとられたかなしみは、どうしてもきえません。白馬はどうしているだろうと、スーホは、それればかり考えていました。白馬は、どうなったのでしょう。

4場面

すばらしい馬を手に入れたとのさまは、まったくいい気もちでした。もう、[ウ]白馬をみんなに見せびらかしたくてたまりません。

そこで、ある日のこと、とのさまは、おきゃくをたくさんよんで、さかもりをしました。そのさいちゅうに、とのさまは、白馬にのって、みんなに見せてやることにしました。

家来たちが、白馬を引いてきました。とのさまは、白馬にまたがりました。

そのときです。白馬は、おそろしいいきおいではね上がりました。とのさまは、じめんにころげおちました。白馬は、とのさまの手からたづなをふりはなすと、さわぎ立てるみんなの間をぬけて、風のようにかけだしました。とのさまは、おき上がろうともがきながら、大声でどなりちらしました。

[ウ]「早く、あいつをつかまえろ。つかまらないなら、弓でいころしてしまえ。」

家来たちは、いっせいにおいかけました。けれども、白馬にはとてもおいつけません。家来たちは、弓を引きしぼり、いっせいに矢をはなちました。矢は、うなりを立ててとびました。白馬のせには、つぎつぎに、矢がささりました。それでも、白馬は走りつづけました。

そのばんのことです。スーホがねようとしていたとき、ふい

5場面

指導のポイント

■第二次・第3時

「殿様とスーホ、白馬への思いが強いのはどちらかな？」（Which型課題）

殿様とスーホ、どちらが白馬への思いが強いか選択し、理由を話し合う活動を通して、殿様とスーホの白馬への思いの違いを明らかにしたい。殿様とスーホを比較することでスーホの白馬への思いの強さや捉え方が明確となるよう授業を展開する。

■第二次・第4時

「一番心に残った場面はどこかな。一つ選んで理由を話し合おう」（しかけ「選択肢をつくる」）

各場面の挿絵とセンテンスカードを提示し、話し合い活動を活発化させる。

話し合いの中で、中心人物スーホの心情が物語の前半と後半で大きく変化した点を確認したい。また、スーホが、白馬を失った悲しみだけに終始せず、心の中で一緒に生きるといった希望を見出しているところも忘れてはいけないところである。幸せから不幸になったという単純な解釈に陥らないよう、複数の場面をつなげた多面的な解釈を目指す。

（オ、ク）

本時の展開　第一次　第1時

目標 物語が作られた国を確認したり、話の展開を想像したりする活動を通して、世界の物語や中心教材に興味をもち、教材への感想をもつことができる。

[本時展開のポイント]

単元の見通しをもたせると共に、中心教材である「スーホの白い馬」の率直な感想を交流させたい。この初読の読みが第二次における学習を通してさらに深まっていくよう指導していきたい。

[個への配慮]

㋐おすすめの世界の民話をリストにして提示する

たくさんの情報を取捨選択することが難しい場合は、自分で興味をもった本を選択できるよう、教師が各国のおすすめの本のリストを提示し、そこから選ぶようにさせる。本の名前だけでなく、表紙や国の名前を載せることで選択しやすくなるよう配慮したい。

㋑教科書の挿絵を指さして話す

本文のどこがよかったのかを言葉にすることが難しい場合は、自分がよいと思った場面を相手に伝えられるよう、どの場面が一番よかったか挿絵を指で指すよう助言する。教師がペアの間に入って質問しながら考えを述べるようにしたり、場面内の出来事をさらに複数に分け選択させるなどの配慮もできる。

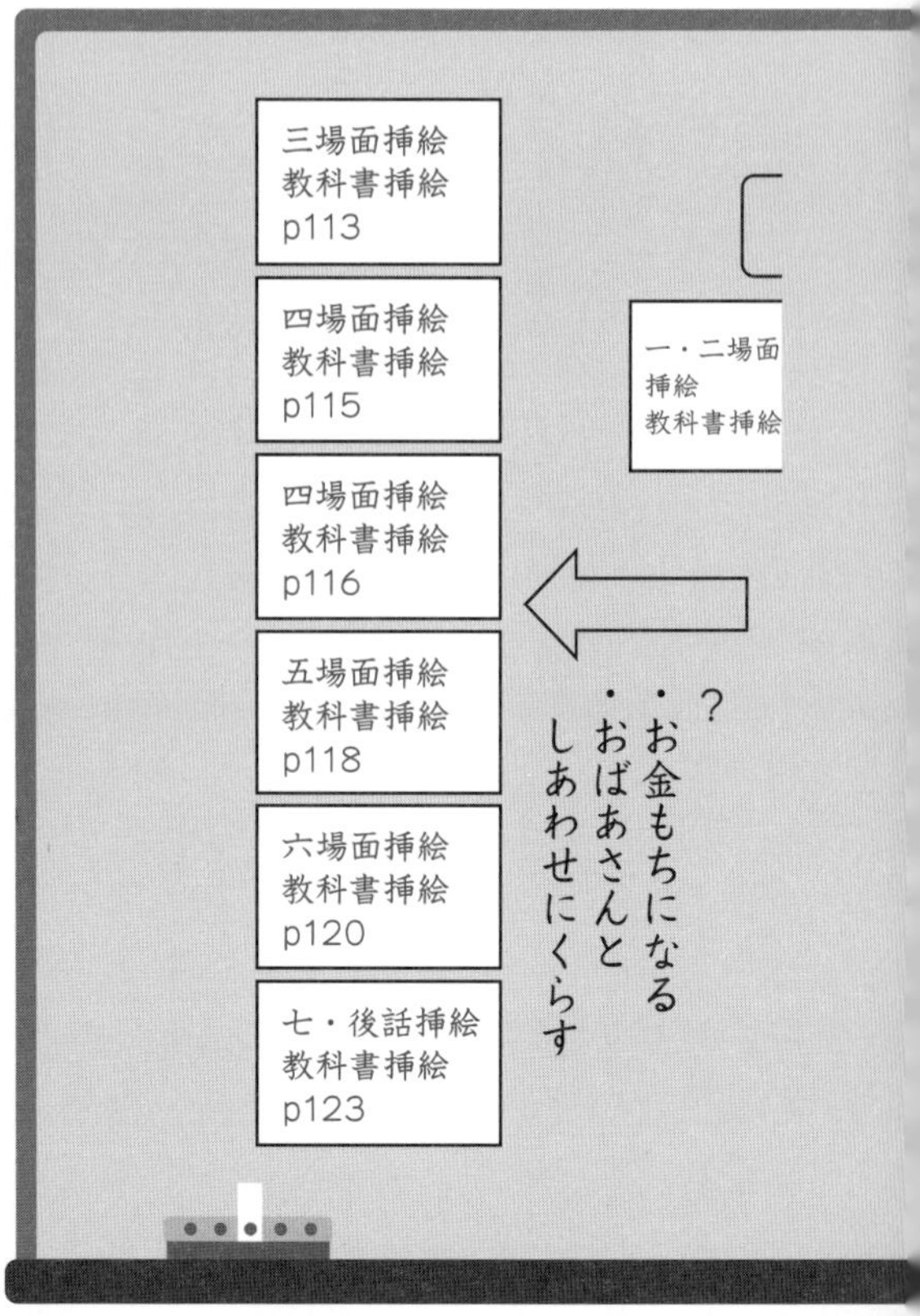

一・二場面挿絵
教科書挿絵
?
・お金もちになる
・おばあさんとしあわせにくらす
三場面挿絵
教科書挿絵
p113
四場面挿絵
教科書挿絵
p115
四場面挿絵
教科書挿絵
p116
五場面挿絵
教科書挿絵
p118
六場面挿絵
教科書挿絵
p120
七・後話挿絵
教科書挿絵
p123

3 教師の範読を聞き、物語の展開を想像する

この後、どうなるかな?

スーホはお金持ちになるんじゃないかな

子馬が成長して、二人で冒険するのかな

教科書にある扉絵と題名、リード文を提示し、話の舞台や内容について想像させる。その後前話から二場面までの挿絵を提示しながら範読する。三場面以降の展開を子供たちに予想させ、意見を板書した後で最後まで範読をする。

4 強く心に残った場面を友達と話し合う

強く心に残った場面はどの場面かな。挿絵を見ながらお話してみよう

私はスーホに会いたくて白馬が帰ってきたところがよかったな

どう話したらいいかな…

Which型課題

物語を読み、強く印象に残った場面をペアで話し合う。どの場面をよいと思ったか選び、その後理由を話すように伝える。

配慮㋑

準備物
・物語作品の題名カード 3-01 ～ 05
・世界地図 3-06

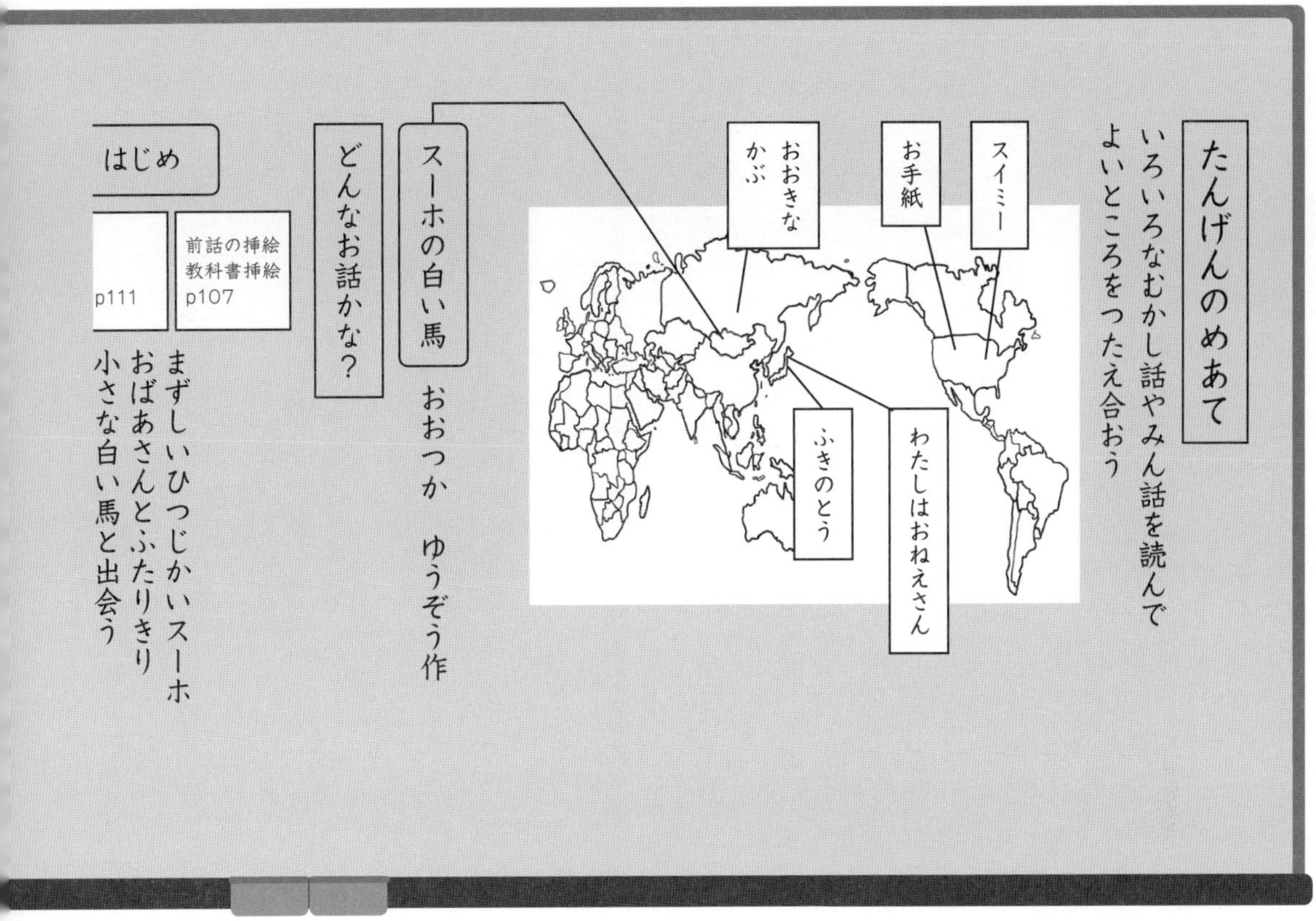

たんげんのめあて
いろいろなむかし話やみん話を読んで
よいところをつたえ合おう
スイミー
お手紙
おおきな
かぶ
わたしはおねえさん
ふきのとう
スーホの白い馬
おおつか ゆうぞう作
どんなお話かな？
はじめ
前話の挿絵
教科書挿絵
p107
p111
まずしいひつじかいスーホ
おばあさんとふたりきり
小さな白い馬と出会う

1 既習の文学作品を想起し、作られた場所や舞台となった場所を考える

日本はどこか知っているかな
このお話はどこの国のお話かな

おおきなかぶはロシアのお話だよ
スイミーはどこのお話かな

しかけ（配置する）

世界地図を提示し、2年生で学習した文学作品を想起させる。日本だけでなく世界中の国で民話や昔話、物語が作られていることに興味をもたせる。

2 単元の見通しをもつ

この単元の最後に、自分が好きな世界のいろいろな昔話や民話のよいところを紹介しよう

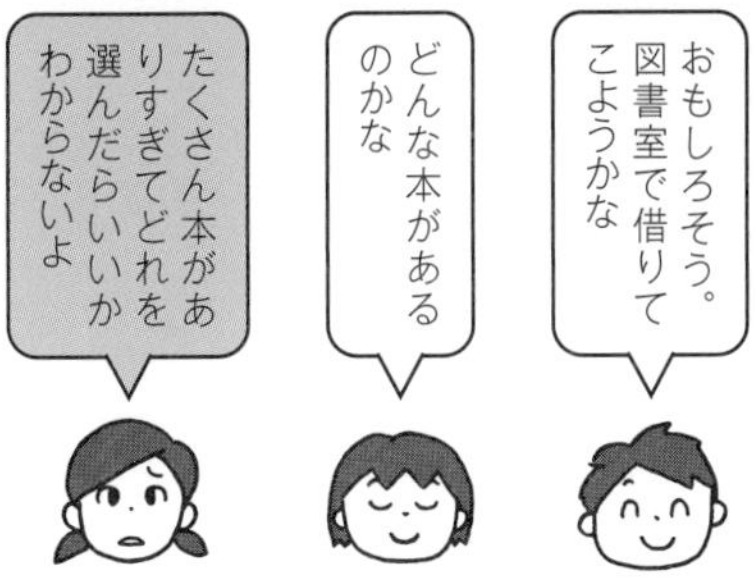

おもしろそう。図書室で借りてこようかな
どんな本があるのかな
たくさん本がありすぎてどれを選んだらいいかわからないよ

第三次で自分がおすすめする外国の昔話や民話を友達と紹介し合うイメージをもたせる。その後スーホの白い馬の学習をしていくことを確認する。 配慮ア

本時の展開　第二次　第1時

目標 センテンスカードの正誤を吟味する活動を通して、あらすじの要素に気付き、「スーホの白い馬」のあらすじを友達に話すことができる。

本時展開のポイント

場面や登場人物を確認するとともに、長編であるこの物語を紹介するには、簡潔にまとめていく必要があることに気付かせたい。また、第三次で自分の読んでいる話のあらすじを書く場面で学習したことを活用できるように配慮する。

個への配慮

ア分かち書きをしたカードをプリントに印刷したものを用意する

言葉を単語で捉えることが難しい児童がいた場合は、語のまとまりが見えやすくなるよう、単語を文節で区切ったセンテンスカードを印刷したプリントを配布する。

イ始めの言葉を提示する

どのようにあらすじの紹介を始めればよいかイメージをもてない児童がいた場合には、紹介の文を見ながら話せるよう、黒板に説明の始めの言葉を板書したり、紹介の始めを側で読み上げるなどの配慮をする。

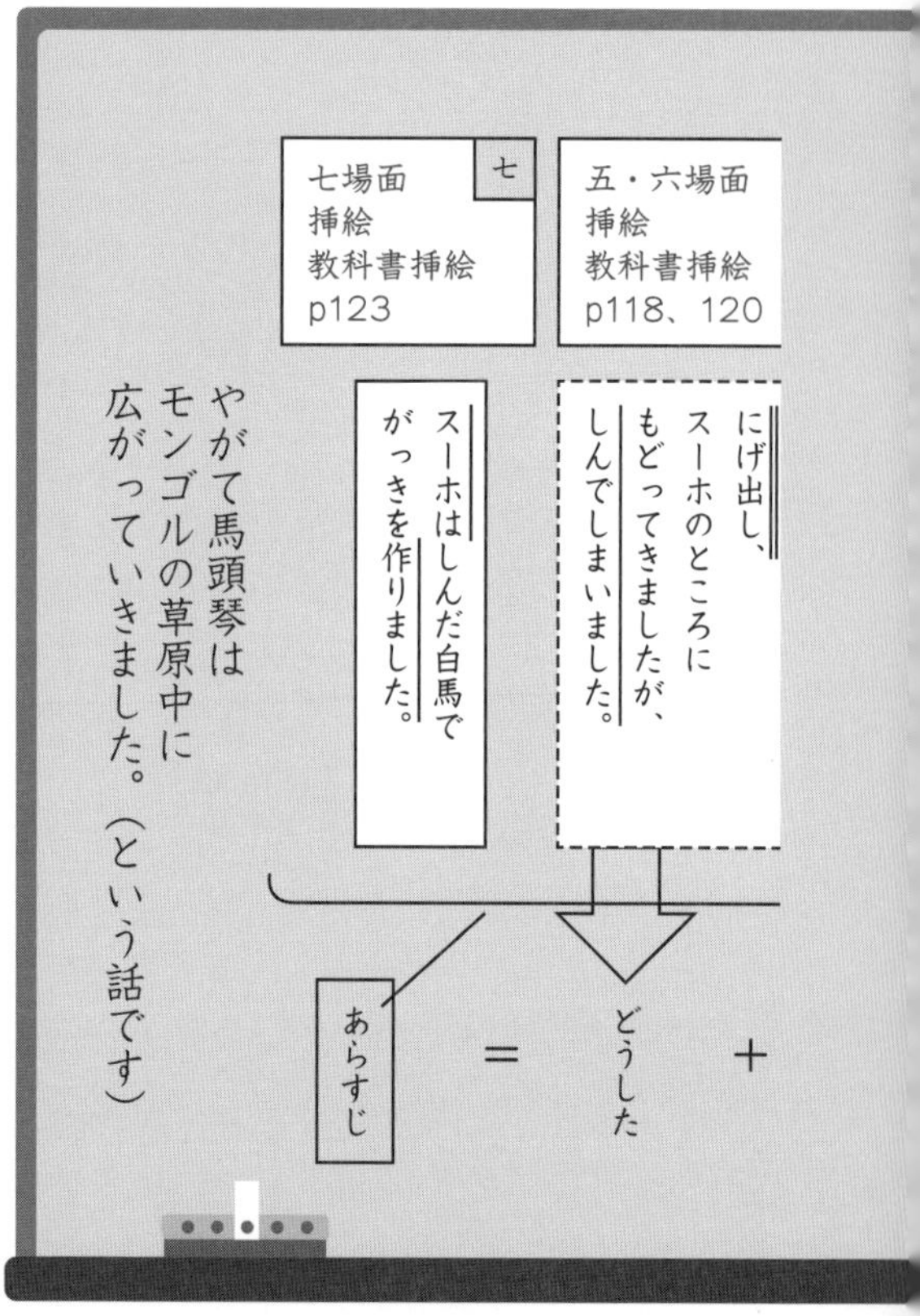

五・六場面
挿絵
教科書挿絵
p118、120
七
七場面
挿絵
教科書挿絵
p123
にげ出し、
スーホのところに
もどってきましたが、
しんでしまいました。
スーホはしんだ白馬で
がっきを作りました。
やがて馬頭琴は
モンゴルの草原中に
広がっていきました。（という話です）
＋
どうした
＝
あらすじ

3 センテンスカードをもとにあらすじを紹介する

ペアの友達とスーホの白い馬のあらすじを紹介し合いましょう

配慮ア

馬頭琴はどうやってできたのですか？
それにはこんな話があるのです。昔モンゴルに、まずしい…
どうやって話せばいいのかな？

ペアの友達とカードを見ながらあらすじを紹介し合う。「馬頭琴はどうやってできたのでしょうか？」とペアの一人が問いかけ、もう一人がセンテンスカードを見ながらあらすじを紹介するよう指示する。その際、物語を知らない人には、どこまで話すとよいかを考えさせる。三次での自分の本紹介の活動を見据えながら活動させるよう配慮する。

配慮イ

準備物
・各場面の挿絵（デジタル教科書から印刷可能）
・センテンスカード 3-07～11

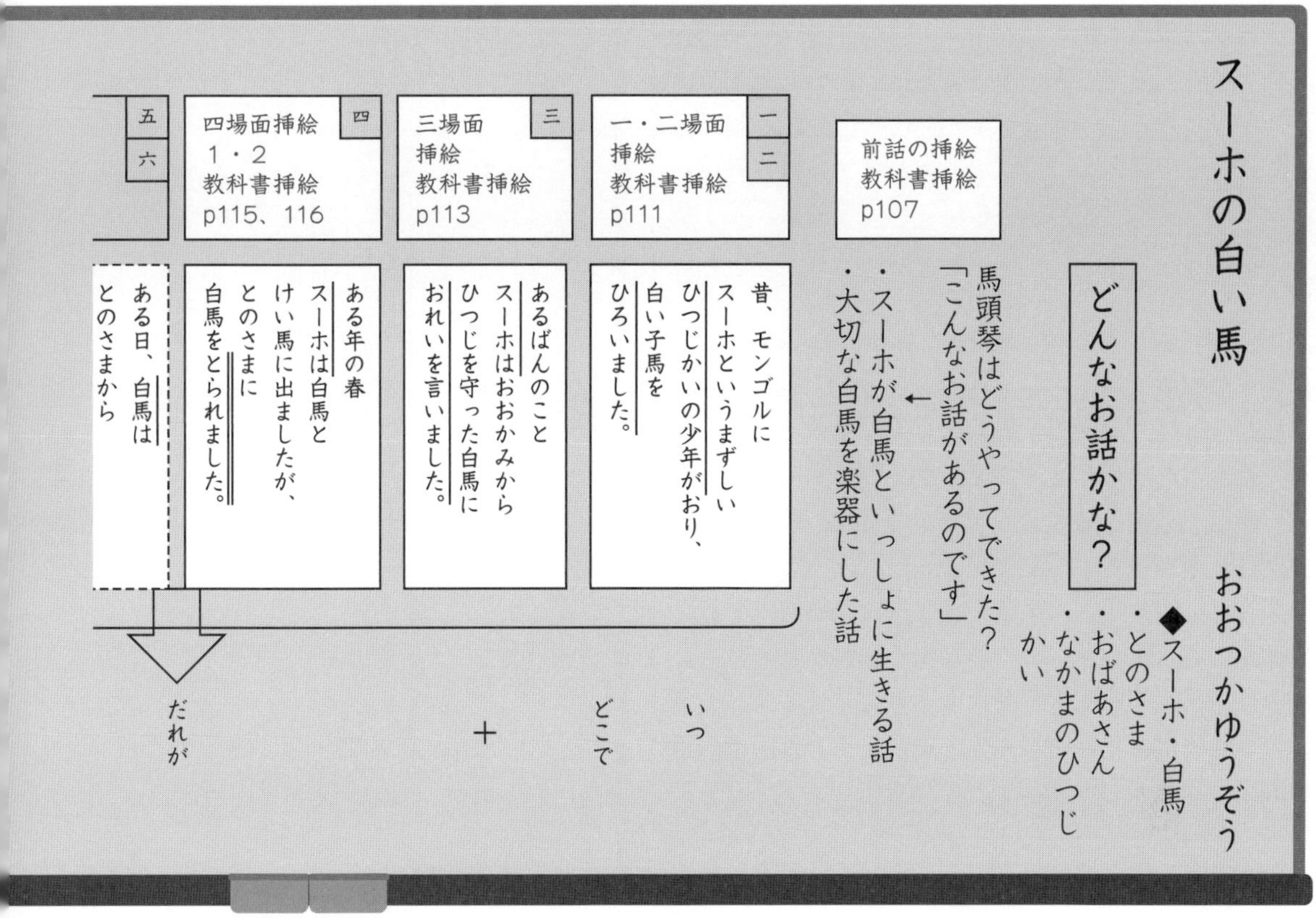

スーホの白い馬
おおつかゆうぞう
◆スーホ・白馬
・とのさま
・おばあさん
・なかまのひつじかい
どんなお話かな？

馬頭琴はどうやってできた？

「こんなお話があるのです」
・スーホが白馬といっしょに生きる話
・大切な白馬を楽器にした話
前話の挿絵 教科書挿絵 p107
一
二
一・二場面挿絵 教科書挿絵 p111
昔、モンゴルにスーホというまずしいひつじかいの少年がおり、白い子馬をひろいました。
三
三場面挿絵 教科書挿絵 p113
あるばんのこと スーホはおおかみからひつじを守った白馬におれいを言いました。
四
四場面挿絵 1・2 教科書挿絵 p115、116
ある年の春 スーホは白馬とけい馬に出ましたが、とのさまに白馬をとられました。
五
六
ある日、白馬はとのさまから
いつ
どこで
＋
だれが

1 場面、登場人物を確認する

誰が出てくるお話かな？このお話はどんなお話かな？

スーホと白馬とおばあさんと…
中心人物は心情が一番大きく変わっているスーホだね

場面の数を確認し、番号を教科書に書き込むように指示する。ペア同士で確認した後、登場人物と、中心人物を確認し、どのような話か子供たちの意見を聞き、整理する。

2 各場面のあらすじカードを見て、正解のあらすじを当てる

あらすじクイズ！それぞれの場面のあらすじをまとめてきたよ。どれが本物かな？

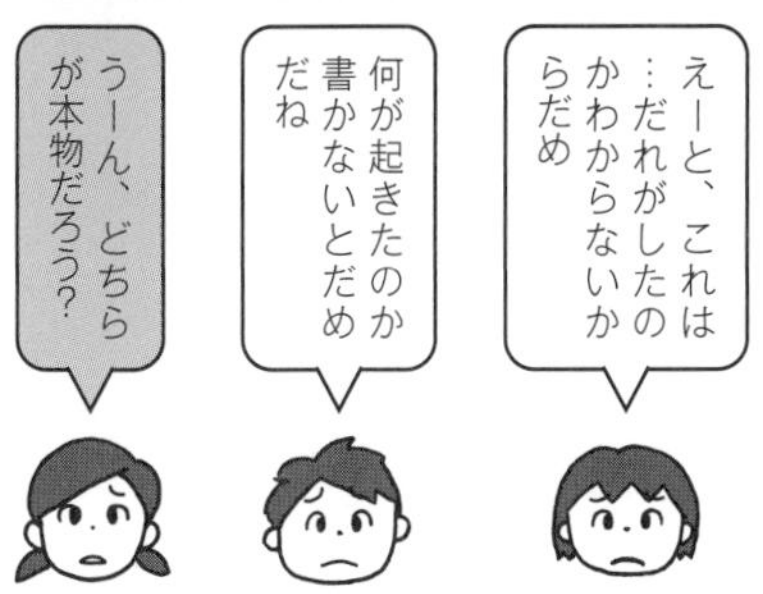

えーと、これは…だれがしたのかわからないからだめ
何が起きたのか書かないとだめだね
うーん、どちらが本物だろう？

しかけ（選択肢をつくる）

場面の挿絵カードと「いつ」「だれが」「どうした」の言葉のいずれかを抜いたカードを音読させる。どちらが正しいか検討する中で「いつ」「どこで」「だれが」「どうした」といったあらすじの要素の必要性を実感する。

本時の展開 第二次 第2時

目標 スーホの人物像の誤りを訂正していく活動を通して、地の文や会話文から人物像を読み取れることに気付き、スーホの人物像を捉えることができる。

[本時展開のポイント]

スーホの間違った人物像を提示することで課題意識を生み出し、全員が参加したくなる雰囲気を作りたい。行動や様子の地の文だけでなく会話文からも人物像が読み取れることを実感するには、活用場面を設定することが大切である。次時の活動で活用場面を増やしていきたい。

[個への配慮]

ア線や色で囲んで強調する

人物像が読み取れる言葉にうまく着目できない場合は、重要な言葉を識別しやすくなるよう、色のついた線や枠で強調するよう配慮する。

イ人物像に関する表現を集めたプリントを配布する

語彙の不足からどのような人物かを言葉にできない場合は、人物像を選択肢の中から考えられるよう、教科書の巻末にある人物像を表す用語集や、人物の性格を表す言葉を集めたプリントを配布する。

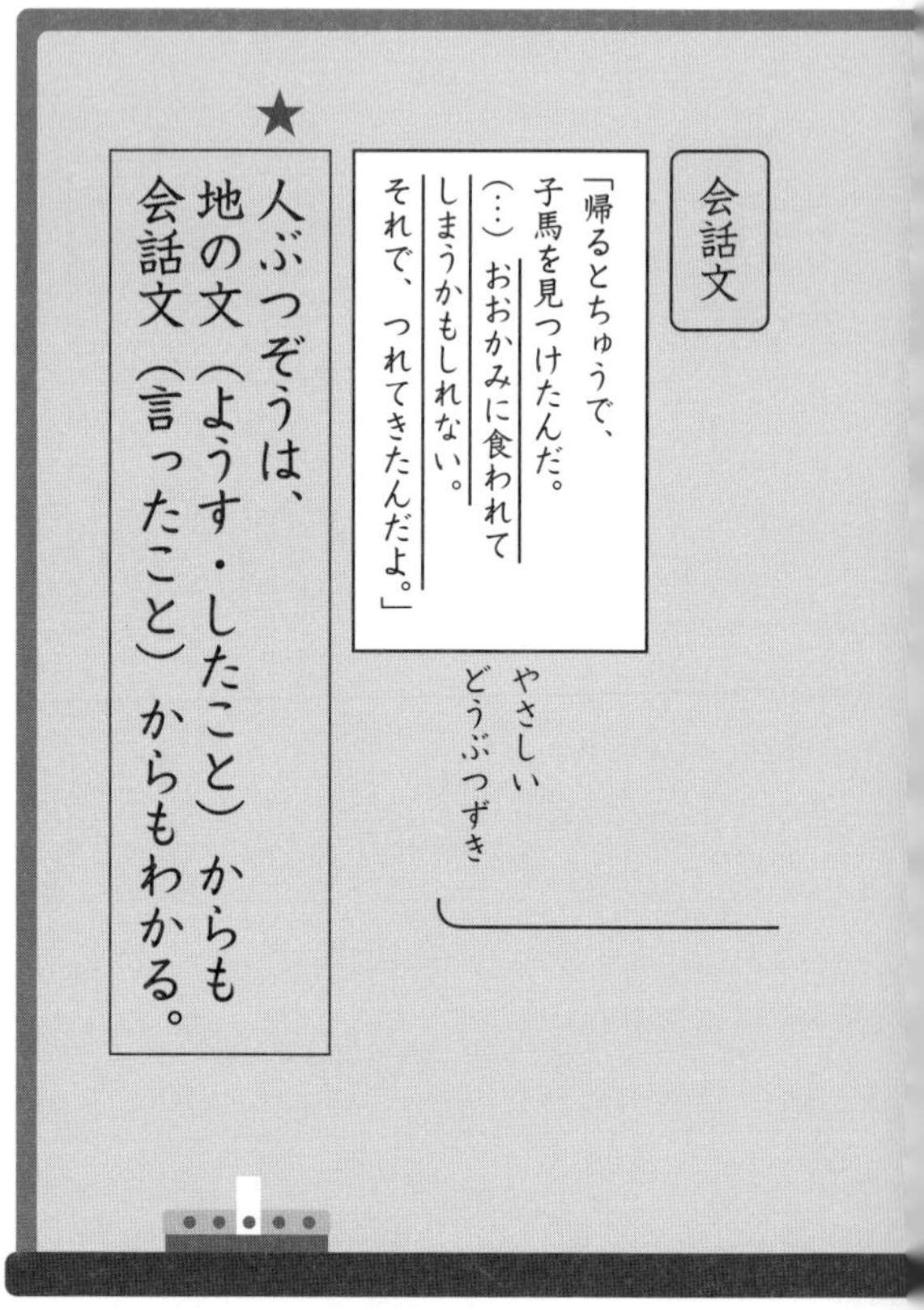

会話文
「帰るとちゅうで、子馬を見つけたんだ。(…)おおかみに食われてしまうかもしれない。それで、つれてきたんだよ。」
やさしい
どうぶつずき
★
人ぶつぞうは、地の文(ようす・したこと)からも会話文(言ったこと)からもわかる。

慮する。

配慮ア

3 会話文から人物像を読み取る

あ、先生間違えたカードを入れてしまったよ このカードからは人物像はわからないね

しかけ（加える）

最後の会話文のカードに着目させ、地の文と会話文の違いに気付かせ、カードを分ける。登場人物の行動・会話両方から人物像を読み取れることを理解させる。

直接書いてはいないけど会話文からもわかるよ!

食べられないようにつれてきたところが優しいよね

4 まとめを板書し、スーホの人物像を確認する

スーホはどんな人かな。ペアの友達と確認しよう

スーホの人物像をペアで尋ね合い確認した後、学習した論理を板書する。

他の場面の地の文や会話文からも人物像が読み取れるか確かめるなど、活用場面も設定したい。

配慮イ

スーホはまずしいけどやさしくてはたらきものな少年

なんて言ったらいいんだろう…

準備物
・センテンスカード 3-12～17
・スーホの顔イラスト（デジタル教科書で印刷可能）

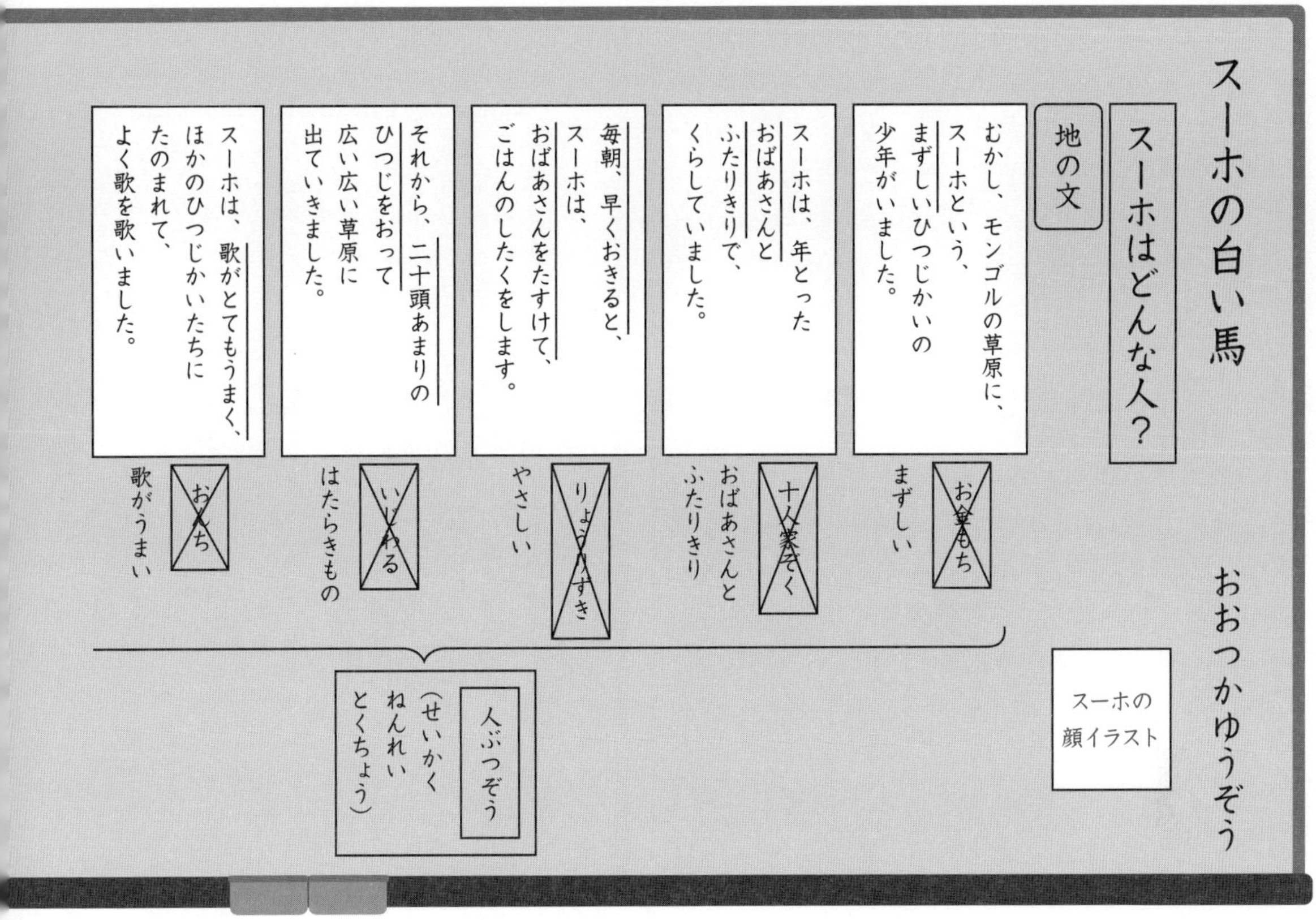

スーホの白い馬
おおつかゆうぞう
スーホはどんな人？
地の文
むかし、モンゴルの草原に、スーホという、まずしいひつじかいの少年がいました。
お金もち
まずしい
スーホは、年とったおばあさんとふたりきりで、くらしていました。
十人家ぞく
おばあさんとふたりきり
毎朝、早くおきると、スーホは、おばあさんをたすけて、ごはんのしたくをします。
りょうりずき
やさしい
それから、二十頭あまりのひつじをおって広い広い草原に出ていきました。
いじわる
はたらきもの
スーホは、歌がとてもうまく、ほかのひつじかいたちにたのまれて、よく歌を歌いました。
おんち
歌がうまい
スーホの顔イラスト
人ぶつぞう
（せいかく ねんれい とくちょう）

1 スーホの人物像を提示して話し合う

スーホは、こんな人だったよね？

ちがうよ！お金持ちじゃなくてまずしいんだよ！
スーホは歌が上手なんだよ

しかけ（置き換える）

スーホの誤った人物像を提示することで課題意識を引き出し、めあてを板書する。正しい人物像を捉える根拠となる場面を問い、一場面に着目させる。

2 一・二場面の文から、スーホの人物像を読み取る

一・二場面の文をカードにして持ってきたよ スーホの性格や特徴がわかるところはどこかな

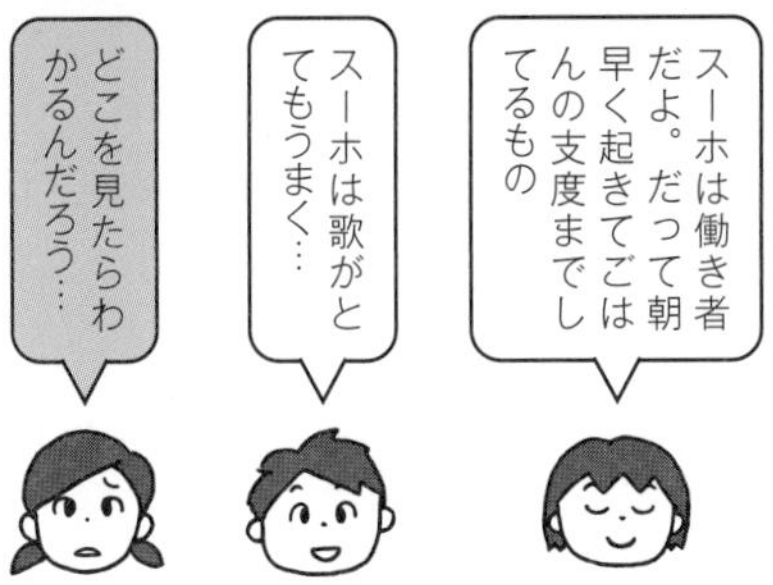

スーホは働き者だよ。だって朝早く起きてごはんの支度までしてるもの
スーホは歌がとてもうまく…
どこを見たらわかるんだろう…

考える音読

一・二場面のカードを提示し、音読した後、ペアでスーホの正しい人物像を話し合う。その際、根拠となる言葉を確認する。全員でカードを音読する際、人物像が読み取れる言葉を強調して読むなど、着目できるよう配

本時の展開　第二次　第3時

目標　間違いを指摘する音読活動を通して、叙述を根拠にスーホと殿様の人物像を読みとり、比較しながらノートにまとめることができる。

［本時展開のポイント］

スーホの人物像と殿様の人物像は対比的に描かれているため、前時の学習も生かして双方を比較しながら殿様の人物像を捉えさせたい。また、殿様の人物像の解釈の違いや、考える際の根拠とした文は人によってそれぞれ異なることを知り、考えを交流する楽しさを実感させる。

［個への配慮］

ア範囲を限定する

一度に多くの情報を処理することが難しい場合には、文章のどこに着目すればよいかわかるよう、登場人物がどの場面に出ているか全体に問いかけ、読み取る範囲を限定できるよう指示する。

イ前時の板書写真を印刷し、参考にするよう促す

前時の学習内容を記憶しておくことが難しい場合は、前時の学習内容を思い出せるよう板書写真を渡したり、ICT 機器等を使ってヒントとして投影したりして支援する。

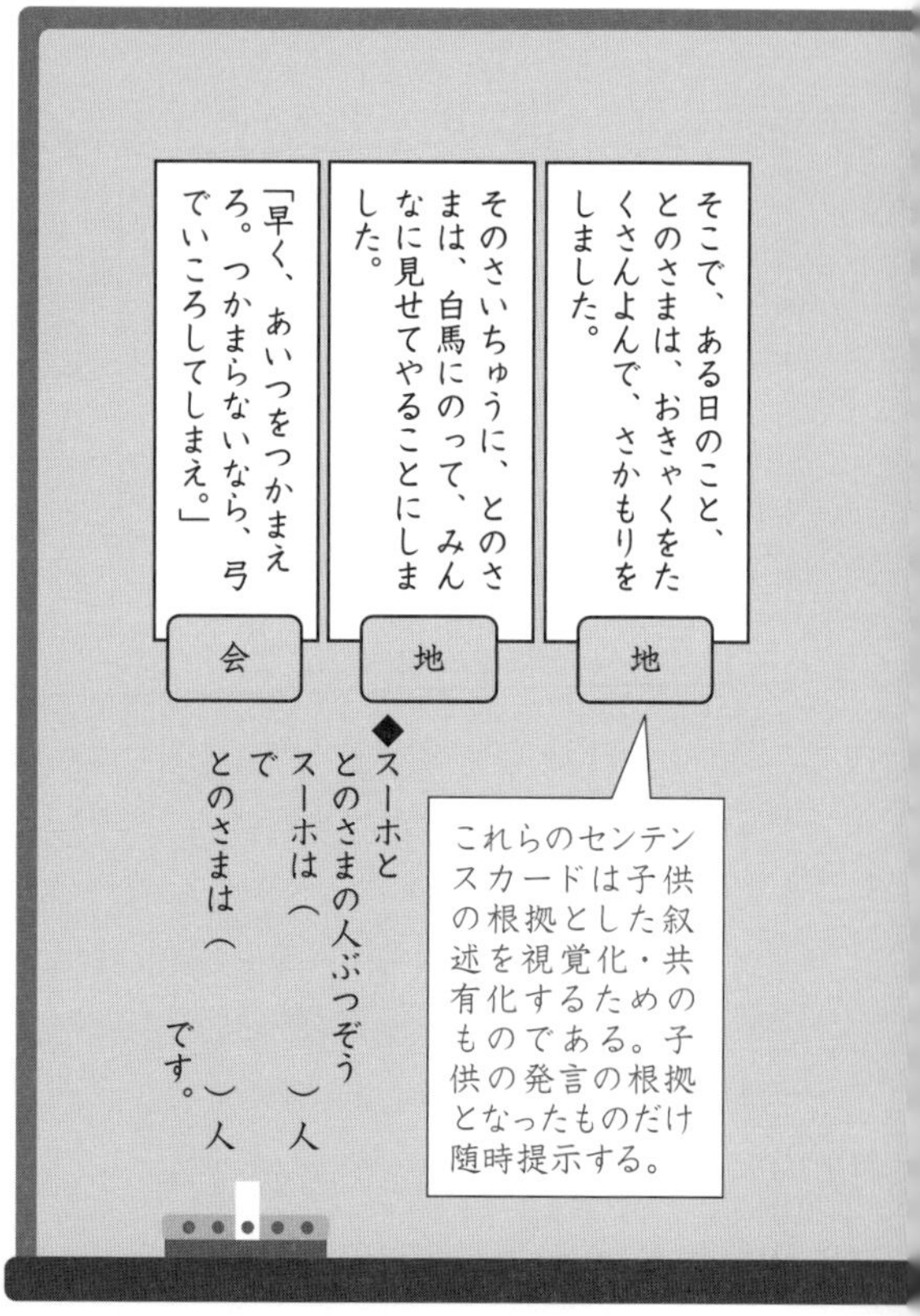

そこで、ある日のこと、とのさまは、おきゃくをたくさんよんで、さかもりをしました。
地
そのさいちゅうに、とのさまは、白馬にのって、みんなに見せてやることにしました。
地
「早く、あいつをつかまえろ。つかまらないなら、弓でいころしてしまえ。」
会
◆スーホととのさまの人ぶつぞう
スーホは（　　）人
で
とのさまは（　　）人
です。

これらのセンテンスカードは子供の根拠とした叙述を視覚化・共有化するためのものである。子供の発言の根拠となったものだけ随時提示する。

3　殿様の人物像について全体で交流する

殿様はどんな人かな。今○○くんが考えた殿様の人物像はどの文からそう考えたと思う？

うそつきだと思います
うそつきだと思った人たちはここの文からそう思ったんじゃないかな

しかけ（選択肢を作る）

短冊に、子供が考えた殿様の人物像を書き、自分が考えた人物像と近いものを選択させ、全体で共有する。その後、友達の考えを解釈させながら根拠となる本文を提示していく。

4　スーホと殿様の人物像をまとめる

スーホと殿様の人物像を隣の友達と話し合い、ノートに書こう

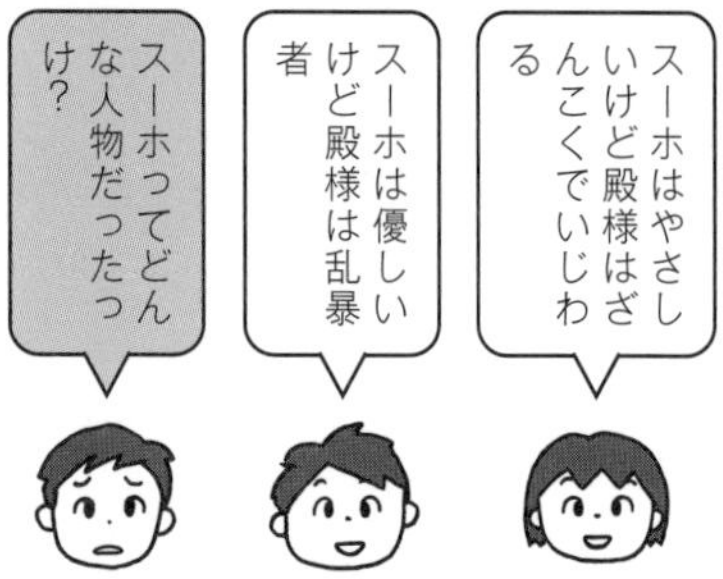

スーホはやさしいけど殿様はざんこくでいじわる
スーホは優しいけど殿様は乱暴者
スーホってどんな人物だったっけ？

殿様の人物像とスーホの人物像について隣の友達と話した後、ノートにそれぞれの人物像をまとめ、それを学習のまとめとする。　配慮イ

準備物
・センテンスカード 3-18～27（必要に応じてその場で提示する）
・とのさまの顔イラスト（デジタル教科書で印刷可）

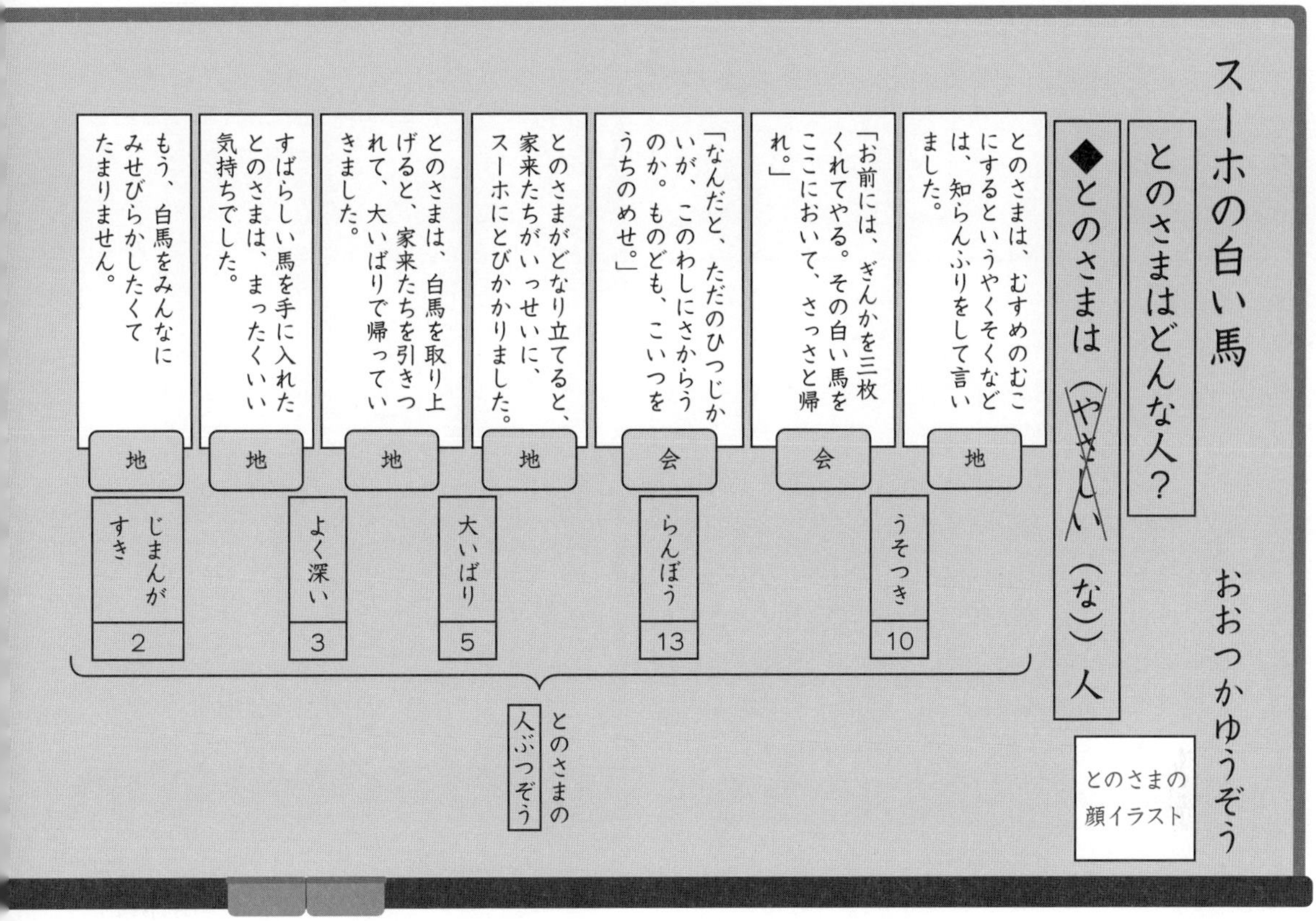

スーホの白い馬
おおつかゆうぞう
とのさまはどんな人？
◆とのさまは（やさしい）（な）人
とのさまは、むすめのむこにするというやくそくなどは、知らんふりをして言いました。
地
うそつき
10
「お前には、ぎんかを三枚くれてやる。その白い馬をここにおいて、さっさと帰れ。」
会
「なんだと、ただのひつじかいが、このわしにさからうのか。ものども、こいつをうちのめせ。」
会
らんぼう
13
とのさまがどなり立てると、家来たちがいっせいに、スーホにとびかかりました。
地
とのさまは、白馬を取り上げると、家来たちを引きつれて、大いばりで帰っていきました。
地
大いばり
5
すばらしい馬を手に入れたとのさまは、まったくいい気持ちでした。
地
よく深い
3
もう、白馬をみんなにみせびらかしたくてたまりません。
地
じまんがすき
2
とのさまの人ぶつぞう
とのさまの顔イラスト

1 第四・五場面の教師の間違い読みを聞き、訂正する

先生が殿様が出てくる場面を音読するよ 間違えていたら手をあげて「ダウト」と言って教えてね

ダウト！「きんかを三枚あげましょう」じゃなくて「ぎんかを三枚くれてやる」だよ

もっとえらそうだよね

考える音読
第四・五場面の殿様の会話文や地の文（したこと・ようす）を教師がわざと間違いを入れながら読み、その違いから殿様の人柄のイメージをつかませる。

2 殿様の人物像をノートに書き、教科書本文の根拠となる叙述に線を引く

殿様は、どんな人かノートに書こう 書けた人は教科書の文のどこからそう思ったのか、線を引いて教えてね

やさしくないよ！らんぼうだよ！

「ものどもこいつをうちのめせ」と書いてあるね

どこを見たら分かるんだろう…

「殿様はやさしい人だね？」と誤ったカードを提示する。「ちがうよ」という子供の反応を拾い、本時の課題を設定する。 配慮ア

✓ 本時の展開　第二次　第4時

目標　殿様とスーホの白馬に対する思いの強さを話し合う活動を通して、両者の白馬に対する捉え方の違いに気付き、ノートに書くことができる。

［ 本時展開のポイント ］

殿様とスーホの白馬に対する捉え方の違いを読み取らせたい。思いの強さについて話し合う中で、白馬に対する思いの違いが明らかになってくるようゆさぶり発問をしながら殿様とスーホの違いを明らかにしていく。

［ 個への配慮 ］

ア側でそれぞれのカードを連続して読み上げる

文章の内容を一度で読み取ることが難しい場合は、二人のカードの情報が整理できるように、それぞれのカードを子供の側で続けてゆっくり読み、考えを問う。

イ二人の人物に関するカードや人物像の根拠となる叙述を色で分ける

違いを読み取ることが難しい場合は、2人の人物の特徴が理解できるよう、センテンスカードや登場人物に関する根拠となる叙述を色で囲む配慮をする。

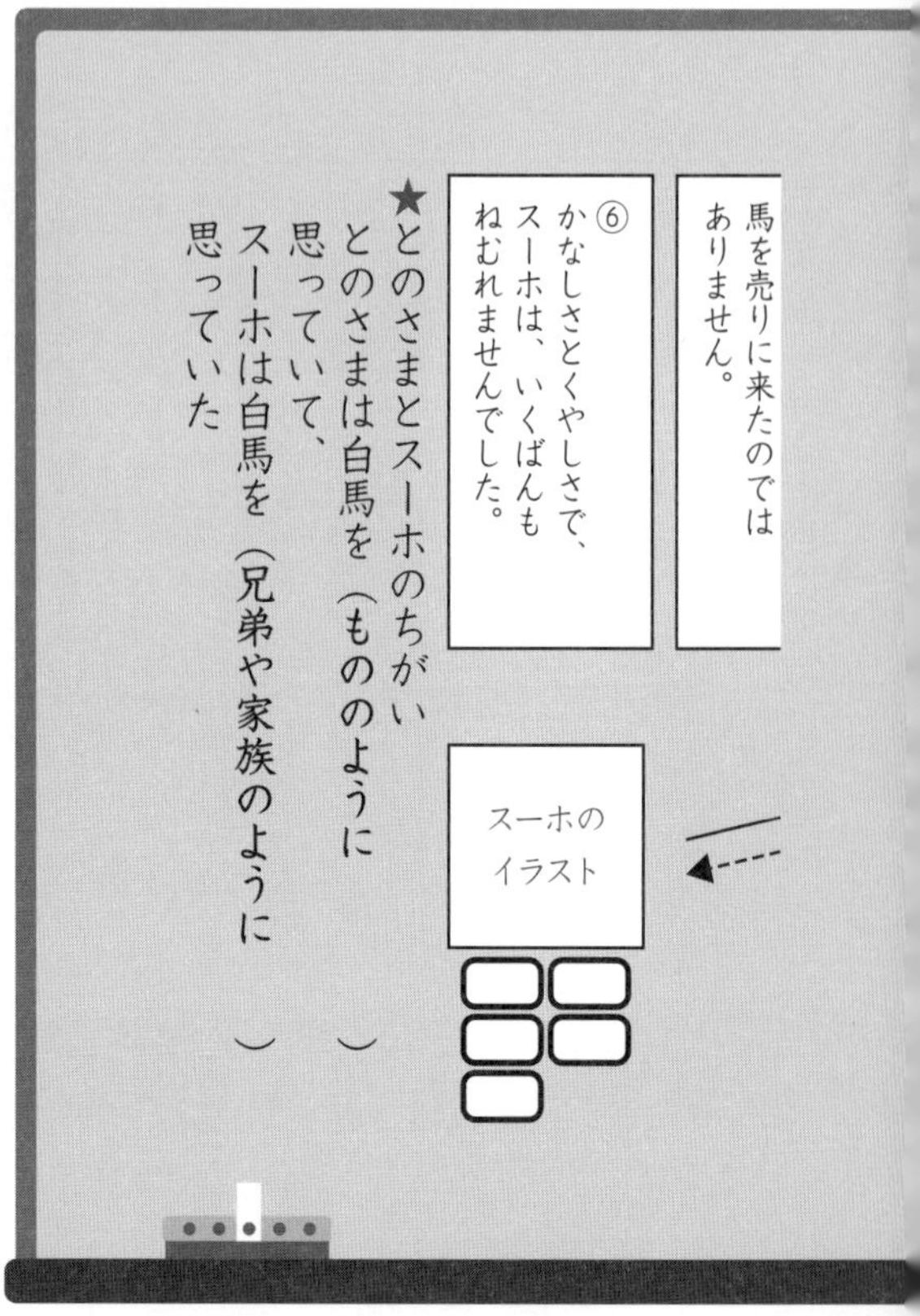

馬を売りに来たのではありません。
⑥ かなしさとくやしさで、スーホは、いくばんもねむれませんでした。
★とのさまとスーホのちがい
とのさまは白馬を（もののように　）思っていて、
スーホは白馬を（兄弟や家族のように　）思っていた
スーホのイラスト

3 スーホと殿様の白馬への思いの違いを考える

もしも銀貨三枚ではなく金貨百枚だったらスーホは白馬を売ったかな？

売らないよ
お金が安いから売らなかったんじゃないと思うな

しかけ（仮定する）

スーホがおばあさんとふたりきりで貧しい生活をしている現状に触れながら、高額なお金を渡されるという状況を仮定することで、スーホの白馬への捉え方をより明らかにする。

4 スーホと殿様の白馬に対する捉え方の違いをまとめる

とのさまとスーホは白馬のことをそれぞれどう思っていたのかな？

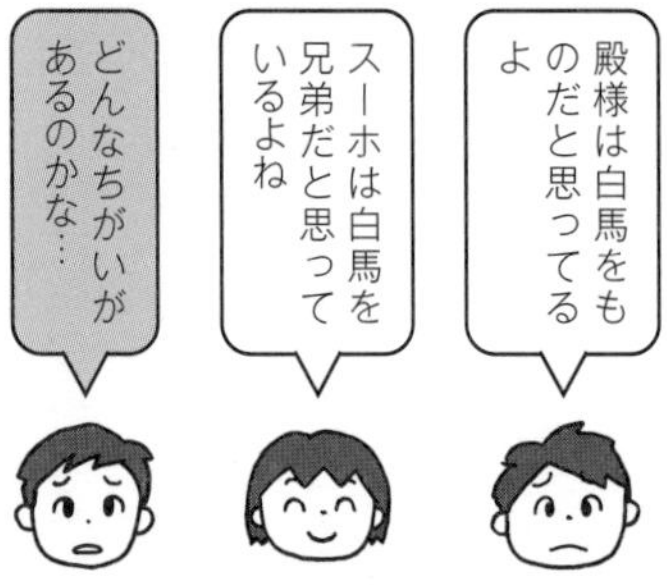

殿様は白馬をものだと思ってるよ
スーホは白馬を兄弟だと思っているよね
どんなちがいがあるのかな…

殿様とスーホがそれぞれ白馬のことをどのように思っていたかをペアで話し合わせる。その際、どこの叙述からそのように読めるかも話し、ノートに書くよう指示する。

配慮イ

準備物
- センテンスカード 3-28～33
- スーホ、殿様、白馬のイラスト（デジタル教科書で印刷可能）
- ネームプレート

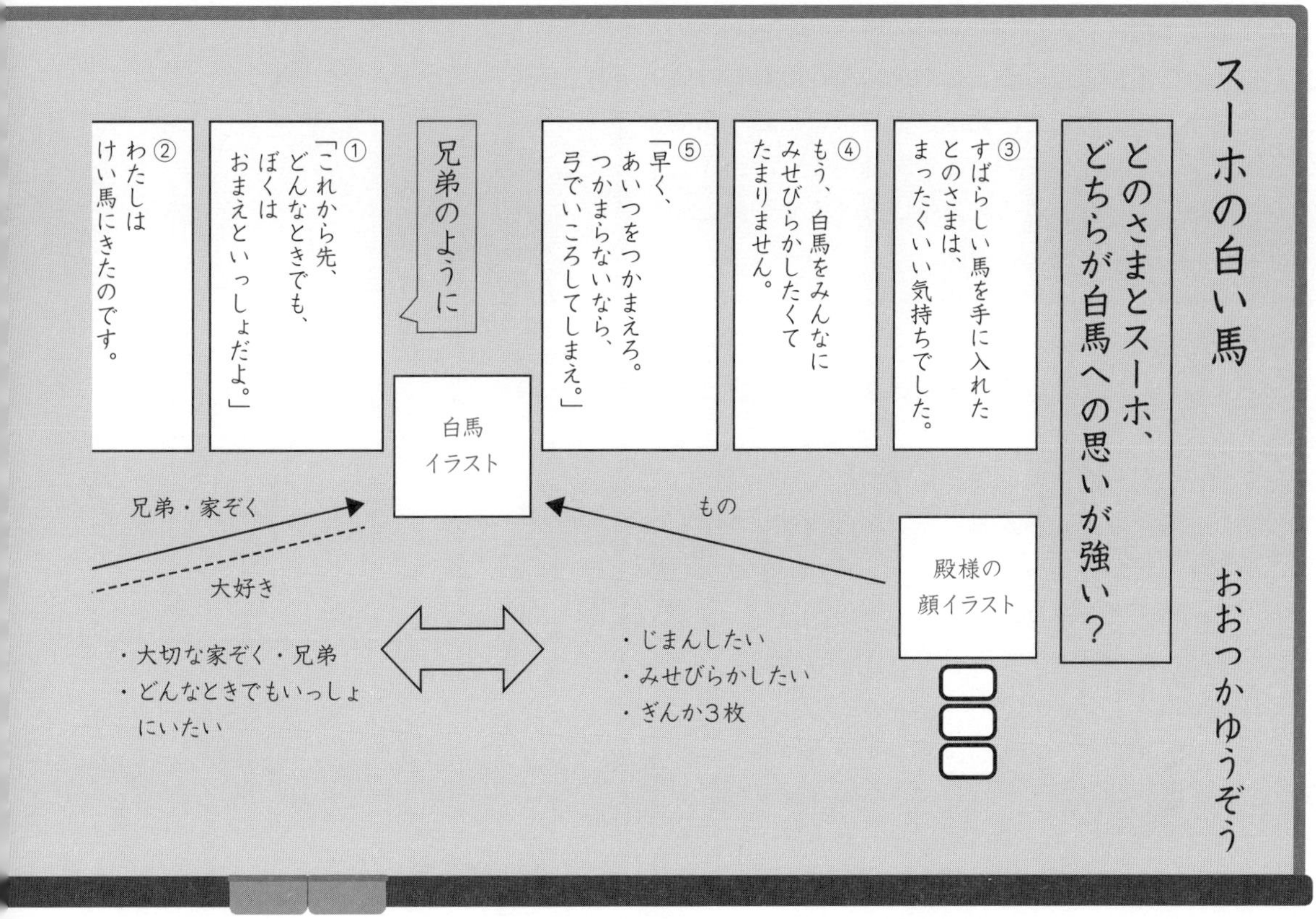

スーホの白い馬
おおつかゆうぞう
とのさまとスーホ、どちらが白馬への思いが強い？
③ すばらしい馬を手に入れたとのさまは、まったくいい気持ちでした。
④ もう、白馬をみんなにみせびらかしたくてたまりません。
⑤「早く、あいつをつかまえろ。つかまらないなら、弓でいころしてしまえ。」
兄弟のように
①「これから先、どんなときでも、ぼくはおまえといっしょだよ。」
② わたしはけい馬にきたのです。
白馬イラスト
殿様の顔イラスト
もの
兄弟・家ぞく
大好き
・じまんしたい
・みせびらかしたい
・ぎんか３枚
・大切な家ぞく・兄弟
・どんなときでもいっしょにいたい

1 センテンスカードを分類する

殿様とスーホ、どちらの文かな？

「ぼくはおまえといっしょだよ」だからスーホ！

「みせびらかしたくてたまりません」は殿様だね

しかけ（分類する）

殿様とスーホのイラストを板書左右に貼り、カードを一枚ずつ提示し音読させる。その場でどちらの人物のカードかを問い、板書上で分類していく。

2 白馬への思いが強い方はどちらか選択する

殿様とスーホ、白馬への思いが強いのはどちらかな？どうしてそう考えたのかな？

スーホだよ。白馬を家族のように大切にしているもん

殿様も殺してしまうくらい誰にも渡さないぞって思いが強いね

スーホだと思うんだけど、何を話せばいいかな…

Which型課題

殿様とスーホのどちらの方が白馬への思いが強いか選択し、ネームプレートを貼らせる。スーホを選ぶ子供が多いことが予想される。教師はあえて殿様側の立場に立って話し合いを活性化させる。配慮ア

本時の展開　第二次　第5時

目標　心に残った場面とその理由を話し合う活動を通して、スーホの心情の変化を読み取り、自分の経験に引き付けて読むことができる。

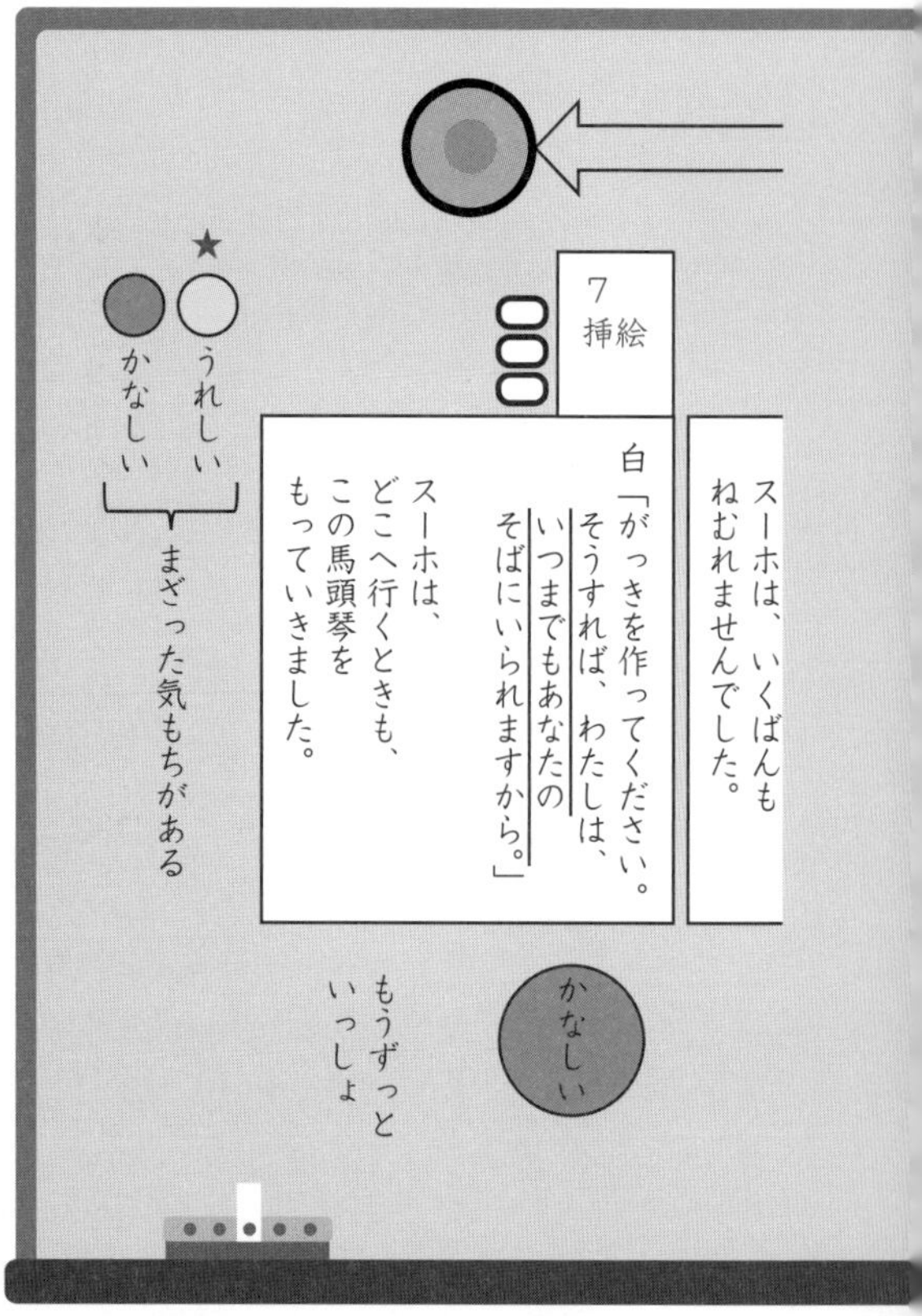

スーホは、いくばんもねむれませんでした。
7
挿絵
白「がっきを作ってください。そうすれば、わたしは、いつまでもあなたのそばにいられますから。」
スーホは、どこへ行くときも、この馬頭琴をもっていきました。
かなしい
もうずっといっしょ
★
うれしい
かなしい
まざった気もちがある

[本時展開のポイント]

この物語でよいと思ったところを選び、その理由を友達と交流させる。この活動は、第三次の「いろいろな昔話や民話を読んでよいところを伝える」活動につながっている。自分なりの読みを一人一人の子供にもたせたい。

[個への配慮]

㋐説明する子供に、前に出て根拠となる文を指さして説明するよう指示する

話し合い活動の際、聴覚的な集中が難しい場合は、どの部分の話をしているか目で見ながら理解できるよう、説明する子供を黒板前でセンテンスカードを指さしながら説明するよう指示する。

㋑役割を色分けしたセンテンスカードを一枚のプリントに印刷する

多くの文字情報を短い時間で読み取ることが難しい場合は、自分が読む部分に着目できるよう、センテンスカードを一枚のプリントに印刷しておき、その場で色分けをしておいたものを渡す。

3

スーホの心情を視覚的に捉える

楽しい場面と、悲しい場面があるんだね 色で整理していこう

いや、悲しみだけじゃないよ

私はどこを読めばいいのかな…

全体交流の中でスーホの心情を嬉しい気持ちと悲しい気持ちに色で整理して板書する。それらの場面を問い、中心人物の心情の変化を読み取らせたい。最後の場面では「悲しみだけが残ったね？」とゆさぶり発問で、スーホの悲しみと喜びの理由も確認したい。

配慮㋑

4

自分の経験を想起する

悲しいけど嬉しさもある。そんな気持ちもあるんだね。みんなはそんな経験ある？

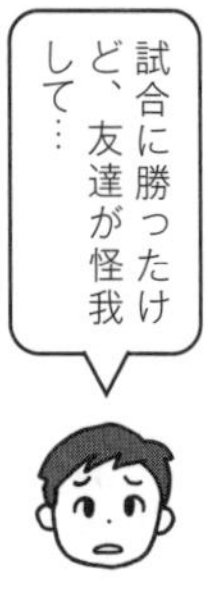

試合に勝ったけど、友達が怪我して…

友達が引越したけど、また会う約束をした…

まとめとして悲しみと喜びが混じっている感情もあることを確認し、自分の経験を想起させる。経験に結びつける楽しさを味わわせたい。

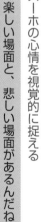

準備物
・挿絵（デジタル教科書で印刷可能）
・センテンスカード 3-34 ～ 40（必要に応じてその場で提示する）
・ネームプレート

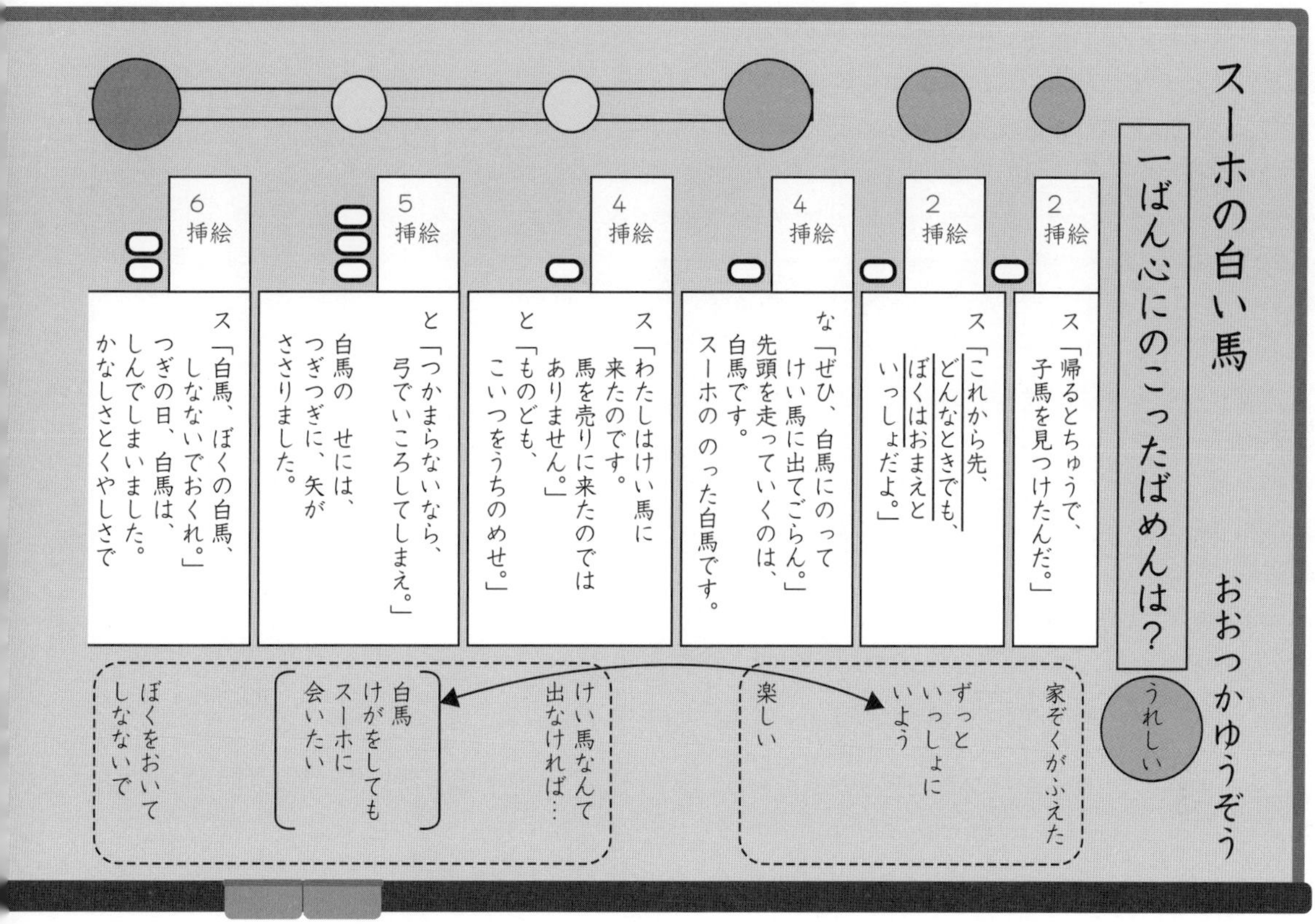

スーホの白い馬
一ばん心にのこったばめんは？
おおつかゆうぞう
2 挿絵
ス「帰るとちゅうで、子馬を見つけたんだ。」
2 挿絵
ス「これから先、どんなときでも、ぼくはおまえと いっしょだよ。」
4 挿絵
な「ぜひ、白馬にのって けい馬に出てごらん。」
先頭を走っていくのは、白馬です。スーホの のった白馬です。
4 挿絵
ス「わたしはけい馬に来たのです。馬を売りに来たのではありません。」
と「ものども、こいつをうちのめせ。」
5 挿絵
と「つかまらないなら、弓でいころしてしまえ。」
白馬の せには、つぎつぎに、矢がささりました。
6 挿絵
ス「白馬、ぼくの白馬、しなないでおくれ。」
つぎの日、白馬は、しんでしまいました。かなしさとくやしさで
うれしい
家ぞくがふえた
ずっと いっしょに いよう
楽しい
けい馬なんて 出なければ…
白馬 けがをしても スーホに 会いたい
ぼくをおいて しなないで

1 場面ごとのカードをグループで役割音読する

役割に分かれてグループで音読しよう

私はスーホとなかまのセリフを読むね

ぼくは地の文を読むよ

みんながどこを読んでるか分からないよ…

考える音読

センテンスカードを提示し、必要な役割を考えさせる。スーホ、仲間の羊飼い、殿様、白馬、語り手（地の文）の役割に分かれて音読するよう指示する。配慮ア

2 一番強く心に残った場面を一つ選び、ノートに理由を書き交流する

一番心に残った場面はどの場面かな 一つ選んで理由をノートに書いて発表しよう

4場面の競馬のところがいいな。白馬と走って楽しそうだったから

私は5場面。スーホに会いたくて白馬が怪我をしても走ったところ

Which型課題

友達がどの場面を選んだか共有できるようネームプレートを活用する。各場面の挿絵の横にマグネットを貼った上で自分の考えを全体の場で述べ合うようにする。

本時の展開 第三次 第1・2時

目標 紹介文の例を検討する活動を通して、紹介文に必要な観点や内容がわかり、自分がおすすめする昔話や民話の紹介文を書くことができる。

[本時展開のポイント]

本の内容や魅力を的確に伝えるために必要な項目について、モデル文の検討を通して考えさせたい。既習の学習内容を活用できるような紹介文をつくりたい。

[個への配慮]

㋐スーホの白い馬と自分が紹介する本の紹介文の枠を上下に印刷したワークシートを配布する

文章を考えることが難しい場合は、書く内容の見通しがもてるよう、スーホの白い馬と自分の紹介文を上下に比較できるワークシートを用意し、本時の始めから活用できるよう声をかける。

㋑個別で問いかけをする

書く内容の見通しがもてない場合は、自分が紹介したいことが見つかるよう、本について教師が問いかけ、答えたことを文章に書くよう助言する。

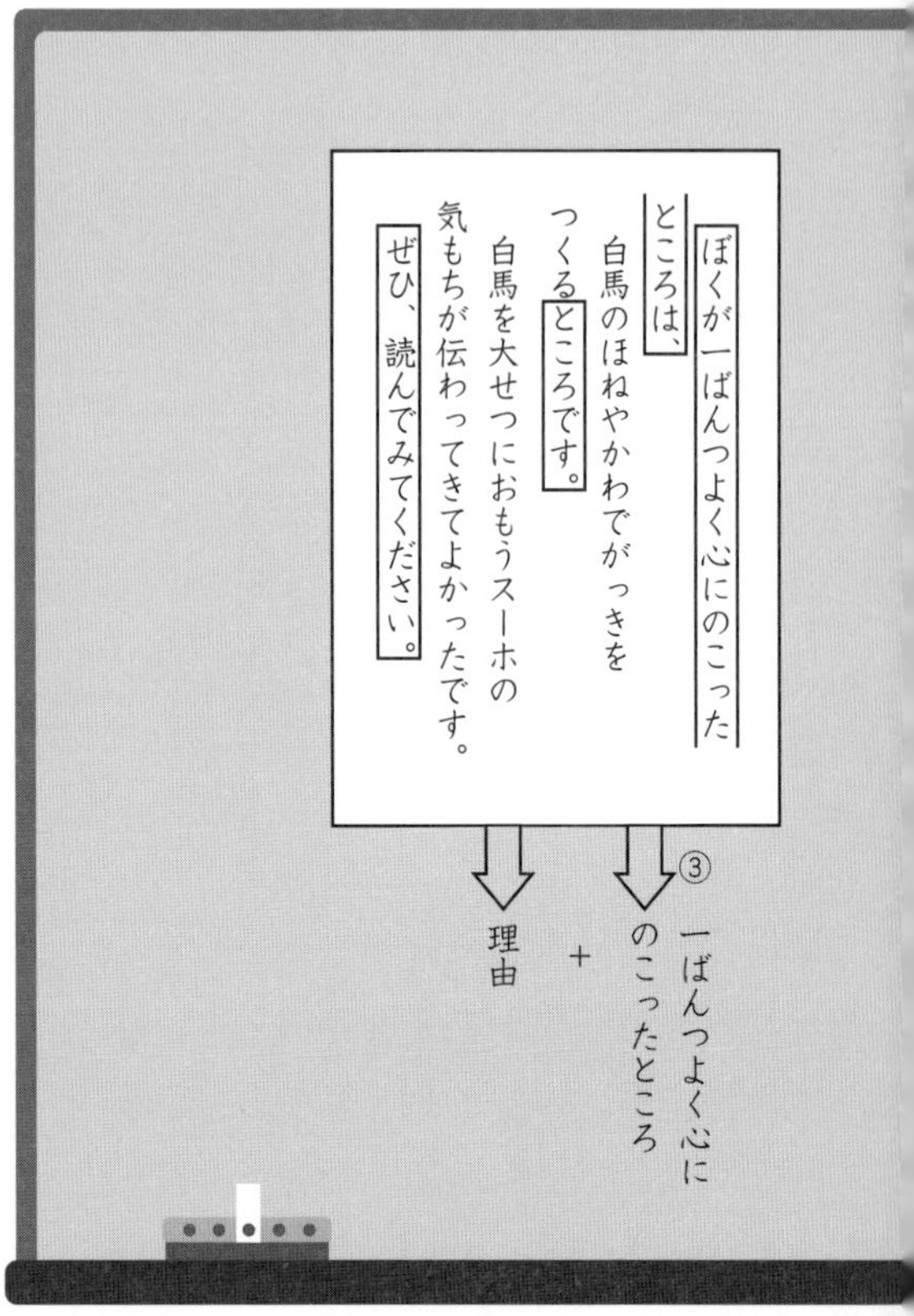
ぼくが一ばんつよく心にのこったところは、
白馬のほねやかわでがっきをつくるところです。
白馬を大せつにおもうスーホの気もちが伝わってきてよかったです。
ぜひ、読んでみてください。
③
一ばんつよく心にのこったところ
+
理由

かしながらスーホと白い馬の紹介文を板書する。

紹介文を書く際、どの物語も共通して書く言葉は四角く囲い、視覚的に認識しやすいよう配慮する。

3 自分のおすすめの昔話やみん話の紹介文を書く

自分のおすすめの本の紹介文を書こう

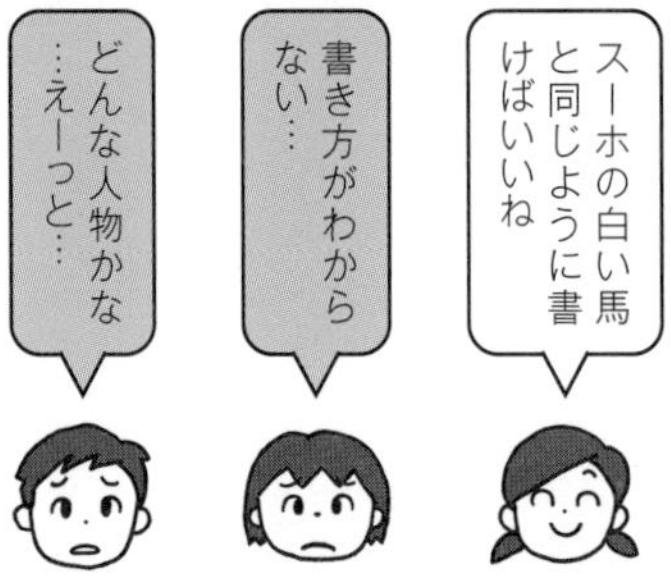
スーホの白い馬と同じように書けばいいね
書き方がわからない…
どんな人物かな…えーっと…

板書上のカードと同じワークシートを用意し、スーホの白い馬で書いた紹介文を参考にして書くようにする。自分のおすすめの物語をいきなり書かせず、①～③の順番ごとに自分の物語の紹介文を完成させていくなど、活動のスモールステップ化を図る。　配慮㋐㋑

準備物 ・紹介文カード 3-41～43

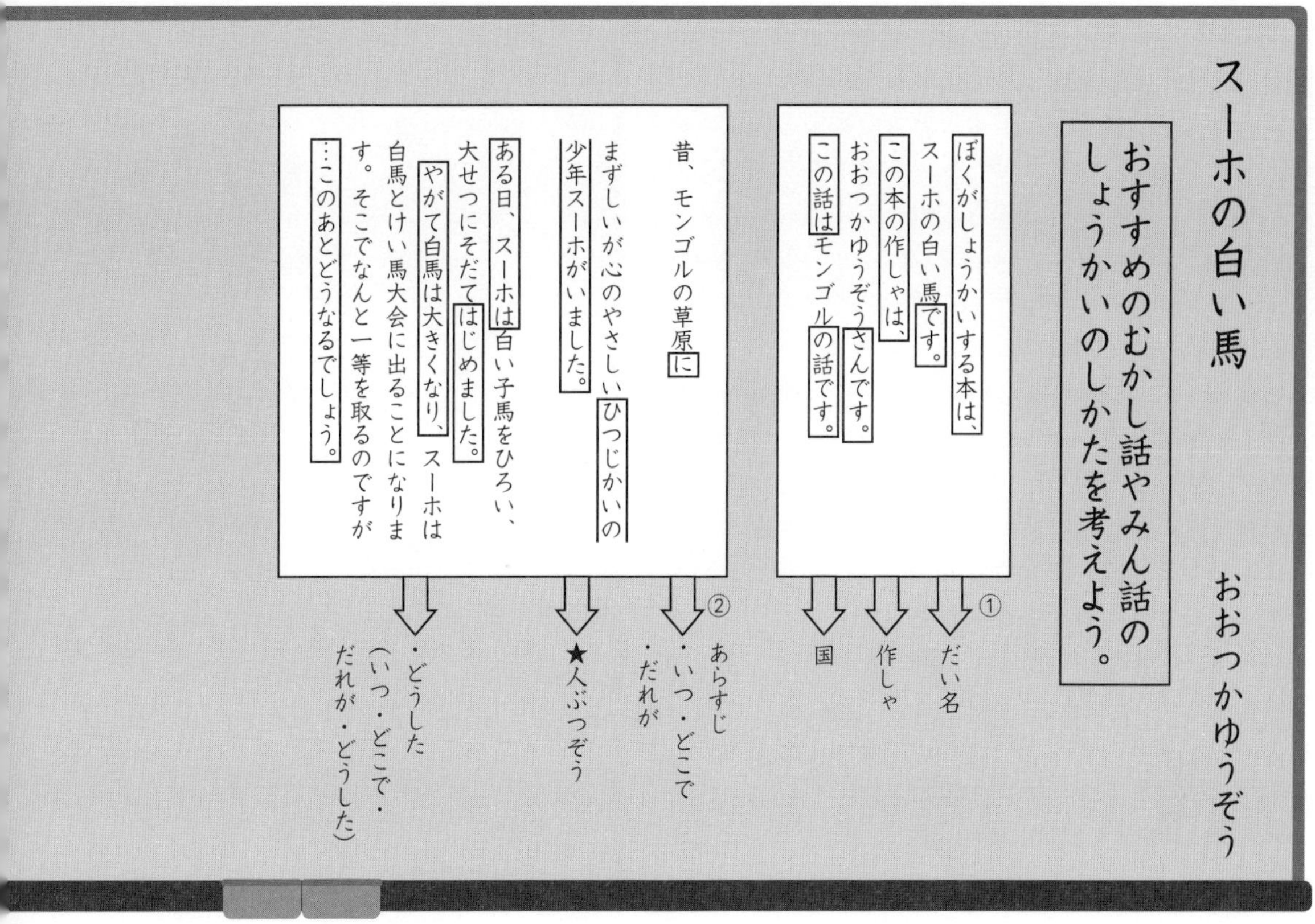

スーホの白い馬
おおつかゆうぞう
おすすめのむかし話やみん話のしょうかいのしかたを考えよう。
ぼくがしょうかいする本は、
スーホの白い馬です。
この本の作しゃは、
おおつかゆうぞうさんです。
この話はモンゴルの話です。
①
だい名
作しゃ
国
昔、モンゴルの草原に
まずしいが心のやさしいひつじかいの
少年スーホがいました。
ある日、スーホは白い子馬をひろい、
大せつにそだてはじめました。
やがて白馬は大きくなり、スーホは
白馬とけい馬大会に出ることになります。そこでなんと一等を取るのですが
…このあとどうなるでしょう。
②
あらすじ
・いつ・どこで
・だれが
★人ぶつぞう
・どうした
（いつ・どこで・だれが・どうした）

1 本時の課題をつかむ

先生が紹介文を書いてきたよ。みんなでカードを読んでみよう

あれ？スカスカだ…
あらすじや出てくる人物について知りたいな

情報が不足しているモデル文を提示し、音読する。まだその物語を知らない友達に昔話や民話を紹介する際、どのような内容が必要か、板書で整理する。

2 スーホの白い馬の紹介文を考える

スーホの白い馬の紹介文をみんなで考えよう

昔、モンゴルでスーホというまずしいひつじかいの少年がいました
まずしいだけじゃなくてやさしいも入れようよ
一番強く心に残ったところは…

あらすじは「いつ」（「どこで」「だれが」「どうした」）の要素が必要であることを確認し、あらすじを学習した時間の板書写真などを掲示する。「だれが」にあたる部分は人物像で学習したことを生かし、人物名だけでなく人柄も書けるよう助言する。子供の意見を生

本時の展開　第三次　第3時

目標　自分がおすすめしたい昔話や民話を読んで心に残ったところを紹介し合う活動を通して、様々な物語の楽しさや友達の考えに触れ、感想を伝え合うことができる。

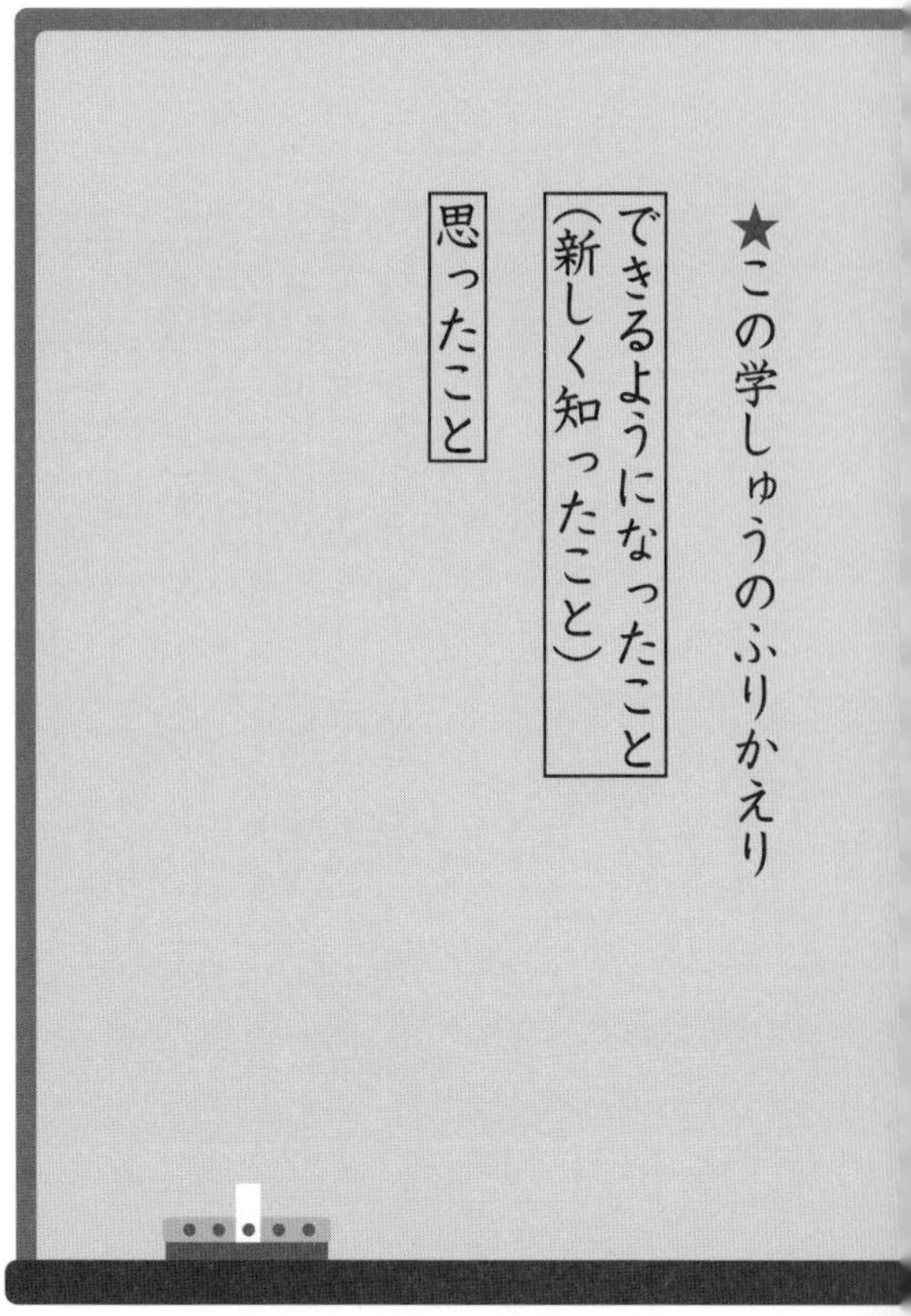

★この学しゅうのふりかえり
できるようになったこと（新しく知ったこと）
思ったこと

[本時展開のポイント]

おすすめの昔話や民話を子供たちが自信をもって紹介できるよう、発表の前に発表練習の時間を確保することや聞き手に聞き方を事前指導することが大切となる。単元学習が終わった後も、お互いの紹介した本を交換して読み合ったり、教室内におすすめの本と紹介文をセットで飾っておいたりすることで単元の学習への達成感や世界の物語への関心を高める。

[個への配慮]

ア紹介の順番を配慮する

イメージの湧かない活動に取り組むことが困難な場合は、発表の見通しがもてるよう、友達の発表を聞いた後に発表できるよう順番の配慮をする。

イ廊下側、窓側に移動するよう声をかける

隣のグループの発表者の声が気になってしまう場合は、自分のグループの発表者の声に集中できるよう、窓側や廊下側の位置にイスを移動するよう声かけする。

3

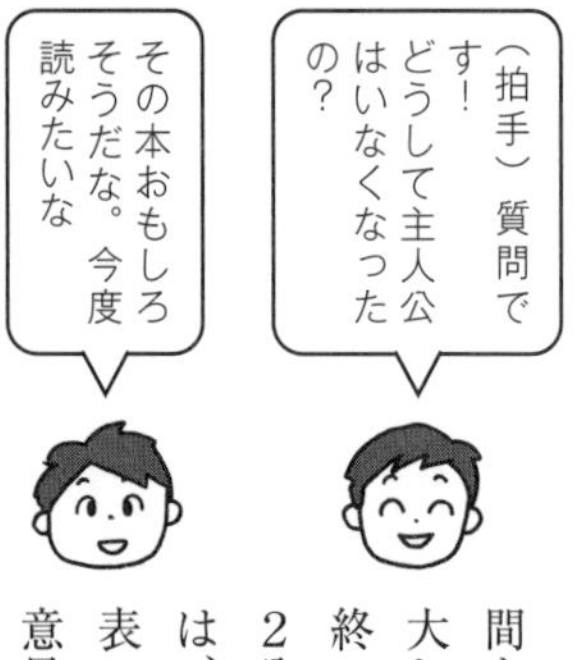

（拍手）質問です！どうして主人公はいなくなったの？
その本おもしろそうだな。今度読みたいな

間をタイマーで計り、拡大して掲示する。発表が終わったグループには、2分間の終了の合図までは、紹介された本や、発表のよいところについて意見を交流する。終了の合図で次の子供の発表を始めるよう指示する。

自分のおすすめの昔話や民話の紹介文を書く

机とイスをもとに戻します。この単元の学習でできるようになったことをノートに書こう

書く手順を考えながら書くことができた
○○くんの本を貸してほしいな

机やイスを安全に元の位置に戻した後、発表の感想を全体で聞き、単元の学習のまとめとしてできるようになったことや考えたことをノートに書かせる。学習後も、友達が紹介した本で興味のある本は友達に声をかけ貸し合ってよいことを伝えるなど単元学習後も読書活動を充実させていく。

準備物
・教室の図 3-44
・発表の順番 3-45
・手順シート 3-46

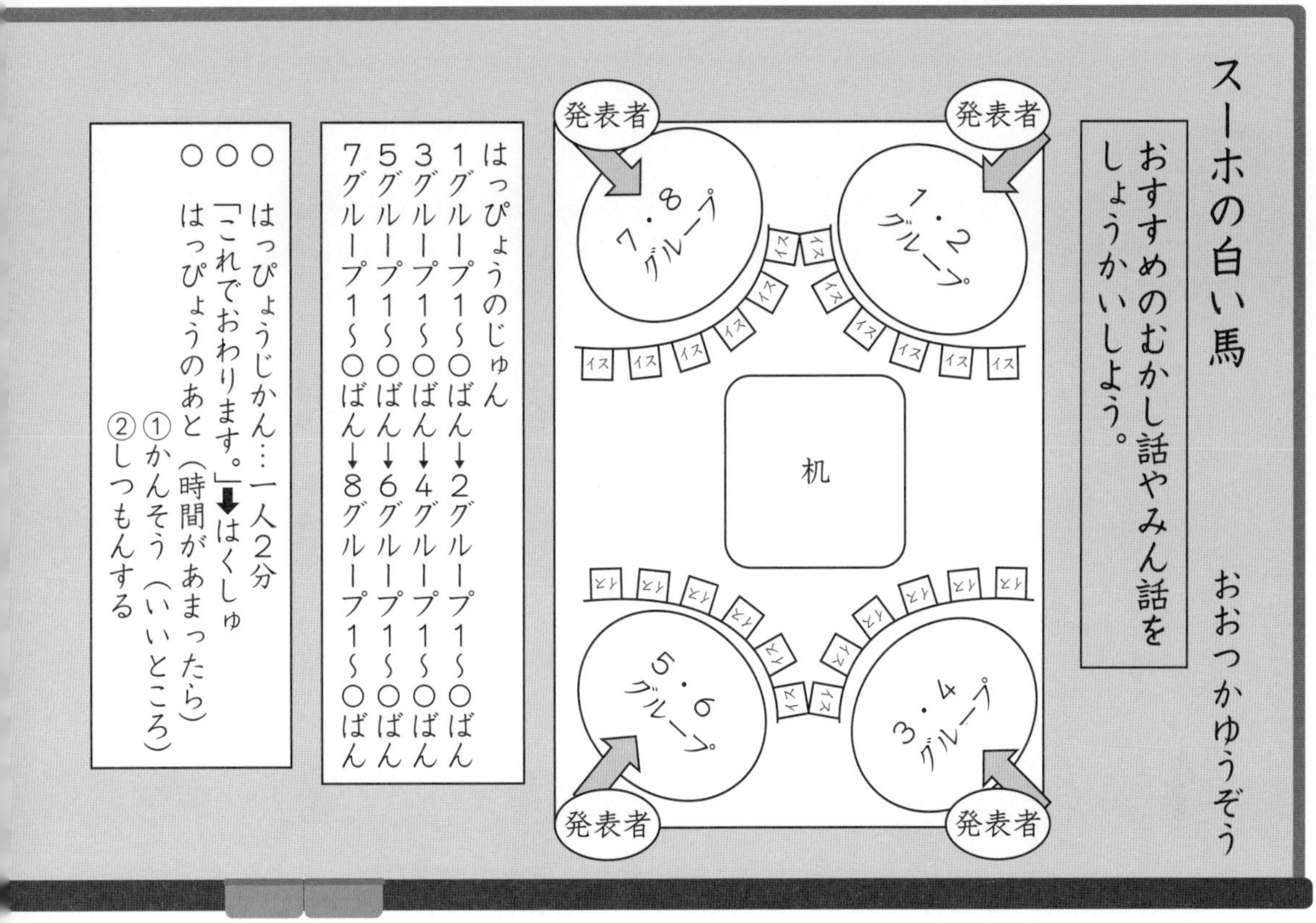

スーホの白い馬
おおつかゆうぞう
おすすめのむかし話やみん話をしょうかいしよう。
発表者
発表者
発表者
発表者
1・2グループ
3・4グループ
5・6グループ
7・8グループ
イス
机
はっぴょうのじゅん
1グループ1～○ばん→2グループ1～○ばん
3グループ1～○ばん→4グループ1～○ばん
5グループ1～○ばん→6グループ1～○ばん
7グループ1～○ばん→8グループ1～○ばん
○はっぴょうじかん…一人2分
○「これでおわります。」⬇はくしゅ
○はっぴょうのあと（時間があまったら）
①かんそう（いいところ）
②しつもんする

1 音読発表会の手順と発表の順番を確認し、机イスを移動する

本の紹介の仕方と手順を確認するよ

自席で一度声に出して紹介の練習をするよう指示する。その後黒板に図や手順表を提示し、発表の手順と順番を確認する。発表は2グループごとに教室の四隅から中央に向かって行う。若い番号のグループの1番から発表を始め、終了したら発表者に拍手するなど、どのように行動すればよいかイメージをもたせる。

配慮アイ

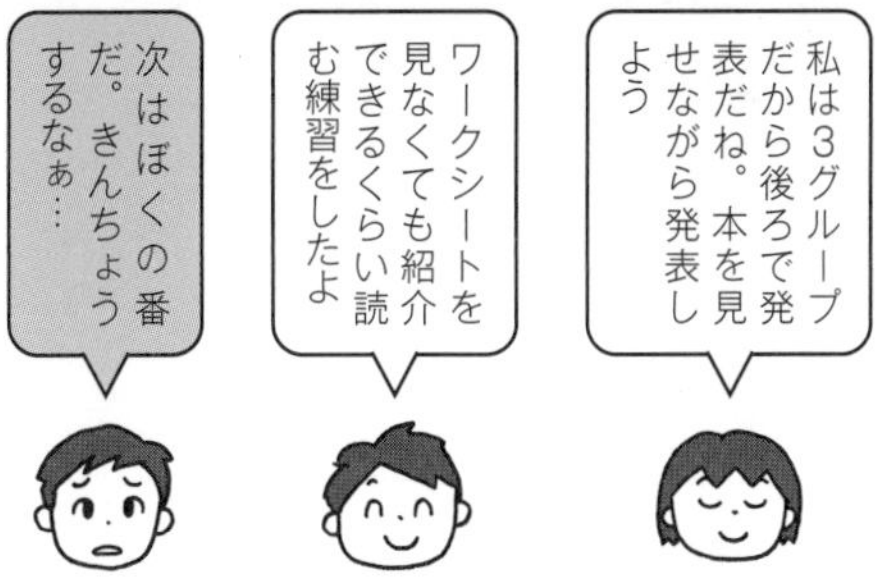

私は3グループだから後ろで発表だね。本を見せながら発表しよう
ワークシートを見なくても紹介できるくらい読む練習をしたよ
次はぼくの番だ。きんちょうするなぁ…

2 グループで本の紹介を行う

まずは一番の人から発表です。発表が終わったら発表した友達に拍手しよう。二分の持ち時間がなくなるまで感想や質問をして、いろいろな本の見どころを知ろうね

子供たちに発表時間の目安がわかるよう、2分

「たんぽぽのちえ」の授業デザイン

（光村図書２年上）

教材観

　子供にとって身近な植物である〈たんぽぽ〉を題材として取り上げ、新しい仲間を増やすためのちえが紹介されている。これまでの経験で見たことのある〈たんぽぽ〉の様子であるが、それには理由があったのかという驚きと発見が得られる教材である。

　時間的な順序に沿って四つのちえが事例として挙げられ、加えて理由が述べられている。三部構成における「中」では、事実（様子）と意見（理由）で意味段落が構成され、文章構成が捉えやすくなっている。時間的な順序を捉えながら読むことのよさを実感しやすい教材と言える。

終わり	中								初め
まとめ	知恵Ⅳ		知恵Ⅲ		知恵Ⅱ		知恵Ⅰ		話題
10	9	8	7	6	5	4	3	2	1
いろいろな知恵を働かせて、新しい仲間を増やす	湿り気が多い日や雨の日（時間）わた毛をすぼめる（様子）	よく晴れて、風のある日（時間）わた毛を広げる（様子）	種を遠くに飛ばす（理由）	軸がまた起き上がる（様子）このころになると（時間）	種をふわふわと飛ばす（理由）	やがて（時間）白いわた毛ができる（様子）	種にたくさん栄養を送り、種をどんどん太らせる（理由）	二、三日たつと（時間）軸が地面に倒れる（様子）	話題の提示

対比

身に付けさせたい力

・時間的な事柄の順序など情報と情報の関係について捉えながら読む力
・段落相互の関係を考えながら、内容の大体を捉える力

授業づくりの工夫

焦点化

○単元を通して、言葉から時間的な順序を捉え、事実（様子）と意見（理由）の文を見分けながら読む力を身に付ける。
○「Which 型課題」や「しかけ」によって学習内容が焦点化された学習活動を設定する。

視覚化

○順序を表す言葉（接続語）や理由の文末表現などに気付くことができるよう、センテンスカードで文章の構造を可視化する。
○説明内容と挿絵の対応が見えるように、挿絵を指し示しながら音読が行えるようにする。

共有化

○「Which 型課題」に対する子供の立場や考えを、整理分類しながら全体で共有する。
○重要な考えは、ペアで再現させたり、自分の言葉で再構築させたりするなど、繰り返し取り上げることで共有を図る。

✓ 単元目標・評価規準

目標　順序を表す言葉（接続語）に着目しながら読み、事実（様子）と意見（理由）について説明されている内容の大体を捉えることができる。

知識・技能
○事柄の順序など情報と情報との関係について理解している。　(2)ア

思考力・判断力・表現力等
○時間的な順序などを考えながら、内容の大体を捉えて読んでいる。　C(1)ア

主体的に学習に取り組む態度
○説明の工夫を叙述から進んで捉え、自らの文章に生かそうとしている。

✓ 単元計画（全10時間）

次	時	学習活動	指導上の留意点
一	1	**どんな順番で書かれているのかな？** ○全文を通読し、内容の大体をつかむ	・「黄色い花」や「わた毛」など複数の様子を写真で提示し、読みの構えをつくらせる。
	2	○時間を表す言葉に着目して読む	・背の順番、好きな順番など、物事には順序があるということを確認しながら、本文がどのような順序で書かれているかを考えさせる。
	3	○たんぽぽの「ちえ」はいくつ紹介されているか考えながら読む	・音読で内容の大体を捉えさせ、紹介されている「ちえ」の数を予想させる。まとめの段落に着目させ、複数個あることに気付かせる。
二	1	**たんぽぽのちえは、いくつ紹介されているかな？** ○一つ目の「ちえ」について検討する（2～3段落）	・挿絵と本文を対応させたり、動作化したりすることを通して、たんぽぽの様子とその理由が書かれていることに気付かせる。
	2	○二つ目の「ちえ」について検討する（4～5段落）	・文末表現に着目させ、様子の文では「～ます。」となっており、理由の文では「～のです。」であることに気付かせる。
	3	○三つ目の「ちえ」について検討する（6～7段落）	・「なぜ～のでしょう。」という問いと、「～からです。」という答え（理由）の関係に着目し、理由の表し方について理解させる。
	4	○四つ目の「ちえ」について検討する（8～9段落）	・理由の文の位置や「でも」という接続語に着目させながら⑧と⑨段落の対比関係に気付かせる。
	5	○四つの「ちえ」を踏まえて、文章全体の構造を把握する。	・「初め・中・終わり」の三部構成を図解しながら確認することで、文章全体の構造や段落相互の関係を捉え直させる。
三	1	**一番「かしこい」と思った、たんぽぽのちえは？** ○モデル文を検討し、紹介文の書き方を理解する	・選択肢として三つのモデル文を示し、「一番分かりやすいのは？」と問うことで、紹介文に必要な内容について検討させる。
	2	○紹介文を書き、友達と交流することを通して、書き方のよさを見付ける	・交流場面では、友達の作品のよいところを見付けるために、子供同士が肯定的な雰囲気で共有し合えるようにする。

教材分析

ウ　順序を表す言葉（接続語）

「春になると」から始まり、「二、三日たつと」、「やがて」などの順序を表す言葉（接続語）が用いられて、たんぽぽの生長の様子が述べられている。これらの言葉を捉えながら読むことで的確に説明内容をつかむことができるだろう。

エ　理由の文・理由の文末表現

最も分かりやすいのは、7段落にあるように「なぜ～でしょう。」という問いに対して、「……からです。」と、理由が示されている。また、他の段落では、「～のです。」という文末表現で理由が示されている。

オ　まとめ

「このように」というまとめの接続語が用いられ、文章全体がまとめられている。「中」で述べられた四つの〈ちえ〉が「いろいろなちえ」としてまとめられ、それらの理由が仲間を増やすためであると述べられている。

中				終わり
たんぽぽのちえ(3)		たんぽぽのちえ(4)		まとめ
様子	理由	様子	理由	

⑥ウ この ころに なると、それまで たおれて いた 花の じくが、また おき上がります。そうして、せのびを するように、ぐんぐん のびて いきます。

⑦エ なぜ、こんな ことを するのでしょう。それは、せいを 高く する ほうが、わた毛に 風が よく あたって、たねを とおくまで とばす ことが できるからです。

⑧ウ よく 晴れて、風の ある 日には、わた毛の らっかさんは、いっぱいに ひらいて、とおくまで とんで いきます。

⑨ でも、ウしめり気の 多い 日や、雨ふりの 日には、わた毛の らっかさんは、すぼんで しまいます。それは、わた毛が しめって、おもく なると、たねを とおくまで とばす ことが できないからです。

⑩オ このように、たんぽぽは、いろいろな ちえを はたらかせて います。そうして、あちらこちらに たねを ちらして、あたらしい なかまを ふやして いくのです。

時間的な順序

■第一次・第3時

「ちえはいくつあるかな？」（Which型課題）

本文で紹介されている知恵はいくつあるかについて考えさせる。その際、まとめの段落に着目させることで「いろいろ」な知恵が紹介されていることに気付かせる。（イ、オ）

■第二次・第1～4時

「〇つ目のちえはどこにあるかな？」（Which型課題）

第一次での「ちえはいくつか？」の学習課題を受けて、詳細に本文を読み進める段階である。

段落番号を選択肢として選ばせることで知恵がどこに書かれているか考えさせたい。その際、動作化や文末表現へ着目させることを通して、段落相互の関係に気付かせる。

本文の中では、二つの段落を通して、たんぽぽの様子と理由が書かれて知恵が紹介されていることを理解させる。（エ）

◆教材分析のポイントその①「文末表現」

時間的な順序でたんぽぽの生長する様子が書かれており、理由と併せて仲間を増やすための「ちえ」が述べられている。時間を表す言葉や理由を表す文末表現などに着目しながら読む力を身に付けることに適した教材である。

◆教材分析のポイントその②「『なぜ』との対応」

たんぽぽの様子や理由が表されている段落の役割を捉える場面では、その文意を理解することに困難な状況も想定できる。したがって、文末表現だけでなく、文の主語や「なぜ～？」という問いの文との対応を確認するなど、複数の観点から教材を捉えておくことが大切である。

指導内容

ア 題名

「たんぽぽのちえ」。たんぽぽを擬人化して表された題名により読者を惹きつけている。

イ 三部構成（初め・中・終わり）

「初め」が第[1]段落、「中」が第[2]から第[9]段落、そして「終わり」が第[10]段落という三部構成になっている。「初め」で話題提示をして、「中」では、たんぽぽのちえの具体が様子と理由が併せて説明されている。「終わり」では、「このように」という接続語が用いられ、本文全体がまとめられている。

また、「中」の部分は、四つの意味段落によって構成されている（[2]と[3]段落、[4]と[5]段落、[6]と[7]段落、[8]と[9]段落）。それぞれ、たんぽぽの様子と理由を合わせて説明している。

■初め■ 話題

たんぽぽのちえ(1)　様子　理由

たんぽぽのちえ(2)　様子　理由

たんぽぽの　ちえ[ア]　　うえむら　としお

①[ウ]春に　なると、たんぽぽの　黄色い　きれいな花が　さきます。

②[ウ]二、三日　たつと、その　花は　しぼんで、だんだん　黒っぽい　色に　かわって　いきます。そうして、たんぽぽの　花の　じくは、ぐったりと　じめんに　たおれて　しまいます。

③けれども、たんぽぽは、かれて　しまったのでは　ありません。花と　じくを　しずかに　休ませて、たねに、たくさんの　えいようを　おくって　いるのです。こうして、たんぽぽは、たねを　どんどん　太らせるのです。

④[ウ]やがて、花は　すっかり　かれて、その　あとに、白い　わた毛が　できて　きます。

⑤この　わた毛の　一つ一つは、ひろがると、ちょうど　らっかさんのように　なります。たんぽぽは、この　わた毛に　ついて　いる　たねを、ふわふわと　とばすのです。

指導のポイント

■第一次・第1時

「なりきり読み、ぼく読み」（考える音読）

たんぽぽになりきって動作をしながら音読したり、「たんぽぽ」を「ぼく」に変えて一人称で読んだりするなど、考える音読を通して説明内容を体感的に楽しく理解させる。（ア）

■第一次・第2時

「挿絵の正しい順序は？」（しかけ「順序を変える」）

バラバラに並べられた挿絵を正しい順序に並べ替える活動を通して順序に着目させる。その上で、どのような順序で説明されているかを考えさせ、順序を表す言葉を意識しながら読ませる。（ウ）

本時の展開　第一次　第1時

目標 教師の範読や音読の練習を通して、説明内容の大体をつかみ、初発の感想（一番印象に残ったたんぽぽ）をノートに書くことができる。

[本時展開のポイント]

子供のたんぽぽに関する既有知識を掘り起こしながら「読みの構え」をつくり、本文を読むことへの興味・関心を引き出す。

[個への配慮]

ア写真を見せる時間を示す

全体に提示物を示しても注目できない子がいる場合は、活動への参加を促すために、写真を一瞬だけ見せた後に、子供の「もっと見たい」を引き出してから、注視しておけばよい箇所と時間を明確に示す。

イ挿絵と本文の対応をクイズにする

説明内容を自分なりに再話することが困難な場合は、本文で様々なたんぽぽの様子が紹介されていたことを捉えさせるために、「先生が音読する文はどのたんぽぽかな？」とクイズにして問いかける。ペアでの活動にすることもできる。

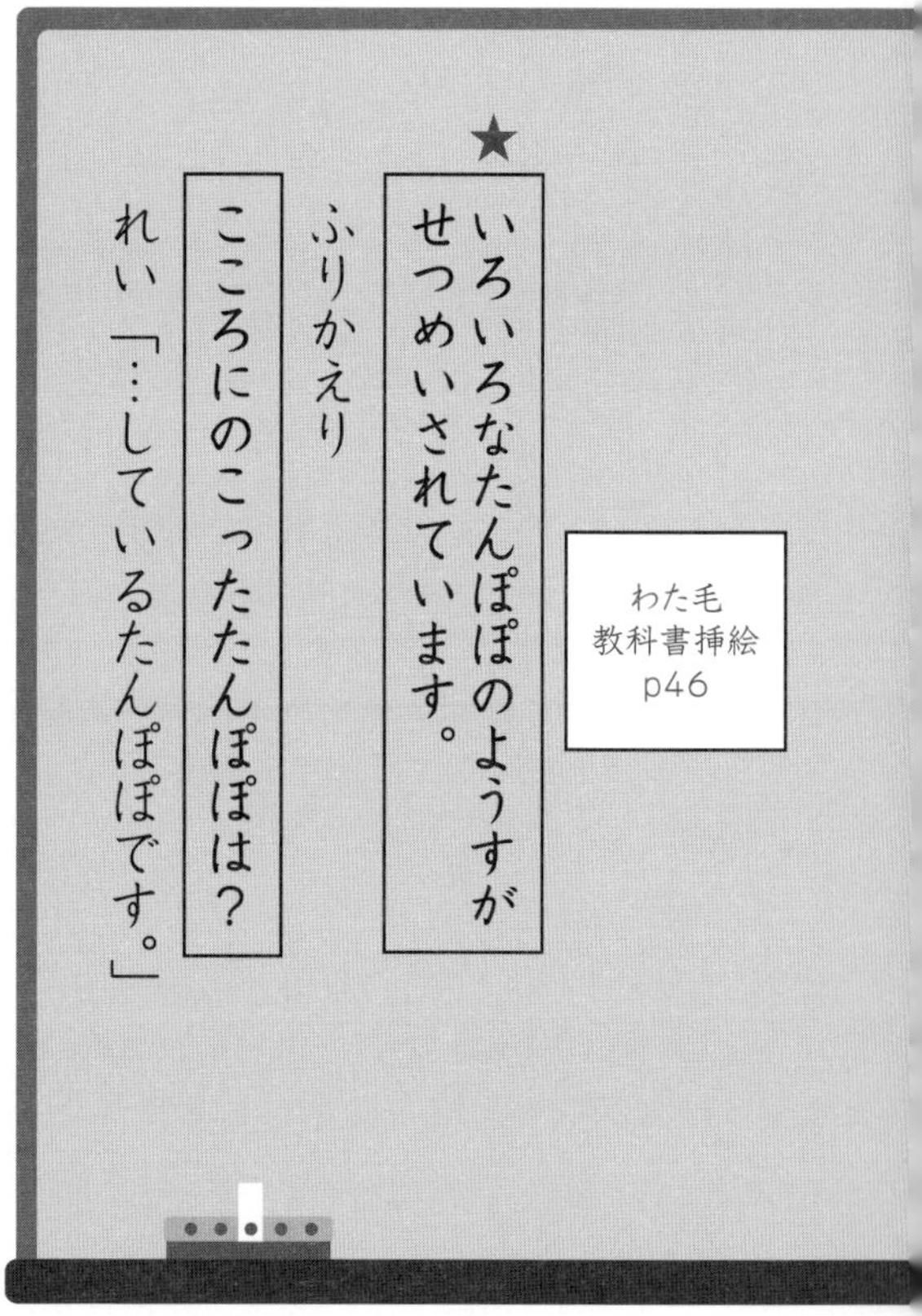

★
いろいろなたんぽぽのようすがせつめいされています。
わた毛
教科書挿絵
p46
ふりかえり
こころにのこったたんぽぽは？
れい「…しているたんぽぽです。」

3 説明内容を自分の言葉で話す

どのたんぽぽが出てきたかな？

いろいろなたんぽぽが出てきたよ！
えー、三つとも説明されていたよ
うまく説明できないな～

考える音読

内容を捉えさせるために、楽しく音読できる方法で練習をさせる。

その上で、「どのたんぽぽが紹介されていたかな？」と問うことで、説明内容を再話する状況をつくる。子供の発言は吹き出しなどで板書する。

配慮イ

4 まとめ・振り返り

一番心に残ったたんぽぽは、どれ？

ふわふわ飛ぶから、わた毛のたんぽぽがいいな
軸が倒れているたんぽぽには、驚いたよ

ここまでの学習をまとめ、板書する。

紹介されている「たんぽぽ」の中で、一番心に残っているものを選ばせる。選んだ内容をペアで交流した後に、ノートに書かせる。

準備物
・たんぽぽの拡大写真（3 種類）※電子黒板に映すことができればピンチアウトできる
・挿絵カード（デジタル教科書で印刷可能）

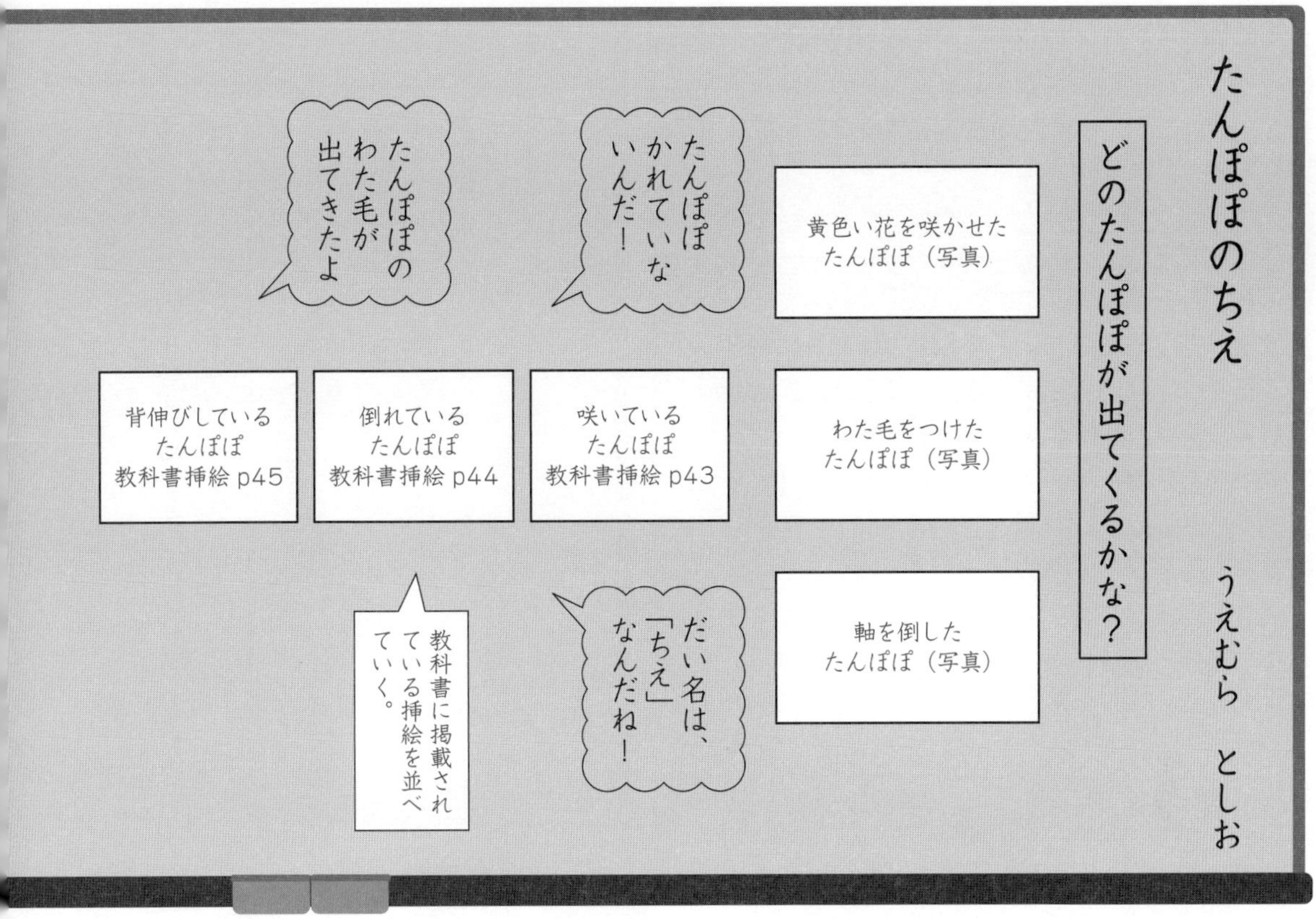
たんぽぽのちえ
うえむら　としお
どのたんぽぽが出てくるかな？
黄色い花を咲かせたたんぽぽ（写真）
わた毛をつけたたんぽぽ（写真）
軸を倒したたんぽぽ（写真）
たんぽぽかれていないんだ！
だい名は、「ちえ」なんだね！
たんぽぽのわた毛が出てきたよ
咲いているたんぽぽ 教科書挿絵 p43
倒れているたんぽぽ 教科書挿絵 p44
背伸びしているたんぽぽ 教科書挿絵 p45
教科書に掲載されている挿絵を並べていく。

1 たんぽぽの既有知識を引き出す

これなあに？（写真クイズ）

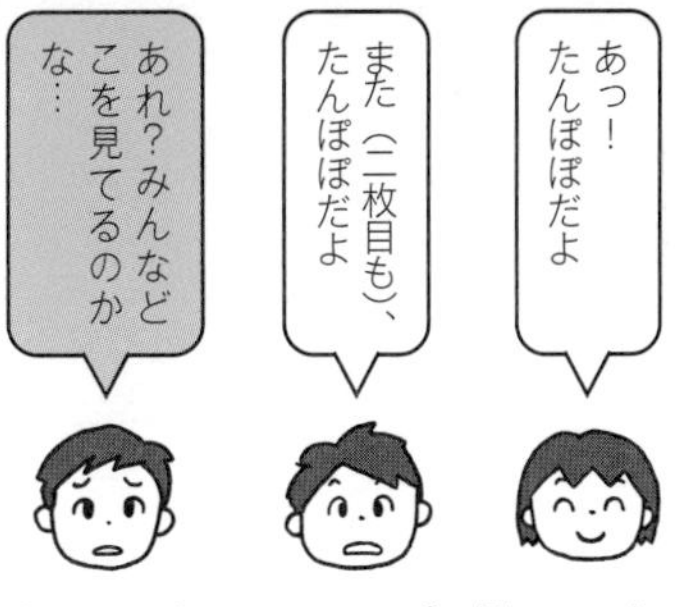
あっ！たんぽぽだよ
また（二枚目も）、たんぽぽだよ
あれ？みんなどこを見てるのかな…

しかけ（限定する）

写真の一部を限定して見せて、何の写真かクイズのように問う。

三枚の写真が、どうして見た目が違うのか聞きながら、子供のたんぽぽに関する知識と興味を引き出す。配慮ア

2 説明内容の大体をつかむ

どのたんぽぽが出てくるかな？

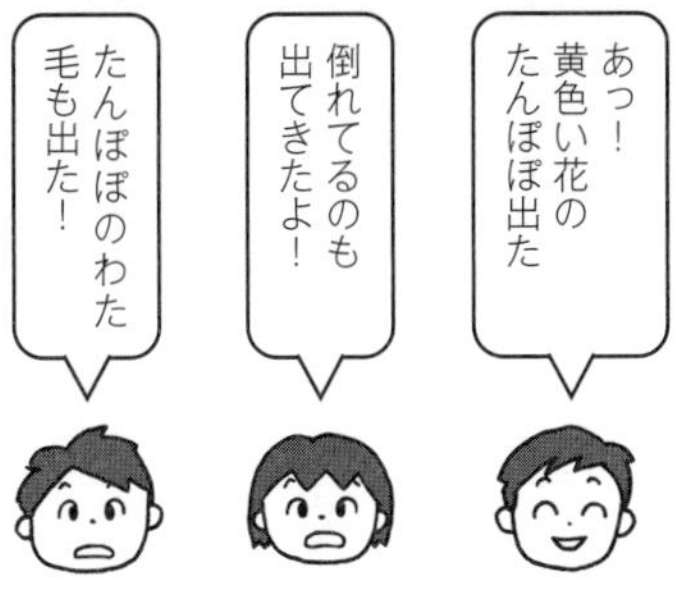
あっ！黄色い花のたんぽぽ出た
倒れてるのも出てきたよ！
たんぽぽのわた毛も出た！

Which型課題

活動1で確認した三種類のたんぽぽのうち、どのたんぽぽが文章に出てくるか考えさせながら教師の範読を聞かせる。

その際、本文で説明されている箇所に自分で線を引かせるなど、内容を聞く視点をもたせるとよい。

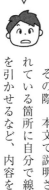

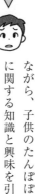

本時の展開　第一次　第2時

目標　挿絵を並べ替える活動を通して、時間的な順序でたんぽぽの様子が書かれていることを理解し、ノートにまとめたり友達に説明したりすることができる。

［ 本時展開のポイント ］

本説明文が時間的な順序で説明されていることに気付かせるために、問題意識の醸成場面から順序に着目させたい。

［ 個への配慮 ］

㋐活動のルールを明確にする

説明内容の把握が十分でなく、挿絵を並び替える活動が難しい場合は、内容を確認しながら活動に参加できるように、教科書を見たり、友達と相談したりしてもよいなど活動のルールを全体で確認して自分で活動を調整できるようにする。

㋑言葉を限定して提示する

言葉（時間を表す言葉）への着目が困難な場合は、新たに語彙を獲得させたり着目の仕方を体験させたりするために、時間を表す言葉を提示した上で、本文の中から探す活動にする。その際、段落の初めにあることに気付かせたい。

★
「たんぽぽのちえ」は、
・・・じゅんばんで書かれています。
（教科書の）〜を見たよ。

ふりかえり
・わかったこと
・もっとしりたいこと

3 事例の順序性に着目する

筆者が紹介した順番は？

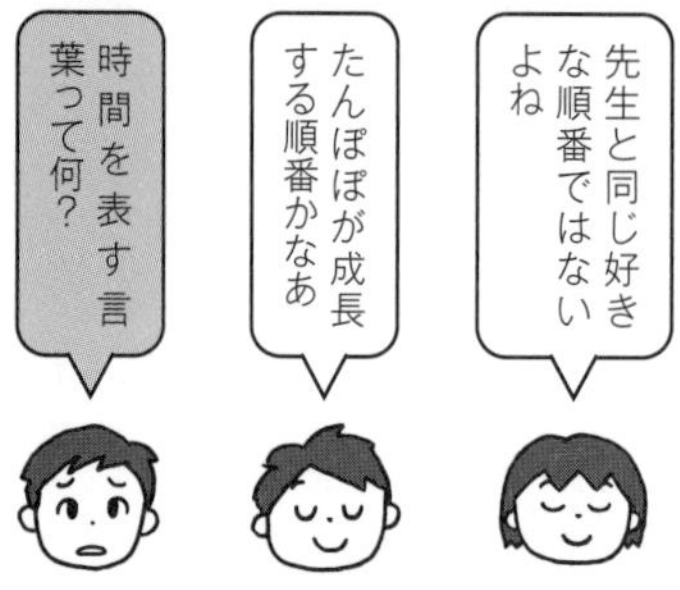

先生と同じ好きな順番ではないよね
たんぽぽが成長する順番かなあ
時間を表す言葉って何？

考える音読

「先生は、好きな順番で紹介したけど、筆者も同じかな？」と、ゆさぶることで時間的な順序に着目させる。

その際、どの言葉に注目したら分かるか問いかけ、「時間を表す言葉」を取り上げるようにする。　配慮㋑

4 根拠を挙げて自分の言葉で説明する

どんな順番で書かれていたかな？

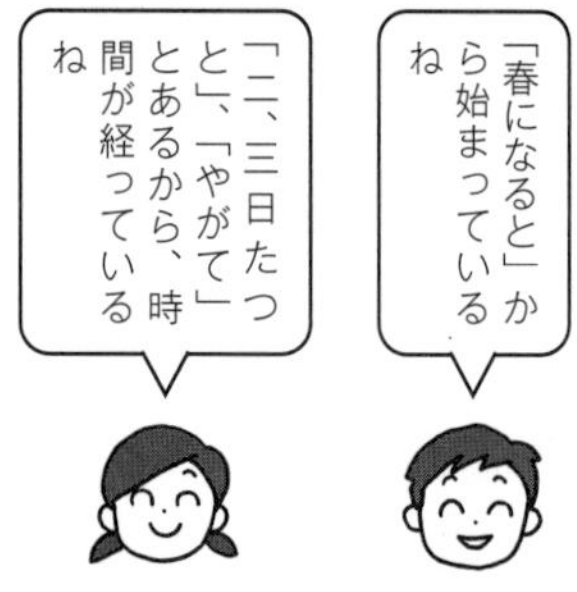

「春になると」から始まっているね
「二、三日たつと」、「やがて」とあるから、時間が経っているね

ここまでの学習をまとめ、板書する。子供からは、「成長する順序」や「仲間を増やす順序」などの意見が出ることがある。ここでは、その根拠として「時間を表す言葉」を捉えさせたい。

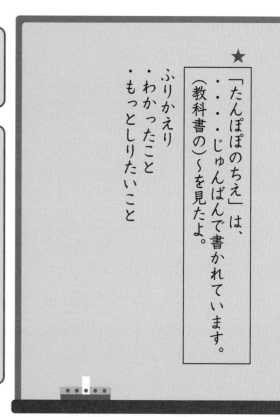

準備物
・挿絵（デジタル教科書で印刷可能）
・たんぽぽの様子が書かれたセンテンスカード 4-01、02、04、06、08
・全文掲示のプリント（教科書と選択して使わせる）

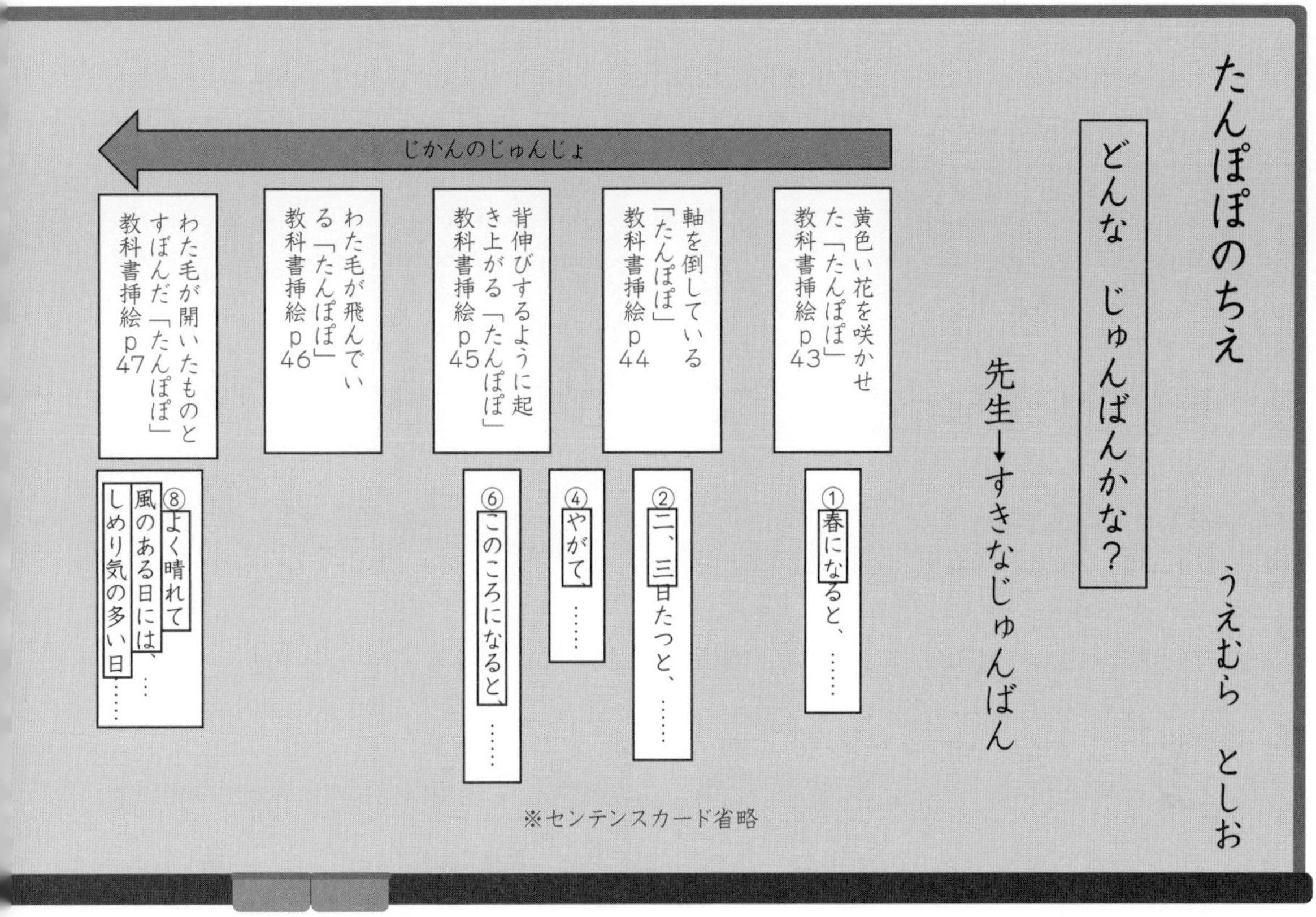
たんぽぽのちえ
うえむら　としお
どんな　じゅんばんかな？
先生→すきなじゅんばん
じかんのじゅんじょ
黄色い花を咲かせた「たんぽぽ」 教科書挿絵p43
軸を倒している「たんぽぽ」 教科書挿絵p44
背伸びするように起き上がる「たんぽぽ」 教科書挿絵p45
わた毛が飛んでいる「たんぽぽ」 教科書挿絵p46
わた毛が開いたものとすぼんだ「たんぽぽ」 教科書挿絵p47
①春になると、……
②二、三日たつと、……
④やがて、……
⑥このころになると、……
⑧よく晴れて 風のある日には、… しめり気の多い日……
※センテンスカード省略

1 物事の順序性に目を向ける

先生の好きなたんぽぽ1・2・3！

私は、わた毛たんぽぽが好きだから、先生も一緒かな
倒れているたんぽぽは、三位だと思うよ

しかけ（限定する）

授業の導入では教師が選んだ好きなたんぽぽベスト3を当てる活動を行う。あらかじめ、裏に順位を書いた挿絵カードを新たに準備しておく必要がある。

2 紹介されている順番を確認する

どの順番かな？

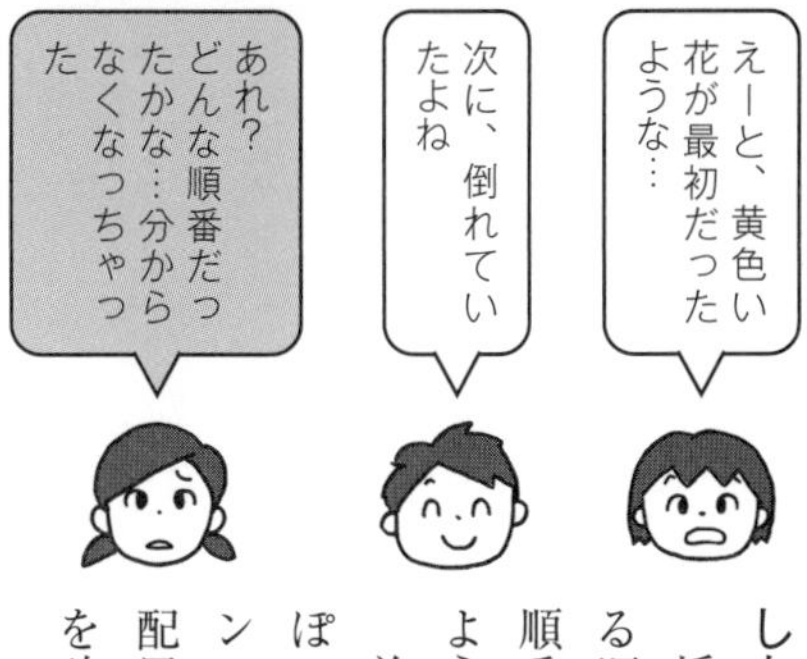
えーと、黄色い花が最初だったような…
次に、倒れていたよね
あれ？どんな順番だったかな…分からなくなっちゃった

しかけ（順序を変える）

挿絵を教科書とは異なる順番で提示し、正しい順番に並び替えたくなるように促す。

並び替えた後は、たんぽぽの様子が書かれたセンテンスカードを挿絵に配置させ、本文との対応を確認する。

配慮ア

本時の展開　第一次　第3時

目標　紹介されている「ちえ」の数について話し合うことを通して、⑩段落の役割（まとめ）に気付き、次時からの読みの学習課題としての見通すことができる。

本時展開のポイント

二次からの学習課題が子供たち自身の文脈となるよう、「ちえ」の数え方にズレがあることを取り上げる。

個への配慮

ア友達の考えの根拠を示す

「ちえ」の数え方が分からず困っている場合には、友達の考え方が共有できるように、「挿絵を見ながら考えた子がいるみたいだけど、その子は何個と予想したかな？」などと、友達の考えの根拠を示して、解釈を促す。

イ例文を示して語句の理解を促す

「いろいろ」という語句の働きが分からずに学習のまとめに至らない場合は、言葉の理解を促すために例文を示す。辞典などで調べさせるだけでなく、実際に言葉を使った例文を考えさせてみることも大切である。

（まとめのだんらく）
⑩このように、たんぽぽは、
いろいろなちえをはたらかせています。
そうして、あちらこちらにたねを
ちらして、あたらしいなかまを
ふやしていくのです。

★ちえは、いくつかある。
ふりかえり

ちえはいくつあるか？

（自分の考え）

3　まとめの段落に着目する（⑩段落）　配慮ア

「ちえ」は一つだったね？

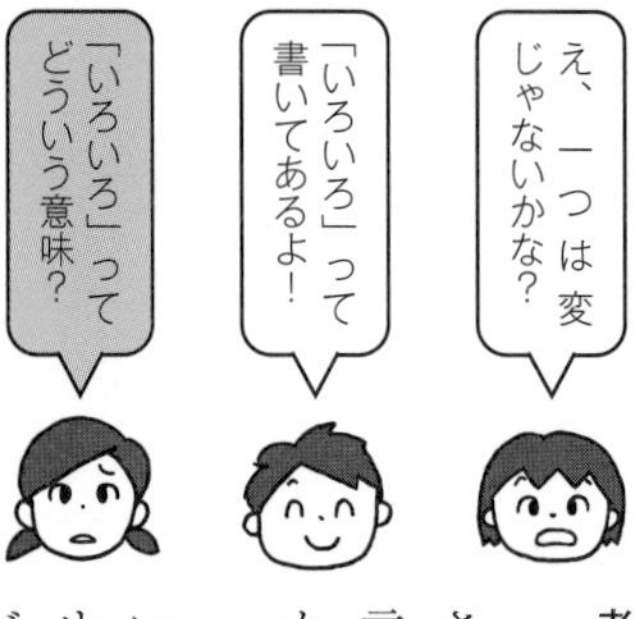

え、一つは変じゃないかな？
「いろいろ」って書いてあるよ！
「いろいろ」ってどういう意味？

考えをゆさぶる

⑩段落を取り上げてゆさぶる。（「ちえ」という言葉自体は本文に一度しか登場しない）

当該段落にある「いろいろな」の言葉に着目させ、紹介される「ちえ」が複数個あることを理解させる。　配慮イ

4　単元の学習課題をもつ

今の、自分の考えを書きましょう！

五個だと思ったよ。だって、挿絵を見ると…
六個！前に勉強した「時を表す言葉」から考えてみると…

課題に対する考えをノートに書かせる。

単元を通して、「読み方が正確だったと自信をつけたり、新しい読み方に気付けるといいね」と、学びの文脈をつくる。

準備物
- 挿絵カード（デジタル教科書）
- たんぽぽの様子が書かれたセンテンスカード 4-01、02、04、06、08、10
- ⑩段落の拡大掲示

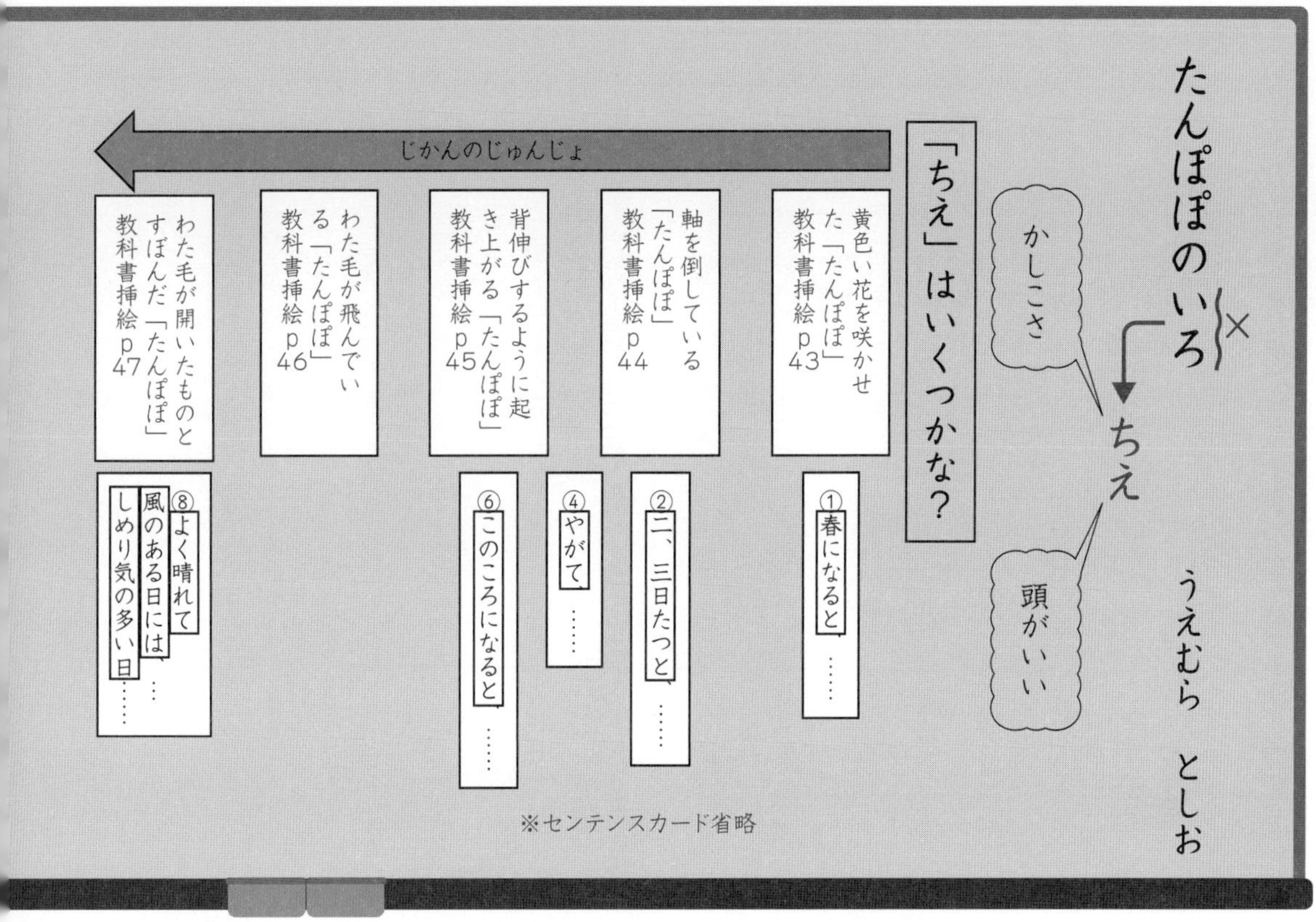

たんぽぽのいろ
×
ちえ
かしこさ
頭がいい
うえむら　としお
「ちえ」はいくつかな？
じかんのじゅんじょ
黄色い花を咲かせた「たんぽぽ」教科書挿絵p43
①春になると……
軸を倒している「たんぽぽ」教科書挿絵p44
②二、三日たつと……
④やがて……
背伸びするように起き上がる「たんぽぽ」教科書挿絵p45
⑥このころになると……
わた毛が飛んでいる「たんぽぽ」教科書挿絵p46
わた毛が開いたものとすぼんだ「たんぽぽ」教科書挿絵p47
⑧よく晴れて風のある日には……しめり気の多い日……
※センテンスカード省略

1

学習課題への誘い

たんぽぽのいろ!?

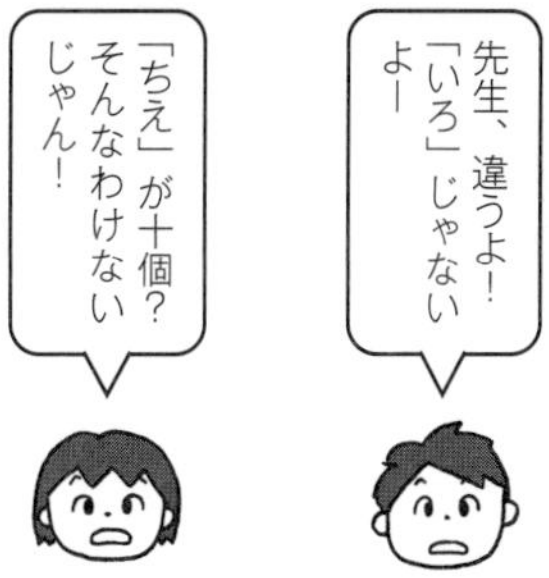

先生、違うよ！「いろ」じゃないよー
「ちえ」が十個？そんなわけないじゃん！

しかけ（置き換える）

題名を板書する際に意図的に「ちえ」を間違えて書き、本文が何について説明されているのかに着目させる。

「⑩段落あるから、『ちえ』も十個あるね」などとゆさぶり、学習課題へとつなげる。

2

「ちえ」の解釈を問う

（だったら）ちえはいくつかな？

挿絵の数から考えてみようかな？
時間を表す言葉から考えよう
どうやって数えたらいいのかな？

Which型学習課題

まずは個人で考えさせる。数名の意見を取り上げたところで、それを選択肢にして、全員に考えをもたせるようにする。

自分の考えをもてた子からノートに、予想した数とその理由を書かせる。

✓ 本時の展開 第二次 第1時

目標 一つ目のちえについて話し合うことを通して、「様子」と「理由（わけ）」が表される文に気付き、自分なりに見付けたちえを、ノートに書くことができる。

[本時展開のポイント]

①から③段落で「ちえ」が書かれているのはどこかを問うことで、段落相互の関係（様子と理由）に気付かせる。

[個への配慮]

㋐センテンスカードを1枚プリントで用意する

黒板と手元のノートを交互に見ることが難しい場合、挿絵と本文の言葉の対応を自分で見付けられるように、黒板に貼られたセンテンスカードを1枚のプリントにして用意する。

㋑問いの文を補って段落のつながりを示す

本時のまとめを理解することが困難な場合は、たんぽぽの様子と理由を表す段落の関係をつかむことができるよう、「なぜ、そうするの？」と、理由を問う文を補って読み、答えに当たる段落を探すように促す。さらに挿絵を指し示しながら説明活動を行うとよい。

★ちえは、「ようす」と「わけ」で書かれている。

ふりかえり
・一つ目のちえは？
・何だんらくに書かれている？

3 「様子」と「理由」について理解する

指差し（動作化）音読してみましょう

②段落は、たんぽぽになりきって動くことができるね

③段落は、「～のです。」とあるけど、わけを言っているみたいだね

考える音読

音読や動作化などを通して、①②段落が「様子」③段落が「理由」を表していることを確認する。

「理由」について理解を促す際は、指差し読みや動作化ができない文があることに気付かせたい。

4 一つ目の知恵を整理し、学習を振り返る

一つ目のちえが書かれているのは？

②段落と③段落は、別のことを説明しているのではなく、同じことを様子と理由で説明しているんだね

「様子」と「理由」って何？

ここまでの学習をまとめ、板書する。その上で改めて一つ目の知恵について考えさせ、内容を書き抜いたり、選んだ段落を書かせたりする。

また、①段落が「ちえ」にはならないことも確認したい。 配慮㋑

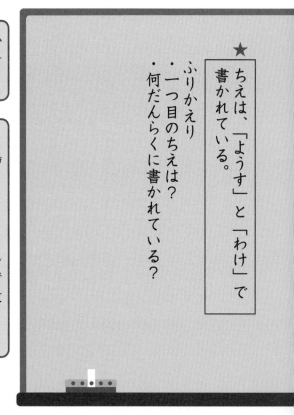

準備物
- ・センテンスカード 4-01～03
- ・たんぽぽの写真（デジタル教科書）
- ・全文提示の文章 1枚

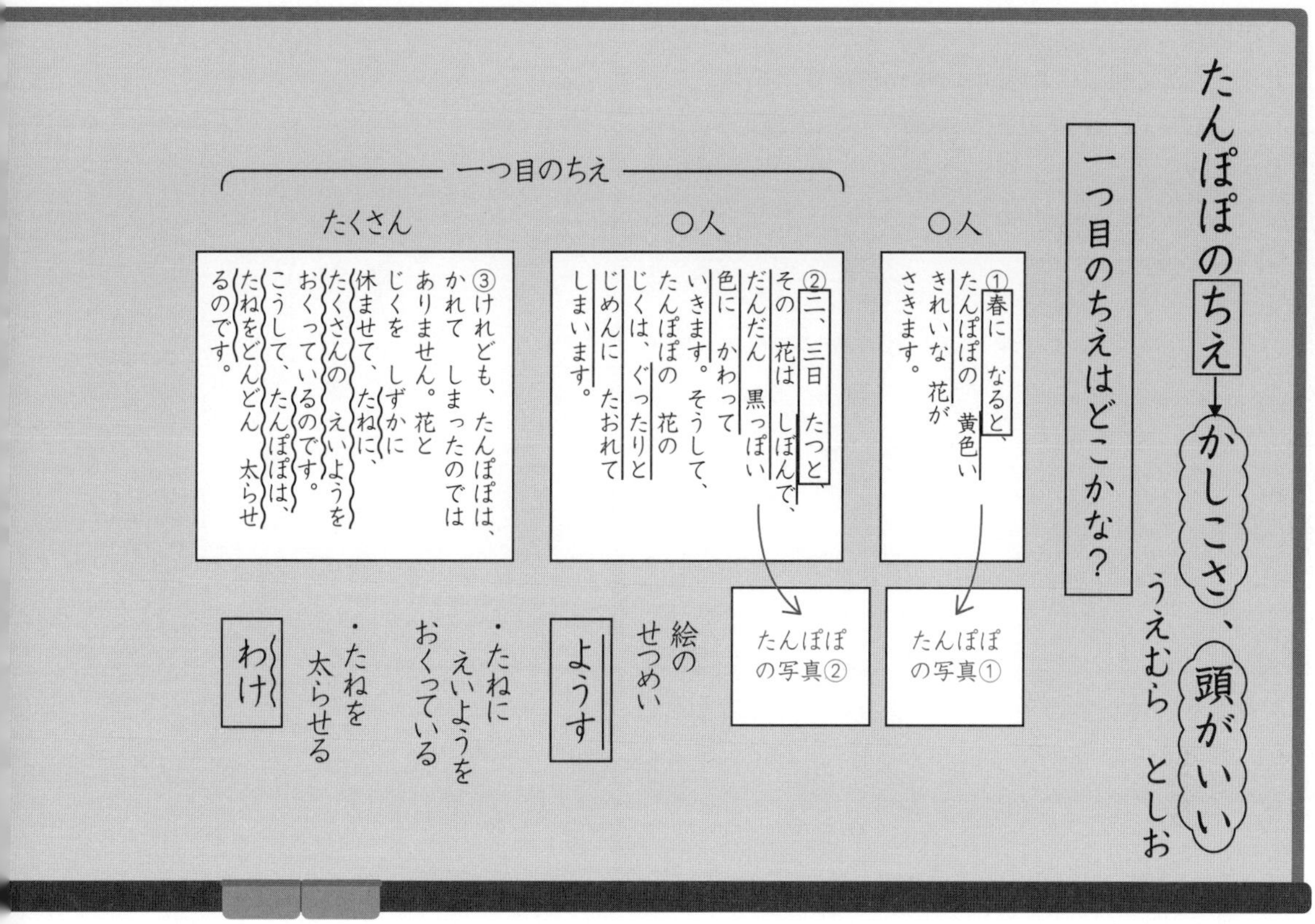

たんぽぽのちえ→かしこさ、頭がいい
うえむら としお
一つ目のちえはどこかな？
○人
①春に なると、たんぽぽの 黄色い きれいな 花が さきます。
たんぽぽの写真①
○人
②二、三日 たつと、その 花は しぼんで、だんだん 黒っぽい 色に かわって いきます。そうして、たんぽぽの 花の じくは、ぐったりと じめんに たおれて しまいます。
たんぽぽの写真②
絵の せつめい
ようす
・たねに えいようを おくっている
・たねを 太らせる
わけ
たくさん
③けれども、たんぽぽは、かれて しまったのでは ありません。花と じくを しずかに 休ませて、たねに、たくさんの えいようを おくって いるのです。こうして、たんぽぽは、たねを どんどん 太らせる のです。
一つ目のちえ

1 ①～③段落の内容を確認する

たんぽぽの絵は、どこに入るかな？

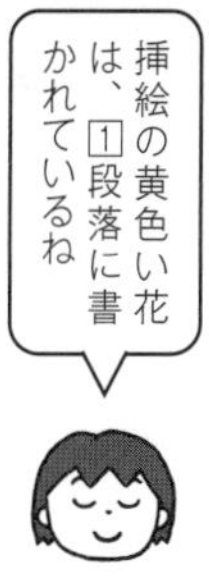

挿絵の黄色い花は、①段落に書かれているね

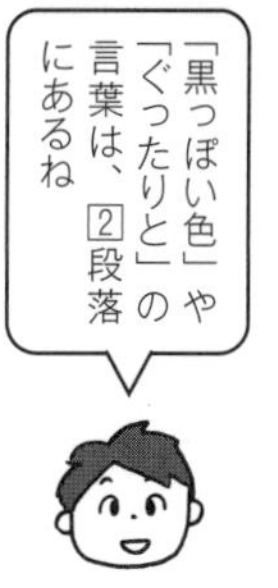

「黒っぽい色」や「ぐったりと」の言葉は、②段落にあるね

どこを読んだらいいの？

配置する（しかけ）

黒板に一枚ずつセンテンスカードを貼りながら音読する。その上で、挿絵がどの段落に当てはまるかを考えさせる。その際、たんぽぽの様子と対応する言葉を確認する。

配慮ア

2 学習課題について自分の考えをもつ

一つ目のちえが書かれているのは？

②段落は、挿絵のことを説明しているよ

私は、③段落を読んで「かしこいな」と、思ったよ。それって、ちえじゃないかな

Which型課題

①～③段落で、知恵としてふさわしいものを選ばせる。全員が選んだ後、ペア→全体の順で発表させ、着目した箇所や選んだ理由を確認する。

「『かしこいな』と思う所を探してみよう」という補助発問も考えられる。

本時の展開 第二次 第2時

目標 二つ目のちえについて話し合うことを通して、「様子」と「理由（わけ）」が表される文を確認し、見つけたちえを、自分なりにノートに書くことができる。

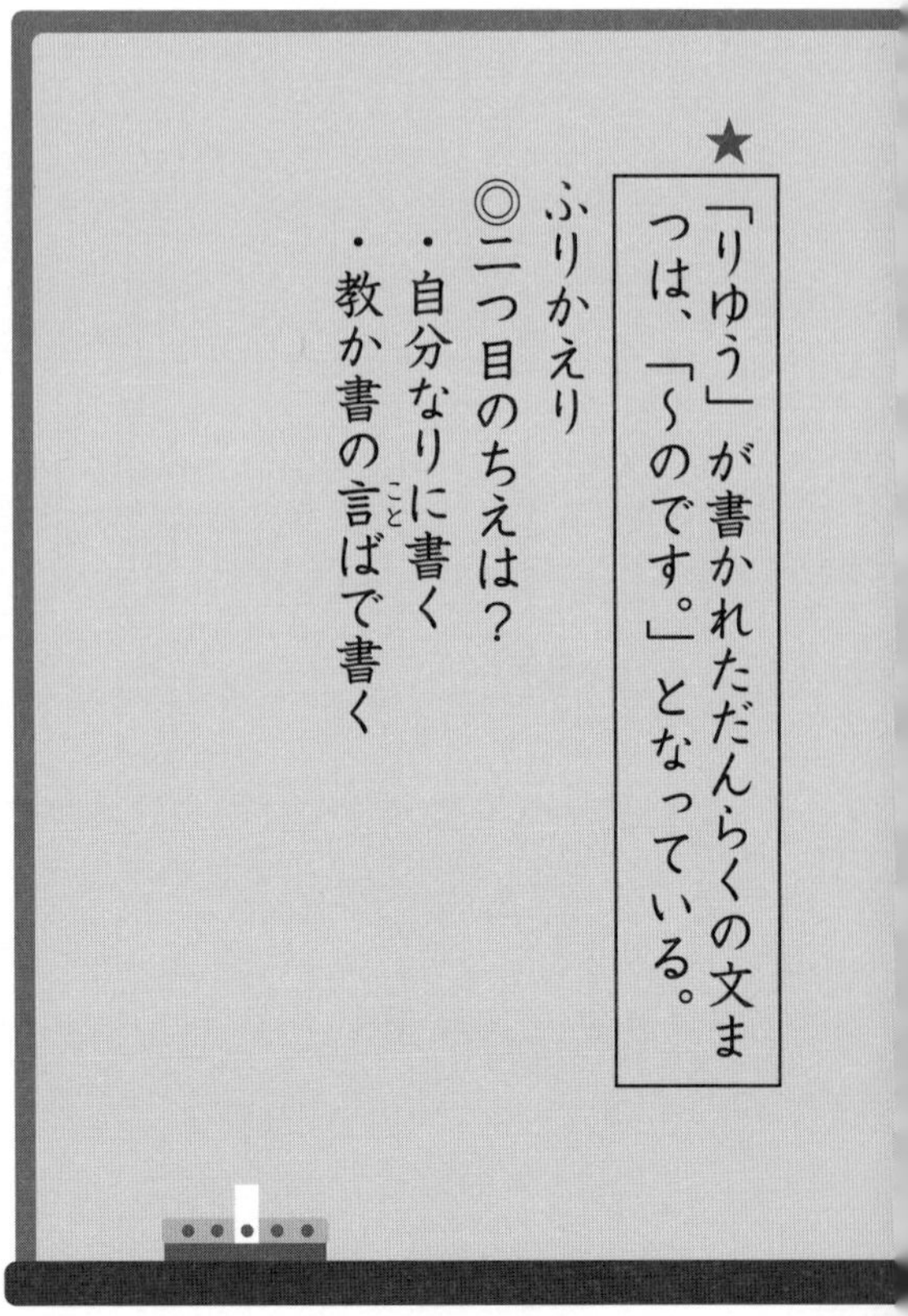

★「りゆう」が書かれただんらくの文まつは、「〜のです。」となっている。
ふりかえり
◎二つ目のちえは？
・自分なりに書く
・教か書の言《こと》ばで書く

[本時展開のポイント]

前時の学習を生かし、文末表現や挿絵と文の対応に着目しながら二つ目の知恵について考えることができるようにする。

[個への配慮]

㋐モデルを提示して活動のイメージをもたせる

音読に合わせて動作をすることに困難が予想される場合は、活動する前に動きのイメージがもてるように、「花が萎む」、「軸が倒れる」、「わた毛ができる」など単語を取り上げて、モデルとなる動きを共有しておく。

㋑身近な例文から理解を促す

理由を表す文意が捉えられない場合は、その理解を促すために、「先生は毎朝カレーを食べます。カレーが大好きなのです。」などのように、身近な例文を示して慣れさせる。また、自分で例文を作らせることも有効だと考えられる。

3 「様子」と「理由」について理解を深める

3段落のように〈わけ〉はないのかな？

確かに全部、動きを付けられる気がする

3段落にある〈わけ〉の文とくらべてみると…

〈わけ〉ってよく分からないなあ

考えをゆさぶる

4・5段落では、どの文も動作にして示すことができることから、見出しのように問うことで、様子しか書かれていないのではないかと、考えをゆさぶる。

その上で〈わけ〉を表す文を見付けさせる。その際、文末表現（〜のです。）に着目できるようにしたい。 配慮㋑

4 二つ目の知恵を整理し、学習を振り返る

二つ目のちえが書かれているのは？

前の段落までと同じく、様子と理由で書かれていたね

ここまでの学習をまとめ、板書する。その上で改めて二つ目の知恵について考えさせ、内容を書き抜いたり、選んだ段落を書かせたりする。

準備物
・センテンスカード 4-01～05
・挿絵（デジタル教科書で印刷可能）
・全文提示の文章　1枚

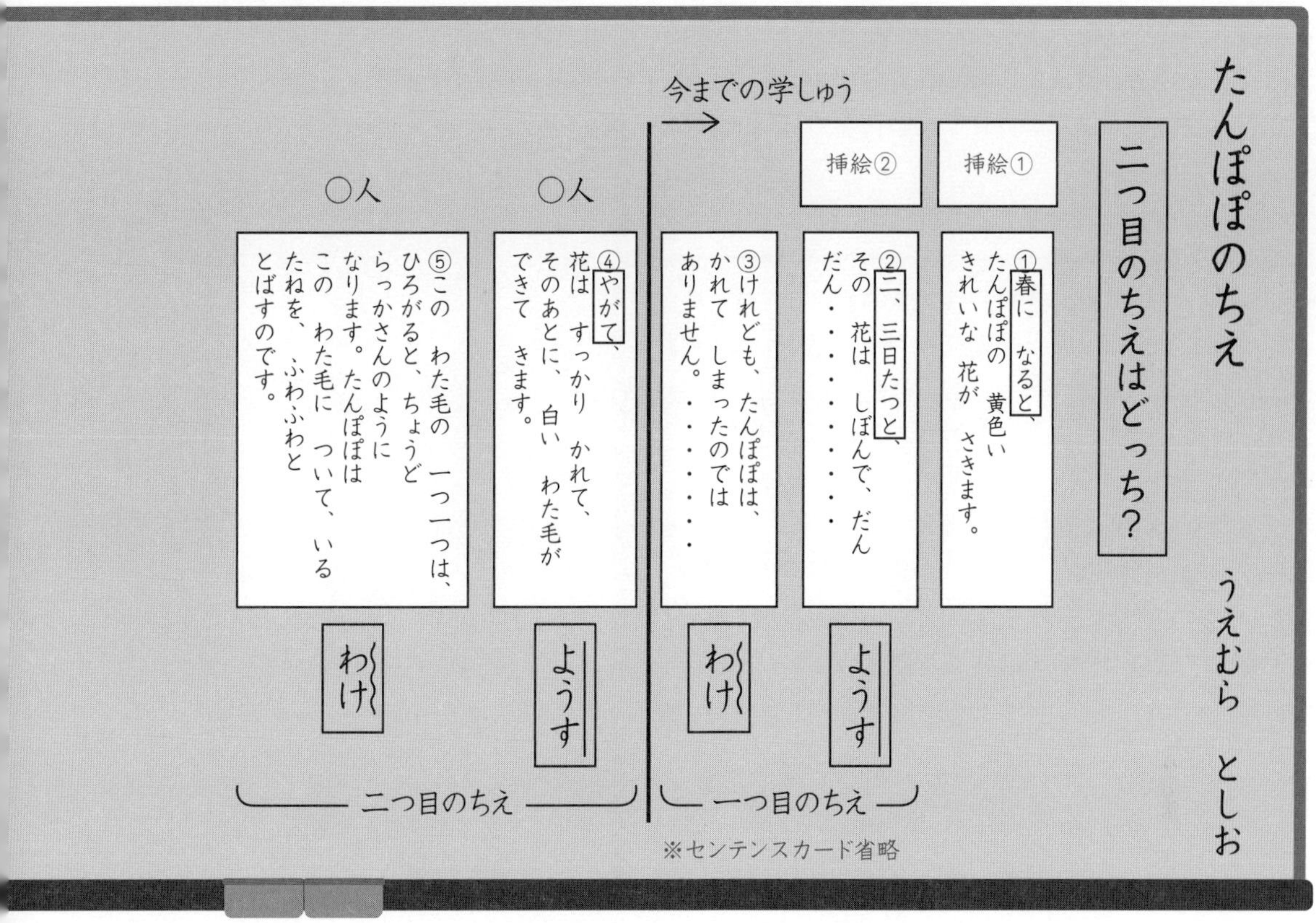
たんぽぽのちえ
うえむら　としお
二つ目のちえはどっち？
挿絵①
挿絵②
①春に なると、たんぽぽの 黄色い きれいな 花が さきます。
②二、三日たつと、その 花は しぼんで、だんだん・・・・・・・・・
③けれども、たんぽぽは、かれて しまったのでは ありません。・・・・・・・
今までの学しゅう
④やがて、花は すっかり かれて、そのあとに、白い わた毛が できて きます。
⑤この わた毛の 一つ一つは、ひろがると、ちょうど らっかさんのように なります。たんぽぽは この わた毛に ついて いる たねを、ふわふわと とばすのです。
〇人
〇人
ようす
わけ
ようす
わけ
一つ目のちえ
二つ目のちえ
※センテンスカード省略

1 1～5段落の内容を確認する

「たんぽぽ読み」をしよう！

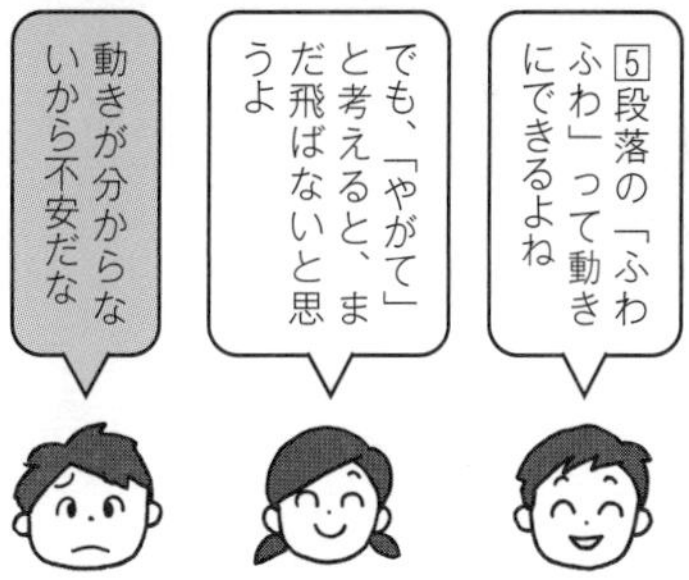
5段落の「ふわふわ」って動きにできるよね
でも、「やがて」と考えると、まだ飛ばないと思うよ
動きが分からないから不安だな

考える音読

黒板に貼ったセンテンスカードを基にたんぽぽになりきって動作化しながら音読させる。その際、動作がはっきりしていた文とそうでない文を、線を引くなどして分けて示すようにする。　配慮ア

2 学習課題について自分の考えをもつ

二つ目のちえが書かれているのは？

かしこいなあと思うのは、5段落のことかな
種を飛ばすことが、仲間を増やすことになるから、5段落のことは大事だね

Which型課題

前時の学習課題と同様、掲示した4、5段落から、知恵としてふさわしいと思うものを選ばせる。前時と同じ学習活動となるため、学習内容を想起して「4と5の両段落だ」という意見も想定される。

✓ 本時の展開 第二次 第3時

目標 三つ目のちえについて話し合うことを通して、「様子」と「理由（わけ）」が表される文を確認し、見つけたたんぽぽのちえを、ノートに書くことができる。

［ 本時展開のポイント ］

前時までの学習の流れと同様にしながらも、前段落までとの違いや類似点に着目させ、文章の理解を深めることができるようにする。

［ 個への配慮 ］

㋐「問い」と「答え」を役割音読する

理由を表す段落の文意を理解できない場合には、問いと答えの関係を理解できるように、「なぜ？」という問いの文と、その答えになる文を役割音読する。

㋑様子と理由の段落を分ける

段落相互の関係が様子と理由になっていることに気付けない場合は、文のまとまりが視覚的に理解できるように、赤ペンや青ペンを使って、様子を表す段落と、理由を表す段落を囲わせながら理解を促す。

★「〜のです。」や「〜からです」の文まつは、わけをあらわします。

ふりかえり
・「ようす」を書きぬいてみよう
・「わけ」を書きぬいてみよう

3 「様子」と「理由」の関係をつかむ

もしも、6段落がなかったら？

「〜のです」と「〜からです」は両方、理由を表すのかな？

「なぜ？」の文と合っているか確かめてみたら？

しかけ（仮定する）

「7段落には、〈わけ〉が書かれているね。大切なのは7段落で、6段落はいらないね。」

子供の反応を受けながら、指示語の関係や挿絵と語句の対応について整理する。

4 三つ目の知恵を整理し、学習を振り返る

三つ目のちえが書かれているのは？

軸を起こして背伸びするように伸びるのは、種を遠くに飛ばすためなんだね。

「様子」と「理由」がまだ分からないな…

ここまでの学習をまとめ、板書する。その上で改めて三つ目の知恵について考えさせ、内容を書き抜いたり、選んだ段落を書かせたりする。 配慮㋑

準備物
・センテンスカード 4-01～07
・挿絵カード（デジタル教科書）
・全文提示の文章　１枚

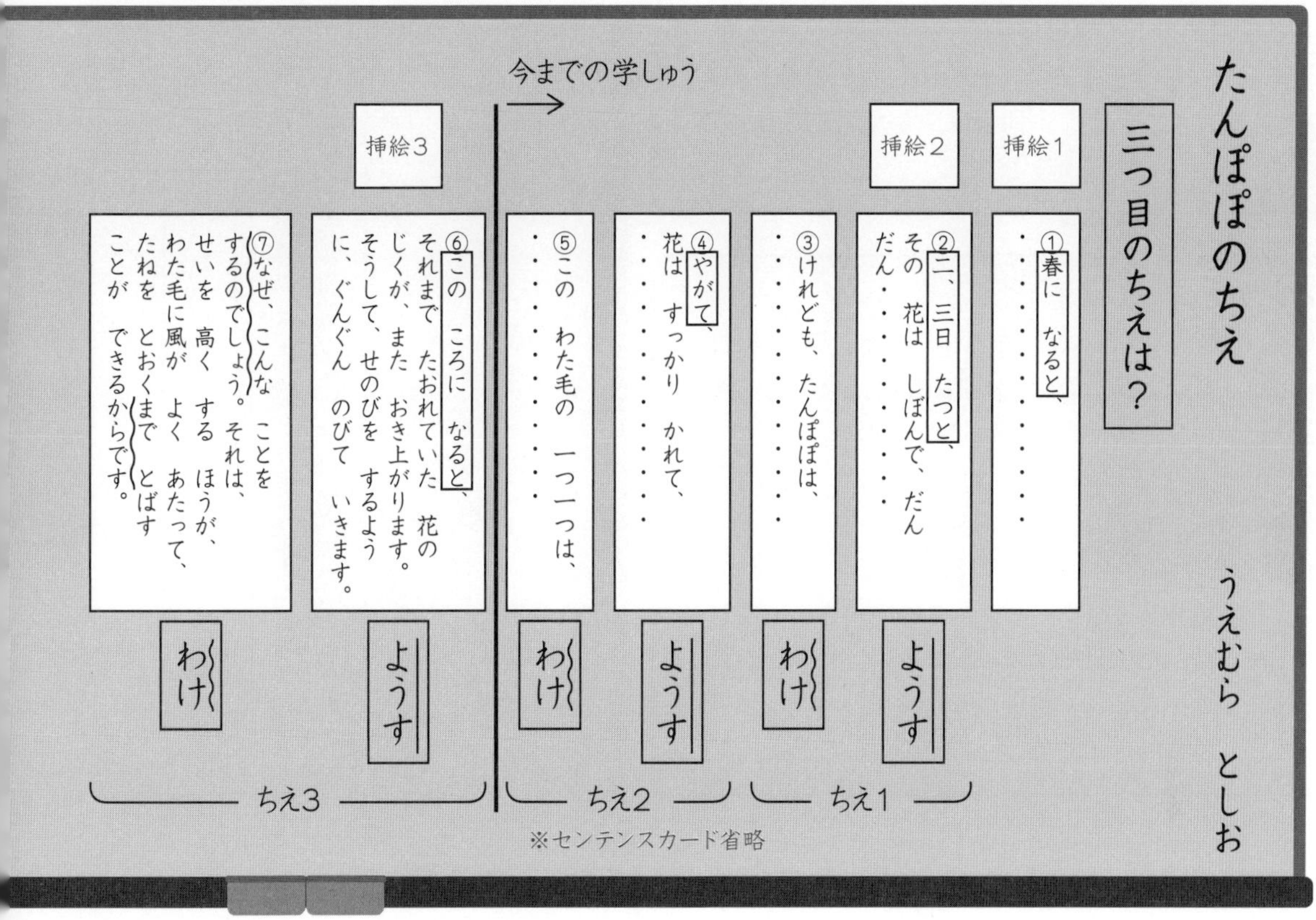

たんぽぽのちえ
うえむら　としお
三つ目のちえは？
挿絵1
①春に　なると、・・・・・・・・・・
挿絵2
②二、三日　たつと、その　花は　しぼんで、だんだん・・・・・・・・
③けれども、たんぽぽは、・・・・・・・・
ようす
わけ
ちえ1
④やがて、花は　すっかり　かれて、・・・・・・・・・・
ようす
⑤この　わた毛の　一つ一つは、・・・・・・・・・
わけ
ちえ2
今までの学しゅう
挿絵3
⑥この　ころに　なると、それまで　たおれていた　花の　じくが、また　おき上がります。そうして、せのびを　するように、ぐんぐん　のびて　いきます。
⑦なぜ、こんな　ことを　するのでしょう。それは、せいを　高く　する　ほうが、わた毛に　風が　よく　あたって、たねを　とおくまで　とばす　ことが　できるからです。
ようす
わけ
ちえ3
※センテンスカード省略

1　1～7段落の内容を確認する

挿絵くじ引きをしよう！

これは、軸が起き上がっているから…

あっ！軸が起き上がっているから、今日勉強する段落だね。

しかけ（配置する）

裏返した挿絵カードを引き、黒板に貼ったセンテンスカードのどこに当てはまるか考えさせる。

その際、当てはめた理由を問い返すことで、挿絵と対応する言葉を引き出すようにする。

2　学習課題について自分の考えをもつ

三つ目のちえが書かれているのは？

「せのびする」から種を遠くに飛ばせるよね

「～からです」は、理由を表しているね。

「～のです。」とは違うのかな？

Which型課題

掲示した6・7段落から、知恵としてふさわしいと思うものを選ばせる。

「なぜ？」に始まる問いの文に着目させ、他の段落にも問いの文を補ってみることで、理由が述べられていることを確認したい。　配慮ア

✓ 本時の展開 第二次 第4時

目標 ちえがいくつ紹介されているか話し合うことを通して、8・9段落が対比の関係になっていることに気付き、考えをノートにまとめることができる。

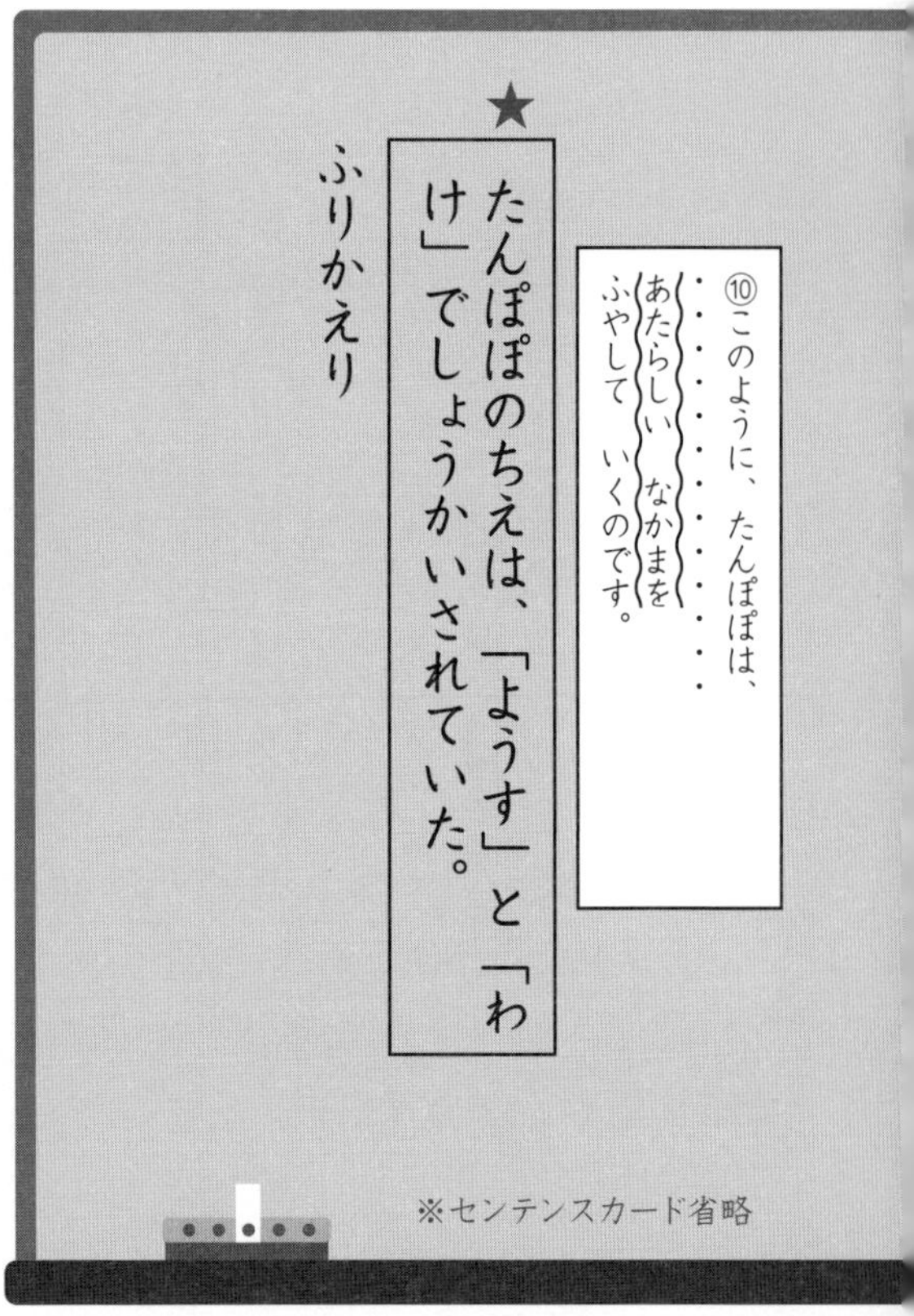

⑩このように、たんぽぽは、……あたらしい　なかまを　ふやして　いくのです。
★
たんぽぽのちえは、「ようす」と「わけ」でしょうかいされていた。
ふりかえり

※センテンスカード省略

［本時展開のポイント］

これまでの学習を踏まえた上で、一次で導き出した「ちえはいくつか？」の問いについて再度考える場とする。

［個への配慮］

ア語や文の役割を確認する

学習課題に対する自分の考えがもてない場合には、活動3において対比関係が理解できるように、接続語と様子の文、理由の文を捉えさせておく。ラインマーカーやサイドラインによって、役割の異なる文を分類させておくとよい。

イ挿絵を分類する

8・9段落の対比関係について理解が難しい場合は、二つの段落の説明が異なることに気付かせるために、挿絵4を縮小コピーして二つに分けておき、当てはまる段落に貼らせる（ノート）。

3 段落の対比関係を理解する

わた毛を「ひらく」⇅「すぼむ」

天気でようすが違うんだね

「対比」って何かな？

考える音読

ここでは、動作化を通して、わた毛が「ひらく」ことと、「すぼむ」ことが対比の関係であることを理解させたい。

⑩段落の内容（波線部）にふれながら、仲間を増やすための四つ目のちえが書かれていることを確認する。配慮イ

4 四つ目の知恵を整理し、学習を振り返る

段落のまとまりを確認しましょう

天気によってわた毛のようすが変わるんだね

ここまでの学習をまとめ、板書する。その上で改めて四つ目の知恵について考えさせる。段落番号を線で囲って繋げることで、段落のまとまりを確認する。

準備物
・センテンスカード（全段落） 4-01～10
・挿絵カード（デジタル教科書で印刷可能）

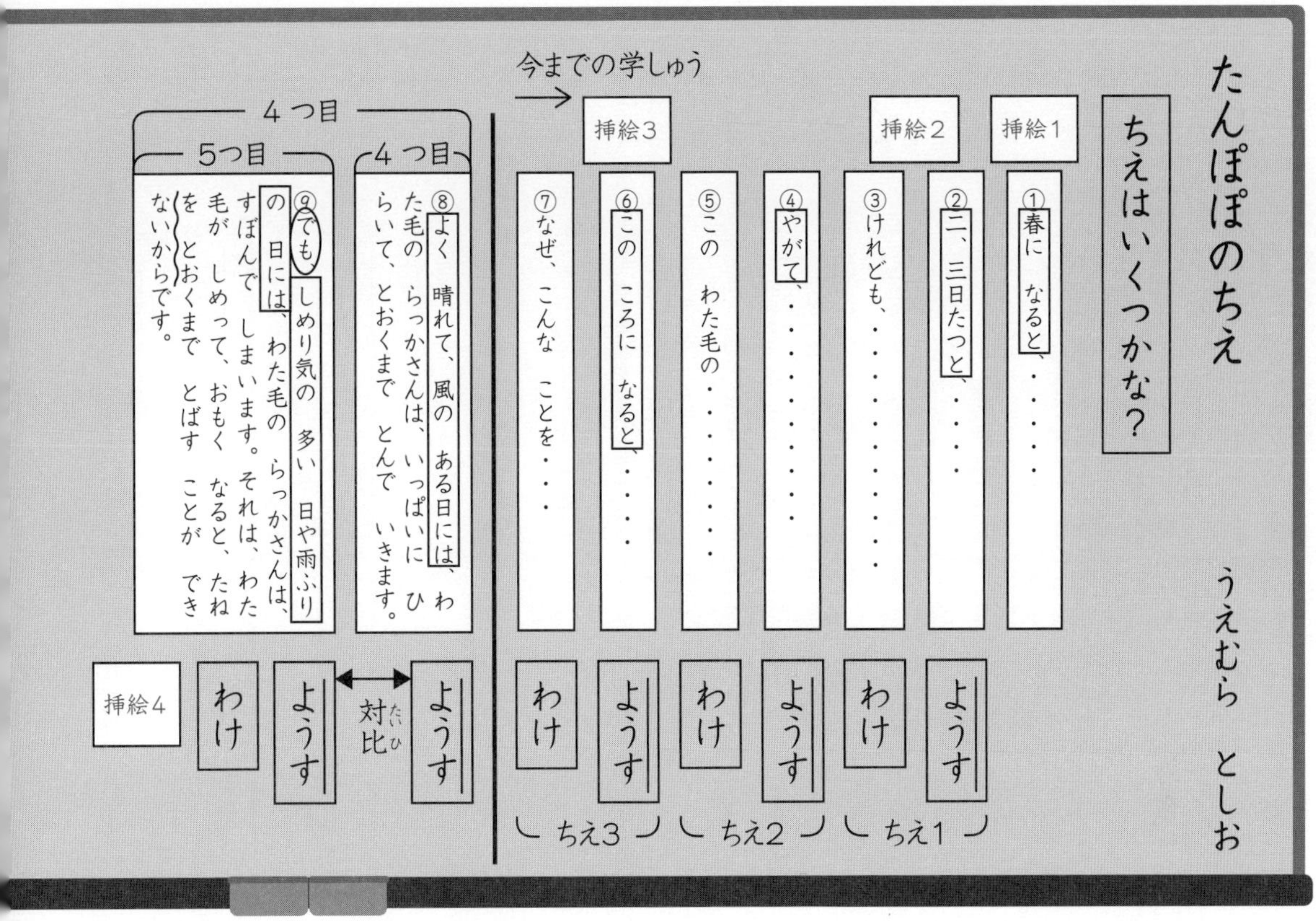

たんぽぽのちえ
うえむら としお
ちえはいくつかな？
挿絵1
挿絵2
挿絵3
挿絵4
今までの学しゅう
①春に なると、・・・・・
②二、三日たつと、・・・・
③けれども、・・・・・・・・・
④やがて、・・・・・・・・
⑤この わた毛の・・・・・・・
⑥この ころに なると、・・・・
⑦なぜ、こんな ことを・・・
4つ目
4つ目
5つ目
⑧よく 晴れて、風の ある日には、わた毛の らっかさんは、いっぱいに ひらいて、とおくまで とんで いきます。
⑨でも、しめり気の 多い 日や雨ふりの 日には、わた毛の らっかさんは、すぼんで しまいます。それは、わた毛が しめって、おもく なると、たねを とおくまで とばす ことが できないからです。
ようす
わけ
ようす
わけ
ようす
わけ
ようす
対比《たいひ》
ようす
わけ
ちえ1
ちえ2
ちえ3

1 ①～⑨段落の内容を確認する

「たんぽぽなりきり読み」をしよう！

様子が書かれた文を読むから動くぞ～
「～のです。」「～からです。」が文末にくるときは理由だから座って読むね。

考える音読

音読をする際、たんぽぽの様子が書かれている段落では、動作を入れながら音読をする。理由を表す文では座って読むなど身体活動を伴う音読を通して内容理解を図る。

2 学習課題について自分の考えをもつ

ちえは、いくつかな？

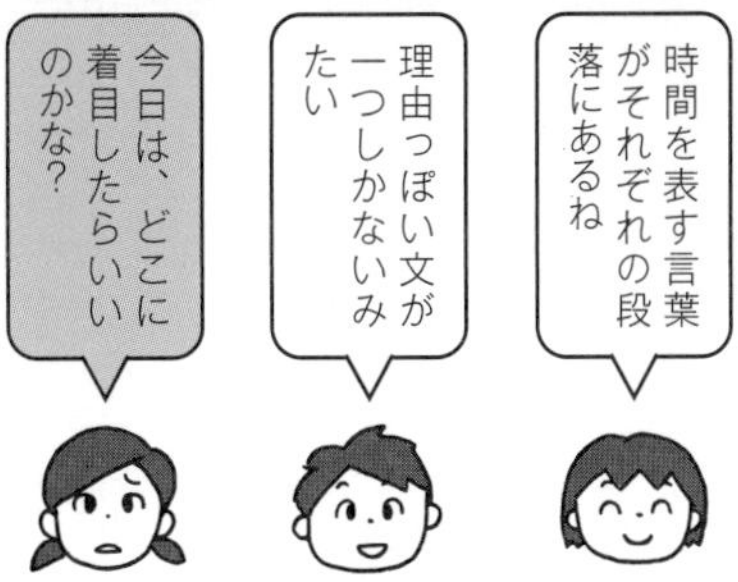

時間を表す言葉がそれぞれの段落にあるね
理由っぽい文が一つしかないみたい
今日は、どこに着目したらいいのかな？

Which型課題

「7段落までに三つのちえが紹介されていました。加えて、全部でいくつのちえになるのかな。」などのように、8・9段落の解釈を問う。配慮ア

本時の展開　第二次　第5時

目標 図解して示した文章を用いて内容を説明する活動を通して、段落のまとまりを理解し、ノートに書いたり、友達に話したりすることができる。

［本時展開のポイント］

第三次に向けて、説明内容を構造的に理解できるようにする。1段落の必要性を問うことで、その役割に目を向けさせる。

［個への配慮］

ア身体的理解を促す

自分の役割が分からず自信をもって音読に参加できない場合には、身体的理解を促すために、列ごとに役割を決めて自分の役割のときには立って音読させる。他の子の動きが見えるようにする。

イ視覚的な理解を促す

発問の意図が理解できず考えをもつことが困難な場合には、視覚的な理解を促すために、当該児童の教科書で1段落を手で隠してみせ、「2段落から説明が始まったらどうかな？」と問うてみる。

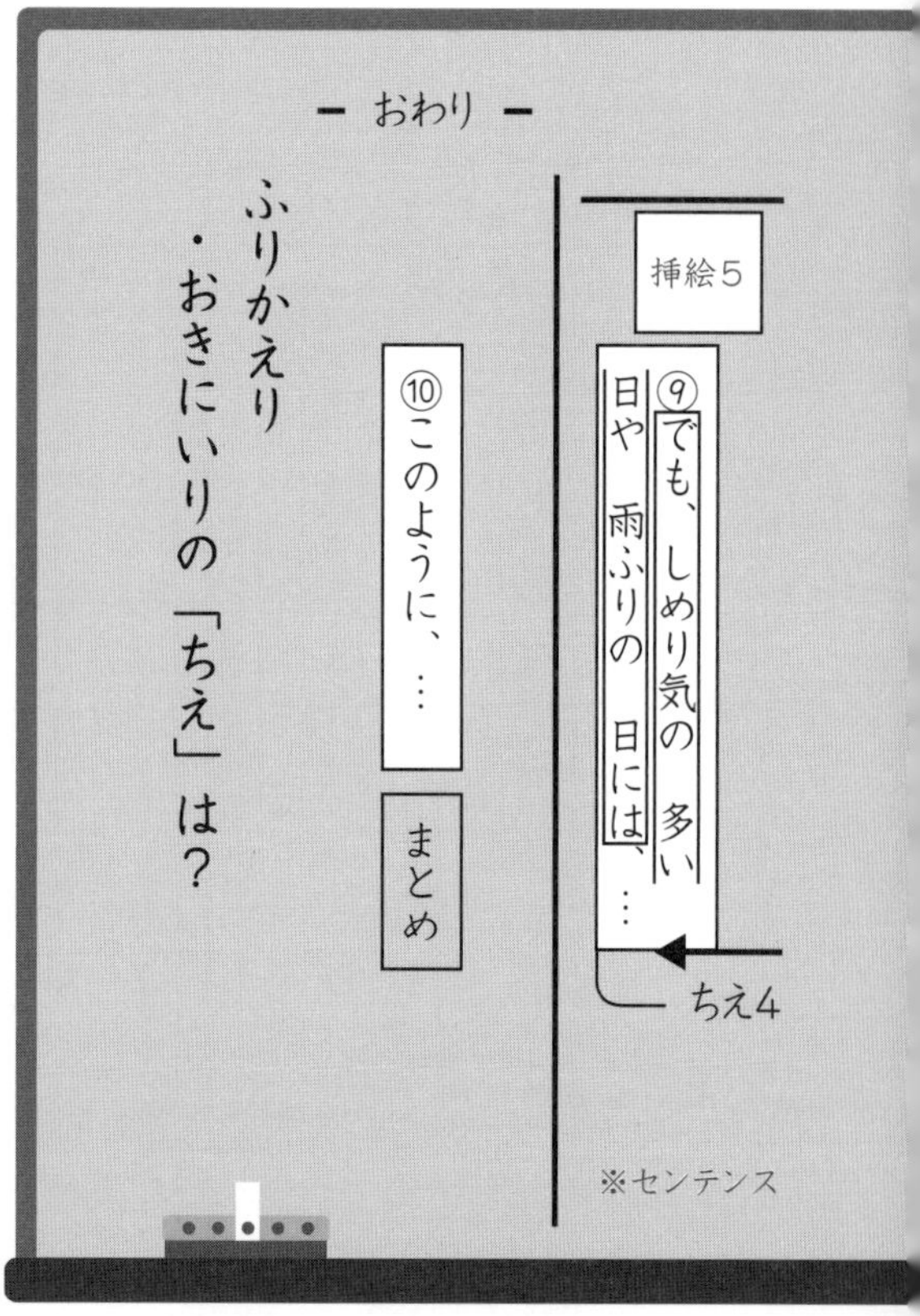

－おわり－
挿絵5
⑨でも、しめり気の多い日や、雨ふりの日には、…
ちえ4
⑩このように、…
まとめ
ふりかえり
・おきにいりの「ちえ」は？
※センテンス

3 三段構成を理解する

1段落は必要ないかな？

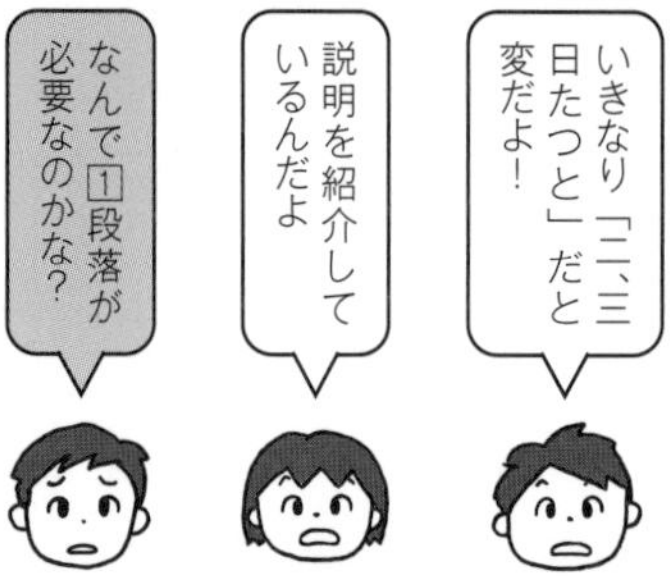

いきなり「二、三日たつと」だと変だよ！
説明を紹介しているんだよ
なんで1段落が必要なのかな？

しかけ（仮定する）

四つの知恵を確認した上で、「1段落は知恵ではないみたいだから、必要ないよね？」と、揺さぶる発問を通して、序論の役割について話し合う。

「もしも1段落がなかったら？」と、センテンスカードを外して問うとよい。

配慮イ

4 学習を振り返り、好きな知恵を選ぶ

段落のまとまりを確認しましょう

1段落は、説明の始まりなんだね
10段落は、説明のまとめだったね。前にも確認したよ

1段落の役割（時間の順序、話題の紹介）に合わせて、10段落の役割（まとめ）について確認し、「初め・中・終わり」というまとまりを板書する。振り返りとして好きな知恵を選んでおく。

準備物
・センテンスカード（全段落） 4-01～10
・挿絵カード（デジタル教科書で印刷可能）

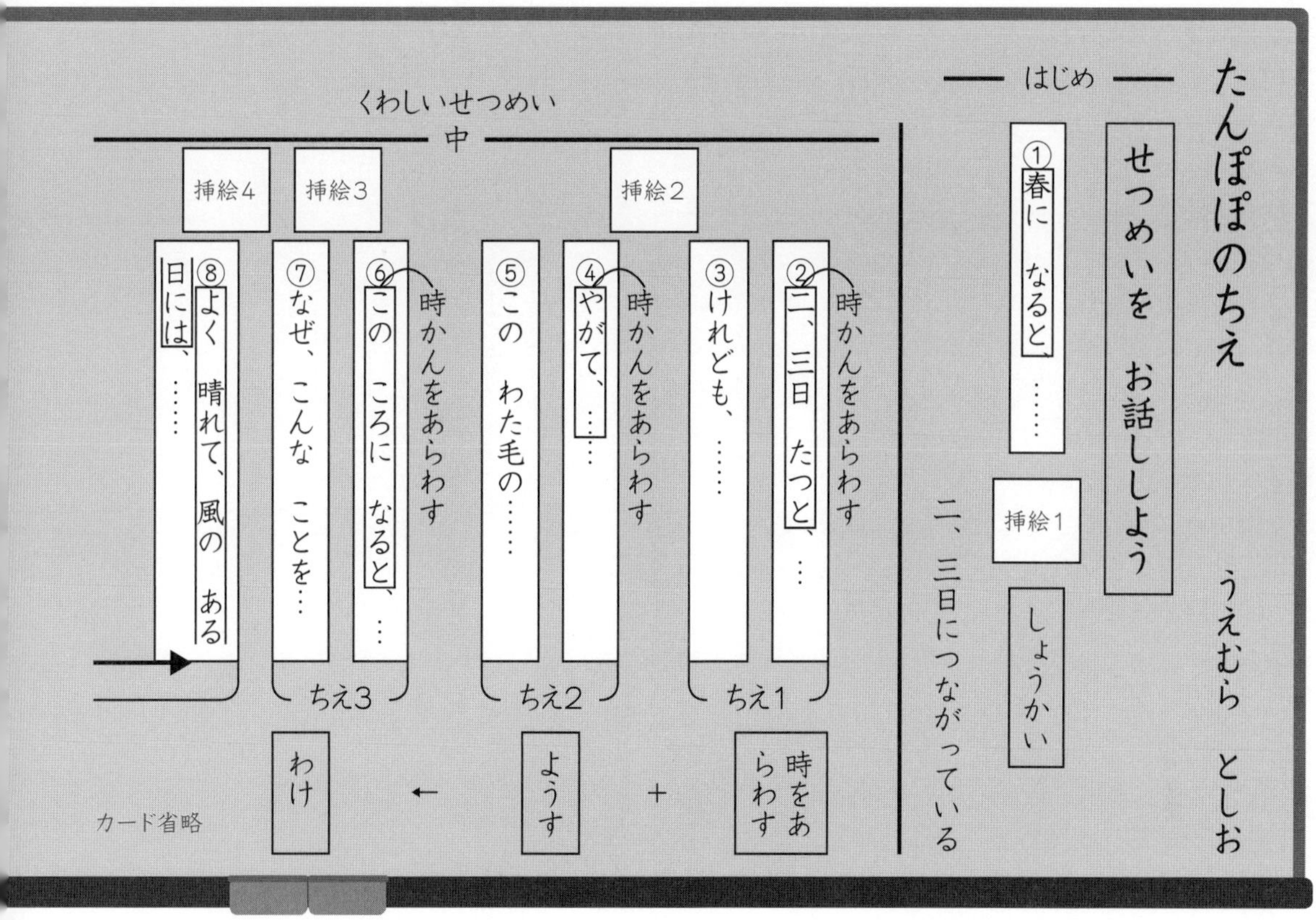

たんぽぽのちえ
うえむら としお
はじめ
せつめいを お話ししよう
①春に なると、……
挿絵1
しょうかい
二、三日につながっている
くわしいせつめい
中
時かんをあらわす
②二、三日 たつと、…
③けれども、……
挿絵2
時かんをあらわす
④やがて、……
⑤この わた毛の……
ちえ1
ちえ2
時かんをあらわす
⑥この ころに なると、…
⑦なぜ、こんな ことを…
挿絵3
ちえ3
挿絵4
⑧よく 晴れて、風の ある 日には、……
時をあらわす
＋
ようす
←
わけ
カード省略

1 文章の構造を視覚的に理解する

（ちえカード）どこに貼るかな？

②と③段落が一つ目のちえだったね

四つ目のちえは、反対のことを言っていたね。前の時間に確認したよ

しかけ（配置する）

まず、ちえカード（センテンスカード）を提示しながら音読をさせる。四つのちえを確認しながら、段落のまとまりを捉えさせる。

2 文章構成を捉えながら音読する

役割音読をしよう！

時間を表す言葉は段落の初めにあるね

「理由」は文の終わりが、「～のです」や「～からです」に、なってたね

どこで音読するのかな…

考える音読

時間を表す言葉を読む役、様子を表す文を読む役、理由を表す文を読む役に分かれて、役割音読をさせる。その際、知恵ごとに役割を変えて音読させることで、役割に合った言葉や文にふれさせたい。

配慮ア

本時の展開　第三次　第1時

目標 ふさわしい紹介文について話し合うことを通して、紹介文ではたんぽぽの「ようす」と「わけ」を書き示すことを理解し、好きな「ちえ」を決めることができる。

[本時展開のポイント]

紹介文の書き方について、本文から書き抜く箇所の必要性を読み手としての実感を伴って理解させる。

[個への配慮]

ア「様子の文」と「理由の文」を色分けして示す

文の役割を理解しながら音読をすることが困難な場合は、文の役割の違いに気付かせるために、あらかじめ、センテンスカードやデジタル教科書の文を色分け（様子→赤、理由→青）しておく。

イ書き始めを促してあげる

活動のイメージがもてずに書き始められないでいる場合には、書きながら出来上がりのイメージがもてるように、絵から描き始めてもよいことや本文の参考にする部分を囲ってあげるなど、活動の手順を示してあげるようにする。

ウ独自の工夫を認める

文末表現を工夫したい、時を表す言葉を加えたいなど創意工夫があれば促す。

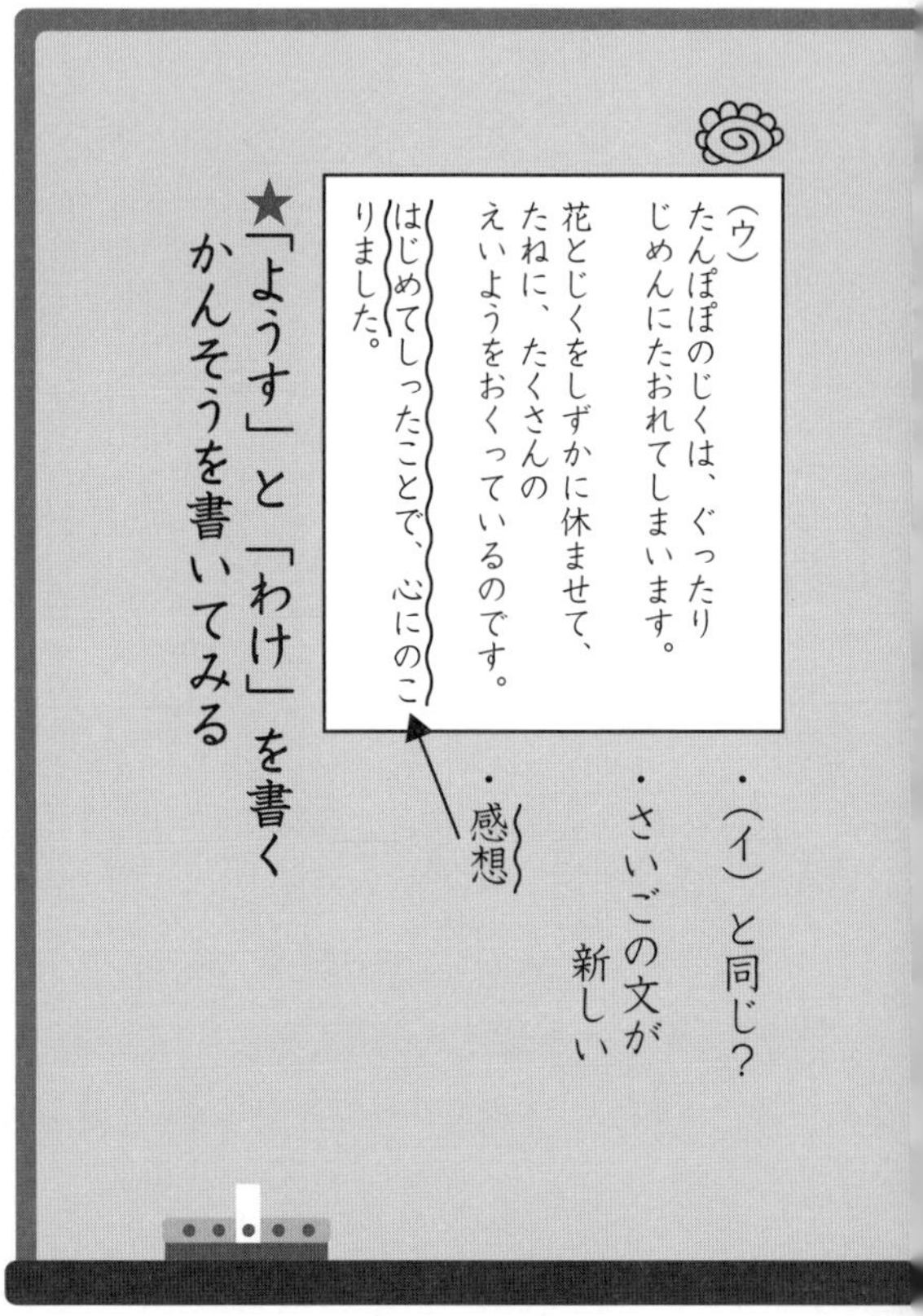

（ウ）
たんぽぽのじくは、ぐったり
じめんにたおれてしまいます。
花とじくをしずかに休ませて、
たねに、たくさんの
えいようをおくっているのです。
はじめてしったことで、心にのこりました。
・（イ）と同じ？
・さいごの文が新しい
・感想
★「ようす」と「わけ」を書く
かんそうを書いてみる

3 紹介文の書き方を確認する

（イ）や（ウ）のように書いてみよう！

時を表す言葉はなくてもいいかな？
一つだけのちえを紹介するなら、なくてもいいけどいれたいな！

全体で選択肢を吟味しながら（イ）や（ウ）のように「様子」と「理由」を取り上げることが大切だと共通理解を図る。その上で、（イ）のように教科書を書き抜くか、（ウ）のように感想を加えるかを確認する。

4 紹介する内容を決める

どのちえを紹介するかな？

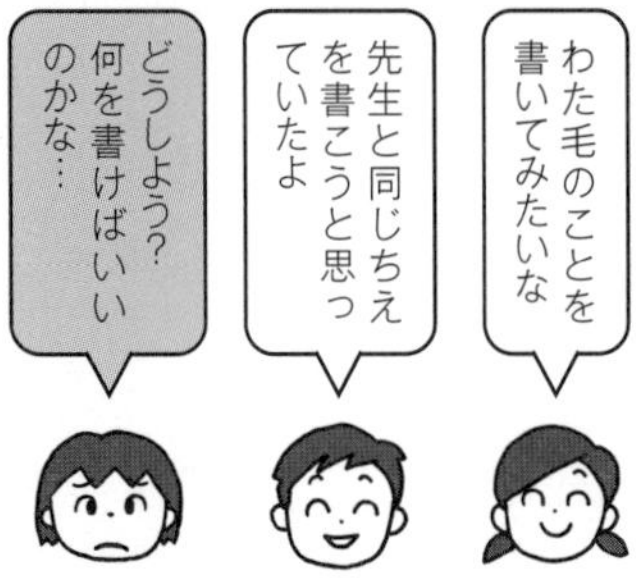

わた毛のことを書いてみたいな
先生と同じちえを書こうと思っていたよ
どうしよう？何を書けばいいのかな…

紹介したい知恵が決まった子から用紙に書き始めるように指示を出す。

その際、本文のどの部分を参考にして書くのかサイドラインを引かせてから書き始めさせるなど、書く内容をはっきりさせておく。

配慮イウ

準備物
・全文掲示資料（文章を図解したものでもよい）
・挿絵カード（デジタル教科書で印刷可能）
・教師が作成した紹介文 4-11～13

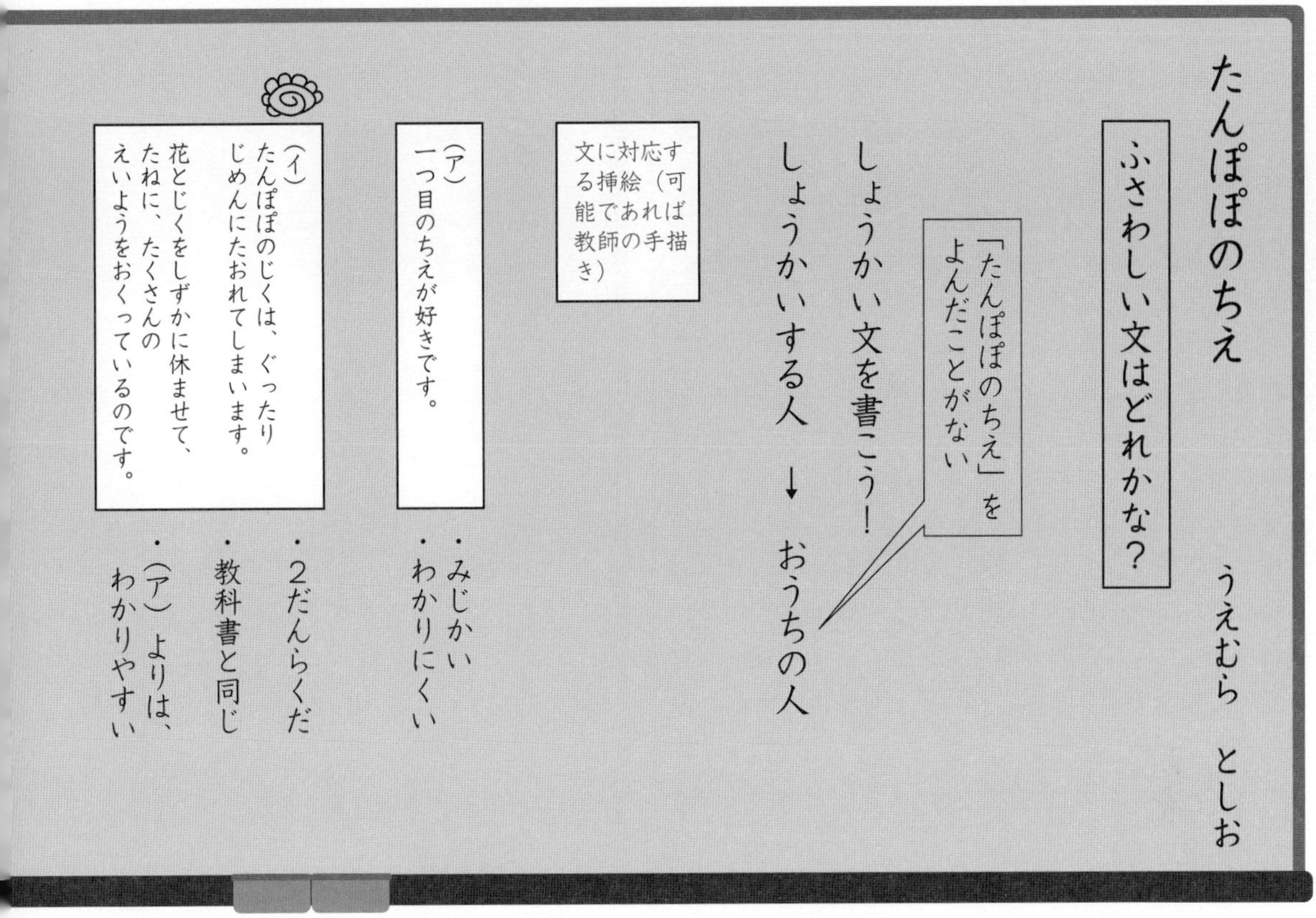

たんぽぽのちえ
うえむら　としお
ふさわしい文はどれかな？
しょうかい文を書こう！
しょうかいする人 → おうちの人
「たんぽぽのちえ」をよんだことがない
文に対応する挿絵（可能であれば教師の手描き）
（ア）一つ目のちえが好きです。
・みじかい
・わかりにくい
（イ）たんぽぽのじくは、ぐったりじめんにたおれてしまいます。花とじくをしずかに休ませて、たねに、たくさんのえいようをおくっているのです。
・2だんらくだ
・教科書と同じ
・（ア）よりは、わかりやすい

1 段落の役割を再確認する

役割音読をしよう！

今なら音読できそうだよ

文末を確認しながら音読をしてみよう

あれ？どこを読めばいいのかな？

考える音読

「様子の文を読む」役、「理由の文を読む」役に分かれて本文を音読させる。

その上で、紹介する相手や内容について共通理解を図り、「書いてみたい！」という子供の気持ちを引き出したい。

配慮ア

2 紹介の仕方を知る

よい紹介文はどれかな？

（ア）の文は、内容が分からないよ！

（ウ）の文は、感想も書かれていて、気持ちが伝わるね

しかけ（選択肢をつくる）

「先生の紹介文どれがいいと思う？」と、教師の見本を提示する（ア～ウ）。その際、一枚ずつ順番に掲示しながら、選択肢に対する子供のつぶやきを板書する。

✓ 本時の展開 第三次 第2時

目標 書き上げた作品を友達と紹介し合う活動を通して、時間的な順序性や段落相互の関係について再確認し、友達に言ったり書いたりすることができる。

［本時展開のポイント］

友達と紹介文を読み合うことで、単元で学習してきたことを確認し、友達の文章から読み取ることができるようにする。

［個への配慮］

㋐観点を限定して示す

モデル文に対して示された観点について理解することが困難な場合、着目すべき点を明確にするために、「『様子』と絵が合っているか見てみよう」などと、観点を限定して示して着眼すべき箇所をしぼる。

㋑完成のイメージをもたせる

作品が完成する見通しがもてずに活動が停滞している場合は、友達の作品を見ることから本時のねらいに迫れるように、友達の作品を見てまわるよう促す。自分と同じ知恵を紹介している作品を見付けさせると参考にできるだろう。

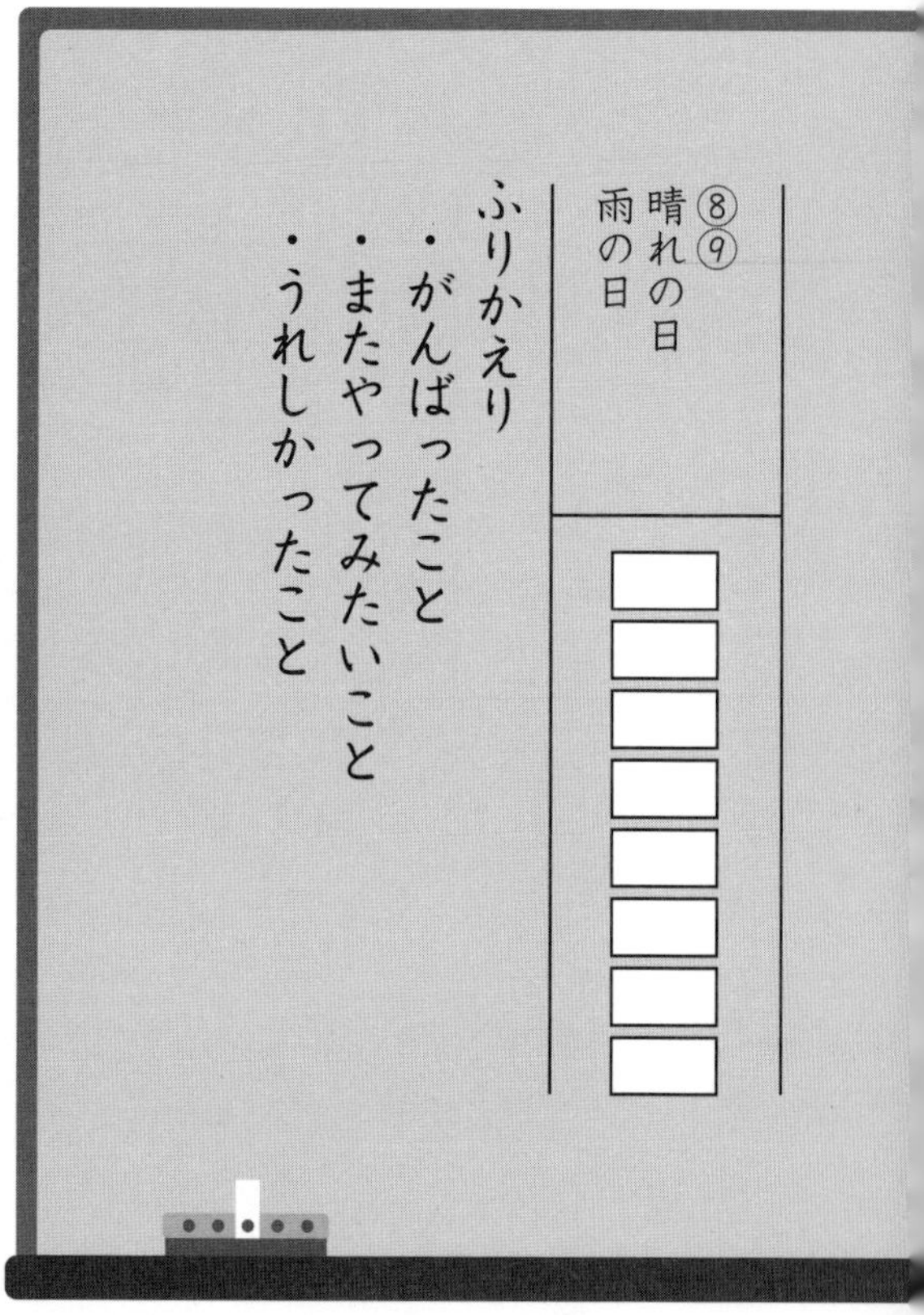
⑧晴れの日
⑨雨の日
ふりかえり
・がんばったこと
・またやってみたいこと
・うれしかったこと

3

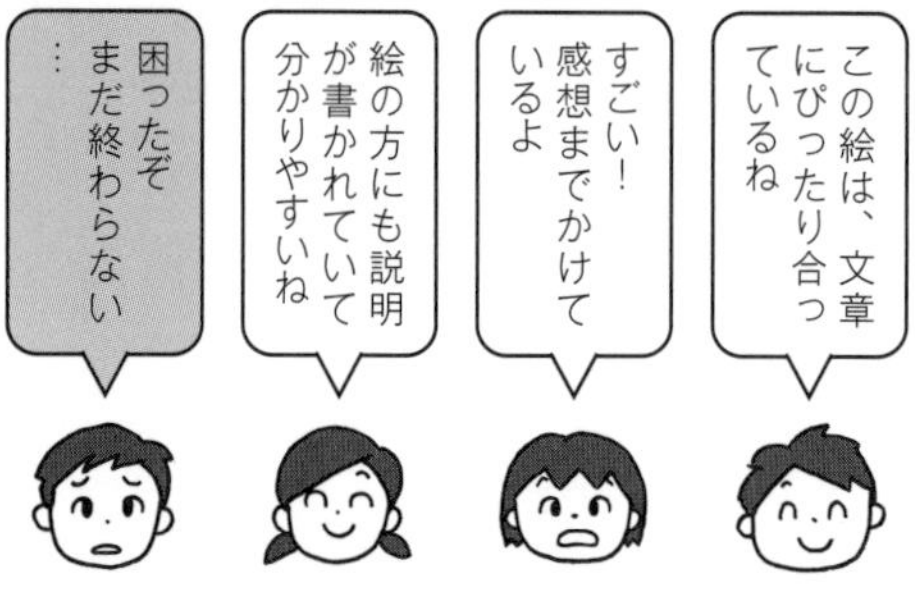
この絵は、文章にぴったり合っているね
すごい！感想までかけているよ
絵の方にも説明が書かれていて分かりやすいね
困ったぞ まだ終わらない…

ま友達の作品を見に行かせる。その際、見つけた友達のよいところを友達のノートや交流用のワークシートに、読み取ったことを表現できるようにする。

また、交流の際は「○人（もしくは男子○人、女子○人）のはなまるポイントを見つけたら自分の席に戻りましょう」など活動のゴールを示す。配慮㋑

単元を振り返る

ア～ウ（前時）のいずれかで書きましょう

何人かの交流の様子を取り上げながら学習をまとめる。書画カメラなどで作品を写して、よいと思った箇所を示しながら発表させるとよい。

その後、前時に示したア～ウのいずれかの視点で振り返りを書かせる。

（例）「たんぽぽのちえ」の勉強でうれしかったことは、「様子」と「理由」を考えながら読んで、紹介文を書いたら、友達にはなまるをもらえたことです

準備物
・紹介文を書くワークシート　・ネームプレート
・交流カード（必要に応じて）　・モデル文（前時で提示したもの）

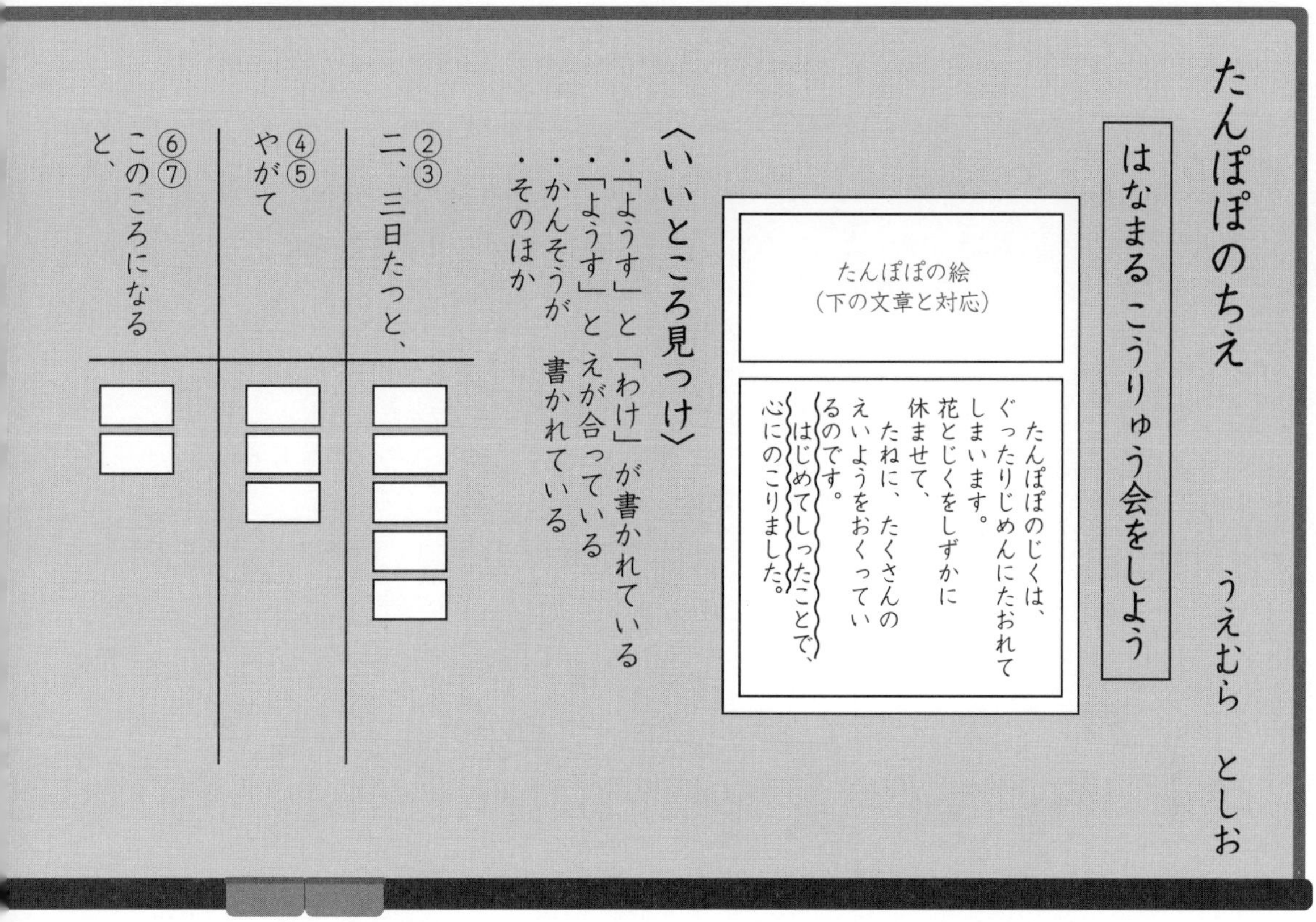

たんぽぽのちえ
うえむら　としお
はなまる こうりゅう会をしよう
たんぽぽの絵（下の文章と対応）
たんぽぽのじくは、ぐったりじめんにたおれてしまいます。花とじくをしずかに休ませて、たねに、たくさんのえいようをおくっているのです。
はじめてしったことで、心にのこりました。
〈いいところ見つけ〉
・「ようす」と「わけ」が書かれている
・「ようす」とえが合っている
・かんそうが　書かれている
・そのほか
②③ 二、三日たつと、
④⑤ やがて
⑥⑦ このころになると、

1 交流の仕方を確認し、続きを書く

今日は、はなまる交流会をしよう

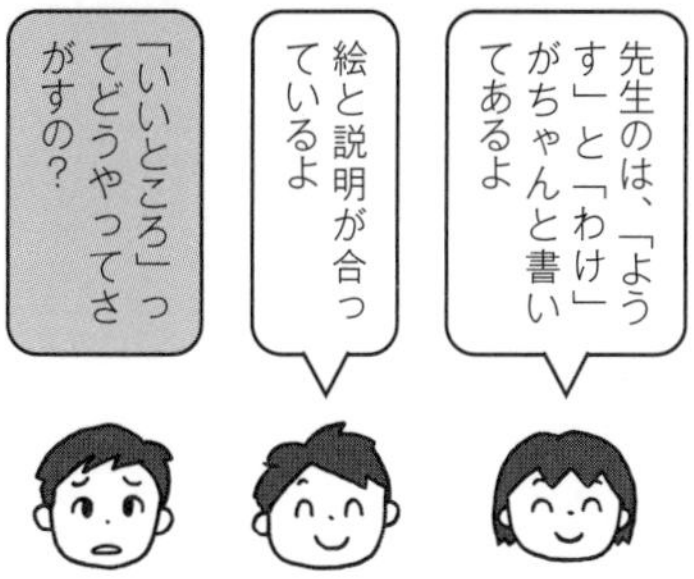

先生のは、「ようす」と「わけ」がちゃんと書いてあるよ
絵と説明が合っているよ
「いいところ」ってどうやってさがすの?

めあてを確認し、交流の観点について全体で共有する。記述内容や絵と文の対応などに着目させたい。

その後、前時から引き続き紹介文を書く時間を設定する。また、黒板に表を書いておき、紹介文を書き終えた子には、自分の紹介するたんぽぽが当てはまる箇所にネームプレートを貼らせる。　配慮ア

2 友達と紹介文を共有する（交流）

友達のよいところを見付けましょう

「様子」と「理由」が書かれているよ

子供の進捗状況を確認し、交流を促す。

進度に差がある場合は、書き終えた子から自分の作品を机に置いたま

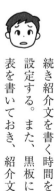

「馬のおもちゃの作り方」の授業デザイン

（光村図書２年下）

✓ 教材の特性

本教材は、「おもちゃ作り」という、子供たちにとって魅力的な題材を扱う。「食べものやおかしの空きばこをつかうと、いろいろなおもちゃを作ることができます。」という身近な話題が、子供たちを「作ってみたい」という気持ちにさせるだろう。

この文章には、分かりやすく説明するための工夫がいくつも示されている。例えば、「作り方」といった事柄ごとの表現、「まず」、「つぎに」、といった順序を表す接続語、「しゃしんのように」と写真と対応させて見ることを促す表現、「○センチメートル」といった具体的な数値などである。この説明の工夫に気付かせることが、次の「おもちゃのつくり方をせつめいしよう」の書く学習につながる。

〈楽しみ方〉	〈作り方〉					〈ざいりょうとどうぐ〉	前書き
9	8	7	6	5	4	3	2 1
動かし方 他の作品作りの提案	完成　飾りなどの提案	作るもの④　顔	作るもの③　あし	作るもの② お腹・首・背中	作るもの① 馬の体やあしの部品	材料と道具	話題提示 「いろいろなおもちゃを作ることができます。」 「作りかたをせつめいします。」

四つの構成の順　作り方の順序（←）

✓ 身に付けさせたい力

・事柄の順序（簡単な構成）や接続語など、説明の工夫を捉える力
・事柄の順序など、情報と情報との関係について読み取る力

✓ 授業づくりの工夫

焦点化	視覚化	共有化
○「作り方の順番」や「説明のいいところ」、など、一時間の授業における指導内容を明確化し、一つに絞る。 ○「Which 型課題」や「しかけ」による、見通しをもち、参加できる学習活動を設定する。	○接続語を隠す、色分けするなどし、接続語の必要感を見付けられるようにする。 ○作業の前に、写真資料の並べ替えなどをすることにより、作業の流れをイメージさせる。	○「Which 型課題」に対する子供の立場や考えを、ネームプレートを貼ったり、人数を板書したりすることで可視化して共有する。 ○重要な考えでは、問い返しやペアで再現させるなど、共有する場面を設定する。

単元目標・評価規準

目標 事柄の順序（簡単な構成）や接続語など、説明の工夫を考えながら読むことができる。

知識・技能
○事柄の順序や作り方の示し方の工夫など、情報と情報の関係について理解している。 (2)ア

思考力・判断力・表現力等
○事柄の順序や、作り方の示し方の工夫を考えながら、叙述を基に内容の大体を捉えている。 C(1)ア

主体的に学習に取り組む態度
○事柄の順序や説明の工夫を叙述から進んで捉え、自らの文章に生かそうとしている。

単元計画（全時間10時間）

次	時	学習活動	指導上の留意点
一	1	**何が書いてある？** ○おもちゃの見本を見て、おもちゃを作るための説明文には、どんなことがどんな順序で書いてあればいいかを考える。	・話題に沿った事柄を考えさせるために、選択肢を用意する。
二	1	**説明の工夫を見付けよう！** ○「作り方のじゅん番は？」のクイズをして、作り方の順番を読み取る。	・接続語のよさに気付かせるために、作り方の順番をバラバラにしたものを示し、その順番を考えさせる。
	2・3	○馬のおもちゃの作り方の、説明の工夫について考える。	・数値や写真のよさを見付けられるようにするために、実際に作業をさせながら、数値や写真の必要性を考えさせる。
	4	○初めと終わりの段落の、説明の工夫について考える。	・[1][2]、[9]段落の説明の工夫を見付けられるようにするために、その段落の必要性を考えさせる。
	5	○筆者の説明の工夫について整理する。	・説明の工夫をまとめることができるようにするために、これまでに学習した説明の工夫を振り返り、説明の工夫のよさについて自分の考えをもたせる。
三	1・2	**学んだことを生かして、説明文を書こう！** ○文章の構成と順序を考え、おもちゃの説明を書く。	・「どんな順序で作るか」「分かりやすくするには」などを考えるために、既習事項の説明の順序や工夫を明示し、メモを活用しながら簡単な構成を考えさせる。
	3	○自分の書いた文章を読みながらおもちゃを作り、文章を見直す。	・説明の順序や工夫について書けるようにするために、チェックポイントを示し、文章を読み返すようにさせる。
	4	○感想を伝え合う。	・感想を伝え合うことができるように、「事柄の順序」、「順序を表す言葉」など説明文を読む視点を与え、読み手に意識させる。

※なお、本単元は光村図書の学習指導書では、14時間扱いになっています。

教材分析

オ　具体的な数値を使った説明

切り込みの長さを、具体的な数値で示している。数値を示すことで、作業の正確性が増す。

カ　写真や図を使った説明

言葉だけで分かりにくい部分は、写真と対応して見るように示されている。読者にとって分かりにくい場所も、写真や図を見ながら確認し、作業することができる。

キ　読者に呼びかける言葉

「せつめいします。」「作ってみてもいいですね。」など、読者への呼びかけにより、話題に対する興味をもたせる。

---

5 [エ]つぎに、馬の体を作ります。体のぶひんの　うちの一つを　よこむきにおきます。これが、馬のおなかになります。もう一つを　たてにして、はしを合わせておなかの上におきます。これが、馬の首になります。おなかと首が　かさなったところを、ホチキスでとめます。のこったもう一つは、よこにして　おなかの上におきます。これが、馬のせなかになります。せなかは、おなかと首に、ホチキスでとめます。これで、馬の体ができました。

6 [エ]それから、馬のあしを作ります。一つのあしのぶひんから、十二センチメートルの細長い四角形を　二つ切り出します。四つできたら、それぞれかたほうのはしを　二センチメートルおりまげます。その後、[カ]じゃしんのように、おりまげたところを　おなかにとめます。

7 [エ]さいごに、顔を作ります。色画用紙を、たて九センチメートル、よこ四センチメートルの　形に切ります。目やはなをつけたら、首の上にはり、耳をつけます。

8 [エ]これで、馬のおもちゃのできあがりです。たてがみやしっぽをつけたり、すきな色の画用紙を　[キ]はったりしてもいいですね。

[ウ]〈楽しみ方〉

9 おなかをもち、せなかを　おしたりひいたりすると、首が大きくうごきます。このうごき方をいかして、ほかのどうぶつを[キ]作ってみてもいいですね。

■第二次・第3時

「数値や写真の必要性を考えさせる」（しかけ「仮定する」）

数値や写真、図（非連続型テキスト）の必要感を話し合うことで、数値や写真、図のあることのよさを理解し、説明の工夫としてまとめさせる。（オ・カ）

■第二次・第4時

「ここ読み」（考える音読）

「1 2、9段落はいらないよね。」（しかけ「仮定する」）

初めと終わりを捉えながら読む活動を通し、筆者の説明の工夫についての理解を促す。（ア・イ・キ）

■第二次・第5時

「一番大事な説明の工夫は？」（Which型課題）

前時まで学習したことを振り返り、説明の工夫のよさを考え、まとめさせる。（ウ・エ・オ・カ・キ）

◆教材分析のポイント　その①【二つの順序】

本単元の中心的な指導事項の一つが「順序」である。情報と情報の関係について考えさせる教材である。この単元では、二つの順序を扱う。一つ目が、説明する事柄の順序である。「材料と道具」→「作り方」「楽しみ方（遊び方）」の順に示されている。二つ目は、作り方の順序（手順）である。「まず」「つぎに」「さいごに」など、順序を表す接続語と併せて指導したい。

◆教材分析のポイント　その②【説明の工夫】

上記の順序を捉えることに加え、筆者の説明の工夫を読み取り、内容の大体を捉えることも指導事項にあたる。本文の中に示された、数を表す言葉や、文のまとまりを捉えることだけでなく、「下の図ぐらい」、「写真のように」などの非連続型テキスト（図や写真）を使った説明も、説明の工夫と捉えることができる。説明の工夫の意味や効果についても、考えさせたい。

指導内容

ア　話題

読者にとって身近な話題から、興味をもたせている。既習の説明的な文章と異なり、問いの文がない。

イ　説明内容の提示

これから説明する内容を端的に示し、見通しをもたせている。

ウ　事柄

おもちゃを作るためには、材料と道具を準備することから始まる。「材料と道具」→「作り方」「楽しみ方（遊び方）」と、事柄の順序にも意図がある。

エ　順序を表す接続語

「まず」「つぎに」「それから」「さいごに」「これで」という接続語により、作る順番が説明されていることが分かる。

馬のおもちゃの作り方　　みやもと　えつよし

［1］ア みの回りにある、食べものやおかしの　空きばこをつかうと、いろいろなおもちゃを　作ることができます。

［2］イ ここでは、すこしのしかけで、楽しいうごきをする、馬のおもちゃの作り方を キせつめいします。

［3］ウ 〈ざいりょうとどうぐ〉
・空きばこ　一つ カ（下の図ぐらいの　大きさのもの）
・色画用紙
・ものさし
・はさみ
・ホチキス
・のり

ウ〈作り方〉

［4］エ ［まず、］馬の体や　あしになるぶひんを　作ります。空きばこから、オ四センチメートルずつ四つ切り出しましょう。そのうちの三つが、馬の体になります。のこった一つは、半分に切り分けましょう。これは、馬のあしになります。

指導のポイント

■第一次・第1時

「事柄のカードを示し、必要な事柄を選択させ、書いてある順番を考えさせる」

（しかけ「隠す」「選択肢をつくる」）

単元の導入で、何が書いてあったらおもちゃが作れるのか？を話し合う活動を行い、その上で教材文を読むことで、筆者の説明の工夫（事柄の順序）に関心をもたせる。

（ア・イ・ウ）

■第二次・第1時

「［4］～［8］段落をバラバラに配置し、作り方の順番を考えさせる」

（しかけ「順序を変える」）

作り方の順番を並べ替える活動を通して、接続語への理解を促す。

（エ）

本時の展開　第一次　第1時

目標 本文（①②段落）と題名から、③段落以降に書かれている事柄とその順番について考えることができる。

［本時展開のポイント］

「何が書いてある？」という、選択肢を設定し考えさせる学習課題を通して、題名と内容の関係に迫る。また、「どんな順番か？」を考えることで、二年説明文の既習事項と似ていることにもふれ、学びを深める。

［個への配慮］

㋐生活経験に置き換える

センテンスカードの言葉の理解が困難な場合には、子供が具体的にイメージをもつことができるよう子供の興味・関心や生活経験に関連させた例を取り上げて、分かる言葉に置き換えるなどの配慮をする。

㋑手元で操作できるカードを用意する

センテンスカードを並べ替えるイメージをもてない子が、学習活動に参加できるように机上で扱える大きさのセンテンスカードを用意し、具体的に操作させる。

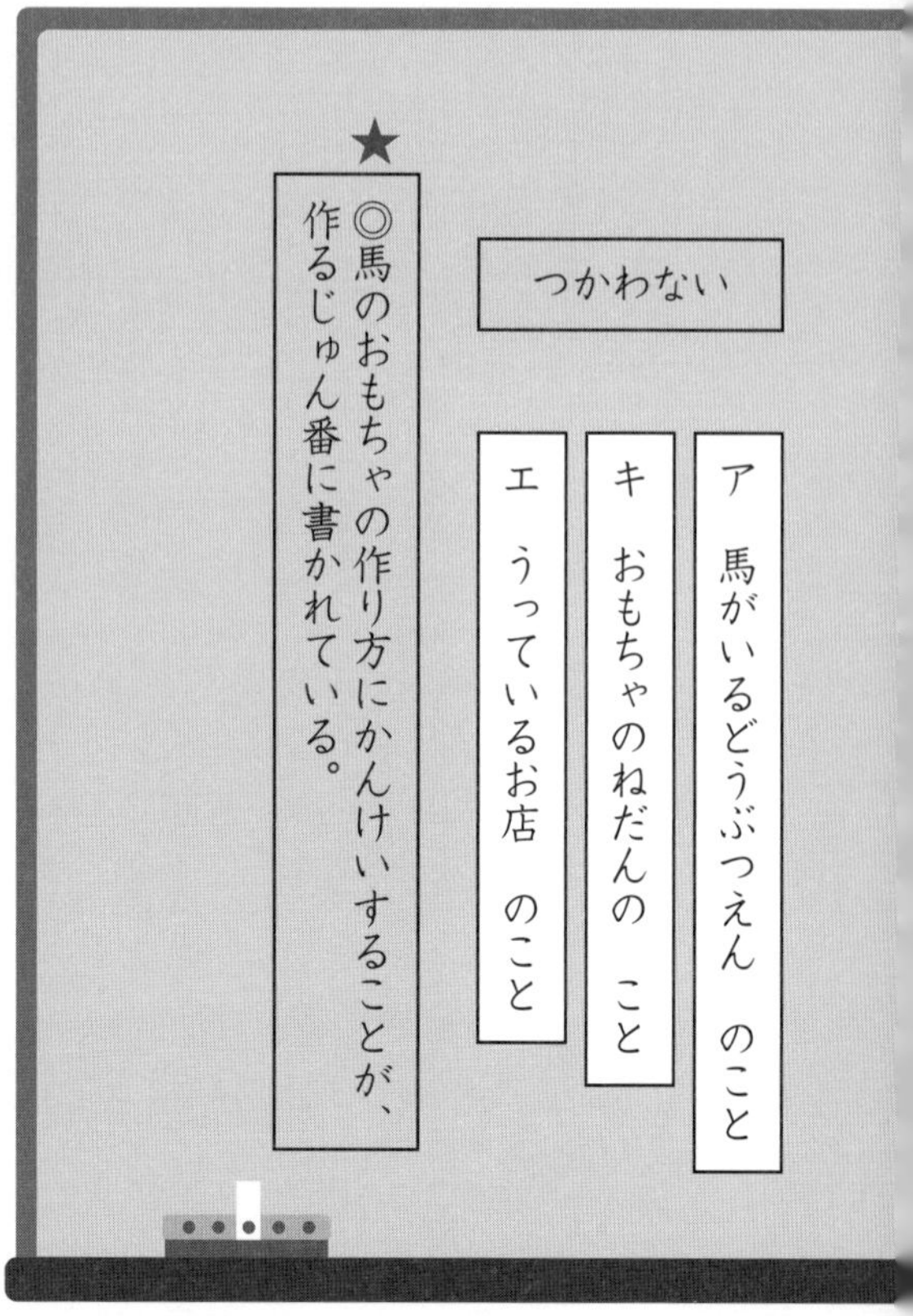

ア　馬がいるどうぶつえん　のこと
キ　おもちゃのねだんの　こと
エ　うっているお店　のこと
つかわない
★
◎馬のおもちゃの作り方にかんけいすることが、作るじゅん番に書かれている。

3 残った選択肢（事柄）が、どんな順に書かれているかを話し合う

四つのカードは、どんな順になるのかな?

最初に、用意するものが必要だから、材料かな

作り方と楽しみ方どっちが先かな

使われる選択肢、イ、ウ、オ、カの順番について考えさせる。その際、「たんぽぽのちえ」「どうぶつえんのじゅうい」の書き方と比較させ、本単元は「作る順番」で書かれていることにも気付かせる。

配慮㋑

4 本文に書かれている事柄を確認し、学習をまとめる

それでは、教科書に何が書いてあるか、みんなで読んでみましょう

たんぽぽのちえと似ていることが分かったよ

どうぶつえんのじゅういとも書き方が似ているね

本文には、「おもちゃの作り方」に関係する事柄が書かれていること、事柄は手順（作り方の順番）で書かれていることを整理する。二年生の既習事項「どうぶつえんのじゅうい」などとの共通する点も押さえたい。

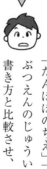

準備物
- 本文（段落1）の拡大コピー（デジタル教科書可）
- 事柄のカード　5-01～07
- 馬のおもちゃの写真

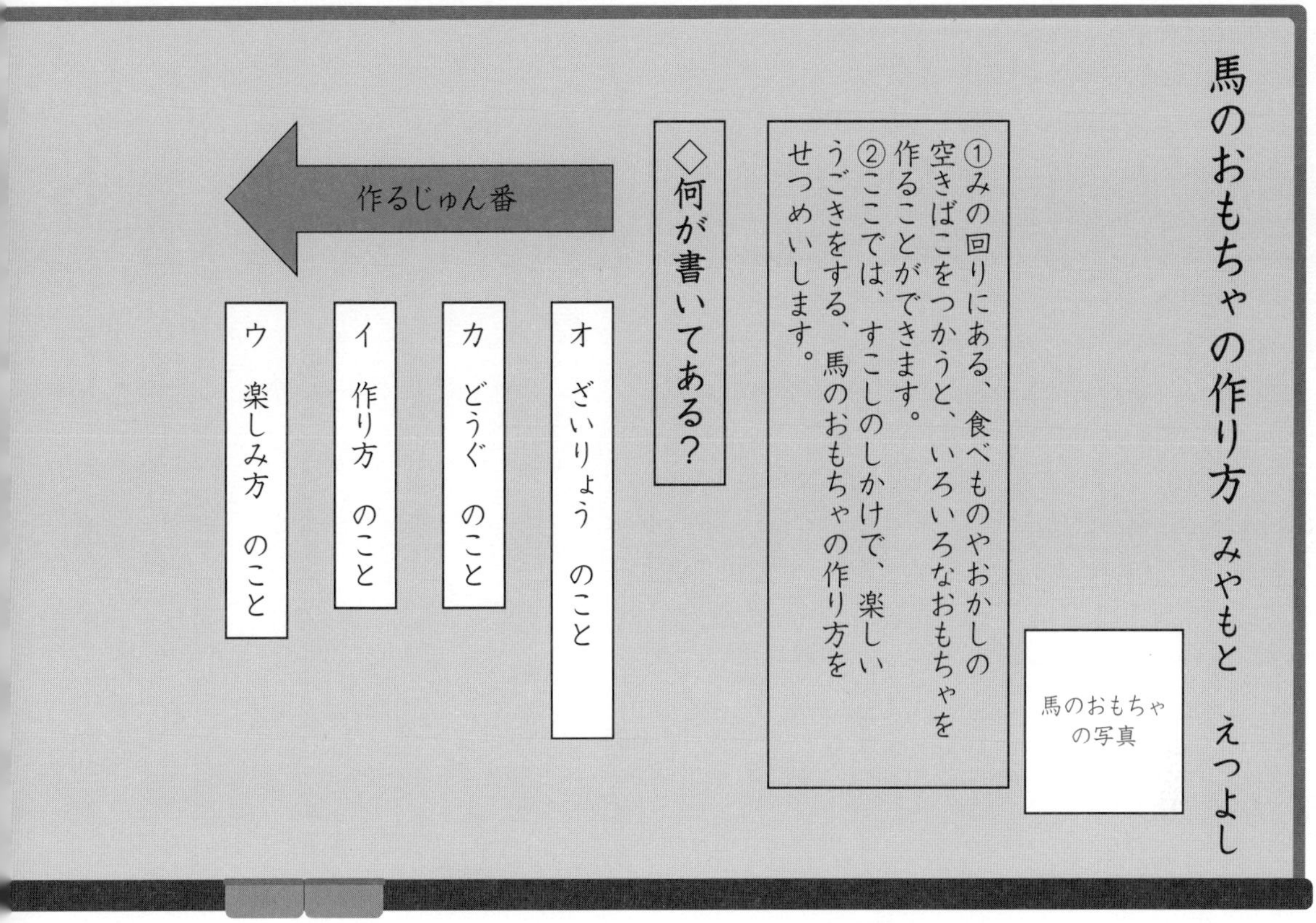

馬のおもちゃの作り方　みやもと　えつよし
馬のおもちゃの写真
①みの回りにある、食べものやおかしの空きばこをつかうと、いろいろなおもちゃを作ることができます。
②ここでは、すこしのしかけで、楽しいうごきをする、馬のおもちゃの作り方をせつめいします。
◇何が書いてある？
オ　ざいりょう　のこと
カ　どうぐ　のこと
イ　作り方　のこと
ウ　楽しみ方　のこと
作るじゅん番

1

教師が作った馬のおもちゃを見て、学習活動に対する意欲をもたせる

先生、こんなおもちゃ作ってみたんだけど、作ってみる？

なんか、図工の時間みたいだね
すごい。作りたい
どうやって作るの？

教師が作ったおもちゃを見せることで、子供の「作りたい」という気持ちを引き出す。単元のめあても確認し、学習の見通しをもつ。

2

教師の提示した1 2段落を音読し、その先に何が書かれているかを、選択肢の中から○×で考える

この続きには、何が書いてあるかな

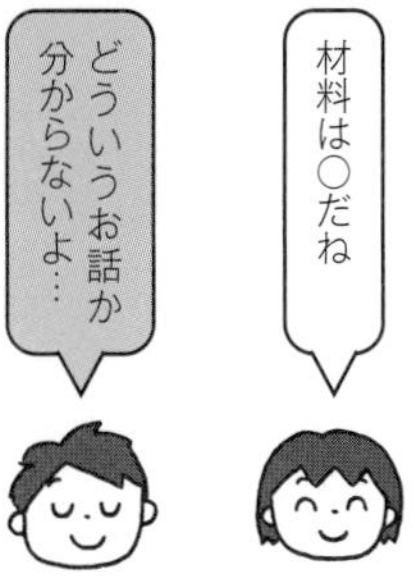

材料は○だね
どういうお話か分からないよ…

しかけ（選択肢）

ア～キの選択肢を用意し、○×で答えさせる。選択肢だけでなく、「例えば、はさみ」などと、例文を示すことで、判断しやすくなる。ペアで話し合った後で、全体で話し合う。　配慮ア

✓ 本時の展開 第二次 第1時

目標 カードを並べ替える活動を通して、接続語の役割に気付き、作り方の順番を読み取ることができる。

[本時展開のポイント]

作り方の手順を考えるには、接続語に着目することが必要である。接続語の必要性を感じさせるために、接続語がない文を提示し、子供の「困った」を引き出すようにする。

[個への配慮]

㋐手元で操作できるカードを用意する

センテンスカードを並べ替えるイメージをもてない子が、学習活動に参加できるように、机上で扱える大きさのセンテンスカードを用意し、具体的に操作させる。

㋑接続語に着目させる

接続語を見付けにくい場合、接続語を意識して音読するようことができるように、接続語にラインを引く。

★

◎作り方のじゅん番は、赤→みどり→青→黄色→白。せつぞく語に気をつけると、作るじゅん番がわかる。

せつめいのくふう①

3 隠していた接続語を見せ、どんな順に書かれているかを話し合う

抜けている言葉があったんだ。これでわかるかな？

「それから」と「つぎに」は、どっちが先だろう
「まず」、「つぎに」…がヒントだね

しかけ（順序を変える）

並べ替えた理由を問うことで、接続語に注目させ、2次以降の書き方の工夫につなげる。接続語に線を引かせるなど、視覚的に強調していく。

4 作り方に書かれている手順を確認し、学習をまとめる

それでは、教科書に何が書いてあるか、みんなで読んでみましょう

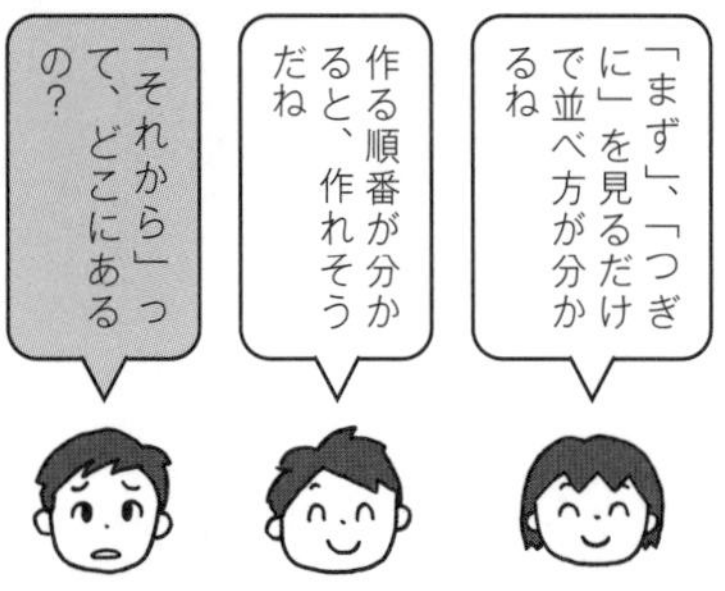

「まず」、「つぎに」を見るだけで並べ方が分かるね
作る順番が分かると、作れそうだね
「それから」って、どこにあるの？

センテンスカードの並べ替えは、接続語が手がかりになることを整理する。「どうぶつえんのじゅうい」のように、作る時間の順番になっていることも確認する。接続語を「説明の工夫」として押さえ、次時につなげていく。

配慮㋑

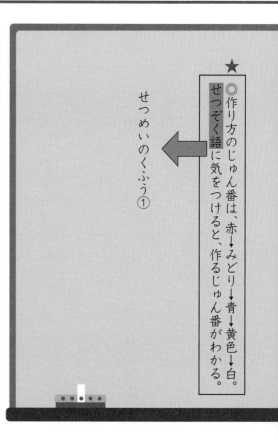

準備物
- センテンスカード５枚 ⤓ 5-08～12
- 教科書の写真（デジタル教科書で印刷可能）
- 馬のおもちゃの写真

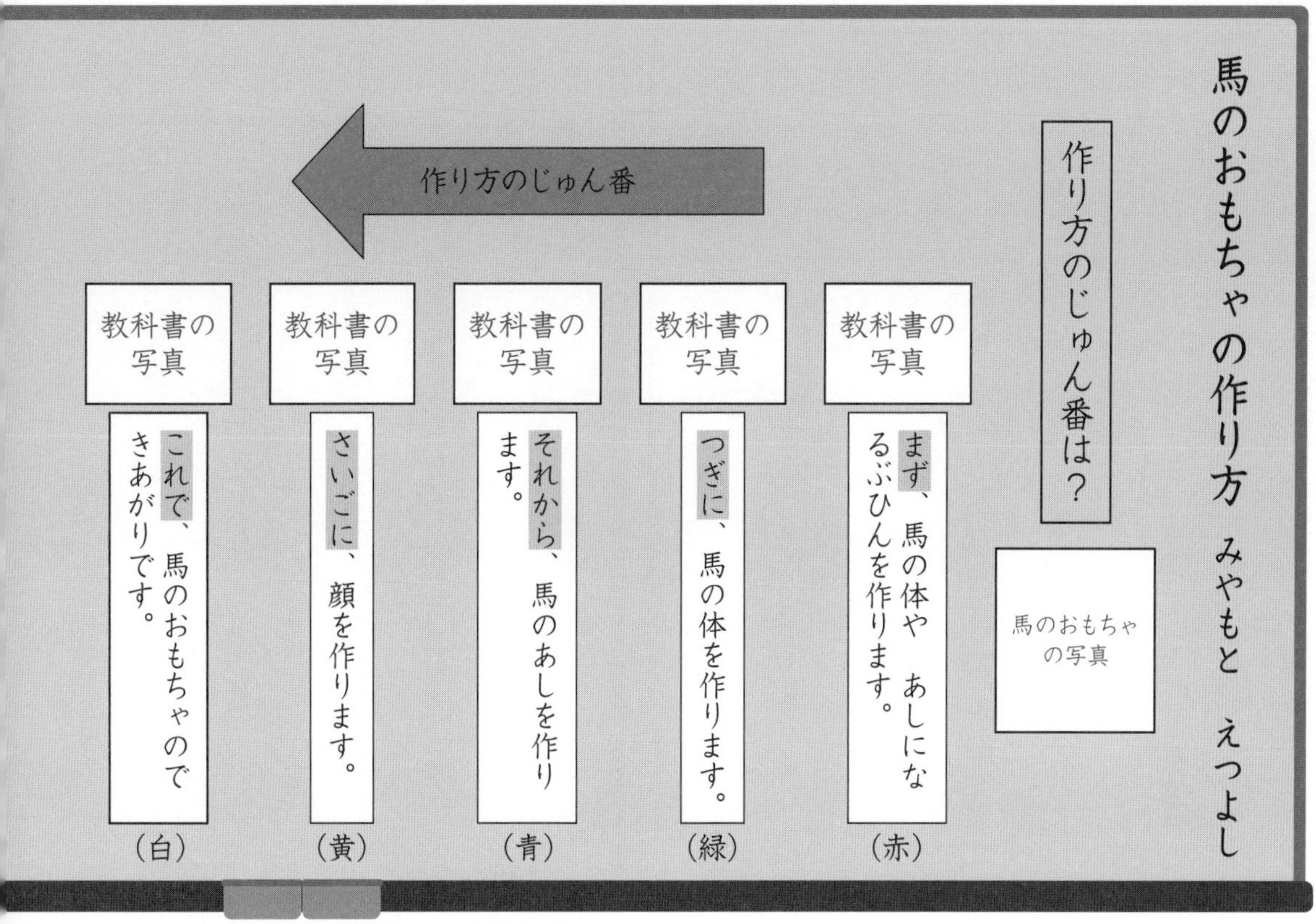

馬のおもちゃの作り方
みやもと　えつよし
作り方のじゅん番は？
馬のおもちゃの写真
作り方のじゅん番
教科書の写真
教科書の写真
教科書の写真
教科書の写真
教科書の写真
まず、馬の体や　あしになるぶひんを作ります。
（赤）
つぎに、馬の体を作ります。
（緑）
それから、馬のあしを作ります。
（青）
さいごに、顔を作ります。
（黄）
これで、馬のおもちゃのできあがりです。
（白）

1 教師が材料と道具を見せ、この次に何をするのかを確認する

先生、空き箱と色画用紙、ものさし、はさみ、ホチキスとのりを持ってきたよ。これでもう作れるよね？

ざいりょうと、どうぐがよういできたね

作り方がないと作れないよ

作り方を読んでみよう

おもちゃの材料と道具を見せ、次の活動に何が必要か考えさせる。「何が書いてあればいいのかな？」と投げかけ、予想させる。

2 「作り方のじゅん番は？」のカードの並べ替えをする

作り方を書いたカードを落としてばらばらになっちゃった。どんな順番だったっけ？

最初は青かな

馬のおもちゃのできあがりって書いてあるから、白が最後だね

どういう順番か分からない

しかけ（順序を変える）

接続語を隠した色付きセンテンスカードを示し、順番を考えさせる。写真を活用しながら、並べ替えのイメージをもたせる。

配慮ア

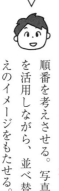

本時の展開 第二次 第2・3時

目標 本文を読みながらおもちゃの作り方を確認する活動を通して、筆者の説明の工夫を見付けることができる。

本時展開のポイント

本文を読みながら、実際におもちゃを作ってみる。作りやすかったところを実感させることで、筆者の書き方に注目させ、説明の工夫としてまとめさせたい。

個への配慮

ア困難を感じる作業には支援する

本文を読んだり、友達と教え合ったりしてもうまく作れない場合には、おもちゃがうまく作れるように、教師が長さを測り、切る部分を子供に作業させる。

イ数字のよさをくらべる

数字のよさ（必要感）を見付けられない場合、数字のあるなしを簡単にくらべられるようにするため、数字の抜けている本文を手渡し、実際に作らせることで、数字の必要性を見付けさせる。

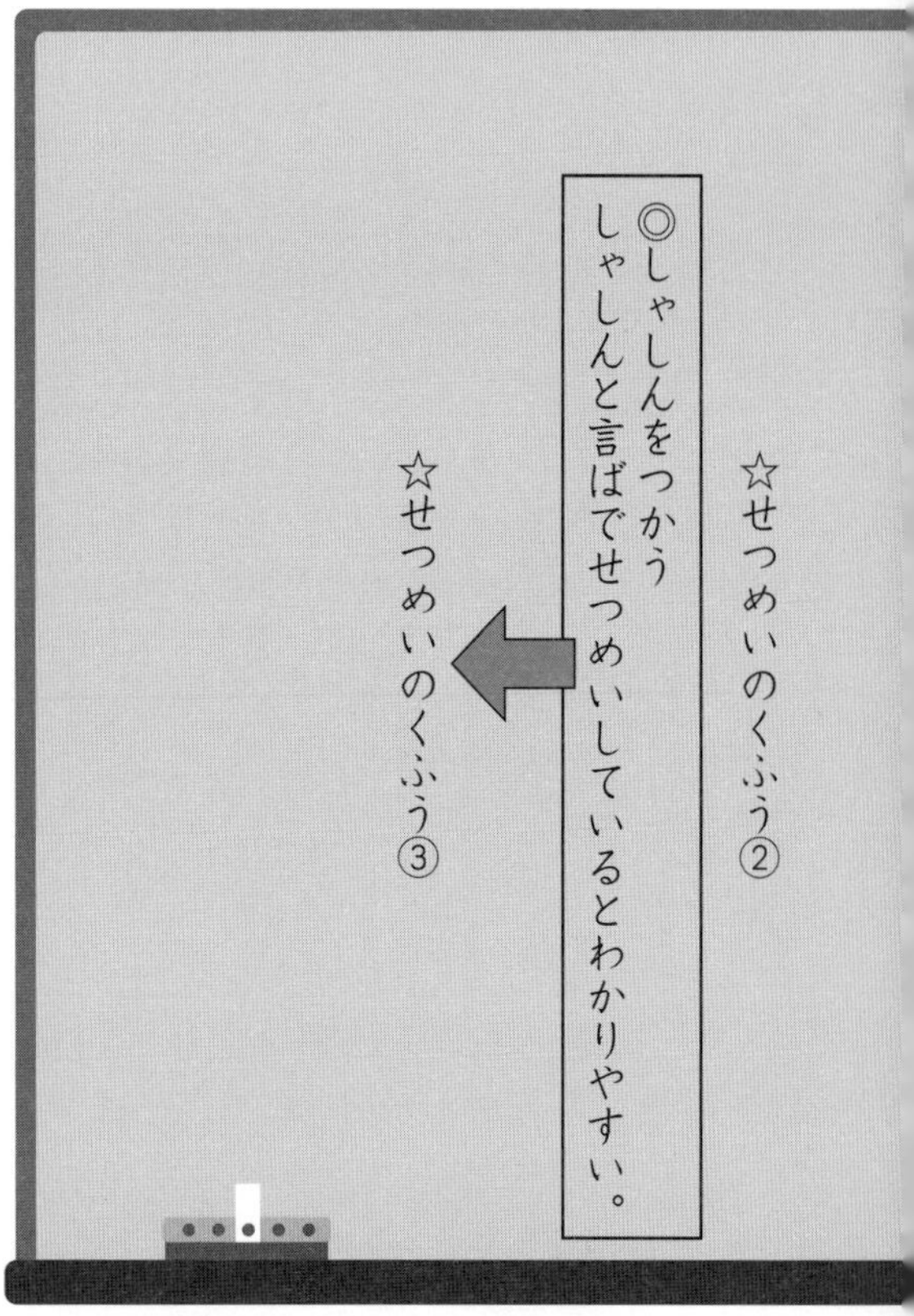

☆せつめいのくふう②
◎しゃしんをつかう
しゃしんと言ばでせつめいしているとわかりやすい。
☆せつめいのくふう③

3 数字や写真の必要性を考え話し合う

数字なしで作れたら、すごくない？数字があると簡単すぎるでしょ？写真って、すごく大事なんだね。だったら、文はいらないよね？

数字がなくても、大丈夫だね
でも、大きさが変わっちゃうよ
写真だけだと、間違って作っちゃう人もいるね

しかけ（仮定する）

作り方を説明する文章では、具体的な数値が用いられている。また、言葉だけでなく、図や写真が添えてある。「数字があると簡単すぎるでしょ？」「写真があれば文はいらないでしょ？」とゆさぶり、そのよさに気付くことができるようにする。 配慮イ

4 筆者の説明の工夫を整理する

作り方の文にも、説明の工夫があったんだね

写真があると、分かりやすいね
数字があるとみんなが同じものを作れるね

数値を使ったり、写真や図で示したりすることは、筆者の説明の工夫であることを確認する。

準備物
・馬のおもちゃの写真
・教科書本文の拡大図（デジタル教科書で印刷可能）

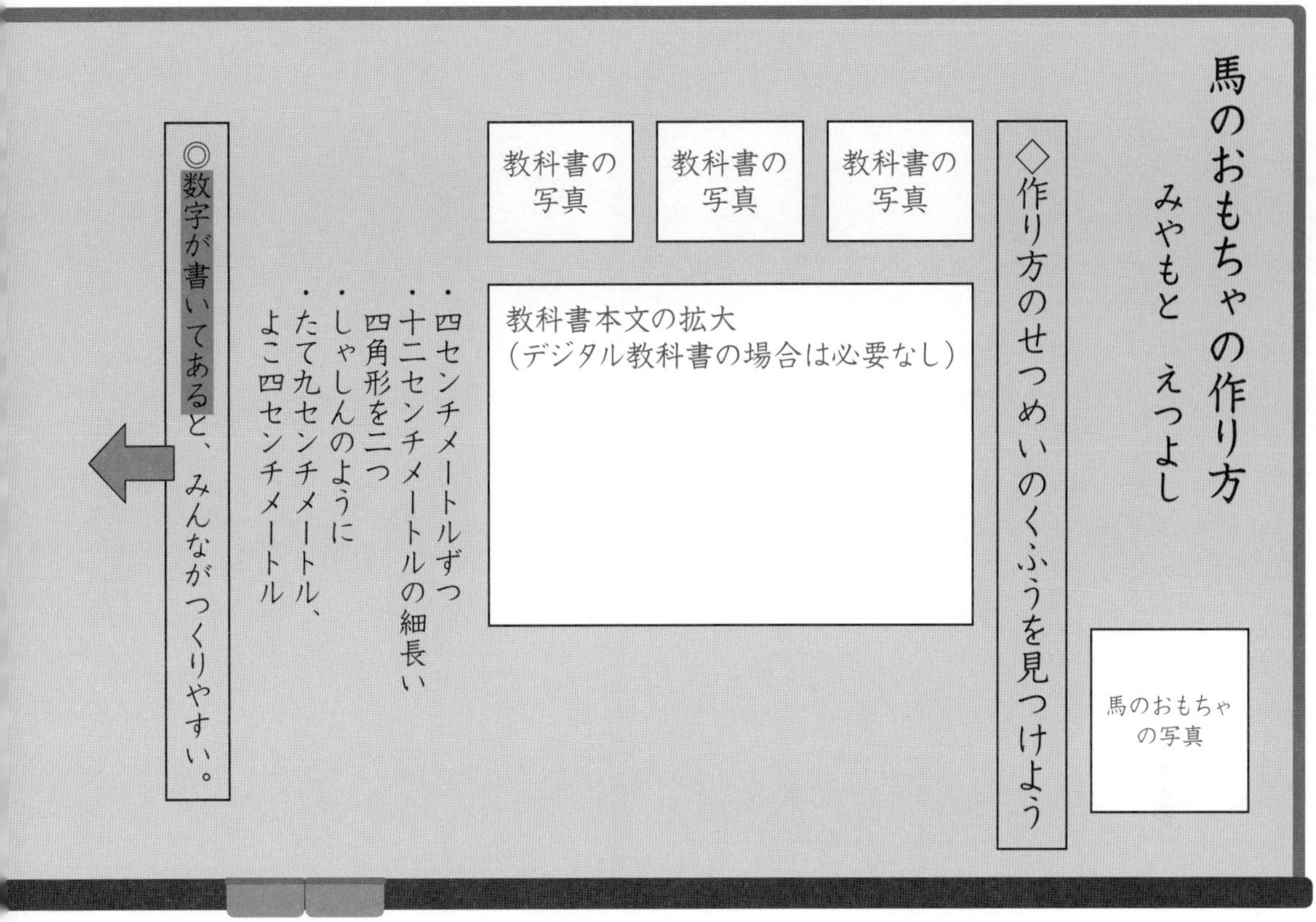

馬のおもちゃの作り方
みやもと　えつよし
馬のおもちゃの写真
◇作り方のせつめいのくふうを見つけよう
教科書の写真
教科書の写真
教科書の写真
教科書本文の拡大
（デジタル教科書の場合は必要なし）
・四センチメートルずつ
・十二センチメートルの細長い四角形を二つ
・しゃしんのように
・たて九センチメートル、よこ四センチメートル
◎数字が書いてあると、みんながつくりやすい。

1 馬のおもちゃの作り方の順序を確認する

今日は実際におもちゃを作っていきます。どんな順番で作ればいいかな？

最初は箱を、切ってたよね
馬の体やあしを作るんだよ

前時の学習を想起させ、本時の学習に見通しをもたせる。本時は、馬の体とあしを作るという、学習の見通しをもたせる。

2 本時の学習課題を確認し、本文（作り方）を読みながら、馬のおもちゃを作る

馬のおもちゃを作りながら、分かりやすいな、と思うところに線を引きましょう

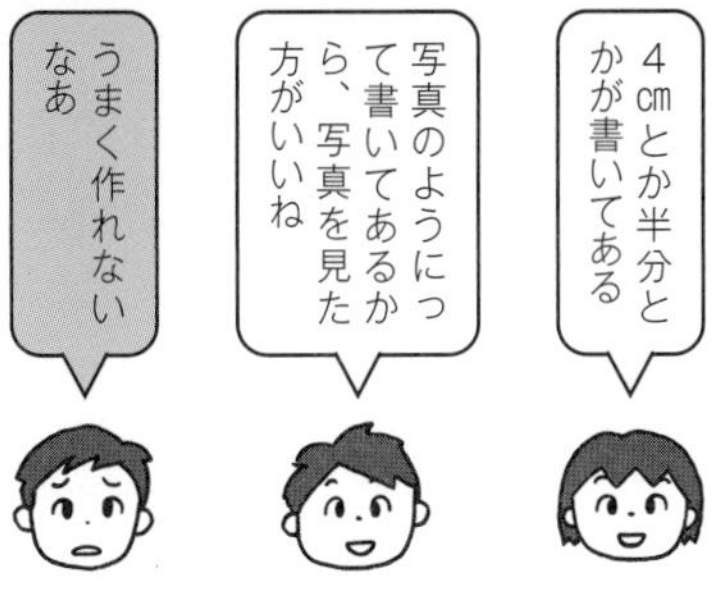

4㎝とか半分とかが書いてある
写真のようにって書いてあるから、写真を見た方がいいね
うまく作れないなあ

実際におもちゃを作ることで、文章の分かりやすい部分を捉えられるようにする。数字や写真に注目させたい場合、あえてその部分を隠して提示するなどし、数字や写真などのあるよさについて考えさせる。　配慮ア

本時の展開　第二次　第4時

目標　[1][2]段落、[9]段落が必要かを話し合う活動を通して、筆者の説明の工夫を見付けることができる。

本時展開のポイント

前時までの学習で、馬のおもちゃを作ることが可能になる。しかし、本文には、[1][2]段落で話題が、[9]段落で楽しみ方が書かれている。[1][2]段落、[9]段落が必要かどうかを話し合うことで、それぞれの段落の意味を考えさせる。

個への配慮

ア接続語や数値に着目させる

音読することが苦手な子がいる場合には、教師がそばに行って、教師または子供が指でなぞり読みをすることで、一文一文をきちんと音読できるようにする。接続語や数値など気を付けたいところに再度ラインを引き、意識して音読することができるようにする。

イ手元で操作できるワークシートを用意する

板書上でくらべるのが難しい場合は、手元に段落を抜いたワークシートを配り、本文とくらべさせることで本文のよさに気付くことができるようにする。

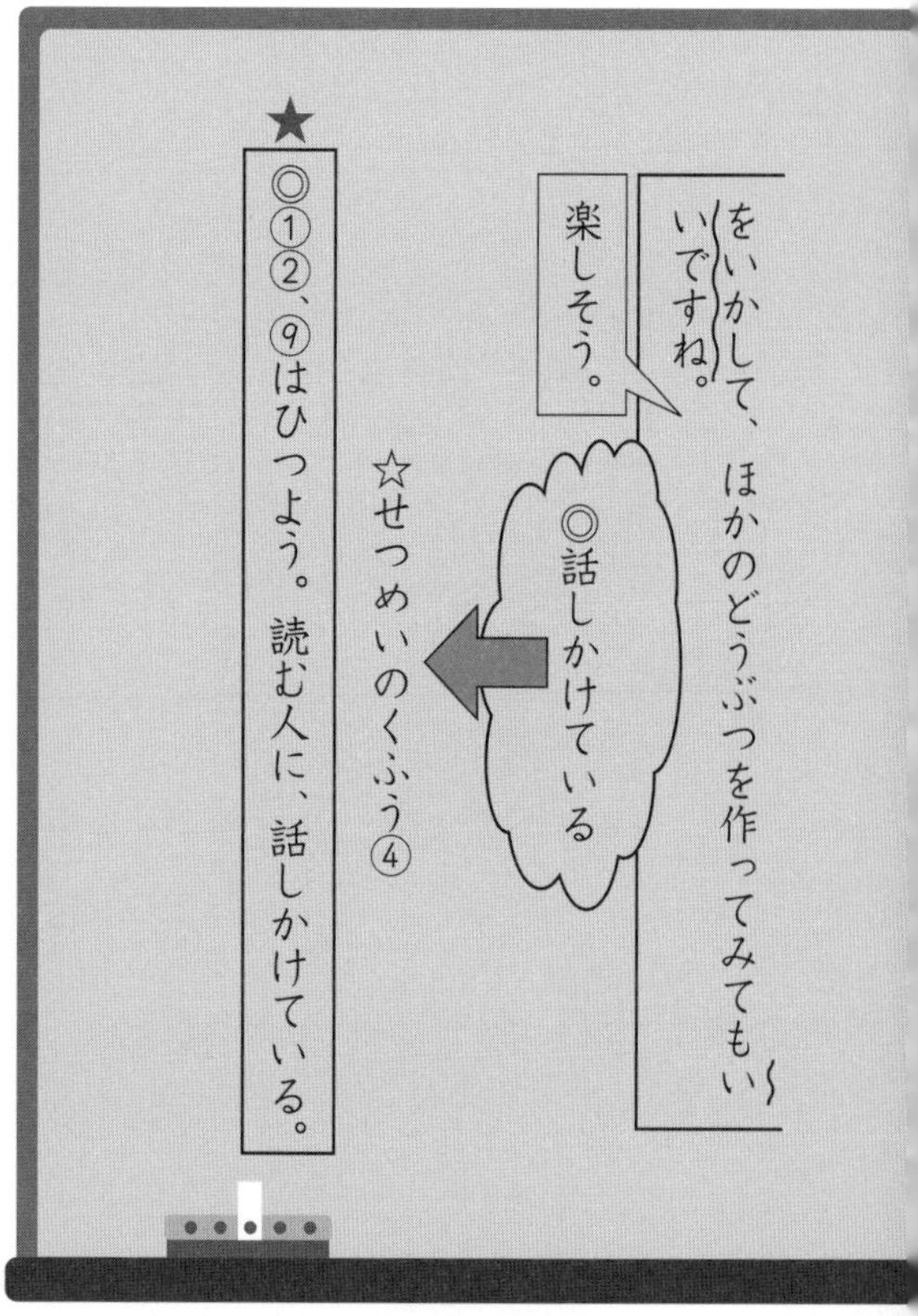

〜をいかして、ほかのどうぶつを作ってみてもいいですね。〜
楽しそう。
◎話しかけている
☆せつめいのくふう④
★
◎①②、⑨はひつよう。読む人に、話しかけている。

3　[1][2]段落と[9]段落の必要性を話し合う

先生気が付いたんだけど、[1][2]、[9]段落には説明の工夫はないよね。だから[1][2]、[9]段落はいらないよね。[1][2]、[9]段落がなくても、おもちゃが作れたし

[1][2]段落は必要だよね。理由は……

[1][2]があるから、作りたい気持ちになるんだよ

どっちか分からないなあ？

しかけ（仮定する）

[1][2]、[9]段落の必要性を話し合うことで、読者を意識した書き方のよさに気付くことができるようにする。読者に対して呼びかける言葉にも注目させ、説明の工夫としてまとめる。　配慮イ

4　筆者の説明の工夫を整理し、学習を振り返る

筆者はどうして[1][2]段落と[9]段落を入れたのかな？

「せつめいします。」って書いてあると、何を作るかわかりやすいよね

楽しみ方が書いてあると、やる気になるね

前時までの学習に加え、[1][2]、[9]段落にも、説明の工夫があることを確認する。

準備物
・1 2、9段落本文を拡大したもの
・教科書の写真

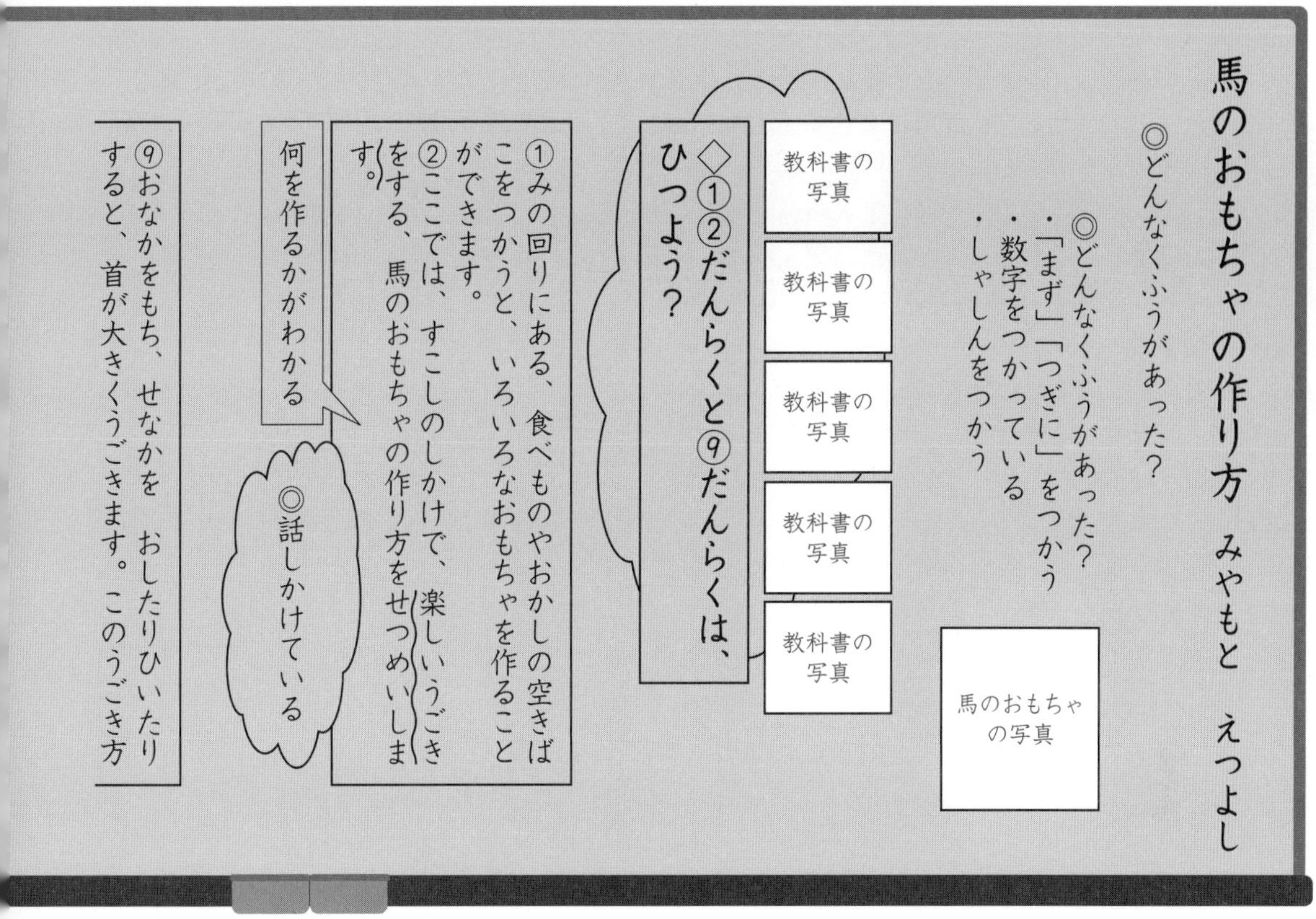
馬のおもちゃの作り方　みやもと　えつよし
◎どんなくふうがあった？
◎どんなくふうがあった？
・「まず」「つぎに」をつかう
・数字をつかっている
・しゃしんをつかう
馬のおもちゃの写真
教科書の写真
教科書の写真
教科書の写真
教科書の写真
教科書の写真
◇①②だんらくと⑨だんらくは、ひつよう？
①みの回りにある、食べものやおかしの空きばこをつかうと、いろいろなおもちゃを作ることができます。
②ここでは、すこしのしかけで、楽しいうごきをする、馬のおもちゃの作り方をせつめいします。
何を作るかがわかる
◎話しかけている
⑨おなかをもち、せなかを　おしたりひいたりすると、首が大きくうごきます。このうごき方

1 これまでの学習を振り返り筆者の工夫を発表する

これまで宮本さんの書き方の工夫を勉強してきたね。どんな工夫があったかな？

写真があったね
四㎝って、長さがあったよ
接続語が使われていたね

これまで学習してきたことを発表させ、共有化する。ノートに書いていたことを元に発表させる。

2 写真を指さしながら、音読する

宮本さんの書き方を真似したら、みんなも説明が上手になるね。宮本さんになりきって写真を指さししたり、立ったりしながら音読しよう

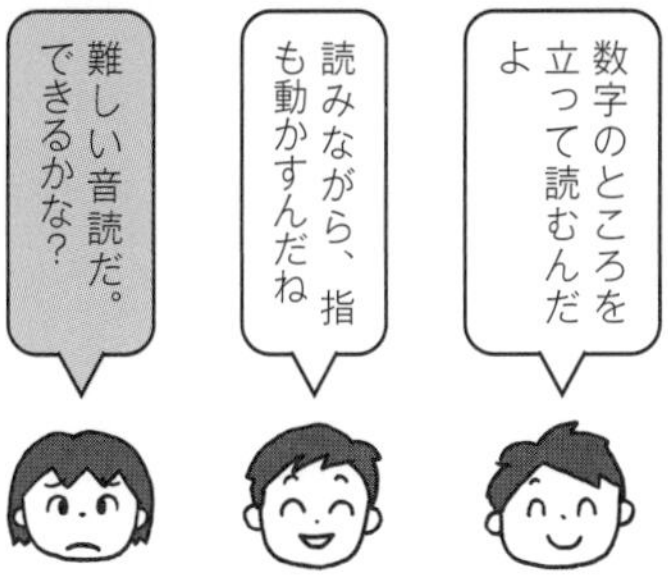
数字のところを立って読むんだよ
読みながら、指も動かすんだね
難しい音読だ。できるかな？

考える音読
写真を指差して読んだり、接続語や数値など大切な言葉は立って音読したりすることで、筆者の工夫を意識することができるようにする。配慮ア

本時の展開　第二次　第5時

目標 筆者の説明の工夫について話し合う活動を通して、説明の工夫の必要性に気付き、友達と共有することができる。

［ 本時展開のポイント ］

五つの説明の工夫の中から、「一番大事な説明の工夫は？」と、選択させる学習課題によって、どの子も自分なりの考えをもつことができる。また立場を決めるには前時までの学習を手がかりに筆者の説明の工夫をくらべる必要があるため、内容理解が促される。

［ 個への配慮 ］

㋐ペアで話し合う時間を設定する

自分で○か×を決定できない子がいる場合には、ペアで話し合う時間を設定し、学習に参加できるようにする。

㋑手元で操作できるカードを用意する

実際に手元で操作しながら説明の工夫の順序を考えることができるようにする。

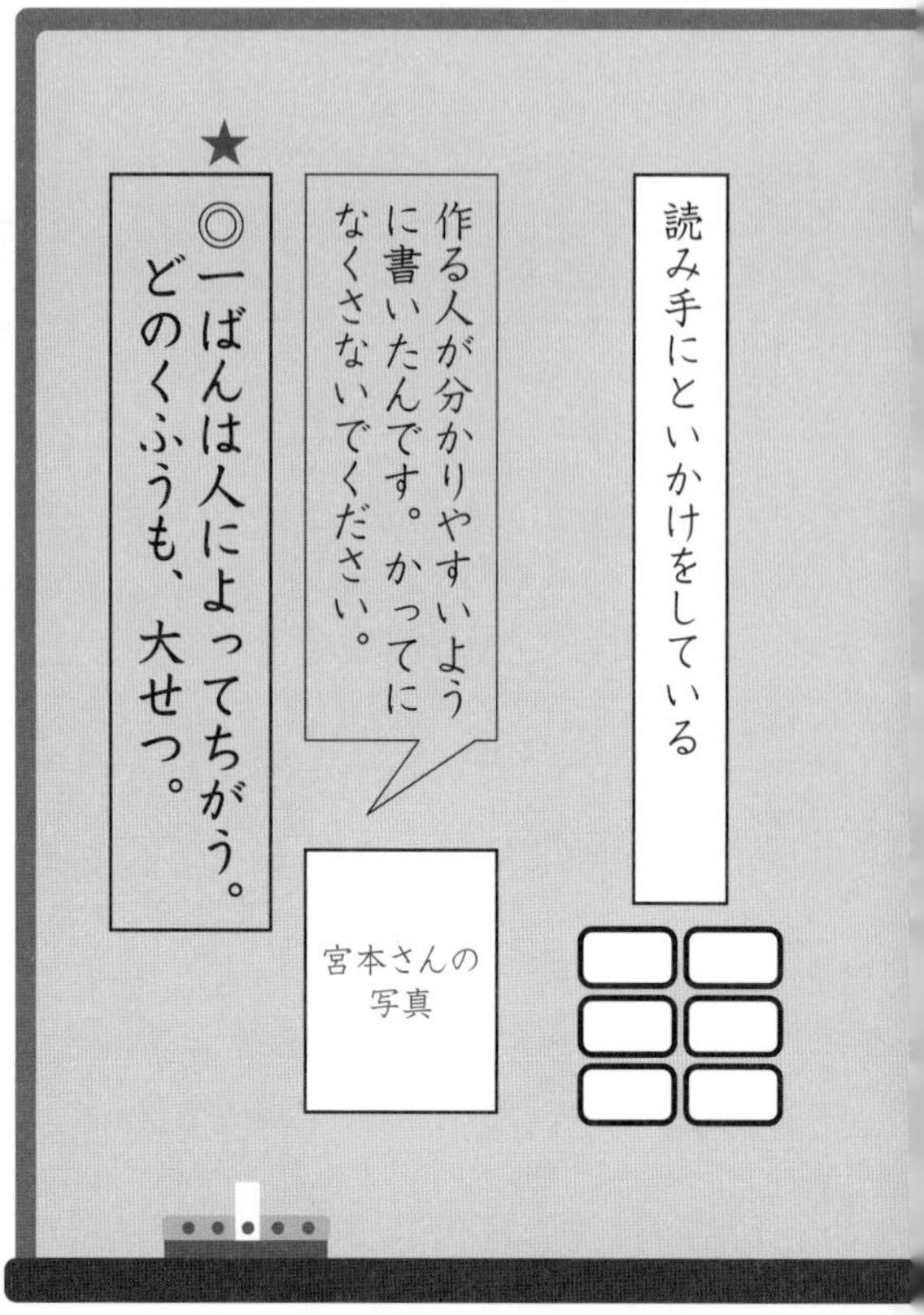

読み手にといかけをしている
作る人が分かりやすいように書いたんです。かってになくさないでください。
宮本さんの写真
★
◎一ばんは人によってちがう。どのくふうも、大せつ。

4

しかけ（仮定する）

一番人気のなかった説明について、「なくしていいか？」とゆさぶり発問をする。話し合いの最後に、筆者の宮本さんを登場させ、どの工夫も大切であると示し、読み手にとって、人気がない工夫でも大切であることを確認する。

…は人気がないけど、あった方がいいね
…があると、私たちも作りやすいね

本時の学習のまとめをし、次時以降の学習への見通しをもつ

馬のおもちゃの作り方の説明文には、たくさんの工夫があったんだね。次は、自分で決めたおもちゃを説明する文章を書いていくよ

～さんの発表した、…も使ってみたいな
私は接続語と数字を使ってみるね

自分で選んだ工夫だけでなく、友達の選んだ工夫にも目を向けさせる。次時の、説明文を書く活動に円滑に取り組めるよう、教科書などを活用し、振り返りも丁寧に行う。

準備物
・○×クイズに使用する拡大カード ⤓ 5-13～17
・馬のおもちゃの写真　・ネームプレート
・宮本さんの写真

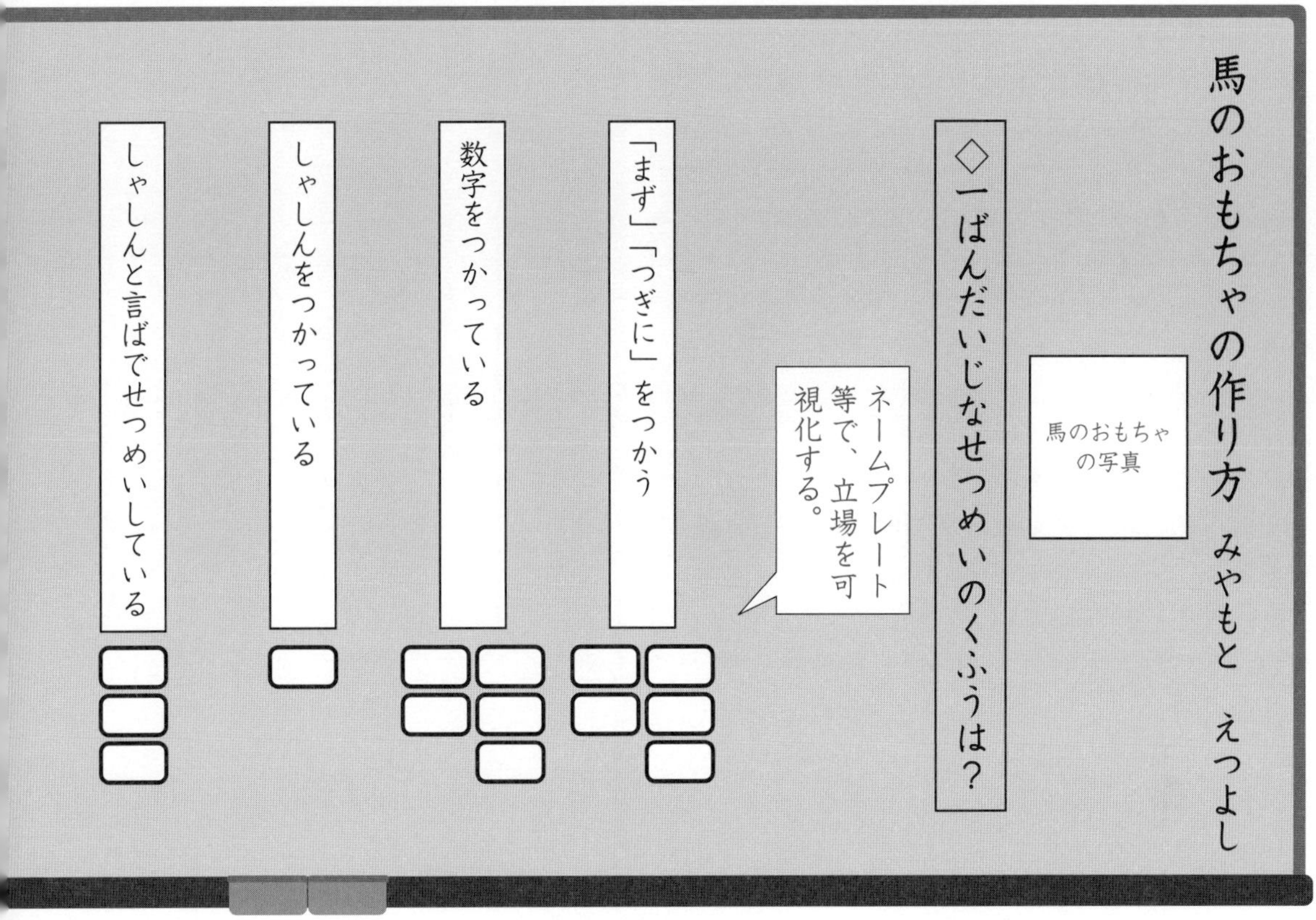

馬のおもちゃの作り方
みやもと　えつよし
馬のおもちゃの写真
◇一ばんだいじなせつめいのくふうは？
ネームプレート等で、立場を可視化する。
「まず」「つぎに」をつかう
数字をつかっている
しゃしんをつかっている
しゃしんと言ばでせつめいしている

1

説明の工夫の確認をする

これから、馬のおもちゃの作り方にあった、説明の工夫○×クイズをします

字が大きいのは、×だね
○か×か分からないよ…

前時までの復習も兼ね、○×クイズで説明の工夫の確認をする。○になった問題は、そのまま板書に貼り、目でも確認する。配慮ア

2

学習課題について話し合う

一番大事な説明の工夫は？

「まず、」「つぎに」の接続語は使いたいなあ
どうしたらいいか分からないよ…

Which型課題

今後の学習活動について確認し、自分が書く文章に、どんな工夫を使いたいかを問いかける。叙述や写真を根拠にして理由を述べ合う。着眼点によって読者それぞれ答えが異なることを確認する。配慮イ

3

人気の少なかった説明の工夫について話し合う

人気がなかった説明の工夫は使わなくてもいいよね

本時の展開　第三次　第1・2時

目標　文章の構成と順序を考え、おもちゃの説明を書くことができる。

［ 本時展開のポイント ］

前時までに学習した、「書くための読みの力」を生かし、書く活動につなげる。

［ 個への配慮 ］

ア家庭でも話題にしてもらう

何のおもちゃを作るか決められないことが想定される場合、保護者と事前に相談を進めながら、作りたいおもちゃについて家庭でも話題にしてもらうなどして、決められるようにする。

イ例文を示したり、考える筋道を問う

文章に書くことが難しい場合、例文を基に書き出しを示したり、教師の問いかけに対して答えたことを、文章に書くことを助言したりする。

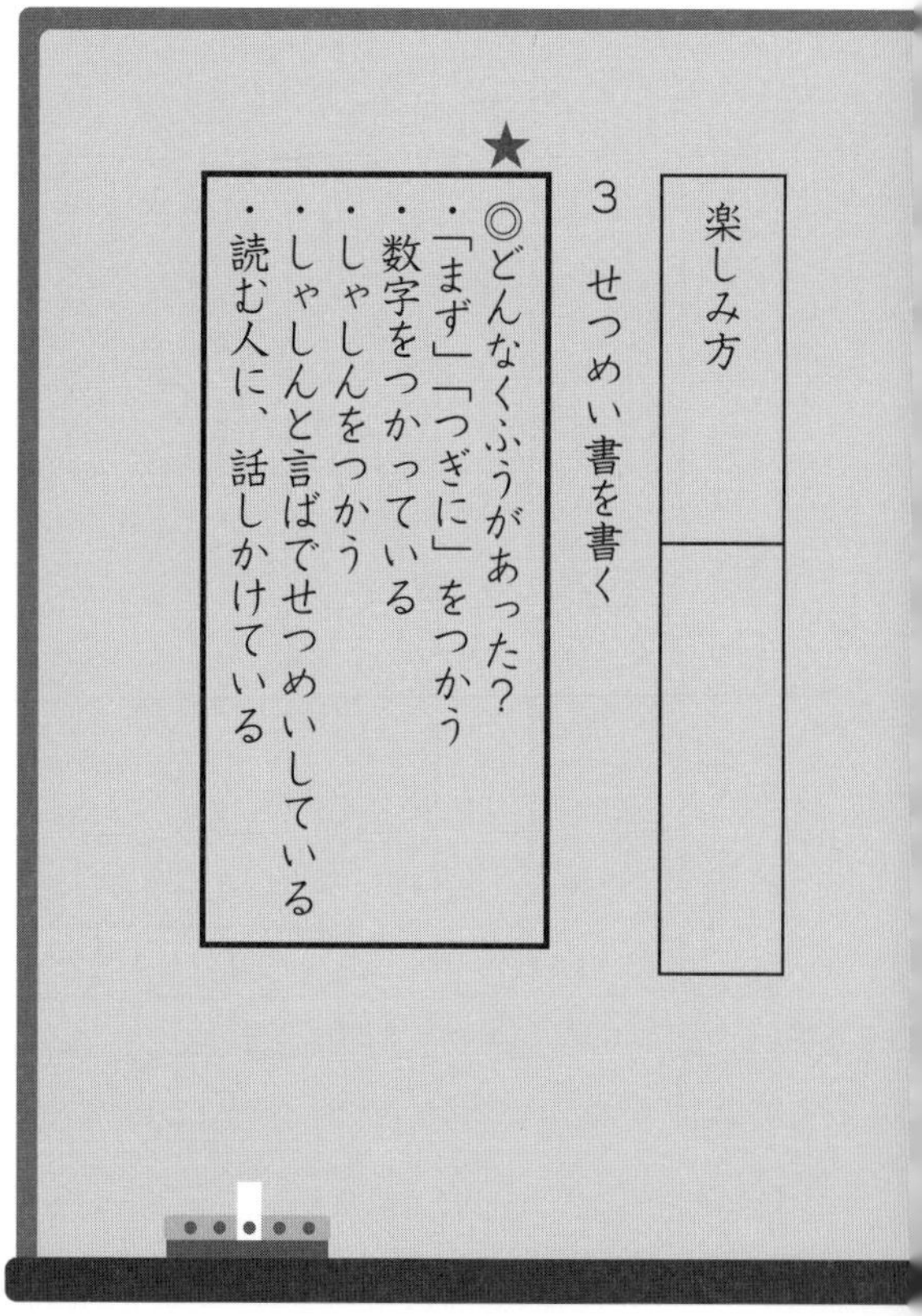

楽しみ方
3　せつめい書を書く
★
◎どんなくふうがあった？
・「まず」「つぎに」をつかう
・数字をつかっている
・しゃしんをつかう
・しゃしんと言ばでせつめいしている
・読む人に、話しかけている

3 調べた内容を基に文章を書く

メモに書いたものを詳しくして、文章を書きましょう

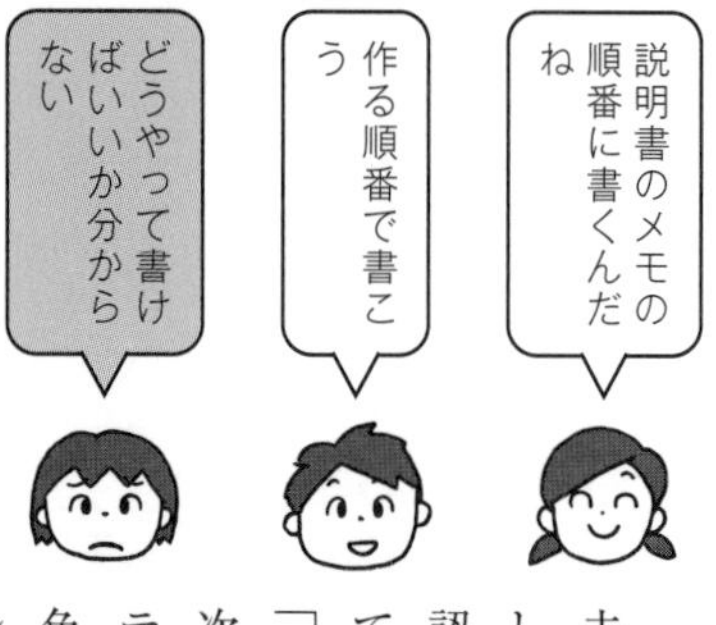

説明書のメモの順番に書くんだね
作る順番で書こう
どうやって書けばいいか分からない

前時までの、説明の工夫を確認し、工夫を生かして文章を書くことを確認する。子供たちにとって、一番難しい部分は「作り方」になる。第一次第2時で活用したセンテンスカードを掲示し、色ごとに分けたワークシート（短冊）を使いながら、「まず」→「つぎに」と一つ一つ、書けたことを積み上げ（スモールステップ）ていくとよい。

説明の工夫を、観点ごとに示したチェック表などを使い、自分が書いた文章の見直しや、友達の書いた文章のチェックなどを行う。配慮イ

★チェック表の例

たしかめること	一回目	二回目	友だち
「まず」「つぎに」「さいごに」をつかって書けた。			
しゃしんや、図をつかって書けた。			
数字をつかって書けた。			

説明の工夫や、正しい表記についての観点を具体的に示す。

準備物
・おもちゃの写真（例）
・ワークシート（せつめい書メモ、色分けした短冊）
・チェック表

馬のおもちゃの作り方　みやもと　えつよし

◇おもちゃの作り方を書こう

1　せつめいするおもちゃをきめる

おもちゃの写真　例①
おもちゃの写真　例②
おもちゃの写真　例③
おもちゃの写真　例④

2　メモをつくる

せつめい書のメモ	
作るもの（話題）	
ざいりょうとどうぐ	
作り方	まず
	つぎに
	それから
	さいごに
	これで

1 説明するおもちゃを決める

説明するおもちゃは、決まったかな?

図鑑に書いてあった○○がいいな
私だけじゃ決められないよ

単元の途中からの並行読書などを活用し、何を作るかを決められるように、事前にいくつかの候補を選ばせておく。何を作ればいいか困ることがないように、教師側も選択肢を提示できるようにする。　配慮ア

2 メモをつくる

文章に書くことを、簡単なメモにしましょう

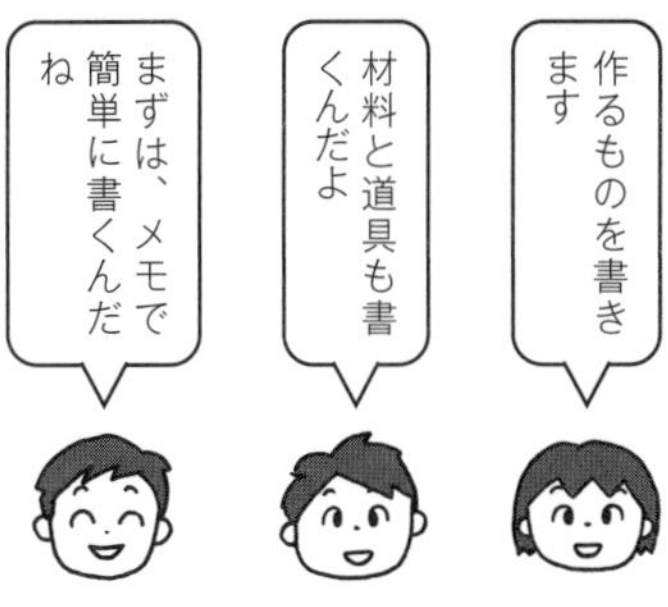
作るものを書きます
材料と道具も書くんだよ
まずは、メモで簡単に書くんだね

生活科の教科書やおもちゃ図鑑などを活用する。完成物を視覚的に捉えさせ、そこに至るまでの材料や道具について考えさせる。

本時の展開 第三次 第3時

目標 自分の書いた文章を読みながらおもちゃを作り、文章の見直しをすることができる。

[本時展開のポイント]

自分の書いた文章に沿って、実際におもちゃを作ってみることで、説明不十分な点や、分かりにくいところに気付かせる。

[個への配慮]

ア側で一緒に読み上げる

自分の書いた文章の分かりにくいところを見付けられない場合、教師が一緒に読み、分かりにくいところを一緒に確認していく。

イ書き直しの選択肢を示す

どう直せばいいか分からない場合は、教師が書き直しの例を複数提示し、その中から書き直しの例を選べるようにする。

※ 書きおわったら・・・
自分でもう一回読んでみる。

などで撮影し、説明では分かりにくいところを補うよう助言する。

同じおもちゃの説明を書く子同士で、お互いの文章を読み合い、わかりにくいところを見付ける活動も考えられる。

他に、自分の書いた説明書を友達が読み、おもちゃを作ってもらう、という活動から、文章を見直す方法もある。配慮ア

3 説明で分かりにくかった部分を書き直す

付箋を貼ったところを、分かりやすく書き直しましょう。分かりにくいところは、説明の工夫をつかうといいかもしれないね

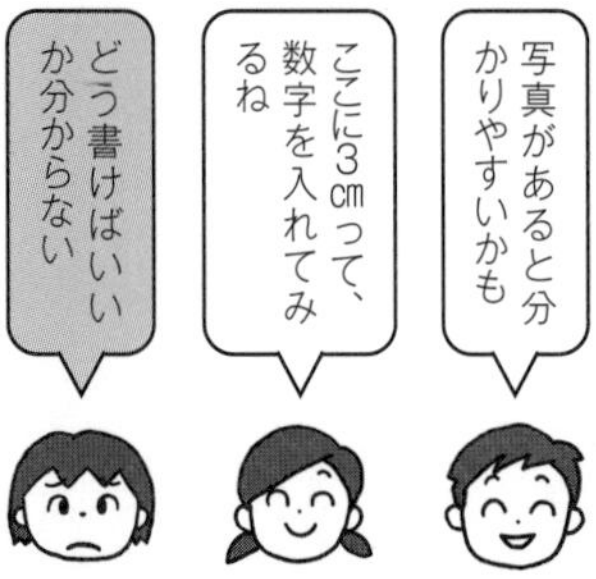

写真があると分かりやすいかも
ここに3㎝って、数字を入れてみるね
どう書けばいいか分からない

説明の工夫が、適切に使われていたかを確認する。文意が通らない文章を書いていた子供については、一文を短くすることや、「何をどうする」と、作り方を具体的にイメージしやすいように書かせる。配慮イ

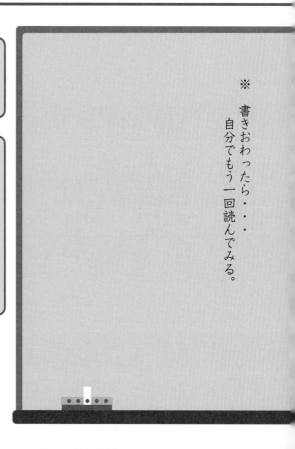

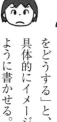

準備物
・おもちゃの写真（例）
・付箋

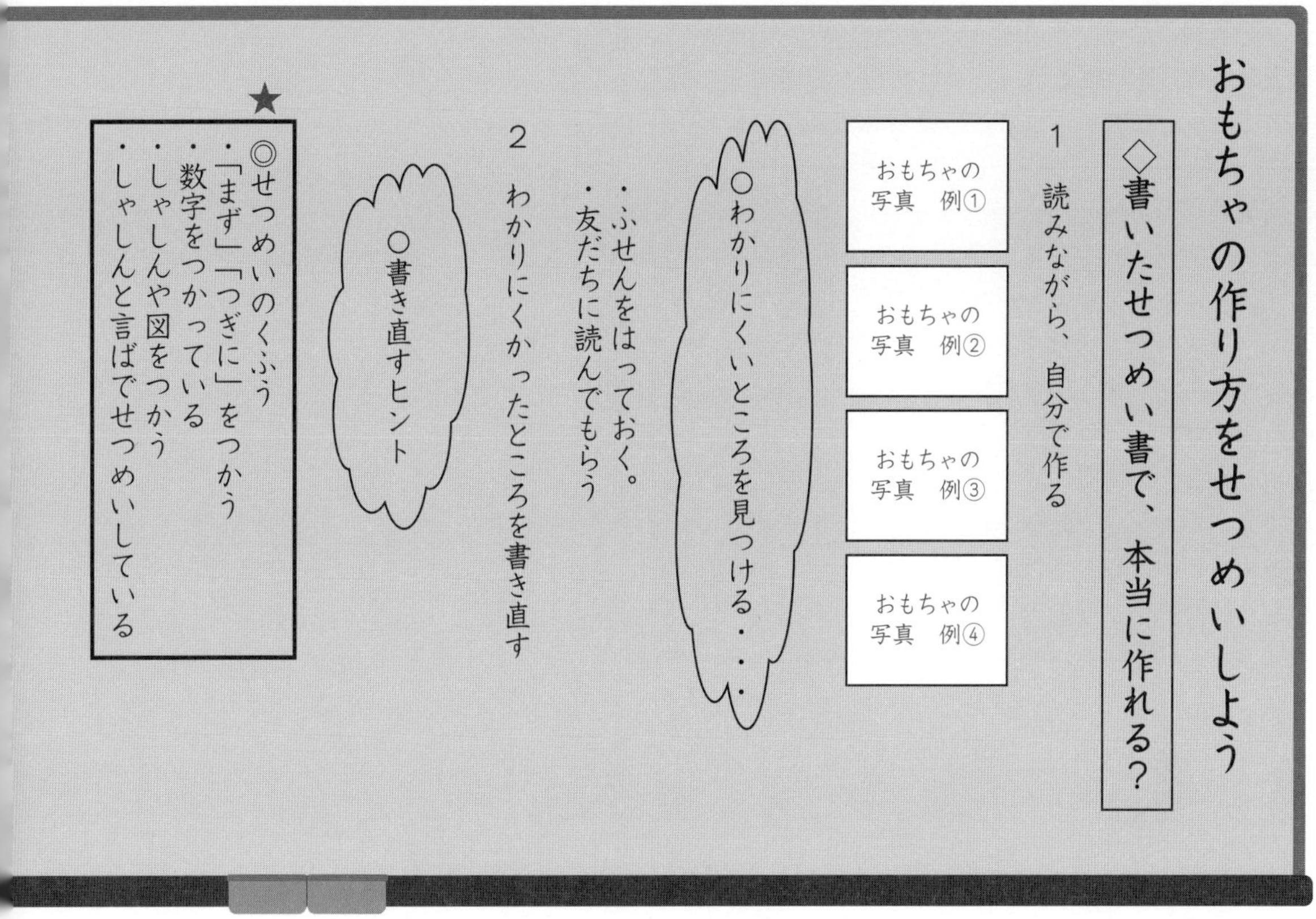
おもちゃの作り方をせつめいしよう
◇書いたせつめい書で、本当に作れる？
1　読みながら、自分で作る
おもちゃの写真　例①
おもちゃの写真　例②
おもちゃの写真　例③
おもちゃの写真　例④
○わかりにくいところを見つける・・・
・ふせんをはっておく。
・友だちに読んでもらう
2　わかりにくかったところを書き直す
○書き直すヒント
★
◎せつめいのくふう
・「まず」「つぎに」をつかう
・数字をつかっている
・しゃしんや図をつかう
・しゃしんと言ばでせつめいしている

1 本時の学習について、めあてを確認し、学習の見通しをもつ

書いた説明書で、本当におもちゃが作れるかな？

たぶんできると思うけど
ちょっと心配だな

自分の書いた文章を読みながら、実際におもちゃを作ることで、文章を見直すという、本時の学習の見通しをもつ。

2 〈作り方〉を読みながらおもちゃを作り、文章を見直す

自分の書いた文章を読みながら、おもちゃを作ってみましょう。分かりにくいところがあったら、付箋を貼っておきましょう。分かりにくいところを、友達に読んでもらって、アドバイスをもらうのもいいよ

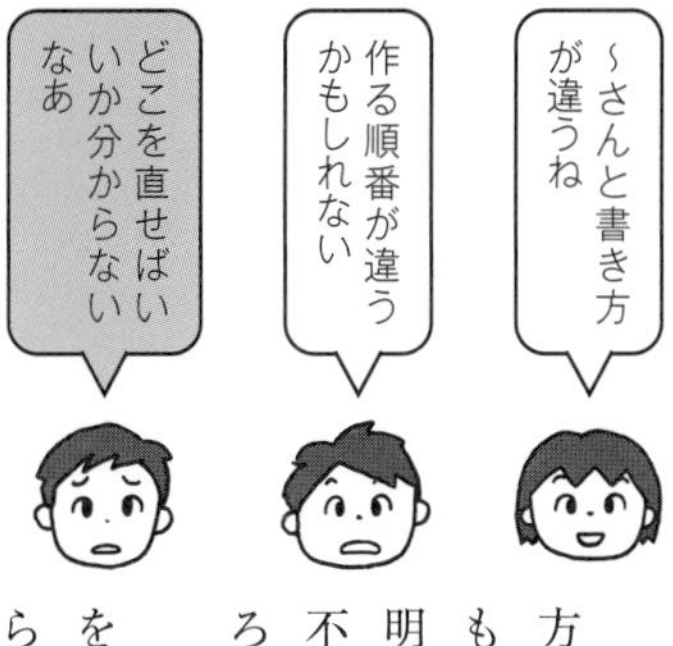
～さんと書き方が違うね
作る順番が違うかもしれない
どこを直せばいいか分からないなあ

自分が書いた〈作り方〉に沿って、実際におもちゃを作ってみる。説明が分かりにくかったり、不十分だったりするところを実感できるようにする。

説明に使いたい写真を、おもちゃを作りながら教師がデジタルカメラ

本時の展開　第三次　第4時

目標　友達と文章を読み合い、友達の書いた文章の説明の工夫を見付け、友達に伝えることができる。

［本時展開のポイント］

友達との相互評価を取り入れ、自分の説明のよかったところを自覚させ「書けた」を実感させたい。

［個への配慮］

ア友達のよい例を複数掲示する

友達のよさを見付けられない場合は、説明の分かりやすかった部分を一緒に見付け、その中から一つ、友達に伝えられるようにする。

イ友達の意見にふれさせる

自分の書いた文章のよさを見付けることが難しい場合には、そのよさを見付けられるようにするために、友達に書いてもらった付箋の中から、うれしかったものを一つ選べるようにする。

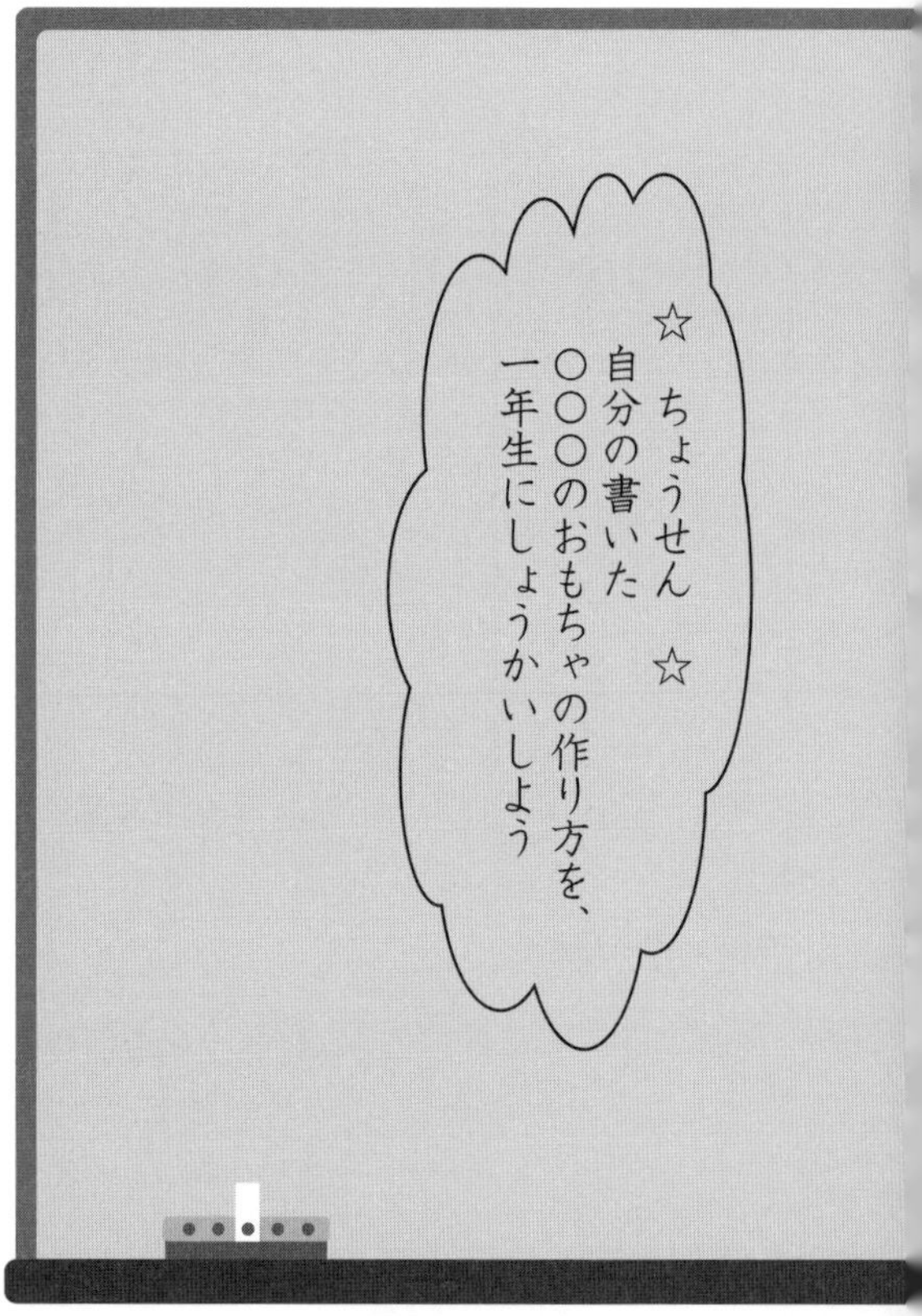
☆ ちょうせん ☆
自分の書いた
〇〇のおもちゃの作り方を、
一年生にしょうかいしよう

子との交流も設定する。

時間があれば、友達の説明書のよさについて、発表させる。第三次1・2時のようなチェック表を活用する方法もある。　配慮ア

〇〇のおもちゃ、私も作れそう。絵が分かりやすい
よかったところが見付からない

3　自分の書いた説明のよいところを確認する

自分の説明のよかったところを書きましょう

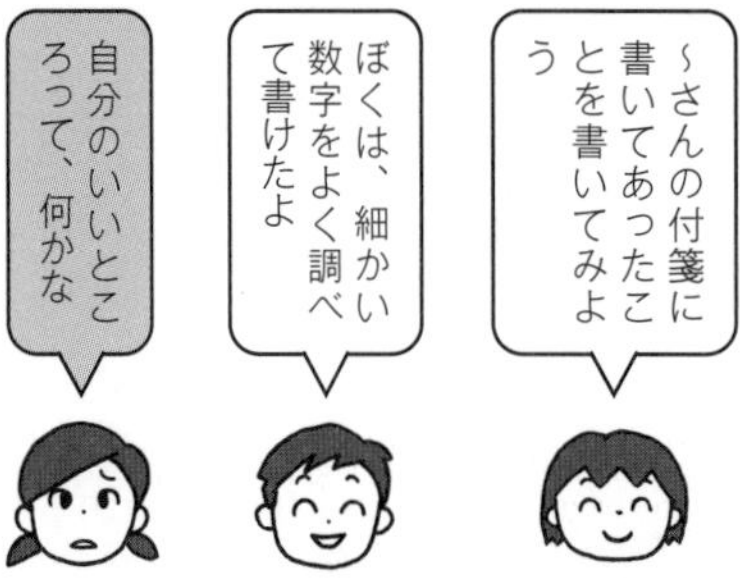
～さんの付箋に書いてあったことを書いてみよう
ぼくは、細かい数字をよく調べて書けたよ
自分のいいところって、何かな

他者評価も踏まえて、「書けるようになった」という実感をもたせ、成長につなげたい。箇条書きで書くことで、自分の文章のよさを探す意欲を高めることにつながる。

本時の学習の後、発展的な学習の場として、「自分の書いた〇〇のおもちゃの作り方を紹介しよう」という活動の展開も期待できる。紹介する相手としては、親、学級の友達、学年の友達、一年生などが考えられる。　配慮イ

準備物
・チェック表
・付箋

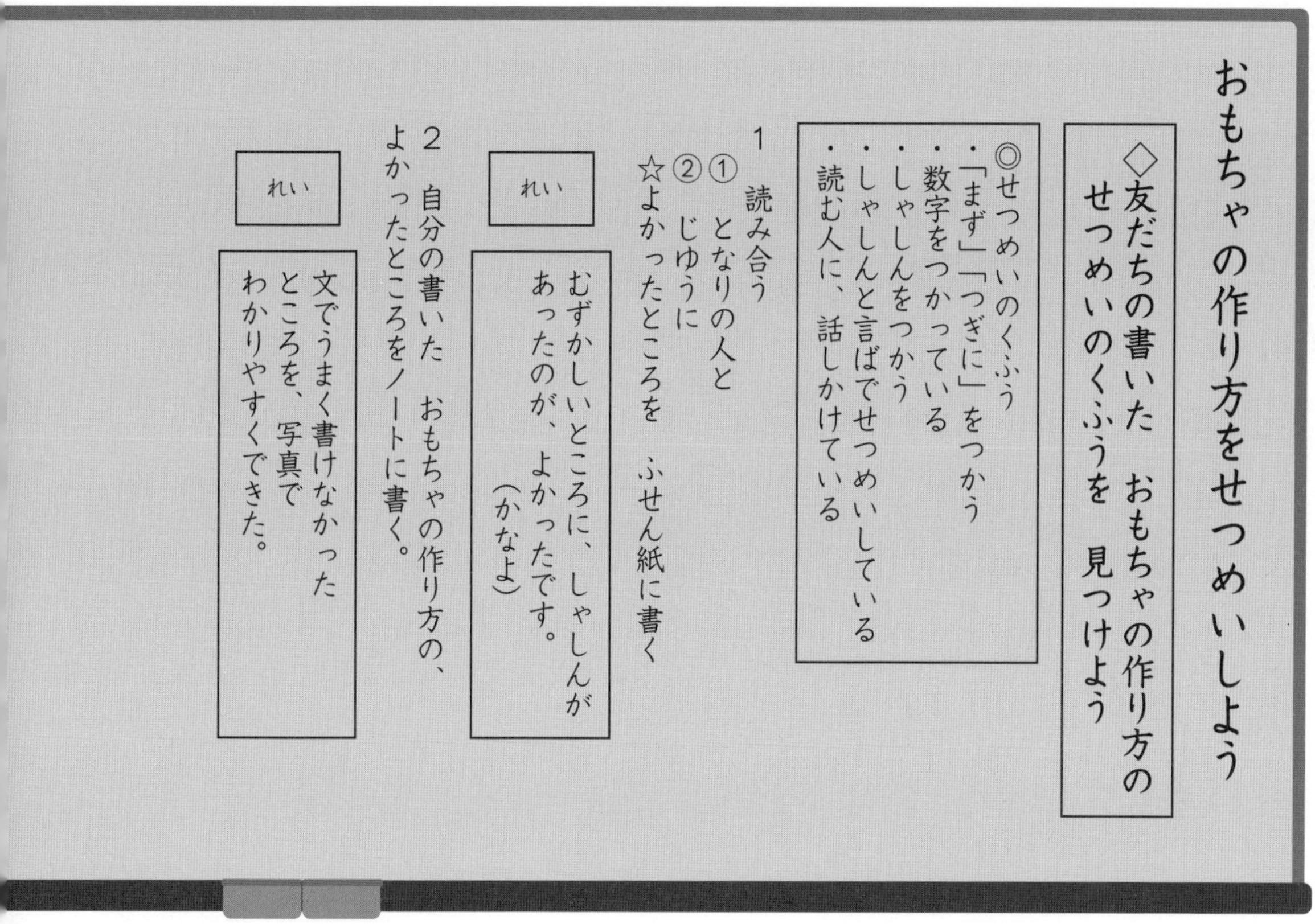

おもちゃの作り方をせつめいしよう
◇友だちの書いた　おもちゃの作り方の　せつめいのくふうを　見つけよう
◎せつめいのくふう
・「まず」「つぎに」をつかう
・数字をつかっている
・しゃしんをつかう
・しゃしんと言ばでせつめいしている
・読む人に、話しかけている
1　読み合う
①となりの人と
②じゆうに
☆よかったところを　ふせん紙に書く
れい
むずかしいところに、しゃしんが
あったのが、よかったです。
（かなよ）
2　自分の書いた　おもちゃの作り方の、
よかったところをノートに書く。
れい
文でうまく書けなかった
ところを、写真で
わかりやすくできた。

1 本時の学習について、見通しをもつ

今日は、友達に自分の書いた文章を読んでもらいながら、自分の書いた説明のよいところを確認するよ

〜くんの○○おもちゃ、どうやって作ればいいのかな

○○さんの文、読んでみたいなあ

ペアについては、座席の隣同士だけではなく、様々な組み合わせが考えられる。本時に至るまでの学習活動を考慮することや、子供の実態に合わせて組み合わせを考えたい。

時間的に余裕があれば、友達の説明書を読みながら、実際に作ってみて説明の工夫を見付ける活動も考えられる。

2 書いた文章を読み合う

書いた文章を友達と読み合おう。いいところがあったら教えてあげよう

作る順番で書いてあって分かりやすかったよ

ペアで書いた文章を読み合う。ペアの子の文章を読んだ後、付箋紙にそのよさを書き、相互評価をする。ペアに限らず、他の

「おにごっこ」の授業デザイン
（光村図書２年下）

✓ 教材の特性

鬼ごっこは、多くの子供が共通の体験をしていて、興味・関心をもちやすい題材であり、子供の知識や体験と直結して考えを深めていきやすい内容である。

教材文では、様々な鬼ごっこの「遊び方」とその「面白さ（理由）」が、「初め」の二つの「問い」に答える形式で紹介されている。事例が進むごとに、鬼／逃げる人どちらにも楽しさが高まる遊び方となっていき、筆者の主張（願い）を説得的にする説明の工夫が読み取れる。筆者の考えと自分の体験を結び付けて感想をもつことの指導に適している教材と言える。

終わり	中				初め	
6	5	4	3	2	1	
事例のまとめ 筆者の主張（願い）	事例４	事例３	事例２	事例１	話題提示 問いⅠ「どんなあそび方があるのでしょう。」（遊び方） 問いⅡ「なぜ、そのようなあそび方をするのでしょう。」（理由）	
	「ところが」（逆接） 鬼になった人が手をつないで追いかける遊び方 面白さ	鬼になった人が交代せずに、捕まった人がみんな鬼になる遊び方 面白さ	捕まらない条件を決めた遊び方 面白さ	逃げる範囲を限定した遊び方 面白さ		
	◎	○		○	鬼	筆者の考える面白さ
	◎	○	○		逃げる人	

✓ 身に付けさせたい力

・考えと理由の順序、大まかな例と詳しい例（具体例）の表現の違いなどの説明の工夫について、叙述と自分の体験とを結び付けて捉える力
・三段構成やまとめの接続語の役割などから、大事な言葉や文を捉える力

✓ 授業づくりの工夫

焦点化	視覚化	共有化
○「考えと理由の順序」や「大まかな例と詳しい例」など、一時間の授業における指導内容を明確化する。 ○「Which 型課題」や「しかけ」による分かりやすい学習活動を設定する。	○文章構造、事例の関係性の図解から視覚的に捉えられるようにする。 ○センテンス・カードの操作を通して「視覚的なゆさぶり」を行い、ゆさぶり発問に対する的確な理解を促す。	○内容理解の場面で、劇化やモデリングを促し、共有を図る。 ○重要な考えは、問い返しやペアで再現させるなど、繰り返し取り上げることで共有を図る。

単元目標・評価規準

目標 筆者の主張（願い）を説得的にするための説明の工夫に関わる重要な語や文を考えて選び出し、感じたことや分かったことを共有することができる。

知識・技能
○読書に親しみ、いろいろな本があることを理解している。 (3)1

思考力・判断力・表現力等
○事柄の順序に着目し、説明の工夫について、叙述を基に捉えている。 C(1)ウ

主体的に学習に取り組む態度
○説明の工夫を叙述から進んで捉え、自ら調べた遊び方の紹介に生かしている。

単元計画（全9時間）

次	時	学習活動	指導上の留意点
一	1	**おすすめしたい鬼ごっこを見付けよう！**	
		○鬼ごっこの本を読み、遊びについて紹介する見通しをもつ。 ○内容を予想して読み、分かりやすい文章だったか考えをもつ。	・鬼ごっこについての本を読み、自分のおすすめの遊び方を紹介するという見通しをもたせて、単元のめあてを設定する。 ・紹介に必要な情報は何かを考え、教材文「おにごっこ」には書かれているかを読み取り、分かりやすい説明だったか感想を書かせる。
二	1	**分かりやすい紹介の仕方を見付けよう！**	
		○事例の中で一番やってみたい遊び方とその理由を考える。	・事例の内容理解を劇化やモデリングなどで深め、1・6段落ではできないことに気付き、接続語の使い方と三段構成を読み取らせる。
	2	○事例に詳しい例（具体例）があることのよさを考える。	・問いⅠに対する答えについて、2段落のどの文が該当するかゆさぶり、大まかな例と詳しい例があることを理解し、読み取らせる。
	3	○事例の説明の工夫を考える	・問Ⅰの答えを音読によって読み取らせる。 ・問Ⅱの答えについて、文末表現を変形させて確かめ、5段落の説明の工夫を考えさせる。
	4	○事例の順序性とまとめとのつながりを考える。	・2－5段落の理由の順序性を読み取らせる。 ・筆者の「考えと理由の順序」と6段落の「まとめ」とのつながりを読み取らせる。
三	1	**自分のおすすめの鬼ごっこを紹介しよう**	
		○実際に行った遊びの感想を共有し、改良点について話し合い、書き足す内容を決める。	・実際に遊んだときの感想を共有させ、本文の改良点について話し合う。 ・書き足す内容の書き方を5段落に着目させ確認し、自分が紹介する遊び方を決める。
	2	○自分の紹介したい鬼ごっこの内容から、重要な語や文を見付け、紹介文にまとめる。	・書き足し方の確認と書き足す内容について話し合う。 ・自分の紹介したい鬼ごっこの紹介文をまとめ、相手への伝わり方を確認する。
	3・4	○遊び方発表会を行い、人気ランキングを作成し、単元全体を振り返って分かりやすい説明の仕方をまとめる。	・遊び方発表会を行い、人気ランキング作成のために投票させる。 ・結果発表とその理由を意見交流し、分かりやすい説明の仕方を単元全体で振り返る。

教材分析

[2]から[5]段落の事例が、鬼と逃げる人の両方の楽しさが高まるものになっていく順に説明されていることが分かる。説明の工夫の一つである。

オ　接続語の使い方

「ところが」（逆接）や「このように」（まとめ）という接続語により、筆者の強調したい点や文章の構成が読み取れる。説明の工夫の一つである。

カ　理由の順序を受けたまとめ

「おにになった人も、にげる人も、みんなが楽しめるように」とあるように、鬼になった人[2]、逃げる人[3]、みんなが楽しめる[4][5]段落とのつながりのあるまとめの文である。

中

[4] ほかに、「おにが交代せずに、つかまった人が、みんなおにになっておいかける。」というあそび方もあります。[エ]このあそび方だと、おにの数がふえていくので、おには、にげる人をつかまえやすくなります。また、にげる人は、おにがひとりのときより、にげるところをくふうしたり、じょうずに走ったりしなければなりません。「つかまりそうだ。」と、どきどきすることもふえて、おにごっこが、もっとおもしろくなります。

[5][オ] ところが、このあそび方は、どきどきして楽しいけれど、おにごっこがすぐにおわってしまいます。そこで、おにがふえても、にげる人をつかまえにくくすることがあります。「おにになった人は、みんな手をつないでおいかける。」ときめるのです。おにが三人、四人とふえてくると、手をつなぎながらおいかけるのは、たいへんです。[エ]でも、このあそび方だと、手をつないだおにには、力を合わせておいかけるという楽しさがくわわります。また、にげる人は、おにがふえるにつれて、つかまりにくくなります。きまりをつけ足すだけで、おにごっこがすぐにおわらずに、長くあそびつづけることができます。

終わり

[6][オ] このように、おにごっこには、さまざまなあそび方があります。[カ]おにになった人も、にげる人も、みんなが楽しめるように、くふうされてきたのです。あそぶところやなかまのことを考えてきまりを作れば、自分たちに合ったおにごっこにすることもできます。そのときには、みんなできまりをきめて、それをまもるようにします。あそびおわったときに、だれもが「楽しかった。」と思えるような　おにごっこができるといいですね。

■第二次・第3時

「[2]段落の問いⅡの答えはどの文章かな」　Which型課題

考える音読を通して、問いⅠの答えを確認する。問Ⅱの答えについては、音読から発生した“ズレ”から、「問いⅡの答えはどの文章かな」と発問し、遊び方に比べて、考えが拡散しやすい理由の文章について文末表現を変形させながら、気付かせる。（イ、ウ）

■第二次・第4時

「一番楽しい遊び方と紹介されているのはどれかな」　Which型課題

「紹介はこの順番でいいのかな」　ゆさぶり発問

叙述を根拠に一番楽しい遊び方を選ばせる。理由に着目させ、[5]段落の遊び「紹介はこの順番でいいのかな」とゆさぶり発問をかけ、遊び方の紹介の順序を検討することで、[2]段落から[5]段落の理由の順序性に気付き、理由の順序性とまとめの整合性を捉えさせる。（エ、オ、カ）

◆教材分析のポイント① 【文章の構造】

本教材の大きな特徴としては、二つの問いの文に対して、対応した答えを、それぞれの段落で答えていくという形式にある。こうした文章構造を意図的に捉えさせるため、単元の展開の中で、問いⅠと問いⅡに関わる内容を上下に区別して板書したり、使用するセンテンス・カードを色分けするなど、文章構造を意識させる展開とすることが大切である。

◆教材分析のポイント② 【理由の順序性】

本単元の中心的な指導内容の一つが、「理由の順序性」である。②段落から⑤段落の理由の配列に、どのような意図が読み取れるかを、まず教師が解釈することが大切である。⑥段落のまとめの文が、②段落から⑤段落の順序性を受けたまとめの内容になっている点からも、筆者の説明を説得的にする説明の工夫が読み取れる。

指導内容

ア 二つの問い

「初め」に二つの問いの文がある。問Ⅰは「遊び方」、問Ⅱ「理由」について問うており、各段落でそれに答える文章の展開がされている。

イ 三段構成

①段落に話題提示と問いの文、②-⑤段落に遊び方と理由、⑥段落にまとめの接続語と筆者の主張（願い）という文章構成となっており、初めが①、中が②-⑤、終わりが⑥と分けることができる。

ウ 大まかな例と詳しい例

②段落の「　」内が詳しい例、その後に大まかな例が一文となっている。分かりやすい説明の工夫の一つである。

エ 理由の順序性

初め

おにごっこ　　もりした　はるみ

①おにごっこは、どうぐがなくても、みんなでできるあそびです。おにごっこには、さまざまなあそび方があります。[ア]どんなあそび方があるでしょう。なぜ、そのようなあそび方をするのでしょう。

②あそび方の一つに、[ウ]「てつぼうよりむこうに　にげてはだめ。」など、にげてはいけないところを　きめるものがあります。にげる人が、どこへでも行くことができたら、おには、つかまえるのがたいへんです。同じ人が、ずっと、おにをすることになるかもしれません。[エ]にげてはいけないところをきめることで、おには、にげる人をつかまえやすくなります。

③また、「じめんにかいた丸の中にいれば、つかまらない。」「木にさわっていれば、つかまらない。」のように、にげる人だけが入れるところを作ったり、つかまらないときを　きめたりするあそび方もあります。おにになった人の足がはやければ、にげる人はみんな、すぐにつかまってしまいます。[エ]このようにきめることで、にげる人がかんたんにつかまらないようになります。そして、つかれた人も、走るのがにがてな人も、すぐにはつかまらずに、あそぶことができます。

指導のポイント

■第一次・第1時

「一番やってみたい遊び方はどれかな」　Which型課題

「①、⑥段落は人気のない遊び方だね」　ゆさぶり発問

やってみたい遊び方を選ばせ、その理由を共有し、適宜、劇化などを促しながら内容理解を深める。役割の文や接続語から文章の構成に気付かせる(ア、イ、オ)

■第二次・第2時

「一つ目の遊び方の答えは、どっちかな」　Which型課題

「大まかな遊び方の説明だけではダメかな」　ゆさぶり発問

②段落の一文を二つに分け、どちらが問Ⅰの答えなのかを考えることで、大まかな例と詳しい例の表現の違いに気付かせる。(ウ)

本時の展開　第一次　第1時

目標 いろいろな鬼ごっこの本から、自分のおすすめの鬼ごっこを紹介する見通しをもって教材文を読み、分かりやすい紹介の文章だったか自分の考えをもつ。

［本時展開のポイント］

紹介の仕方に問題意識をもたせて、初読から評価読みをさせることで単元の見通しをもたせる。

［個への配慮］

ア条件を付けた発問をする

複数の資料から自分の興味で選ぶことが困難な場合、選択しやすくするため、発問の工夫として条件付け（4～5人でやるなら→10人→クラス）を行い、いくつかの選択肢にしぼらせてから選ばせるようにする。

イ理解度をスケーリングさせる

教材文を読み、内容について評価することが困難な場合、叙述を基に自分なりの意見を考えやすくするため、形式段落ごとの書かれている内容を教師とともに確認し、教材文の段落ごとに理解度をスケーリングさせる（○△×）。全体の内容把握を視覚的に振り返らせる。

想させ、意見を交流する。

3 教材文の内容を予想して読む

ここに鬼ごっこのいろいろな遊び方を紹介している説明文があるけど、読んでみない？

読んでみたい！どんな遊びが紹介されているのかな…
遊び方だけじゃなくて、楽しさも説明されているね

遊びの説明に必要な情報について考えた視点から教材文には書かれているかを確かめる。紹介に使われていた情報はどんなものかを振り返る。

4 教材文を読んで感想をまとめる

この文章の紹介は分かりやすかった？初めの感想を書こう

遊び方がくわしく書かれていて分かりやすかったかな
理由になんて書いたらいいのかな…

教材文の内容が分かりやすい説明だったか感想を書かせる。書き出しを限定することで、書くことが苦手な子供も取り組みやすくなる。最後に考えを交流させる。配慮イ

準備物
・図書館の鬼ごっこを紹介した書籍（ex. 竹井史郎『運動場のあそび』、東京おもちゃ美術館編『日本伝承遊び事典』等）の該当箇所
・鬼ごっこを紹介したHP等の資料（書籍がない場合）

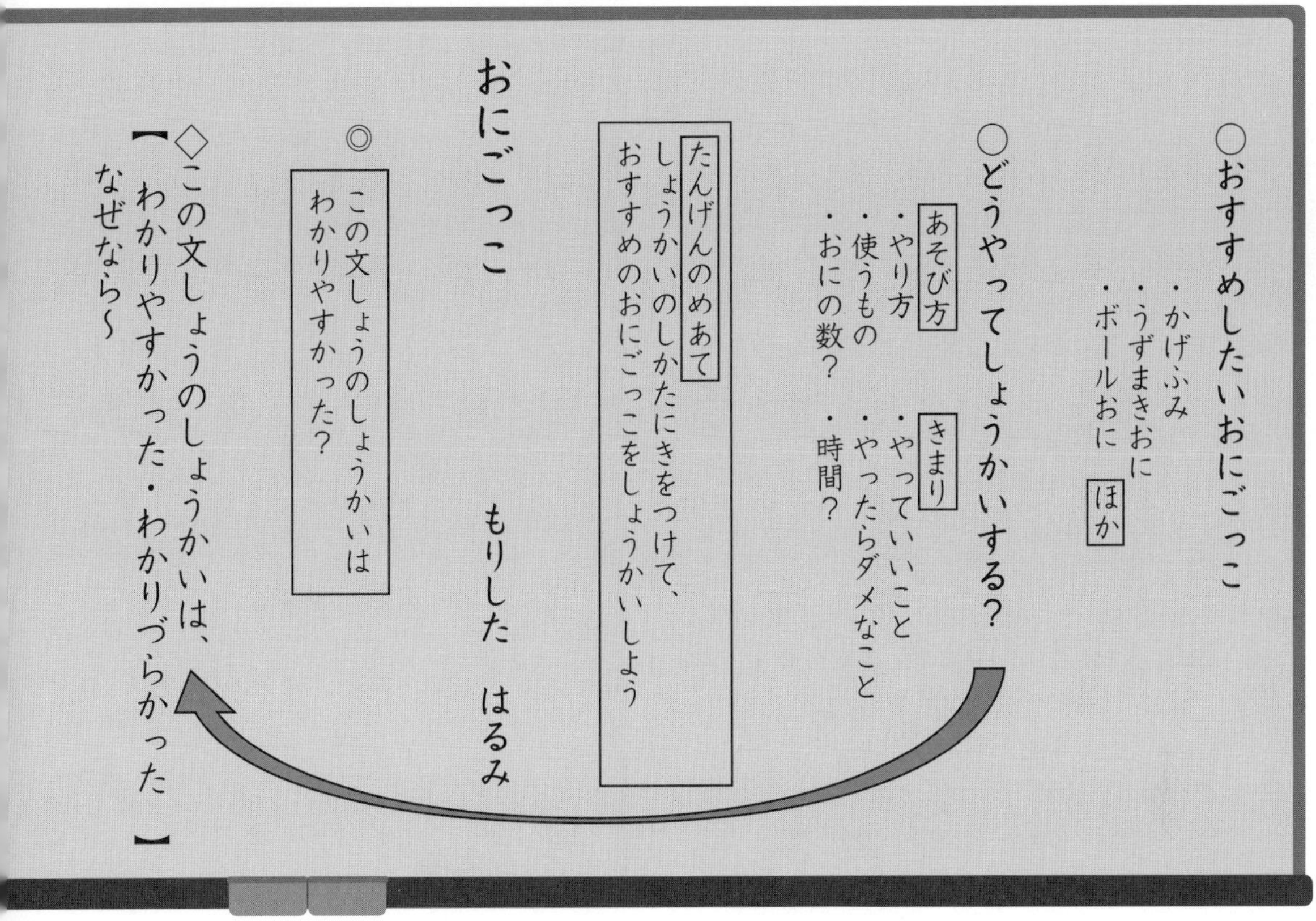
○おすすめしたいおにごっこ
・かげふみ
・うずまきおに
・ボールおに　ほか
○どうやってしょうかいする？
あそび方
・やり方
・使うもの
・おにの数？
きまり
・やっていいこと
・やったらダメなこと
・時間？
たんげんのめあて
しょうかいのしかたにきをつけて、おすすめのおにごっこをしょうかいしよう
おにごっこ　もりした　はるみ
◎
この文しょうのしょうかいはわかりやすかった？
◇この文しょうのしょうかいは、
【わかりやすかった・わかりづらかった】
なぜなら〜

1 紹介したい鬼ごっこを見付ける

みんなにおすすめしたい鬼ごっこを見付けてみよう

鬼ごっこにそんなたくさん種類があるなんて！
私は「かげふみ」っていう遊び方に興味あるな！
たくさんあって迷っちゃうな…

経験したことのある鬼ごっこを想起させ、日本では二千種類を超える遊び方があることを紹介して興味付け、鬼ごっこの本から自分のおすすめしたい遊び方を見付けさせ、意見を出させる。配慮ア

2 単元のめあてを設定する

その遊びをみんなでやるためにどうやって紹介したらよいかな？

遊び方かな？けど、言葉で説明するの難しいね…
ルール！しっかり伝えないと、ズルする人がいるから！

鬼ごっこについての本を読み、自分のおすすめの遊び方を紹介するという見通しをもたせて、単元のめあてを設定する。その際、並行読書を指示しておき、三次までに選ばせておく。紹介する際に必要な情報は何かを予

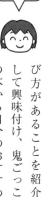

本時の展開　第二次　第1時

目標 事例の中で一番やってみたい遊び方とその理由を話し合う活動を通して、役割の文、接続語や文末表現に気付き、文章構造を読み取ることができる。

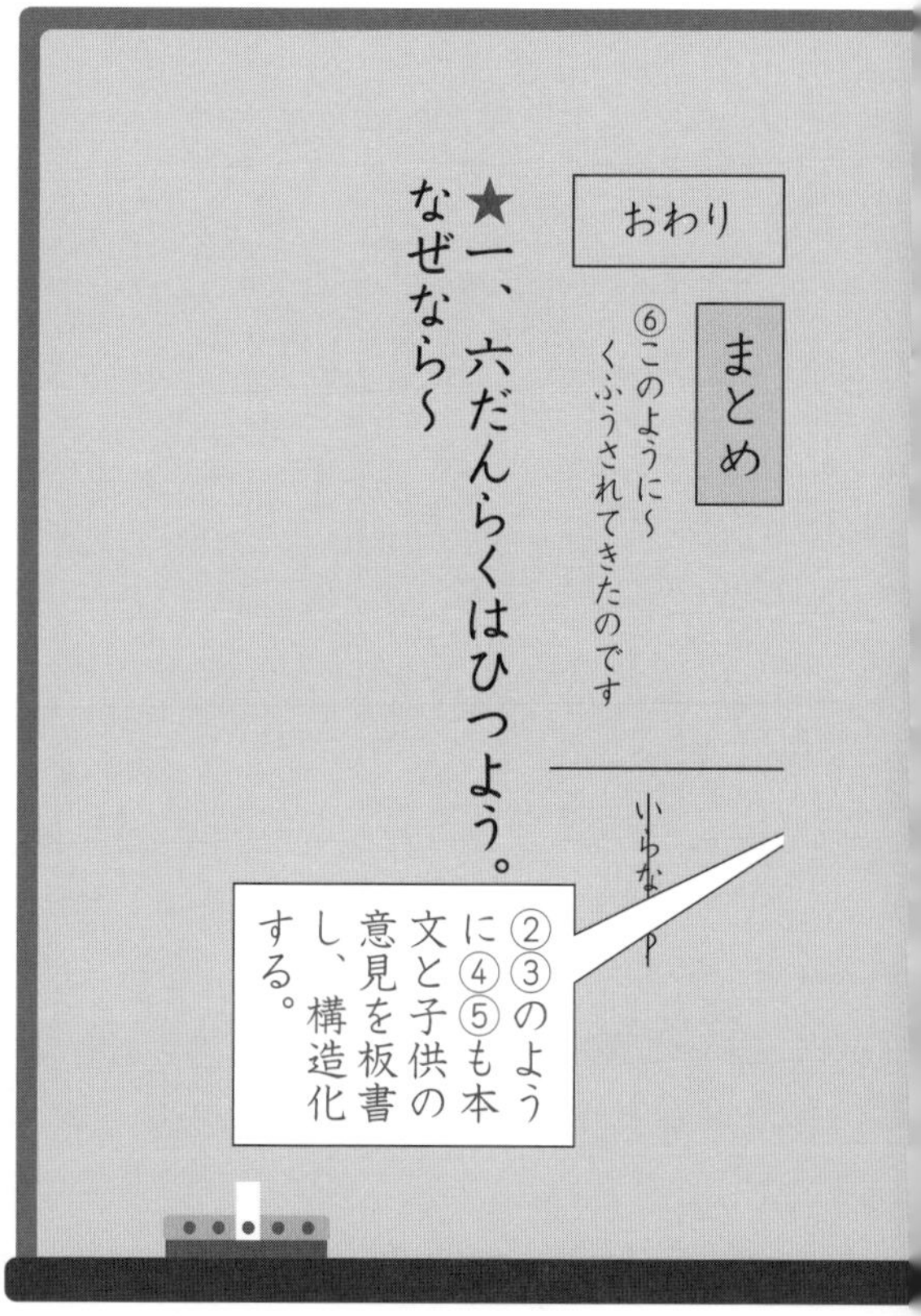

おわり
まとめ
⑥このように～
くふうされてきたのです
★一、六だんらくはひつよう。
なぜなら～
②③のように④⑤も本文と子供の意見を板書し、構造化する。

本時展開のポイント

「一番やってみたい」という視点で事例を選択し、理由を共有することで内容理解を深め、ゆさぶりから三段構成を読み取らせる。

個への配慮

ア教材文を確認する

既習の内容に関する記憶や定着に困難がある場合、本文の内容を想起させるため、教科書の本文を確認する時間を設ける。他の子供にとっても再確認する時間となり、本文の該当箇所を明確に選ぶことができ、展開がスムーズになるだろう。

イセンテンスカードを操作する

具体的な思考のレベルから抽象化した発問に移行することに困難がある場合、理由のある意見をもてるようにするため、実際に1、6段落を隠したり、役割のカードを剥がしたりすることで、中の文章構造に焦点化する。「どちらが分かりやすいかな？」と補助的に発問することで初めと終わりの文の役割を確認できる。

3

やりたい遊び方に1、6段落が選ばれなかった理由を話し合う

1、6段落は人気のない遊び方だね、いらない？

1、6段落には、挿絵がないから遊び方じゃないよ

1段落の文は問いだから、なくなったら話が始まらないと思う

必要だと思うけど、なんて説明したらいいか分からない…

しかけ（仮定する）

「1、6段落は人気がない遊び方だから、いらない？」とゆさぶり、1、6段落が文章構造の初め、終わりとなっている点を、役割の文、接続語や文末表現を根拠に読み取らせる。その際に、学級で使っているラベルを用いて整理する。配慮イ

4

学習を振り返る

1、6段落はどうして、必要でしたか？

終わりの段落には、まとめとか筆者の気持ちがあるんだね

1段落の問いにそれぞれの段落で答えているんだね

役割の文、文末表現や接続語に注目することで1段落に「問い」、6段落にまとめと主張がある三段構成であることを整理する。

準備物
・デジタル教科書を電子黒板等に投影し、いつでも全文を確認できるようにする。
・挿絵カード（デジタル教科書で印刷可能）
・三段構成や役割の文のラベル（年間通して使えるので作成しておく）

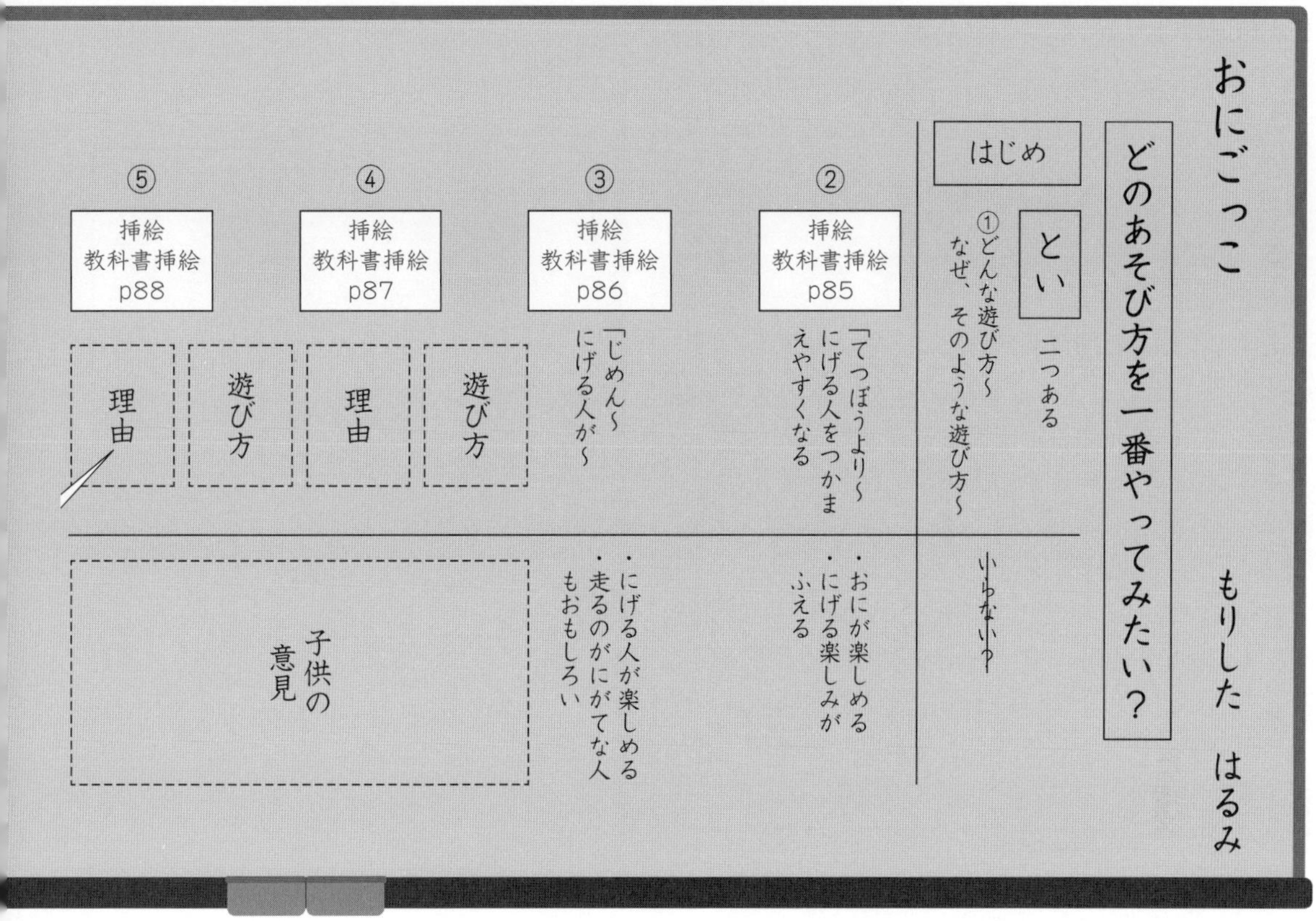

おにごっこ
もりした　はるみ
どのあそび方を一番やってみたい？
はじめ
とい
二つある
①どんな遊び方〜
なぜ、そのような遊び方〜
いらない？
②
挿絵
教科書挿絵
p85
「てつぼうより〜
にげる人をつかまえやすくなる
・おにが楽しめる
・にげる楽しみがふえる
③
挿絵
教科書挿絵
p86
「じめん〜
にげる人が〜
・にげる人が楽しめる
・走るのがにがてな人もおもしろい
④
挿絵
教科書挿絵
p87
遊び方
理由
⑤
挿絵
教科書挿絵
p88
遊び方
理由
子供の意見

1 本文中にどんな遊び方が紹介されていたかを確認する

どんな遊び方が紹介されていましたか？

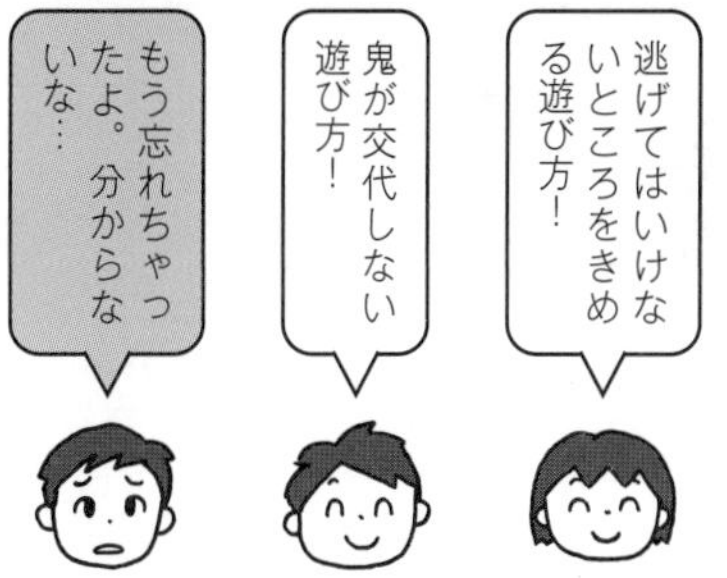

逃げてはいけないところをきめる遊び方！
鬼が交代しない遊び方！
もう忘れちゃったよ。分からないな…

本文中に紹介されていた遊び方を抜き出させる。曖昧な回答でも「どこを読んだら分かる？」と本文に立ち戻らせることで、内容理解が深まる。板書上部に挿絵と本文、下部に子供の意見を書けるよう上下に分割して板書する。配慮ア

2 学習課題について意見を交流する

どの遊び方を一番やってみたい？

私は2段落の遊び方！おにになってもつかまえやすそう
ぼくは3段落の遊び方だな！逃げるのが楽になるもん

Which型課題

自分が一番やりたい遊び方を選び、理由を共有する。本文の理由が意見で出た場合、本文として板書する。事例の内容理解に混乱があれば適宜、子供による劇化やモデリングを用いて、理解を深める。

本時の展開　第二次　第2時

目標 問いに対する答えの文がどれかを話し合う活動を通して、事例には「大まかな例」と「詳しい例」があることを理解し、具体例のよさを考えることができる。

本時展開のポイント

問いⅠの答えに該当する一文を二つに分割して比較することで、詳しい例があることの効果について理解させる。

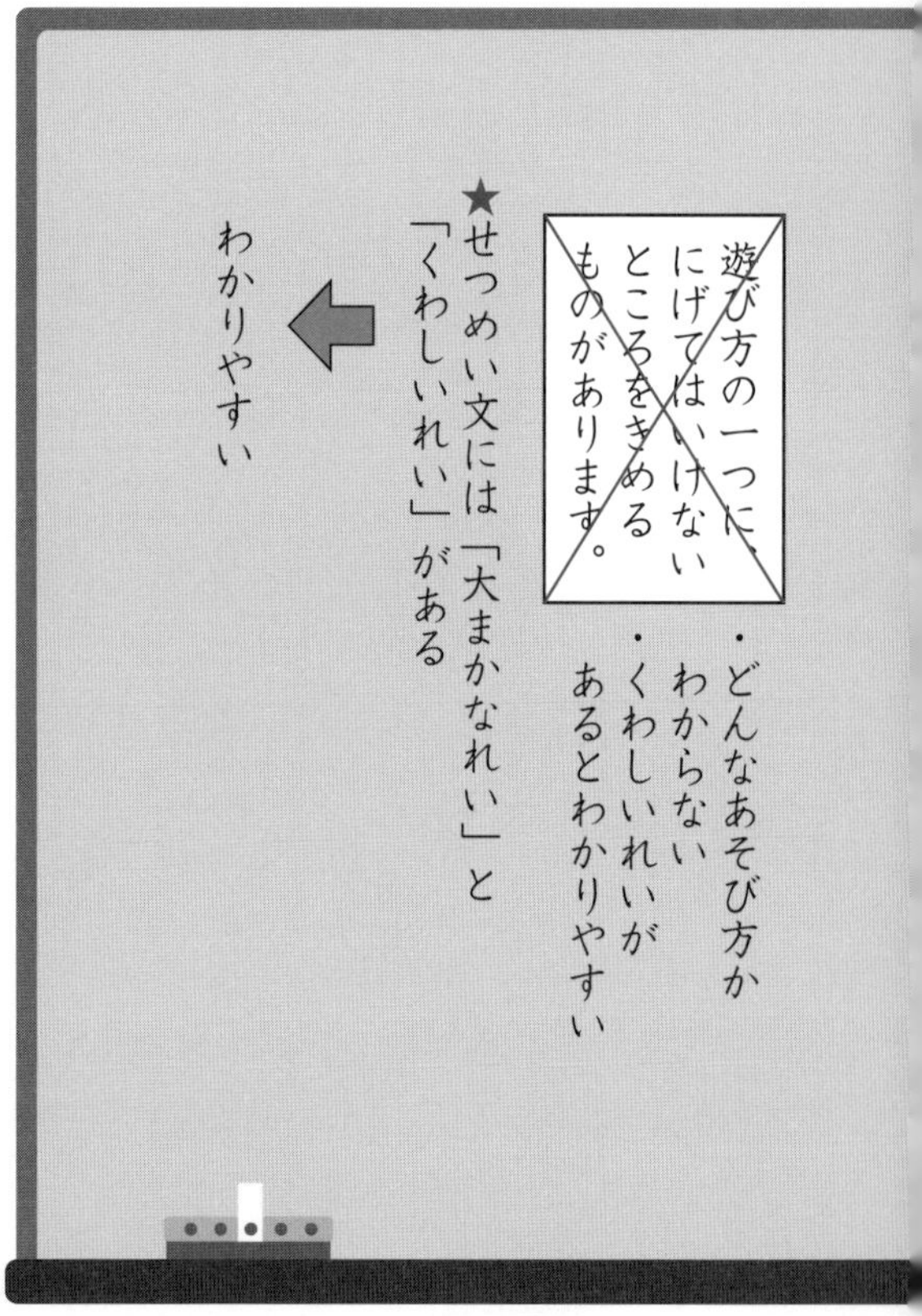

・どんなあそび方かわからない
・くわしいれいがあるとわかりやすい
遊び方の一つに、にげてはいけないところをきめるものがあります。
★せつめい文には「大まかなれい」と「くわしいれい」がある
わかりやすい

個への配慮

ア 読ませ方を工夫する

全文の中から教師に問われた該当箇所を探すことに困難がある場合、一つ一つの文章を目で追いながら、読ませるために、教科書の文を指等で押さえながら読むよう促す。また、文章の区切りに混乱が見られるなら、わかち書きされたものを用意することも考えられる。

イ 活動のルールを明確化する

曖昧な選択肢に対して、根拠を探しながら選ぶことが困難な場合、自分なりの理由や根拠をもって選択させるために、まず、制限時間を設定するといったルールの明確化が考えられる。それでも難しい場合、選べた子供は起立させるといった場の構造化、あるいはペアの子供の考えを聞き取らせ、納得すれば同じ意見でもよいこと指示する。

3

「詳しい例」（具体例）の効果を理解する

もしも、大まかな遊び方だけしか書かれていないとしたら?

どんな遊び方か、すぐに分からない人もいると思います
詳しい例があった方が、分かりやすいと思う

しかけ（仮定する）

「もしも、大まかな例だけの説明なら」と仮定して、ゆさぶり発問をする。実態によって、「二つの書かれ方をされると、迷ってしまうよね」と補助発問をする。

4

「大まかな例」と「詳しい例」の効果を整理し、学習を振り返る

説明文では、「大まかな例」と「詳しい例」が書かれていることがあります。

「詳しい例」があると、分かりやすいんだね
自分の紹介のときにも詳しい例を書こうかな

説明文には、「大まかな例」と「詳しい例」があること、そして「詳しい例」があることで、内容理解が深まることを理解させ、学習内容をまとめる。

準備物
・ダミーセンテンスカード 6-01
・2段落挿絵一枚（デジタル教科書で印刷可能）
・ネームプレート　・役割の文のラベル

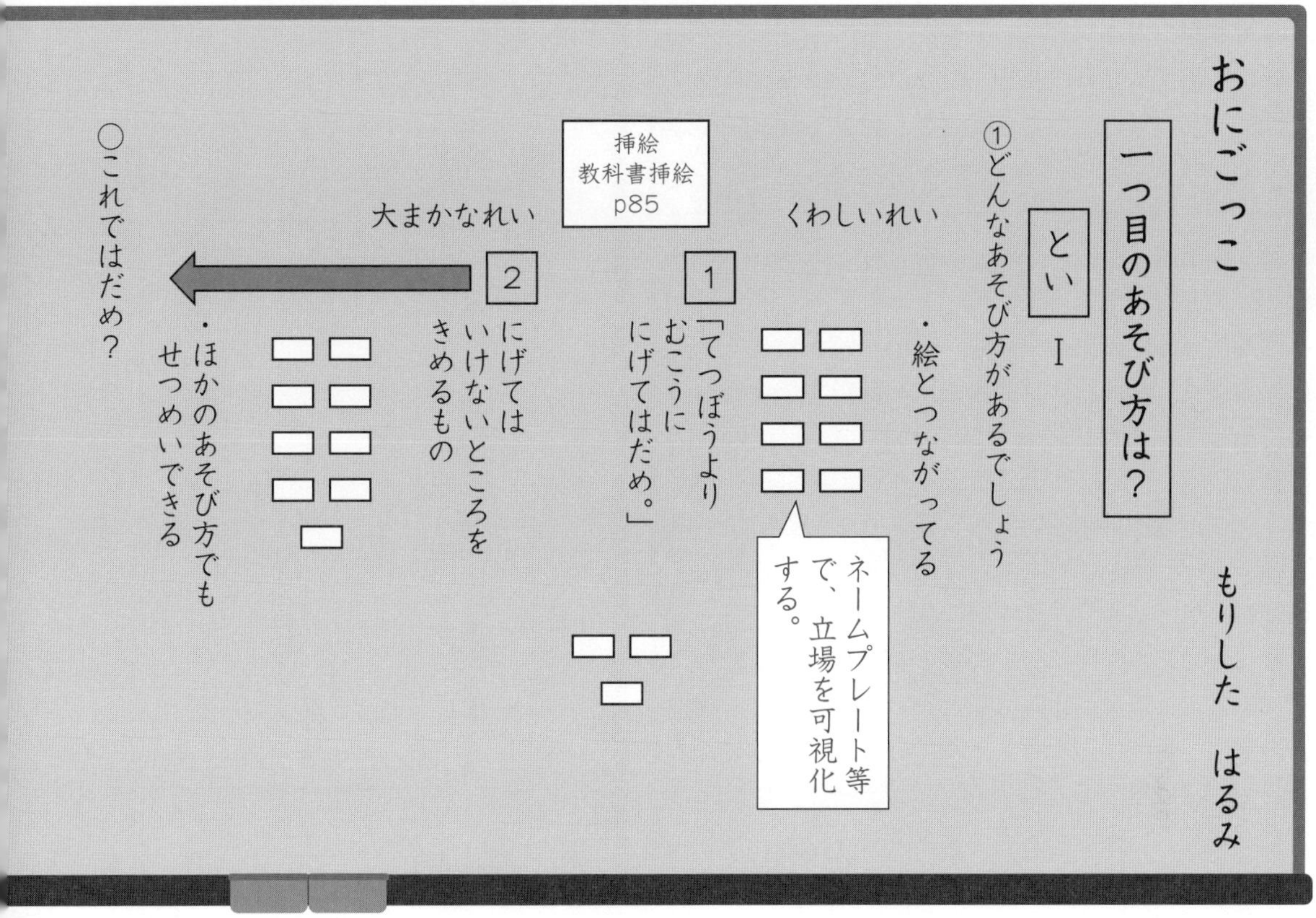

おにごっこ
もりした　はるみ
一つ目のあそび方は？
とい
Ⅰ
①どんなあそび方があるでしょう
・絵とつながってる
くわしいれい
ネームプレート等で、立場を可視化する。
1
「てつぼうより
むこうに
にげてはだめ。」
挿絵
教科書挿絵
p85
2
にげては
いけないところを
きめるもの
大まかなれい
・ほかのあそび方でも
せつめいできる
○これではだめ？

1 既習事項を確認、問いⅠに対する答えを探す

一つ目の問いの文に答えている最初の答えはどれでしょうか？

前時で把握した遊び方（挿絵で確認）と、二つの問いの文を確認した上で、一つ目の答えはどれかを探す。ノートに個人の意見を書かせ、話し合いのために考えを醸成する。配慮ア

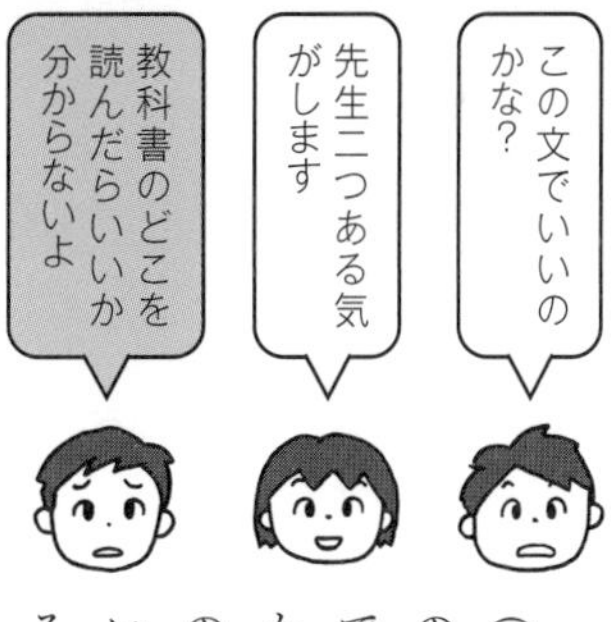

この文でいいのかな？
先生二つある気がします
教科書のどこを読んだらいいか分からないよ

2 学習課題について話し合う

一つ目の遊び方は、どっちかな？

Which型課題

学習課題は「一つ目の遊び方は？」となる。話し合いを通して、「大まかな遊び方」と「詳しい遊び方」について整理する。「一つが大まかな例で、もう一つは詳しい遊び方、どっちがどっちだと思う？」と発問して、整理する。配慮イ

ぼくは1だと思う、教科書の絵にもなっているし
私は2かな、どんな遊び方でも説明することができるから
分からない、選べないから、まよいでいいですか？

本時の展開　第二次　第3時

目標　文末表現を変形させ、問いⅡに対応する答えの文章を確認する活動を通して、それまでの段落と[5]段落の説明の違いに気付き、その効果を考えることができる。

［本時展開のポイント］

これまでの遊び方にくらべて、意見がばらつきやすい理由の文の見分け方を再確認し、発見させていくことで5段落の説明の工夫を読み深めさせる。

［個への配慮］

㋐理解の進度をそろえる

授業の展開への適応や教師の指示を聞き入れることに困難が見られる場合、学習意欲を削がずに学習参加を円滑にするために、意見を途中まで発表させ、「○○君の言っていること分かる？」とペアに再現させたり、「○○君がこの後に、どんなことを説明すると思う？」などと予想させ、共有化する。

㋑教材文に作業を可視化する

学習した内容や作業したことを整理し、記憶することに困難がある場合、確実な定着を促すために、教科書の本文へ書き込みをさせ、常に振り返って想起できる目印づくりをする。㊀理や㊀答などと一文ずつに印を書き込ませ、作業した内容を記録させる。

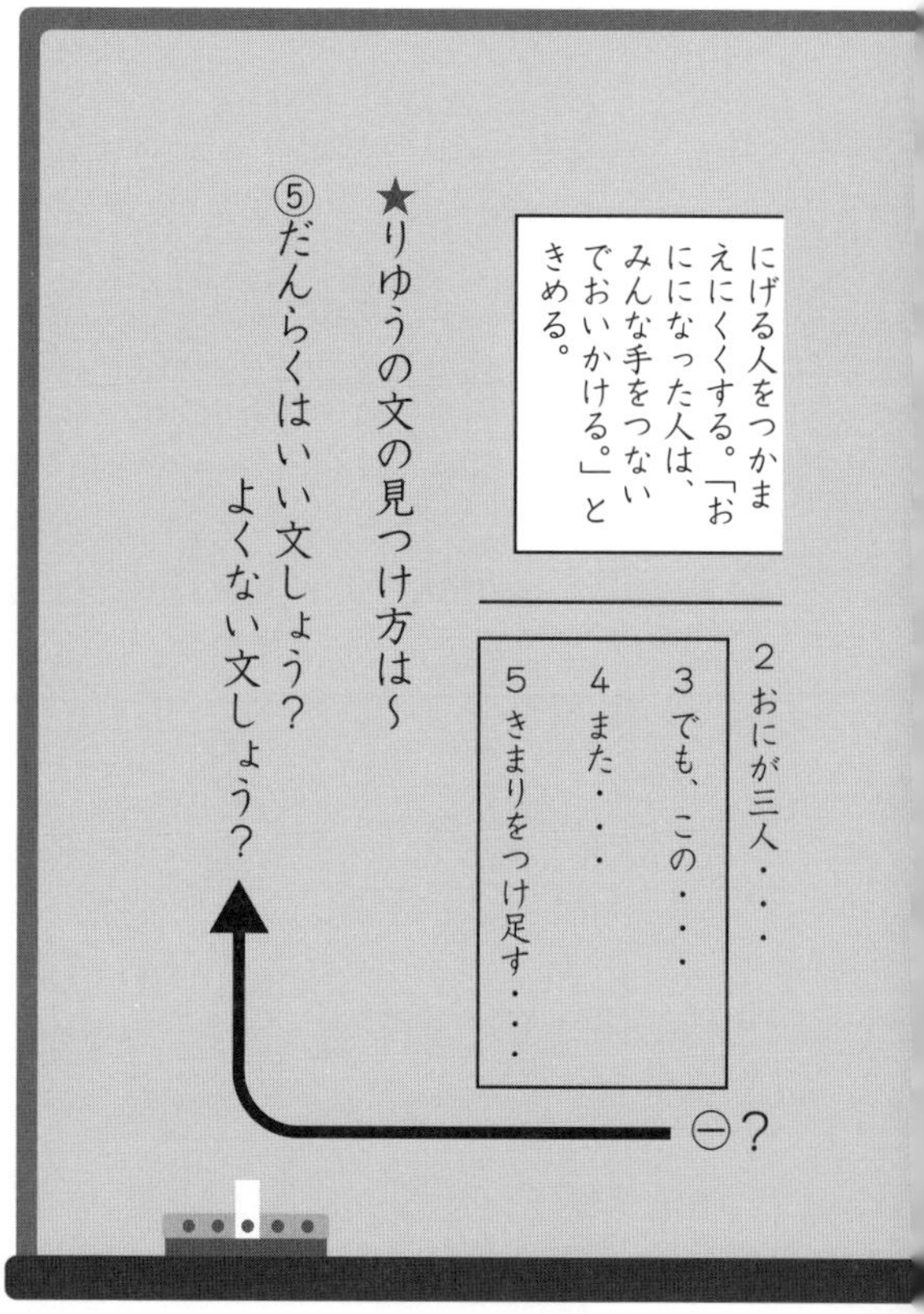

にげる人をつかまえにくくする。「おにになった人は、みんな手をつないでおいかける。」ときめる。
2 おにが三人・・・
3 でも、この・・・
4 また・・・
5 きまりをつけ足す・・・
★りゆうの文の見つけ方は～
⑤だんらくはいい文しょう？よくない文しょう？
⊖？

3 [5]段落の説明の工夫を読み取る

[5]段落にだけ、どうしてマイナスのことが書かれているのかな？

～からですって付けると自然になる文ばっかりだ！

あれ、「ところが・」の文は変だな

確認したのに、さっきの段落は全部理由の文だったかな？

理由の文は、文末に「～からです」を付けたときに、自然な文であったことを想起させ、[5]段落まで探していく。[5]段落のどちらの答えでもない二文に気付かせ、その説明の効果について意見を交流する。配慮㋑

4 理由の文章の見付け方を整理し、[5]段落に対する考えを書く

[5]段落の説明は分かりやすいかな？

どうして逆のことを言っちゃうのかな、分かりづらくなるよ

いや、だから納得しやすくなるんじゃない？

理由の文の探し方を整理し、[5]段落の二文に着目させる。マイナスな表現を確認し、「[2]～[4]段落と書き方を変えたのはどうしてかな」などとゆさぶり、感想を書かせる。

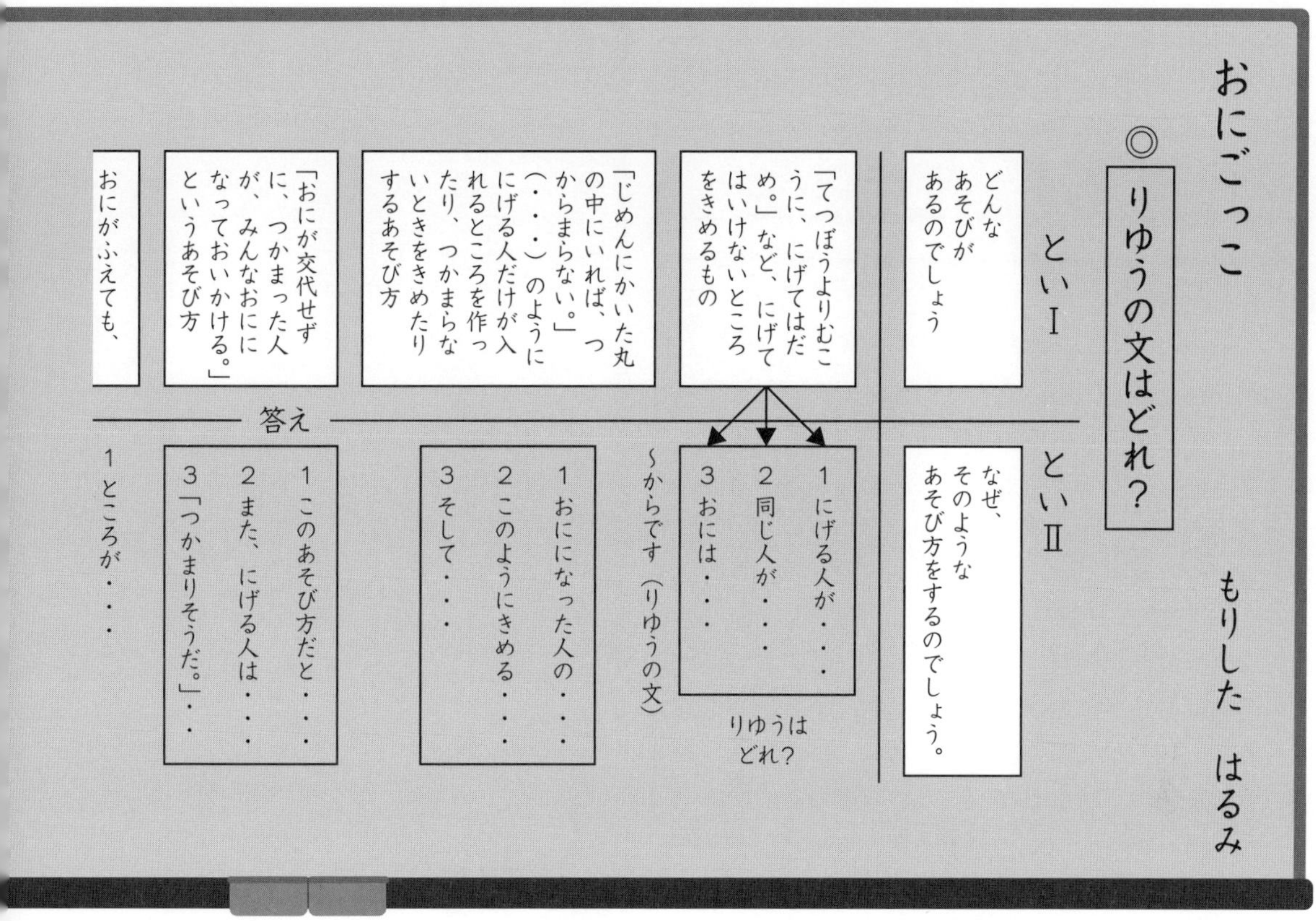
おにごっこ
もりした　はるみ
◎りゆうの文はどれ？
といⅠ
といⅡ
どんなあそびがあるのでしょう
なぜ、そのようなあそび方をするのでしょう。
「てつぼうよりむこうに、にげてはだめ。」など、にげてはいけないところをきめるもの
1 にげる人が・・・
2 同じ人が・・・
3 おには・・・
りゆうはどれ？
～からです（りゆうの文）
「じめんにかいた丸の中にいれば、つからまらない。」（・・・）のようににげる人だけが入れるところを作ったり、つかまらないときをきめたりするあそび方
1 おにになった人の・・・
2 このようにきめる・・・
3 そして・・・
答え
「おにが交代せずに、つかまった人が、みんなおにになっておいかける。」というあそび方
1 このあそび方だと・・・
2 また、にげる人は・・・
3「つかまりそうだ。」・・
おにがふえても、
1 ところが・・・

1 問いに対する答えを探す

～の列は問いⅠ、～の列は問いⅡの答えだと思うところで、立って音読しましょう

「」が目印になるね
ここは問いⅡの答えに入るのかな

考える音読

問いに対する答えを探すことを明示する。問いⅠの答えの立つタイミングにズレがなければセンテンスカードを貼っていく。問いⅡの答えについては、ばらつくことが予想される。こうしたズレを学習課題へつなげる。

2 学習課題について話し合う

②段落の問いⅡの答えはどの文章かな？

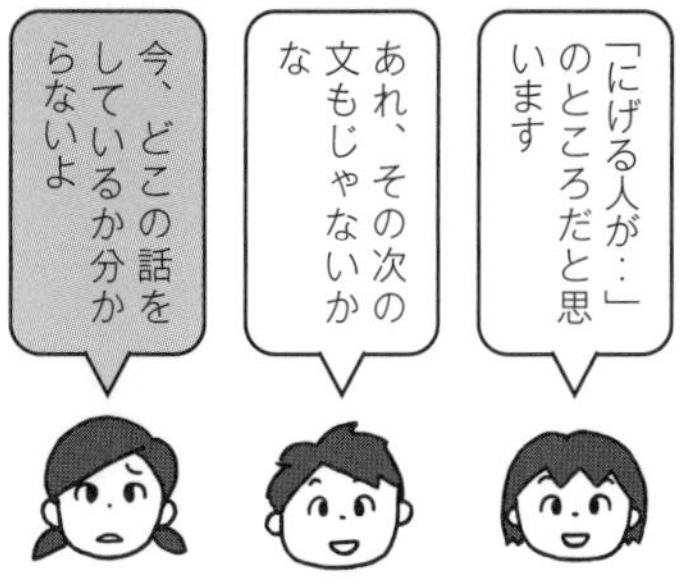
「にげる人が…」のところだと思います
あれ、その次の文もじゃないかな
今、どこの話をしているか分からないよ

Which型課題

②段落の問いⅡには「なぜ」とあることから、答えでは理由を聞かれていることを確認する。ここで本文中に線を引かせ、ズレを生むことで理由の文を見付けていく課題設定を行い、意見を交流させる。配慮ア

本時の展開　第二次　第4時

目標　理由の順序について話し合う活動を通して、理由の順序性に関わる語や文には、筆者の意図があることに気付くことができる。

[本時展開のポイント]

「一番楽しいと紹介されているのは？」と筆者の視点から事例を読み直すことで、事例の順序性やまとめとのつながりといった説明の工夫に気付かせる。

[個への配慮]

ア他者の意見・考え方にふれる

「評価読み」へ導く発問に対して、イメージすることに困難が見られる場合、自分なりの考えを醸成させるためにペアや前後の席の子供がどの段落を選んでいるか聞き取らせることを通して、感じたことや考えたことにふれさせ、考えるきっかけをつくる。

イ学習展開を巻き戻して確認する

ゆさぶり発問に対する状況理解に困難が見られる場合、学習展開を再確認させるために、ゆさぶり発問の前の活動で整理された内容を教師がもう一度説明し直す。時間を巻き戻して、再確認することで、分かったつもりの子供の理解も整えることができる。

おにになった人も、にげる人も、みんなが楽しめるように、くふうされてきたのです。

★しょうかいのじゅんばんには、ひっしゃの気もちがある。

3　遊び方の順序を入れ替えてもいいか話し合う

5段落の遊び方が一番楽しいなら、紹介はこの順番でいいのかな

順番を変えると、あとの話がつまらなくなるよ

筆者にも、この順番にした理由があるはずだよ

どうして入れ替える話をしているの？意味が分からない…

しかけ（仮定する）

接続語や理由の順序性に着目させ、筆者の説明の工夫を確認する。6段落のまとめの文章が2～5段落までの理由の順序性を受けていることに気付かせる。　配慮イ

4　筆者の説明の工夫を整理し、学習を振り返る

筆者は、どんな気持ちで、遊び方をこの順番にしたのかな？

楽しめる人が増える順に説明したと思います

まとめとのつながりが手がかりになるんだね

まとめと事例のつながりを手がかりに、事例の順序の解釈を行い、「紹介の順番には、筆者の気持ちが込められている」ことを整理する。

準備物
・センテンスカード 6-07～12
・挿絵カード（デジタル教科書で印刷可能）
・ネームプレート

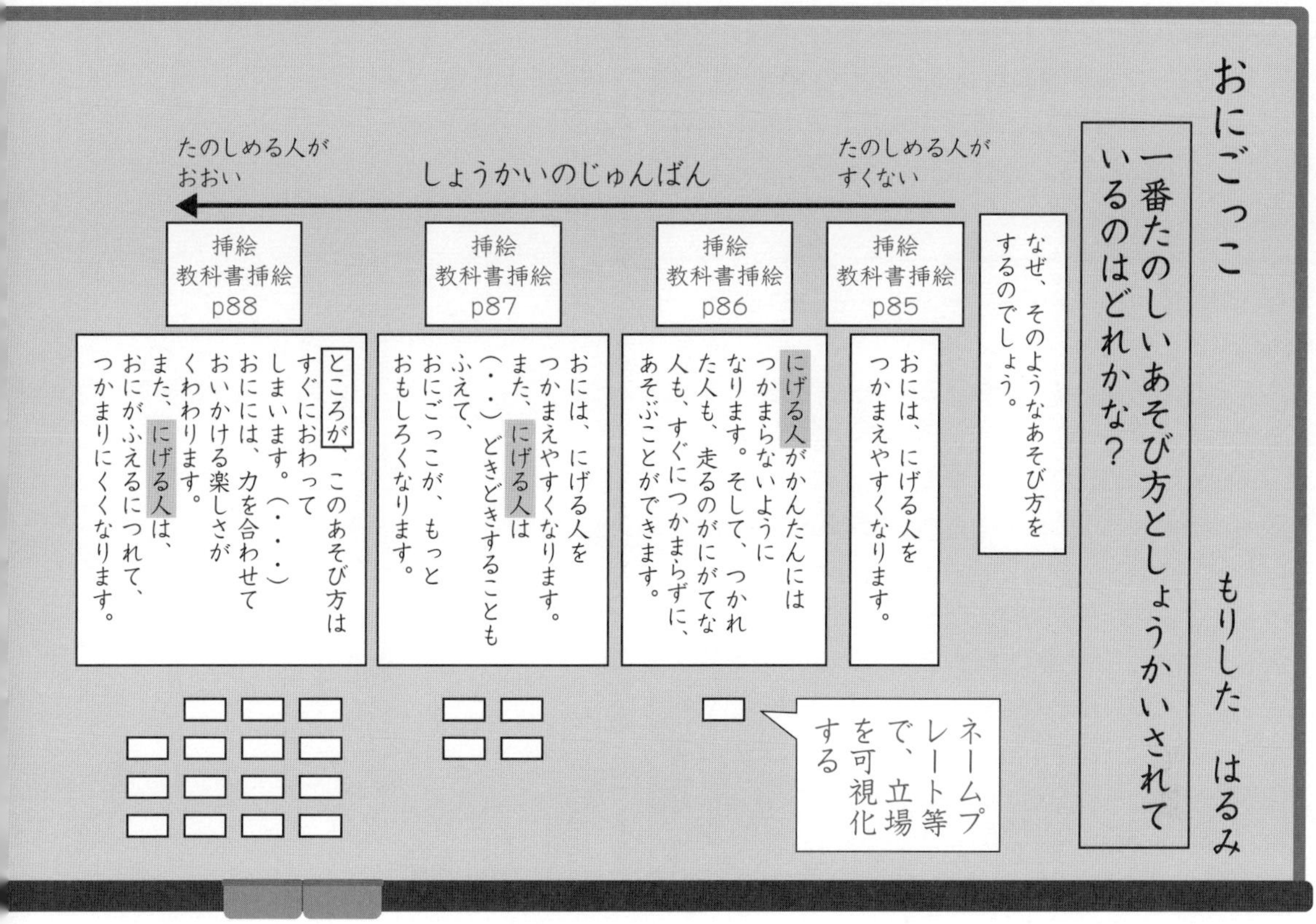
おにごっこ
もりした はるみ
一番たのしいあそび方としょうかいされているのはどれかな？
なぜ、そのようなあそび方をするのでしょう。
たのしめる人がすくない
しょうかいのじゅんばん
たのしめる人がおおい
挿絵 教科書挿絵 p85
おには、にげる人をつかまえやすくなります。
挿絵 教科書挿絵 p86
にげる人がかんたんにはつかまらないようになります。そして、つかれた人も、走るのがにがてな人も、すぐにつかまらずに、あそぶことができます。
挿絵 教科書挿絵 p87
おには、にげる人をつかまえやすくなります。また、にげる人は（・・）どきどきすることもふえて、おにごっこが、もっとおもしろくなります。
挿絵 教科書挿絵 p88
ところが、このあそび方はすぐにおわってしまいます。（・・・・）おにには、力を合わせておいかける楽しさがくわわります。また、にげる人は、おにがふえるにつれて、つかまりにくくなります。
ネームプレート等で、立場を可視化する

1 四つの遊び方とその理由を確認する

この説明文ではどんな遊び方が紹介されていましたか？

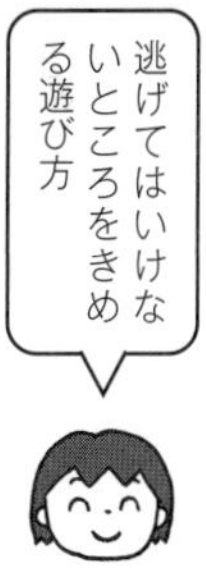
逃げてはいけないところをきめる遊び方

先生、黒板に貼った写真の順番が違います

しかけ（順序を変える）

遊び方の写真を掲示する際に、教材とは異なる順序で掲示することで、「順番が違う」という発言を引き出し、順序性への意識付けを図る。

2 学習課題について話し合う

一番楽しい遊び方だと紹介されているのはどれかな？

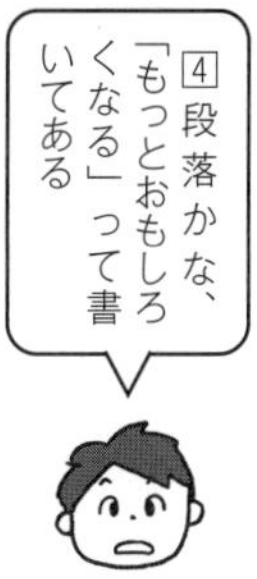
4段落かな、「もっとおもしろくなる」って書いてある

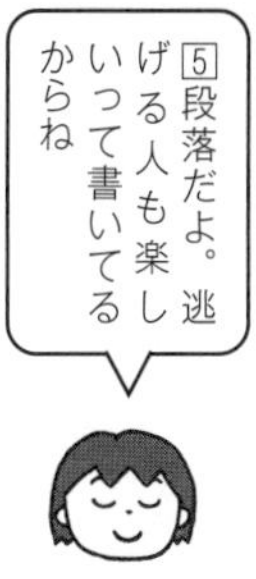
5段落だよ。逃げる人も楽しいって書いてるからね

「一番楽しい」って本文のどこかな？

Which型課題

叙述を根拠に意見を述べ合う。筆者の説明の工夫として、それぞれの遊び方で楽しめるのが鬼と逃げる人、その両方と理由を変化させていることを確認する。 配慮ア

✓ 本時の展開 第三次 第1時

目標 実際に行った教材文の遊び方の感想を共有し、改良点について話し合うことを通して、書き足す内容（紹介したい遊び）を決めることができる。

しまいます。
そこで、
「つけ足しのきまり・あそび方」と
きめるのです。
すると、バージョンアップしてよくなること
～することができます。楽しさがくわわります。

★つけ足すきまり・あそび方は
○だんらくの後に【　　】

本時展開のポイント

実際に遊んだ体験から改良点を話し合わせることで、学習者の文脈に沿って書き加える第三次の作業に移行し、自分のおすすめの鬼ごっこを紹介する意欲を高める。

個への配慮

ア合意形成の根拠を可視化する

本人のこだわりや特性の強さから、他者の考えや意見を聞き入れることに困難がある場合、全体で納得して、決定するために事例に付いた×の数を数えさせ、視覚的に選ぶ根拠を示す。または、教師から遊びの様子について述べ、方向付けることも考えられる。

イ消去法で選択肢を整理する

複数の資料から自分の興味で選ぶことが困難な場合、情報量の多い資料から選ぶことを促すため、資料に書き込みができるようにコピーしておき、まず消去法で興味がないものを消させる。次にやったことのある遊びに○を付けさせ、選びやすいように情報を整理する。

3 書き足す内容の書き方を確認する

書き足すなら、どのように書けばよいかな？

「本文の中に参考にできそうな文章はないか」と投げかけ、前の段落の内容に書き足す形式で書かれている5段落に着目させる。書き方の形式を全体で考え、決定したことを模造紙に書き、掲示する。

5段落の書き方が使えそう！

バージョンアップさせるためにきまりや新しい遊び方を見付けないとね！

4 自分が紹介する遊び方を決める

書き足したいきまりや自分のおすすめの遊び方を考えて、決めよう

第一次第1時に並行読書を指示しておいた鬼ごっこを紹介している本の中から、自分のおすすめしたいきまりや遊び方を決定させ、次時での紹介文を書くための準備を進めさせる。配慮イ

地面に書いた線の中だけで逃げるのはどう？

手をつなぐんじゃなくて、ひもでつながるのはどうかな？

たくさんありすぎて、選ぶのが難しいな…

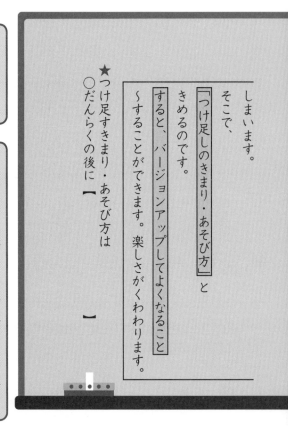

準備物
- 図書館の鬼ごっこを紹介した書籍の該当箇所
- 鬼ごっこを紹介したHP 等の資料（書籍がない場合）。
- 挿絵カード（デジタル教科書で印刷可能）

おにごっこ　もりした　はるみ

きまり・あそび方をつけたすなら、どのだんらく？

おにが交代しない

② 挿絵 教科書挿絵 p87
×にげるところが広すぎて、つかまえやすくなかった→おにのことを考えて決める

③ 挿絵 教科書挿絵 p88
×おにが思いきり走れない→・・・
×おにがころんでいた→・・・
×にげやすかったけど少したいくつ→・・・

おにが交代する

④ 挿絵 教科書挿絵 p85
×だれがおにか分からなくなる→・・・

⑤ 挿絵 教科書挿絵 p86
×いつまでも丸の中にいた→時間を決める
×つかまらないときはずっと？
×うごかなくなる人がいた→回す？

○書き足し方
ところが、このあそび方は、
うまくいかないところ　～して

1 実際に遊んだときの感想を共有する

紹介されていた鬼ごっこで遊んでみて、どこかうまくいかないところはあったかな？

丸の中でずっといる人がいました！

逃げやすくなったけど、たいくつな時間も増えたかな…

本文に書かれている遊び方は本当に楽しめるか、実際に遊んだときの感想を共有する。うまくいかなかった点を板書し、改良のポイントも挙げさせる。

2 本文の改良点について話し合う

もしも、きまりや遊び方を付け足すなら、どの段落に必要かな？

3段落の後がいいと思う。×の数も多いし

5段落の後かな。この遊び方も最初いいと思ったけど…

全部に×があるから一つの段落を選ばなくてもよくない？

しかけ（仮定する）

うまくいかなかった点を踏まえた改良のポイントを、「教科書の内容に書き加えるなら、どの段落の後がいいだろう」と投げかけ、改良ポイントが多く指摘された段落の後にすることを整理させる。配慮ア

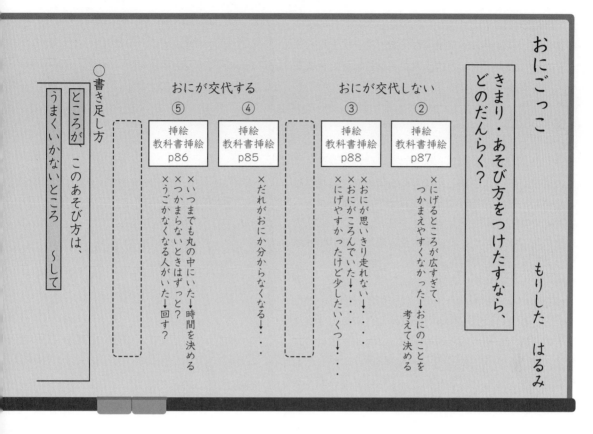

✓ 本時の展開　第三次　第2時

目標 遊びの説明の書き方を理解し、自分の紹介したい鬼ごっこの内容から、重要な語や文を見付け、紹介文をまとめることができる。

本時展開のポイント

書き足し方の枠組みを提示し、モデリングを行うことで、紹介文をスムーズに書けるように促し、重要な語や文を見付けさせる。

個への配慮

㋐イラストを基に大事な文を見付ける

内容の中心的な文やキーワードを見付けたりすることに困難が見られる場合、読み取る情報を焦点化させるために、選んだ資料の遊びの様子を表したイラストに説明の吹き出しを書かせる。「〜しているところ」とその鬼ごっこのルールの要素を確認し、資料の文章で該当する箇所を見付けさせる。

㋑作業をスモールステップ化する

既習事項の定着が不安定で、複数の並行する作業についていくことに困難がみられる場合、紹介の文章をまとめる際、最初から本番のシートに書かせるのではなく、本人が説明したい箇所を付箋紙1枚につき一文ずつ書かせていく。それらを手元で操作させ、過不足を確認し、整理した後にシートに書き込ませる。

⑤だんらくのあと

○ためしにつくってみよう！
ところが、このあそび方は
【おにがつかまえにくくなる】
そこで、
【おにはぼうしをかぶり、にげるばしょのひろさをきめる】
すると、
【つかまえやすくなって、たのしみながら行える！】
★だいじだと思うところをまとめよう
◇ふりかえり

3 自分の紹介したい鬼ごっこの紹介文をまとめる

自分が紹介するときに大事だと思う内容に気を付けながら、紹介文をまとめてみよう

私はかげをふむという遊び方を付け足します。すると…

ぼくは、地面にうずまきを書いてそこだけを逃げるというきまりを付け足します

自分の紹介したい文章が上手にまとめられないよ…

自分の紹介したい内容について最初から書かせずに、ペアで説明活動を行い、相互の情報の過不足に対する意見を交流させる。分かりやすい説明の工夫（内容・詳述）を考えるように声をかけ、終わったペアから用紙を渡し、紹介文をまとめさせる。文章形式は上記以外に、逆接ではない自由な文章形式も考えられる。　配慮㋑

4 相手への伝わり方を確認し、学習内容の振り返りを書く

紹介したい内容はしっかり伝わりそうかな？

ペアで何回も練習できたから、発表会が楽しみだな！

うまくいかないところに付け足しができたよ

紹介文をまとめる段階に進めていない子供へ適宜、追加での説明活動を促したり、個別的に対応する。

準備物　・図書館の鬼ごっこを紹介した書籍（書籍がない場合）鬼ごっこを紹介したHP等資料 ex. HoiClue いつく知ってる？いろんな鬼ごっこ 20 種類！ https://hoiclue.jp/800007224.html　・発表用紙

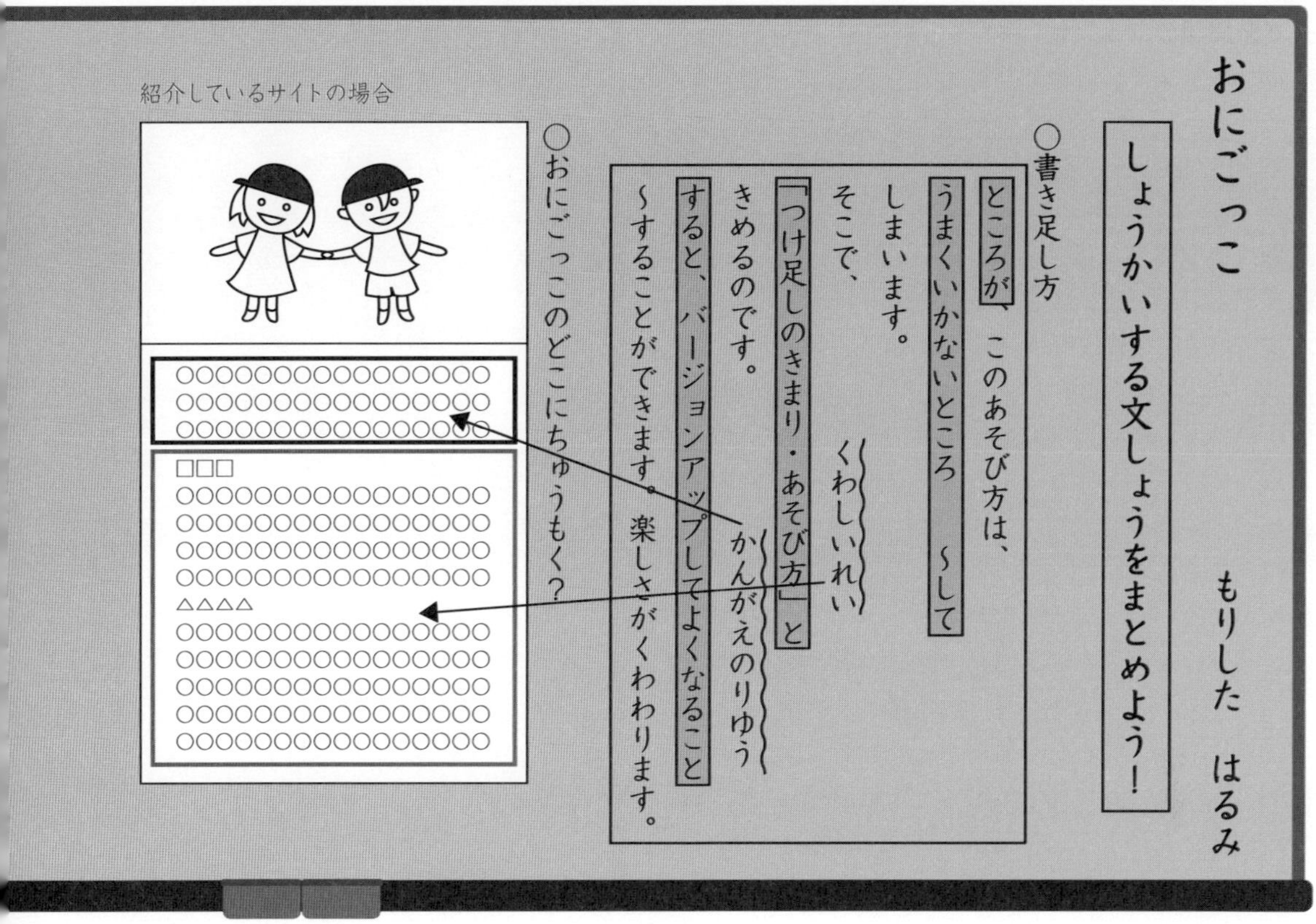

おにごっこ
しょうかいする文しょうをまとめよう！
もりした　はるみ
○書き足し方
ところが、このあそび方は、
うまくいかないところ　～して
しまいます。
そこで、
くわしいれい
「つけ足しのきまり・あそび方」と
きめるのです。
かんがえのりゆう
すると、バージョンアップしてよくなること
～することができます。楽しさがくわわります。
○おにごっこのどこにちゅうもく？
紹介しているサイトの場合
□□□
△△△

1 書き足し方の確認と鬼ごっこの本のどこに着目するかを予想させる

どのように書き加えればよかったかな。書き加えるために本のどこに注目すればよいかな

うまくいかないところ、付け足し、よくなるところを書くんだったよね
これまでもやっていたきまりのところは必要ないよ

書き足す項目を確認後、その内容は本や資料のどの箇所を参考にして書けばよいかを予想させ、見付けさせる。

2 書き足す内容について話し合う

本の内容全部は書けないよね、どの内容を選んだらいいかな？

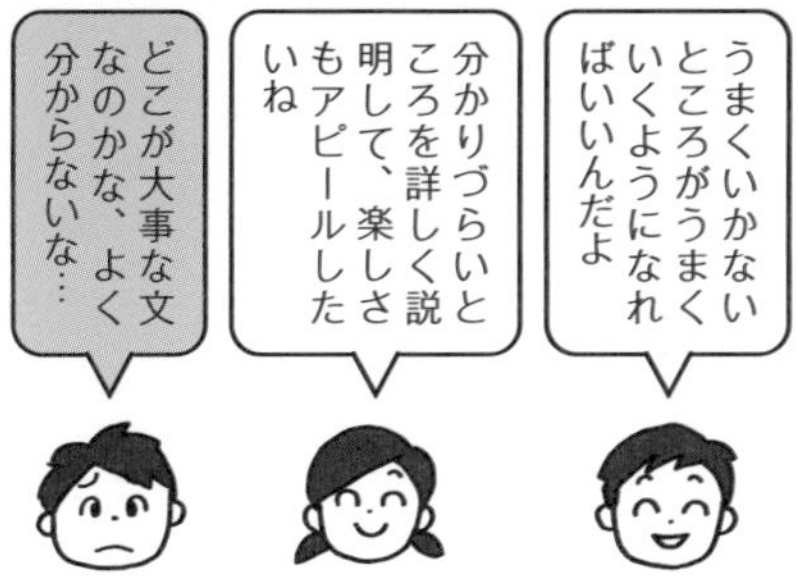

うまくいかないところがうまくいくようになればいいんだよ
分かりづらいところを詳しく説明して、楽しさもアピールしたいね
どこが大事な文なのかな、よく分からないな…

着目点が明確になったら、「全部書けば、伝わるね」など、ゆさぶりをかけ、大事な語や文を考えて選ばなければいけないことに気付かせる。ペアでプレ的に説明を行わせ、詳述と理由が明確な子供の説明をモデリングし板書する。　配慮ア

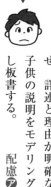

本時の展開　第三次　第3・4時

目標 遊び方発表会を行い、人気ランキングを作成することを通して、単元全体を振り返って分かりやすい説明の仕方を理解し、自分の考えを書くことができる。

［ 本時展開のポイント ］

単元の学びを活用して発表するとともに、他者の紹介の仕方を聞き取る中で、自分の考えを伝わりやすくする説明の工夫を再確認する。

［ 個への配慮 ］

㋐授業外での配慮・支援を用意する

他者の考えや意見を参考にしつつ聞き入れることに困難がある場合、選択する判断材料をもたせるために、発表に使う学級のシートを渡しておき、発表を聞いた印象をスケーリングさせておく。または、授業外の時間に一旦閲覧させ、選ぶ見通しをもたせておくことも考えられる。

㋑学習内容を板書で構造化する

発表を聞き続けることに精一杯で、評価の理由などまで考えることに困難が見られる場合、意見をもたせて活動に参加させるために「どんなことに気を付けて説明するんだった？」と学習内容を振り返って、評価する視点を板書する。もしくは、友人の意見を聞いて、その内容を自分の言葉で発表させることも考えられる。

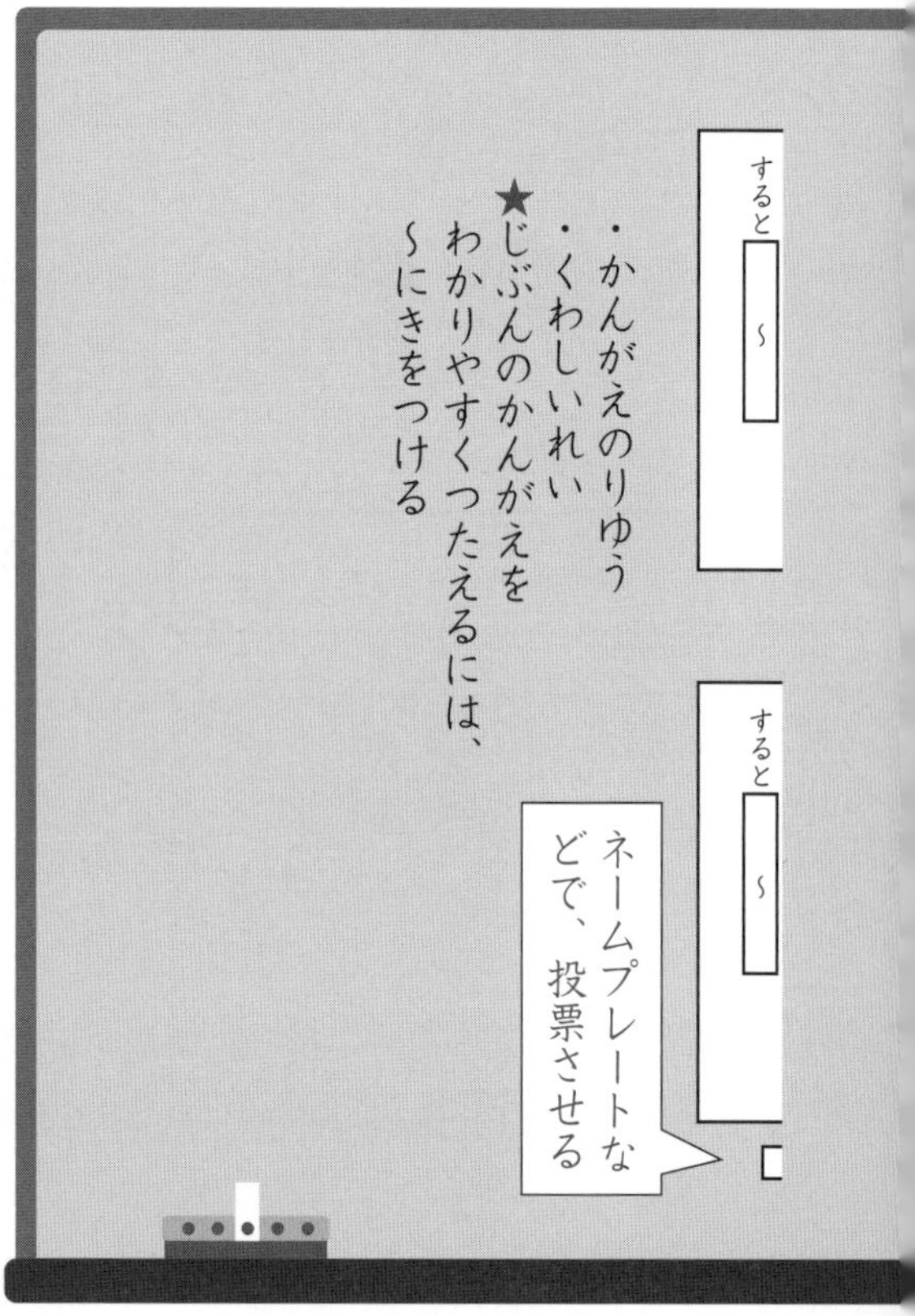

すると
～
・かんがえのりゆう
・くわしいれい
★じぶんのかんがえを
わかりやすくつたえるには、
～にきをつける
すると
～
ネームプレートなどで、投票させる

3 ランキングの結果発表と選ばれた理由を意見交流する

選ばれた内容の理由はなんだろう？

選びきれないよ…

ぼくが～さんの紹介を選んだ理由は遊び方が詳しくて分かりやすかったからです

理由ははっきりと答えられないな…

ランキングの三位から、選んだ子供の意見を全体で確認する。選ばれた子供が紹介する上で気を付けた点まで発表・共有できるとよい。　配慮㋑

4 単元全体を振り返る

自分の考えを分かりやすく伝えるには、どんなことが大事でしたか、単元を振り返りましょう

分かりやすく伝えるには、詳しい例を書いて、その理由もはっきり伝えることが大事だよ

言いたいことが納得してもらえるような内容を選ぶのも大事なんだね

単元全体を振り返り、分かったことを伝えるための説明はどんなものだったかをまとめる。選ばれなかった子供も互いに交流させ、よかったところを伝え合わせて、単元を終わる。

準備物
・ネームプレート
・発表用シート（全児童の作品）
・ホワイトボードもしくはパネル（児童全員文の掲示ができるように）

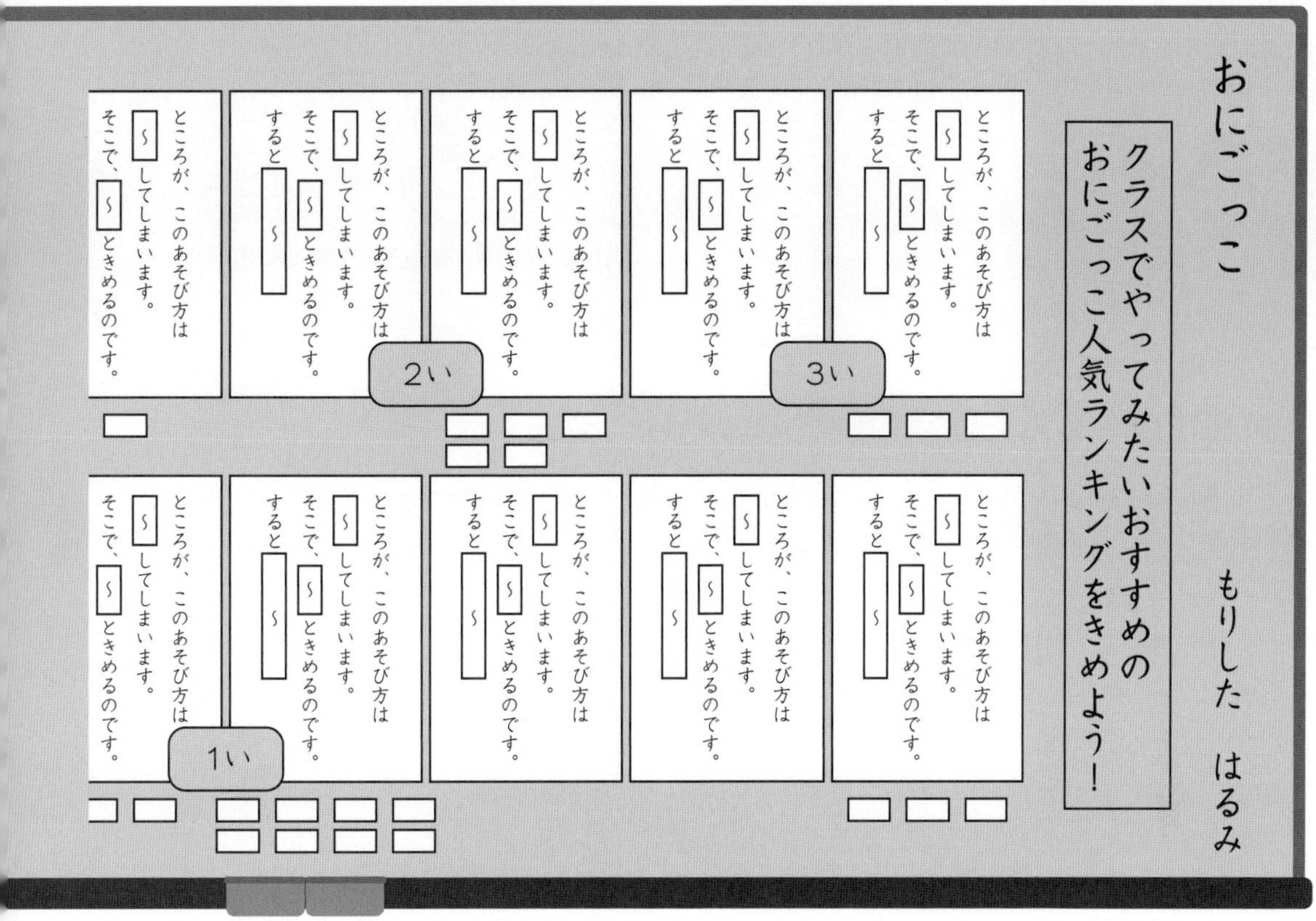
おにごっこ
もりした　はるみ
クラスでやってみたいおすすめのおにごっこ人気ランキングをきめよう！
ところが、このあそび方は〜してしまいます。
そこで、〜ときめるのです。
すると〜
3い
2い
1い

1 ペアで遊び方発表会を行う

友達のおすすめの遊び方を聞いて、説明のよいところをいっぱいほめてあげよう

私は、3段落の後に付け加えました。この遊び方はずっと丸の中にいる人が…
どうやって遊ぶか、とても分かりやすくて、すぐにでもできそうだよ！

まず、ペアでの発表、相互の賞賛を行わせる。そこで全体の発表の自信を高め、褒め合う雰囲気をつくり、子供一人一人が達成感を味わって終われる発表会にしようと教師から声かけする。

2 クラスで遊び方発表を行い、人気ランキング作成のために投票させる

どの紹介文の遊び方をやってみたいですか？理由をもって、投票してね

ぼくは、5段落の後です。そこで、鬼が色を伝え、その色のものをさわっていたら、つかまらないときめます。すると…
ぼくは、〜さんの紹介が気に入ったな、どうやってやるのか、分かりやすかった！

目的を説明して、発表会を行う。投票する際に、根拠や理由をもって選ばせる。選びきれない子供には、二人まで選んでよいこと、自分の紹介文を選ばないことも指示する。配慮ア

総　括

国語の授業における「つまずき」と授業UD

川上康則（東京都立矢口特別支援学校）

子供の視点からみた国語の授業の分かりにくさ

長い文章を整理しながら読むことや、中心人物の心情の変化を読み取ることなどにつまずきを抱える子供は少なくない。彼らが国語の授業に期待しているのは「思考のプロセスが分かるようになること」である。しかし、これまでの国語の授業は、どう考えれば分かるかというプロセスの提示を欠いたまま進められ、結局、何を学べたかが分かりにくいまま終わることが多かったように思う。考える道すじを示されず、ただ「どう思うか」と感情を問われるのを苦痛に感じてきた子供はきっといるだろう。このような授業の展開に最も混乱・困惑するのは、発達障害がある子供たちである。姿勢が崩れ、集中が途切れやすくなる。言語情報を中心に進められる話し合いの授業は、聞く力につまずきがある子の授業からの逸脱を助長してしまう。子供の内面を理解しようとせずに、表面的な姿だけを見て「支援が必要」などと短絡的に決めつけてしまうようなことはないだろうか。まずは、子供たちのつまずきをどう支援していくかという議論よりも先に、「これまでの国語の授業の進め方につまずきを生み出す要因があったのではないか」という反省から始めなければならないと考える。

国語の授業でみられやすい「つまずき」

表１は、国語の授業でみられやすいつまずきの特徴について、指導場面ごとに整理したものである。実際には、これ以外のつまずきが見られることもあるし、具体的な診断名がなくても支援を必要としている子供は少なくない。また、はっきりと「わからない」「できない」と言える子供ばかりではなく、クラスには静かに困っている子供や、つまずきを隠すかのごとく振る舞う子供がいるということに留意する必要がある。特に、低学年を指導する際には、自身のつまずきを言語化しにくいことを考慮し、教師はその背景要因を見取ることを大切にすることが求められる。

一斉指導で、個々の子供に配慮していくための工夫

通常の学級の全体指導において、特定の子供だけを個別的に支援するのは非常に難しい。そこで、表１のようなつまずきを事前に想定し、それを踏まえた授業UDの視点で授

主たるつまずきの要因と障害名	書字	音読	物語文	説明文	作文
読み書き・推論のつまずき（限局性学習症）	整った文字を書けない。ノートをとれない。該当学年より2学年下程度の書字レベルに留まる。	文字とばしや遂次読みがあり、流暢に読むことが難しい。似た文字を混同する。	長い文章が苦手。内容理解まで辿り着かないことがある。	長い文章が苦手。要点の整理が苦手。	促音などの特殊音節・文法のエラーが多い。書くことそのものを嫌がる。
相手の気持ちの理解のつまずき（自閉スペクトラム症）	形で覚えるため書き順が自己流になりやすい。細かい部分が気になり、時間がかかることも。	相手に合わせにくいため、全体での音読などでペースを合わせられない。	登場人物の心情や因果関係の理解が難しい。比喩や例え等含みのある表現の理解が進みにくい。	興味・関心の幅が狭くこだわりがある。内容によって取り組む姿勢が変わることがある。	事実の列挙にとどまりやすい。相手に伝わりやすい文章にならない。
不注意・衝動性、ワーキングメモリのつまずき（注意欠如多動症・限局性学習症）	とめ・はねなどの細かい部分は書き分けが難しい。ケアレスミスが多い。	文末を読み替える等の勝手読みが多い。	断片的な理解にとどまりやすい。集中が続きにくい。	新規性の高い刺激や知っているキーワードに反応してしまうことがある。	内容をまとめることが苦手。面倒くさがる。
不器用・姿勢の崩れやすさ（発達性協調運動症）	文字が乱雑。筆圧のコントロールが難しい。ノートをとるのに時間がかかる。	姿勢が崩れやすい。集中が続きにくい。	長い文章が苦手。聞く場面で姿勢が崩れやすい。	長い文章が苦手。聞く場面で姿勢が崩れやすい。	長い作文はあまり書きたがらない。面倒くさがる。
全般的な学習理解の遅れ（境界域知能等）	聞き慣れない単語や複雑な文字の習得に時間がかかる。	努力の継続が苦手で、練習を避けたがることが多い。	断片的に理解できるが、全体像の把握が難しい。学年進行にしたがい内容理解が難しくなる。		語彙が乏しく、幼い文章表現が多い。

表1　国語の授業でみられやすい「つまずき」の整理

業を展開していくことが期待される。本書には、その工夫が随所に散りばめられている。

例えば、不規則発言や離席等の逸脱行動が多い場面を分析すると、教師が一方的に指示・説明をし、子供に話を聞かせようとしている場面がほとんどである。話を聞かようとするのではなく、能動的な学習の場面を意図的に設定することが主体的な参加を促すことにつながる。そこで「ペアで自分の考えを伝え合う」「隣の人の考えや発言を聞き、聞き手側が発表する」「答えが分かっている子には、キーワードを出す役割をお願いする」等のようにして、子供たちが互いに考え、支え合う場面を設定する。

また、その授業で何を学び取るのかを具体的に示すことも重要である。前述のとおり、国語の授業は教えたいことが曖昧になりやすい。「中心人物の気持ちの変化は□□がきっかけです」等のように、何が授業のゴールとなるかを明確に示すようにする。教師にとっても、何を教えたいのか焦点を絞ることができる。

さらに、個別に特化した支援を行う場合は、子供の自尊感情を損なわないようにさりげなく行うようにする。例えば、机間巡視を行う際、教師の立場からすれば、まず真っ先に学習困難度が高い子供を支援したいという気持ちを抱くものだが、それがかえって恥をかかされたかのごとく感じる子供もいる。回る順番や、個別的に関わる時間の長さなどに注意を払うようにする。ヒントカードなどの支援教材を用意する場合も、特定の子供だけに使用させるのではなく、他の子供も自分の意志で選択できるようにする。

授業UDは単なる方法論ではなく、子供を輝かせるマインドの表れであることを忘れないようにしたい。

■編著者

桂　　聖
一般社団法人 日本授業UD学会　理事長／筑波大学附属小学校　教諭

小貫　悟
明星大学心理学部心理学科　教授

川上　康則
東京都立矢口特別支援学校

■執筆者　＊執筆順、令和3年２月現在

桂　　聖（前出）　…第１章　国語授業のユニバーサルデザインに関する理論と方法

小貫　悟（前出）　…第2章　授業のユニバーサルデザインを目指す国語授業と個への配慮—「学びの過程において考えられる困難さに対する指導の工夫」の視点から—

石井　塁
東京都大田区立馬込第二小学校
…第3章「ふきのとう」の授業デザイン

溝越　勇太
東京都立川市立第六小学校
…第3章「お手紙」の授業デザイン

石井　塁
（前出）
…第3章「スーホの白い馬」の授業デザイン

山田　秀人
沖縄県宜野湾市立大山小学校
…第3章「たんぽぽのちえ」の授業デザイン

中村　太士
埼玉県狭山市立狭山台小学校
…第3章「馬のおもちゃの作り方」の授業デザイン

金子　太地
沖縄県立開邦中学校・高等学校
…第3章「おにごっこ」の授業デザイン

川上　康則
（前出）
…第3章　総括　国語の授業における「つまずき」と授業UD

■編集責任者　＊五十音順

溝越　勇太（前出）

山田　秀人（前出）

『授業 UD を目指す「全時間授業パッケージ」国語　2 年』付録資料について

・本書の付録資料は、以下のリンク先に収録されています。

https://www.toyokan-publishing.jp/book/UD/02/UD02.zip
ID：UD02-user
PASS：c 8 XqeNLW

・各フォルダーには、以下のファイルが収録されています。
　①　黒板掲示用の資料
　②　イラスト
・収録されているファイルは、本文中では のアイコンで示しています。

【使用上の注意点】

・リンク先にはパソコンからアクセスしてください。スマートフォンではファイルが開けないおそれがあります。
・PDF ファイルを開くためには、Adobe Acrobat もしくは Adobe Reader がパソコンにインストールされている必要があります。
・PDF ファイルを拡大して使用すると、文字やイラスト等が不鮮明になったり、線にゆがみやギザギザが出たりする場合があります。あらかじめご了承ください。

【著作権について】

・収録されているファイルは、著作権法によって守られています。
・著作権法での例外規定を除き、無断で複製することは法律で禁じられています。
・収録されているファイルは、営利目的であるか否かにかかわらず、第三者への譲渡、貸与、販売、頒布、インターネット上での公開等を禁じます。
・ただし、購入者が学校での授業において、必要枚数を児童に配付する場合は、この限りではありません。ご使用の際、クレジットの表示や個別の使用許諾申請、使用料のお支払い等の必要はありません。

【免責事項】

・収録ファイルの使用によって生じた損害、障害、被害、その他いかなる事態についても弊社は一切の責任を負いかねます。

【お問い合わせについて】

・お問い合わせは、次のメールアドレスでのみ受け付けます。 tyk@toyokan.co.jp
・パソコンやアプリケーションソフトの操作方法については、各製造元にお問い合わせください。

授業 UD を目指す
「全時間授業パッケージ」国語　2年

2021（令和３）年３月28日　初版第１刷発行

編　著　者：桂　　聖・小貫　悟・川上康則・
　　　　　　一般社団法人 日本授業 UD 学会
発　行　者：錦織圭之介
発　行　所：株式会社　東洋館出版社
〒113-0021　東京都文京区本駒込５-16-７
営業部　電話 03-3823-9206／FAX 03-3823-9208
編集部　電話 03-3823-9207／FAX 03-3823-9209
振　替　00180-7-96823
U R L　http://www.toyokan.co.jp
装　　幀：小口翔平＋三沢　稜（tobufune）
イラスト：office PANTO
印刷・製本：藤原印刷株式会社

ISBN978-4-491-04335-7　　Printed in Japan